Écrans

2020 – 2, n° 14

Écrans

Tableaux vivants – images en mouvement

Sous la direction d'Anne-Cécile Guilbard et Olivier Leplatre

PARIS
CLASSIQUES GARNIER
2021

ISBN 978-2-406-11508-3
ISSN 2267-4357

SOMMAIRE

PAUSES

SCÈNES

POSES

TABLEAUX VIVANTS – IMAGES EN MOUVEMENT

> Le besoin d'entretenir une vacillation
> ténue [...] entre l'image mobile et l'image
> immobile : entre-deux formé de ce qui
> en chacune tend et retourne à l'autre.
> Raymond BELLOUR[1]

Le tableau vivant constitue une problématique assez bien cernée aujourd'hui[2] ; l'oxymore qui fonde le genre désigne de fait les réseaux de tensions qui s'offrent à l'analyse. Ce « dispositif transmédial » (Bernard Vouilloux) entretient avec l'image en mouvement, le film, la vidéo, mais aussi les corps vivants, mobiles et dynamiques, qui s'y prêtent ou s'y présentent, des liens étroits, divers et complexes. Dans ce volume, le tableau vivant est mis à l'épreuve des arts de l'image et de la scène qui le créent et le contredisent en raison de l'oscillation entre mobilité et immobilité formant le genre. Né au milieu du XVIIIe siècle et consacré par la photographie, c'est sous l'angle de la performance intermédiale qu'il est interrogé ici, non seulement en ce qu'elle convoque et remet en jeu les images référentes, mais encore en ce qu'elle réactive les propriétés des médiums différents qu'elle emploie.

Dans sa relation à l'image en mouvement, le tableau vivant engage de nombreuses modalités d'insertion et de cohabitation : citation, allusion, contamination, tableau dilué ou enkysté dans le déroulement de l'action... Il en résulte une large gamme possible d'actualisations

---

1   Bellour Raymond, *L'Entre-Images. Photo. Cinéma. Vidéo*, Paris, La Différence, « Les Essais », 2002, p. 104 (à propos de *Granny's Is* de David Larcher, 1989, 50mn).
2   Notamment : Vouilloux Bernard, *Le Tableau Vivant. Phryné, l'orateur et le peintre*, Paris, Flammarion ; *Entre code et corps, Tableau vivant et photographie mise en scène*, sous la direction de Ch. Buignet et A. Rykner, *Figures de l'art*, n° 22, 2012 ; *Le Tableau vivant ou l'image performée*, sous la direction de J. Ramos, Paris, Mare&Martin / INHA, 2014.

et de déploiements. Le plus souvent, les tableaux de l'histoire de l'art s'animent ou plutôt sont animés en connaissant une vie inédite, mais supposément en latence. *La Ricotta* de Pasolini incarne ainsi les tableaux de Pontormo et de Rosso Fiorentino bien qu'en ajoutant aux reconstitutions des *Dépositions* des éléments collés : la reproduction du tableau de Pontormo (1528) comporte par exemple une colonne avec un soldat à l'épée, deux garçons et un chien empruntés à une œuvre profane : *Vertumne et Pomone* du même Pontormo (1519-1521). Surtout, la signification spirituelle de la Déposition est perturbée par l'activité maladroite des acteurs, par le soulignement de la facticité de la mise en scène en sorte que l'agitation des corps, qui abaisse l'élévation symbolique de la Déposition, contredit, jusqu'à le verser dans le burlesque, le sens même de la peinture dévote[3]. Dans d'autres cas, le tableau est inventé ou suggéré en donnant le sentiment qu'il existe quelque part dans un musée ; le film produit un « effet tableau » à la façon dont Hitchcock joue dans *Fenêtre sur cour* (1954) sur des référents simulés, découpant à la taille des fenêtres des images qui paraissent déjà vues. Il existe des films entièrement imaginés d'après des tableaux existants (*La Ronde de nuit* de Peter Greenaway à la suite de celle de Rembrandt, 1642-2007), des images mobiles suspendues définitivement, ponctuellement, transitoirement en tableaux vivants comme chez Raul Ruiz (*L'Hypothèse du tableau volé*, 1979)[4] ou Jean-Luc Godard qui, dans *Passion* (1982), saisit le tremblé du moment de la performance (*La Ronde de nuit*, entre autres, y est reconstitué)… Ces stases, qui invitent à rapprocher le tableau vivant de l'arrêt sur image, peuvent conduire à l'essor de l'image comme être le point d'aboutissement et le bilan d'un défilement. L'image mobile tend alors à se modeler en tableau vivant dont le film aura peu à peu déroulé le processus et justifié l'avènement.

Déjà ambigu dans son principe puisqu'il se donne comme une performance sur le fil entre art et vie, le tableau vivant amplifie ce statut incertain, hybride ou, comme on l'a dit, oxymorique, en entrant en contact avec l'image mobile. Selon la nature de la rencontre, l'accent sera mis sur la naturalisation ou l'artificialisation de l'image. L'intermédialité

---

3   Vert Xavier, *La Ricotta*, Lyon, Aléas, 2011.
4   Robert Valentine, « Le tableau vivant chez Raoul Ruiz : l'extension de la perception », *Décadrages*, n° 15, 2009, p. 38-56 (accessible à l'adresse suivante : https://journals. openedition.org/decadrages/88?lang=en).

engage encore des opérations de cadrage, voire d'enchâssement, et de décadrage, en particulier lorsque des tableaux insérés deviennent vivants, dans la « réalité » de la fiction, comme c'est le cas pour *La Femme au portrait* (1944) de Fritz Lang (la naissance de l'image vivante procédant du dédoublement d'un tableau exposé à la devanture d'un marchand), ou dans celle, plus directe et concrète, de la scène. Les débordements d'un médium sur l'autre engendrent des phénomènes d'intrusion, de passage, de circulation et de tension que peuvent favoriser un changement de point de vue, un geste, le déplacement d'un corps. La Déposition du Christ, mise en scène *in vivo*, est chez Pasolini le moyen et la métaphore du dépôt intermédiatique. Et l'on voit comment dans *Genuine* de Robert Wise (1920), l'animation d'un tableau (qui pour les besoins techniques est déjà un tableau vivant) s'effectue avec une lenteur décomposée : avançant pas à pas de façon à ne pas réveiller l'artiste qui s'est endormi, le personnage peint devenu personnage incarné (mais une actrice en réalité) produit à chacun de ses arrêts un tableau vivant provisoire[5].

Jean-François Laguionie a pu, dans *Le Tableau* (2011), explorer les potentialités plastiques de ce transit entre les images : grâce à la ductilité des couleurs et des traits, il rend poreuses des œuvres empruntées au catalogue de l'histoire de l'art et reproduites en dessin ; il active ainsi un flux graphique dans lequel les tableaux sont pris, développés et liés selon un mouvement de contiguïté constamment relancé. Son film, d'une certaine façon, consiste, en l'enveloppant dans une intrigue, à recourir à tout ce que lui offre la morphologie iconique de la métonymie. Comme s'il s'agissait de prendre au pied de la lettre le désir manifesté par certaines images de sortir de leurs cadres : figures hors de leurs niches, faisant signe d'un hors champ… L'image mobile gère alors de différentes manières l'intrusion d'une autre image qui aspire à se mouvoir en elle : qu'elle attende cette animation avec plus ou moins de lenteur et d'impatience, qu'elle veille à la spectacularité de son surgissement ou assure sa coulée, qu'elle se désolidarise d'elle jusqu'à la désynchronisation. La lumière, le son (bruit et musique) ne sont souvent pas étrangers à tous ces processus qui, parfois, ne vont pas sans une certaine violence quand l'action réelle déchire le tableau ou qu'inversement la réalité (ou sa représentation, à différents degrés), tombe et se fige dans le tableau.

---

5   Voir Jérémie Koering, « Sur le seuil : tableau vivant et cinéma », *in Le Tableau vivant ou l'image performée*, *op. cit.*, p. 305-320.

Les échanges entre les strates de la représentation modulent des métalepses[6] qui brouillent les frontières entre fiction et non-fiction, perturbent les niveaux fictionnels eux-mêmes, articulés de manière plus ou moins fluide et plus ou moins clairement discernables. Les seuils, points de passage, de glissements entre les niveaux de perception et les degrés de réalité sont déterminants quoique souvent ténus, incertains, flottants (hésitation entre rêve et veille, entre conscience et fantasme…). Le tableau s'ouvre à la vie, la vie devient tableau, ces transformations manifestant diversement ce qui les rapproche : exploitation de la réserve vitale supposée en puissance en toute œuvre (« syndrome Pygmalion ») ; mise en valeur du devenir art de la vie, superposition de l'art et de la vie impliquant autant de réflexions sur ce que signifie vivre dans une image, esthétiser la vie, l'envisager comme une œuvre. Dans ces situations, la vie se souvient de l'art – s'affirme avec force la fonction mémorative du tableau vivant – et l'art de la vie.

Le tableau vivant montre le résultat d'une image en même temps que sa production. Par ses effets de bougé, il dévoile l'action créatrice, il renvoie au temps de pose précédant la pause, elle-même ouverte à sa correction, son réajustement, sa répétition. La mise en relation avec l'image mobile permet d'insister sur la spécularité du tableau vivant et d'entrer davantage encore dans les coulisses de l'image et la logique de son activité. Mais, symétriquement, l'image mobile déclenche ce que l'image a condensé, resserré dans son moment prégnant. Elle reprend, déploie, force éventuellement le récit dont le tableau vivant aura arrêté le flux par amplifications, interpolations, extrapolations… Prendre le tableau vivant dans la mobilité des images, c'est le raccorder à une histoire, déplier ce que cette histoire recèle, promet : un récit, fût-il minimal, quoiqu'essentiel, comme le film de la vie vers la mort.

L'une des principales opérations qu'exerce l'image mobile sur le tableau vivant (ou inversement) a trait de toute évidence au mouvement : désir de mobilité de l'image fixe (mais cette fixité du tableau vivant est toute relative et contient déjà en elle-même une potentialité de vitalité susceptible de se transformer en vitesse et en énergie) ; désir d'immobilité de l'image mouvement (la pellicule cinématographique trouve dans le tableau vivant une forme de suspension et d'étirement de sa saccade). Encore ces processus de « statufication » et, parallèlement,

---

6   Genette Gérard, *Métalepse*, Paris, Seuil, « Poétique », 2004.

de dynamisation, qui donnent la sensation d'un réveil de l'image ou au contraire d'un endormissement, connaissent-ils de multiples variations et constantes de vitesse : ralentissement, coulée, catalepsie, accélération… Dans *Still-life I* par exemple, Sam Taylor Wood révèle le flux du temps qui affecte les objets inanimés de la nature morte en accélérant la durée ordinaire[7]. Ce temps serré s'ajoute au temps de la mémoire qui fait revenir, comme une hantise, le spectre des signes des Vanités classiques dans leur représentation moderne. L'éternité de la représentation, portée par le retour des signes, et la vitesse de sa disparition, dans le précipité de la vidéo, sont mises en concurrence en même temps qu'elles se complètent.

Cette action sur le flux et les syncopes iconiques témoigne d'une expérience des espaces qui se compartimentent ou s'interpénètrent (l'image se faisant lieu ou milieu) et, corollairement, d'une expérience des temporalités dans laquelle ce qui est gagné ou perdu, selon le point de vue, est une durée ou l'éternité. Mais la question se pose aussi du moment, de la coupe d'un instant privilégié (du film au tableau vivant) ou de la productivité et de la dissémination d'un instant performé.

Le tableau vivant est un art de l'incarnation problématique : elle correspond à l'animation d'un artifice, mise au point – au sens optique – dans un simulacre qui mime l'incarnation vivante. Le langage performatif des corps se fond dans celui de l'art avec des formes de théâtralité variées. Il comporte en lui-même une tension puisque les tableaux vivants ne sont jamais réellement immobiles ; ils manifestent plutôt quelque chose comme un tremblement ou une vibration. L'image mobile se saisit de ce frémissement et l'approfondit. Pasolini, dans *La Ricotta*, s'amuse même à aggraver ce risque ou cet éveil du mouvement en indiscipline, en anarchie.

À ce titre, le tableau vivant intensifie l'émotion du geste, geste en attente dont l'image mobile serait l'explication. À l'arrêt rhétorique de la gestualité, fidèle à l'idéal du beau geste, parfaitement juste, sublime, au sentiment de son caractère posé (*actio*), l'image en mouvement associerait ou opposerait une certaine fluidité pathique. À rebours, l'image figée surinvestirait, en le fétichisant, le geste pris dans son continuum (geste/*gestus*). Cette exposition conduit à faire supporter au corps un fort investissement érotique et une puissance de symptôme.

---

7   Voir Liliane Louvel, « L'immobilité vive ou "une petite étoile à la vitre du texte" », *L'Immobilité vive, Polysèmes*, 18-2017 (accessible à l'adresse suivante : https://journals. openedition.org/polysemes/2299).

L'apparition, la mise en forme, la déclinaison des tableaux vivants impliquent de les associer à des images déjà créées et reconnues ou à reconnaître ; le spectateur peut être entraîné dans un jeu de piste, une énigme de l'œuvre à identifier, au moyen d'indices. On parlera plus globalement d'effet de tableau vivant pour des images qui, sans repère intericonique identifiable, relèvent d'un « faire tableau » (Bernard Vouilloux). L'inclusion ou la fabrication de tableaux vivants dans, par des images mobiles sera dès lors contradictoirement interprétée comme un hommage ou une transgression. Quand il est référence-révérence à la peinture, le tableau vivant participe d'un art de mémoire. Il permet d'esthétiser des images en quête de légitimité, soulignant et peut-être cherchant à imposer la vertu artistique de l'image mobile. Il atteste que survivrait un fond de peinture en toute image. La présence du tableau vivant participe aussi d'un jeu, sous la forme d'un défi d'art ou, inversement, elle sous-tend la volonté d'une déconstruction, éventuellement d'une destruction de la peinture dont l'idéal, le poids historique seraient jugés encombrants et dont il s'agirait de dénoncer l'artifice et l'illusion. Dans tous les cas néanmoins, le spectateur est invité à s'étonner des possibilités de l'art : sidération de l'arrêt de la vie en tableau, séduction de la magie de l'image mobile. Le tableau vivant s'offre comme scène originelle de la merveille, l'instant où l'image que l'on a crue immobile s'anime, on ne sait comment.

La suspension est un temps d'épreuve : elle fait ressentir la densité de l'image, le tableau vivant pouvant alors être perçu comme une image cristallisée. Elle est également un temps de pensée : on regardera le tableau vivant comme une image pensive ou une image à penser dont la vérité dépend d'une distanciation. Il y aurait bien alors une force critique du tableau vivant comme le pense Brecht. Mais cette suspension peut également être ressentie comme une mascarade, une création purement factice et potentiellement ridicule ou bien ironique : la séduction de la théâtralité (une théâtralité sans théâtralité, qui rejoint la beauté du naturel) dégénérant en adhésion perturbée et entraînant le refus du surjeu et sa dénonciation critique.

À partir de cet ensemble de questionnements et de problèmes que le tableau vivant pose à l'image et au regard, les textes rassemblés ici mettent singulièrement l'accent sur les processus qui offrent de faire, mais surtout de défaire le tableau – en ce qu'il est vivant.

PEINTURES FLUIDES

Le film, cinéma ou vidéo, fluidifie la peinture dans le tableau vivant : tout en créant les tableaux, la durée les liquide. « L'instant prégnant qui tire le tableau vers le narratif » interroge selon Vincent Amiel la « durée d'une image qui n'en a plus » dans l'*Histoire de Judas* de Rabah Ameur-Zaïmeche. Les « forces expressives » de l'extrême ralenti que travaille Bill Viola dans *Passion* sont le lieu, pour Olivier Leplatre, d'« émouvoir la peinture », sans l'imiter, de « sonder et varier la figurabilité des passions ». Jean-Pierre Esquenazi voit autrement dans les tableaux vivants de *Barry Lyndon* la dénonciation par Kubrick de l'opposition entre « mobilité du désir humain et immobilité d'un décorum social impitoyable ». La métamorphose transmédiale, dans l'entre-deux de l'image fixe et de son animation, peut opérer ainsi à la fois une narrativisation et une « méditation sur le processus créatif et l'histoire de l'art ». C'est ce que montre Jessy Neau dans *Brueghel, le moulin et la croix* où Majevski recrée, anime et fabrique *Le Portement de croix* du peintre flamand. Enfin Valentine Robert constate l'expansion de la tradition du tableau vivant sur « l'écran global » contemporain dans les nouvelles formes télévisuelles et d'Internet. Chez Guérif et Will.i.am, le « réenchantement » de l'image se fait ironique et critique dans son environnement postmoderne et l'appropriation du tableau vivant par la culture de masse.

PAUSES

Le tableau vivant suspend le mouvement là où il pouvait et devait se poursuivre. Ces arrêts du temps sont à vocations multiples et d'abord critiques. Repérant « l'artificialité du geste peint [qui] éclate au grand jour » dans le tableau vivant, Bernard Vouilloux met en évidence le fait que la dimension esthétisante qui fonde le genre fonctionne également comme « facteur d'intensification du coefficient d'art », propre à mettre en question les pratiques modernes et contemporaines, en photographie et au cinéma. C'est moins l'artificialité que la puissance sensible immédiate du tableau vivant au cinéma dont rend compte Anaïs Cabart dans son étude du prologue de *Melancholia* de Lars von Trier : les effets de dilatation et de condensation du temps que produit le ralenti font sentir la mélancolie comme « ralentissement idéo-moteur de l'individu qui ressasse le passé ». Alice Letoulat montre que les interruptions du mouvement qui contredisent le dynamisme ordinaire du cinéma servent des fins symboliques autant que de réflexion sur la plasticité du médium dans l'ensemble des films de Paradjanov. Sylvain Louet voit se dessiner une poétique de l'attraction dans les imprimés éphémères des débuts du cinéma, qu'il observe sous l'angle de l'acte d'image théorisé par Horst Bredekamp : *via* le tableau vivant, les affiches et les cartes interrogent la notion de représentation. Le tableau vivant au cinéma révèle enfin son potentiel politique avec la représentation du peuple : Raphaël Jaudon analyse « l'énergie politique » d'un tableau de 1901, *Il quarto stato* de Peluzza, employée dans le *Novecento* de Bertolucci (1976) ; il rend compte par l'étude croisée des deux œuvres de « la manière dont le peuple "prend" vie à l'écran ».

SCÈNES

Les corps vivants défont les tableaux, les interrogent, leur donnent littéralement voix. À la scène ou à l'écran, le tableau vivant, vraie « peinture qui parle », réalise notamment la mise en scène de la parole. Dans *Pas* de Beckett et *Passion* de Godard, Guillaume Gesvret montre qu'on trouve la représentation de la fragilité de la parole en tant que « résistance au silence imposé ». La parole investit au contraire le tableau vivant dans *Un mage en été* d'Olivier Cadiot dont Anne-Cécile Guilbard étudie les premières minutes de la mise en scène : tout en performant un moment une photographie de Nan Goldin, le comédien Laurent Poitreneaux en raconte l'exploration et produit l'expansion du tableau par la parole vive. Térésa Faucon analyse la « libération du mouvement » dans les pratiques théâtrales, chorégraphiques et filmiques de la « sculpture vivante » dans trois films hindis qui, empruntant à la fois à la tradition britannique du tableau vivant hamiltonien et à celle, locale, du tableau vivant religieux, se montrent au service d'une réécriture de l'histoire coloniale. Enfin, Armande Salimov observe la curieuse expérience que propose *À mon seul désir*, spectacle inspiré des tapisseries de *La Dame à la licorne*, dans « l'oscillation entre la référence et la présence » qu'offre là le spectacle vivant du tableau.

POSES

Image performée au sens strict, le tableau vivant photographique s'appuie sur l'enregistrement des corps qui se sont arrêtés pour la photographie, ou sont arrêtés par elle dans sa composition propre. Le goût pour les poses, et pour leur tremblé sensible, fait l'objet d'une étude transhistorique de Liliane Louvel : reprenant les différentes théories de l'intermédialité, elle rappelle les origines victoriennes du tableau vivant qui mêle dès son invention théâtre, peinture et photographie, et encore poésie. La pose mais aussi le montage participent des créations, mises en scènes et mises en images, des salons de la Reine jusqu'aux pratiques contemporaine. Judith Langendorf interroge le sublime des grands tableaux nocturnes du photographe Gregory Crewdson qui opère des condensations cinématographiques et ex-pose « la fragilité humaine et l'absurdité de la société contemporaine ». Les « Ménines photographiques » de Joel-Peter Witkin présentent, selon Mathilde Brunet, une analyse photographique du tableau de Vélasquez ; Witkin re-fabrique par les moyens de la photographie argentique un tout autre échange de regards avec le spectateur que celui du tableau classique. Pour terminer, Dominique Moncond'huy s'intéresse au « portrait vivant » : revenant sur le système de signes que constitue la pose dans le portrait politique, peint, gravé et photographique, il en révèle dans différents exemples les effets d'incarnation et de distance, de rapport au corps et à l'identité, qui mettent en jeu ensemble sensibilité et conscience politique.

Anne-Cécile GUILBARD
et Olivier LEPLATRE

PEINTURES FLUIDES

POUR UN FILM QUI S'INTERROMPT,
TANT D'INSTANTS POSSIBLES...

Le point d'orgue en musique est cette notation qui permet de faire durer la dernière note autant que l'interprète le souhaite. Souvent les cinéastes et les monteurs choisissent un tel « point d'orgue » à la fin des films, pour éviter de clore trop abruptement, ou trop fermement leur récit : ils pratiquent un fondu au noir, un arrêt sur image, une désaturation de l'espace ou des couleurs[1]... Cette immobilisation, soit de l'action soit de l'image, permet de suspendre le mouvement, de dilater la durée, et d'introduire dans le cours du film, ou à sa marge, une dimension esthétique différente, qui est celle de la photographie ou du tableau, de l'image fixe en tout cas, rompant avec la logique du film. Ainsi par exemple du fameux plan « gelé » (*freeze frame*) de la fin des *Quatre cents coups*, qui montre Antoine Doinel interdit devant le spectacle de la mer qu'il découvre, et expérimentant une liberté dont il ne sait que faire : l'audace de cet effet, qui remplace le sujet mobile par une photographie sur laquelle la caméra s'avance rapidement, a marqué les cinéastes des années 1960, et contribué à la réputation d'un Truffaut utilisateur de formes de montage novatrices. Il y a effectivement dans le regard perdu du jeune Léaud, à ce moment, une durée différente, une interrogation qui court au-delà du temps de l'action : le cinéma devient photographie, et dans cette confusion soudaine pour le spectateur, se joue toute la tension temporelle qui sépare l'un et l'autre : nous quittons le présent absolu du film pour laisser pénétrer dans la perception quelque chose du passé arrêté brusquement, qui projette en l'occurrence sur un avenir incertain[2].

---

1   Pêle-mêle, on peut citer *L'Éclipse*, *Police*, *Shining* qui utilisent autant d'effets très différents dans ce même but.

2   Dans *Les Vacances du cinéaste*, Johan van der Keuken a cette pertinente remarque : « La photo est un souvenir. Je me souviens de ce que je vois maintenant. Mais le film ne se souvient de rien. Le film se déroule toujours maintenant ».

Pour résister au flux, pour freiner l'inexorable fuite en avant, la mécanique imperturbable des successions d'images, les cinéastes ont ainsi
inventé mille tours, effets, reflets, mille replis et intrigues en miroir. Se
colleter aux contraintes majeures de son art, aller contre l'évidence de
ses capacités, déborder ses limites : cette constante du geste artistique,
ici, se manifeste par la suspension du mouvement. Mettre en valeur
l'instant contre toute évidence de durée, contre l'expérience du spectateur
et contre l'objectivité de la projection.

Ce qui, au théâtre, est l'événement d'une scène, d'un halo de lumière
sur le plateau, d'une respiration suspendue, intrinsèquement lié au dispositif de fiction dramatique, reste néanmoins au cinéma plus exceptionnel,
ou de l'ordre de l'événement, et au-delà de tout ressort dramaturgique,
passe par la mise en valeur d'une image. Détacher une image du film,
c'est d'abord la configurer, l'instaurer, pour reprendre la notion de Victor
Stoichita[3], ou encore « l'inaugurer » dans le sens que donne Emmanuel
Hocquard à ce terme :

> Cet autre espace du récit qui serait non pas un espace de *re*présentation (à
> moins de prendre le mot dans son sens théâtral) mais de présentation, non
> pas l'espace d'une *dé*monstration mais celui d'une monstration, je l'appellerai
> l'*espace inaugural*. [...]
> On le sait, l'inauguration désigne le champ d'observation rectangulaire
> que l'augure trace dans le ciel avec son bâton recourbé, où il notera le passage
> des oiseaux[4].

L'une des options de mise en scène, pour cet espace « inaugural »,
est le surcadrage, la représentation en majesté, avec effet de symétrie
et de frontalité, pratique dont un Stanley Kubrick est coutumier, par
exemple, à l'instar de Paradjanov ou de Hou Hsiao-Hsien : le film,
d'une temporalité continue et romanesque, bifurque alors vers des
figures d'éternité, vers un temps du conte (Paradjanov), du souvenir
(Hou Hsiao-Hsien) ou du pouvoir (Kubrick). Autre bifurcation possible, celle que procurent les images-objets (tableaux, couvertures de
livres) ou les ouvertures dans le décor (fenêtres, embrasures de portes)
qui proposent des représentations enchâssées, et la présence d'une
autre scène, et d'un autre temps. J'ai essayé ailleurs d'en débrouiller

---

3   Stoichita Victor, *L'Instauration du tableau*, Genève, Droz, 1999.
4   Hocquard Emmanuel, *Un privé à Tanger*, Seuil, « Points », 2014, p. 50.

le principe, chez des cinéastes aussi différents que Murnau, Keaton ou Wim Wenders[5]. Mais de tels dispositifs impliquent un changement radical de regard, ou de référents : la plongée soudaine dans une dimension différente, et la conscience d'une rupture. Le cadre qui se referme sur une image, qui la constitue comme autonome, crée un autre monde, dont les règles et les usages de perception sont par principe hétérogènes à ceux du film.

Tout autre est le choix effectué par Rabah Ameur Zaimeche à la fin de son *Histoire de Judas* (2015), lorsqu'il choisit de faire référence à la tradition picturale occidentale (Holbein le jeune, Philippe de Champaigne...)[6] pour figer l'action en une dernière image qui « fait tableau » (fig. 1). Le personnage-titre, l'ami et dénonciateur de Jésus, se glisse dans le tombeau après la crucifixion, et s'immobilise dans la position (le cadrage, la lumière) où les peintres ont représenté le Christ mort après la descente de croix. Confondant les deux personnages, le cinéaste permet ainsi à Judas de se fondre dans une autre histoire, et de gagner une autre éternité qui met en jeu, entre autres, plusieurs millénaires de représentations, de récits, de croyances. La durée du plan, là encore, déborde largement celle de l'action.

Comme chez Truffaut, la perception temporelle bifurque : ce n'est plus l'action qui dicte la succession des émotions, mais un creusement du cadre qui laisse place à l'expectative, à la contemplation, au jaillissement simultané de références ou de projections dans le présent de l'image. Pourtant le procédé est fondamentalement différent dans les deux films, en cela que Ameur-Zaimeche n'utilise précisément pas d'effet, cet à-coup stylistique particulier, mais propose une autre temporalité dans la continuité de la représentation, en créant ce que l'on peut assimiler à un tableau vivant[7].

---

5   Amiel Vincent, *Naissances d'images*, Paris, Klincksieck, 2018.
6   Respectivement *Le Christ mort au tombeau* et *Le Christ mort couché sur son linceul*.
7   Au sens qu'on lui donne souvent sur un écran, c'est-à-dire non seulement une composition presque statique effectuée par des personnages vivants, mais qui imite par ailleurs un type de composition picturale connu.

Fig. 1 – Image extraite d'*Histoire de Judas*, Rabah Ameur-Zaïmeche, 2015.
Le tombeau prêt à accueillir… Jésus ou Judas ?

L'immobilisation finale de Judas ne rompt pas avec le flux : elle le prolonge tout en lui résistant. Elle est liée à une constitution progressive de l'image, à la cristallisation d'instants qui naissent du mouvement lui-même ; Judas entre dans l'éternité comme il pourrait s'endormir. L'immobilisation vient dans le courant, la posture est prise dans le temps, et elle propose pourtant un temps différent. Ce que produit le tableau vivant, c'est la continuité du mouvant dans l'immobilité advenue, la continuité de la durée dans l'instant. Le « bougé » toujours possible, la chair dans la pierre (« Il y a dans la poudre de cette pierre un frisson infini de rideaux qui ne bougent plus » écrit Yves Bonnefoy dans *Les Tombeaux de Ravenne*). Le même homme pleurait encore quelques secondes avant, le même corps avançait dans la même image ; il pourrait le faire à nouveau. On ne sait si ses sanglots reprendront, si la durée est encore celle du geste ou déjà celle d'un autre temps, d'une autre représentation. C'est bien une histoire humaine qui continue, au moment où Judas s'allonge sur la pierre, mais c'est un autre temps qui s'expose déjà lorsque la lumière le fige.

Dans un registre plus grinçant, et sur un ton comique, Pasolini met en scène la même ambiguïté dans *La Ricotta*. À deux reprises, dans ce film qui raconte le tournage de scènes de la Passion, se mettent en place des tableaux vivants sur le modèle de Pontormo ou du Rosso Fiorentino, sous l'œil d'un cinéaste interprété par Orson Welles (fig. 2). Les acteurs se figent en groupe de manière à représenter une *Descente de croix* ou une *Déposition* : les couleurs et les postures singulières rappellent très précisément les peintres maniéristes. Mais les torsions des membres, les équilibres difficiles entraînent justement les mouvements intempestifs des personnages secondaires ou même la chute des protagonistes principaux ; et le tableau se défait, toujours en limite de la pose définitive et d'un emballement inéluctable.

> Cet événement, par quoi le réel surgit dans l'image, ou plus exactement, entre les images, c'est une chute : le rappel involontaire et soudain de la matérialité d'un corps – la manifestation de sa gravité, de son pesant. Le Christ, en équilibre précaire sur les épaules de porteurs dont les référents picturaux au caractère angélique ne semblent qu'effleurer le sol, s'écroule sous les rires[8].

Pour Pasolini, on le sait, les Évangiles n'ont que faire des postures de la tradition et du hiératisme des figures : c'est la vie présente qui les traverse depuis des siècles. Ainsi l'alacrité des scènes tragi-comiques de *La Ricotta* a-t-elle précisément pour corollaire d'introduire du mouvement dans le tableau.

Vacillement, trouble, rires : ce que pose le tableau vivant est davantage de l'ordre de l'instant que de l'instauration. Il arrête pour mieux remettre en mouvement, il pérennise pour nier bien vite l'immobilité. C'est ce que rappelle l'historien d'art Xavier Vert à propos du film de Pasolini :

> Le tableau vivant est le moyen scénographique par lequel le cinéma tente d'atteindre en la mimant non pas tant la fixité de l'image de peinture que l'instance suspensive du tableau que l'on pourrait nommer son épochè[9].

À partir du moment où l'immobilité du tableau vivant est intrinsèquement liée à un vacillement, à une chute possible, où le principe même de ce double « réencadrement » (par l'immobilisation et par la référence picturale) se présente comme sujet à transformation, est-on

---

8   Vert Xavier, *La Ricotta*, Aléas, Lyon, « Le Vif du Sujet », 2011, p. 55-56.
9   *Idem*.

dans le tableau, ramassant une fois pour toutes les différents moments de l'action, ou dans les derniers instants de la séquence ?

Et même, serait-on dans le tableau, comment ne pas y voir une possible transition, l'agencement d'un passage ? Ce moment fragile et pourtant exposé, c'est ce que Jean-Claude Lebensztejn, repris par Xavier Vert, appelle, à propos de Pontormo, l'instance :

> C'est le Pontormo qui, vers 1524-1525, à la chartreuse, avait introduit en Toscane, peut-être en Italie, la déposition en instance. [...] Pontormo, en installant le porteur à terre, déplaçait le moment, en faisant une étape transitionnelle, dramatiquement instable[10].

Dans le tableau même, donc, avant que celui-ci ne soit « mimé » dans le film, avec les accidents que provoque le poids des corps, l'hésitation entre une exposition pérenne et une transition fragile se donne à voir, comme dans *Histoire de Judas* se donnait à sentir l'hésitation entre suspension et éternité.

FIG. 2 – Image extraite de *La Ricotta*, Pier Paolo Pasolini, 1963.
Un tableau au risque de la chute.

---

10   Lebensztejn Jean-Claude, « Fragments de miroir », *in Le Journal de Jacopo Pontormo*, Paris, Aldines, 1992, cité par Xavier Vert, *ibid.*, p. 52.

Le tableau vivant réactive ainsi, dans le flux qui est propre au cinéma, la question vibrante de l'instant prégnant.

Celui-ci, on le sait, est proposé par Lessing comme étant choisi par le peintre pour « ramasser » les moments importants d'un récit, et en traduire la succession malgré l'immobilité de sa composition. Dans le *Laocoon*, il écrit ainsi :

> Pour ses compositions, qui supposent la simultanéité, la peinture ne peut exploiter qu'un seul instant de l'action et doit par conséquent choisir le plus fécond, celui qui fera le mieux comprendre l'instant qui précède et celui qui suit[11].

Ce qui demande dans le traitement de l'instant en question une opération de synthèse qui dépasse la suspension simple de l'action, et l'« arrêt sur image ». Il ne suffit pas de choisir seulement le moment adéquat qui suggèrerait par son incomplétude la continuité dans laquelle il se situe, il faut que ce moment soit « fécond », c'est-à-dire porte en lui la dynamique à laquelle il participe. Condensation, déplacement, dispersion simultanée des moments successifs, les dispositifs iconiques sont connus. Ils reposent la plupart du temps sur une connaissance antérieure du sujet (le spectateur connaît l'histoire dont est représenté là un épisode) mais peuvent aussi se suffire à eux-mêmes. Le caractère de *moment* est affirmé, geste ou action interrompus, dont l'inscription dans une continuité est l'enjeu même du tableau. Mais tout est dans le tableau : les causes, le contexte, les raisons ; et donc l'évolution, non seulement possible mais nécessaire, des personnages comme des actions. C'est bien la qualité que Diderot, grand amateur de tableaux vivants, trouvait à l'exposition du tableau en comparaison de la dramaturgie scénique, dont il dénonçait l'arbitraire des « combinaisons d'événements » et des « coups de théâtre » :

> Un incident imprévu qui se passe en action, et qui change subitement l'état des personnages, est un coup de théâtre. Une disposition de ces personnages sur la scène, si naturelle et si vraie, que, rendue fidèlement par un peintre, elle me plairait sur la toile, est un tableau.

Tout doit être déjà là, en somme, et la logique de l'instant prégnant, dans l'étymologie même de l'expression, est bien de « contenir » les

---

11 Lessing Ephraïm Gotthold, *Laocoon*, Paris, Hermann, 1990, XVI, p. 120.

événements à venir comme les événements passés. C'est ce que Bernard Vouilloux appelle « la temporalité tragique de l'imminence[12] », dans le sillage de Pascal Quignard décrivant à la fois la *Médée* d'Euripide et la fresque retrouvée à Pompéi à la Maison des Dioscures :

> Elle dit au pédagogue : « Va. Prépare pour eux ce qu'il leur faut pour chaque jour » alors qu'elle sait que ce seront les objets qui les accompagneront dans la tombe souterraine. Elle les regarde. Elle va les tuer. Voila l'instant de la peinture[13].

Médée, que Lessing utilisait déjà pour illustrer la force dramatique de l'instant prégnant :

> Nous prévoyons la fin de cette lutte ; nous tremblons d'avance de voir bientôt Médée livrée tout à sa fureur, et notre imagination devance de bien loin tout ce que le peintre pourrait nous montrer dans ce terrible instant[14].

Le geste reste en suspens, juste avant le coup, ou tremblant encore, juste après, et pourtant arrêté. La rencontre a eu lieu, ou bien elle aura lieu, et toujours ce n'est que son idée qui se manifeste. Au gré des dramaturgies, de la plus quelconque à la plus puissante, des scènes empruntées à la littérature antique comme celles utilisées pour l'édification religieuse, et jusqu'aux scènes plus réalistes d'un *Bonjour, monsieur Courbet !* le tableau fait entrer en tension des temps qui ne sont pas seulement les moments d'une chronologie. La notion même de cadre induit une temporalité différente.

Il s'agit donc de situer l'instant dans une continuité hypothétique, afin qu'il soit saisi comme « moment », comme étape : et ce qui ne peut relever que de l'exercice d'imagination chez le spectateur du tableau devient une nécessité chez celui du film. Le déroulement de ce dernier impose l'arrière-plan d'un récit qui n'est qu'hypothèse dans le tableau. Comment, et pourquoi composer en effet un instant prégnant lors même que l'avant et l'après (quel que soit leur objet) obligent le spectateur à le penser dans la durée ? Et donc dans une continuité ? Sans doute

---

12 Vouilloux Bernard, *Image et Medium, Sur une hypothèse de Pascal Quignard*, Paris, Les Belles Lettres, 2018, p. 51.

13 Quignard Pascal, *Le Sexe et l'Effroi*, Paris, Gallimard, 1994, p. 172.

14 Lessing Ephraïm Gotthold, *Laocoon*, éd. citée, III, p. 56-57.

est-ce celle-ci qu'il convient de rompre, ou plus exactement de déplacer, d'infléchir, hors du cours, précisément objectif, des successions d'images. Parce que l'instant n'est pas seulement conditionné par les spécificités du support (l'image arrêtée du tableau), mais parce qu'il porte en lui-même une force qui ne peut se résoudre dans le passage.

Pour comprendre mieux, et en raisonnant par l'absurde, faisons un détour par le sens différent que Roland Barthes donne à l'expression lorsqu'il rapproche l'art du plan chez Eisenstein des analyses de Diderot et Lessing :

> Lorsque (dans *La Ligne générale*) la paysanne laisse déchirer son jupon, dont l'étoffe servira à réparer le tracteur, c'est d'une histoire que ce geste est gros : la prégnance rassemble la conquête passée (le tracteur âprement conquis sur l'incurie bureaucratique), la lutte présente et l'efficacité de la solidarité. L'instant prégnant, c'est bien la présence de toutes les absences (souvenirs, leçons, promesses) au rythme desquelles l'Histoire devient à la fois intelligible et désirable[15].

On comprend qu'il s'agit dans cet exemple davantage d'une scène que d'un plan, et la terminologie de Barthes est à cet égard approximative, car si l'essentiel est bien le moment, « un hiéroglyphe où se liront d'un seul regard (d'une seule saisie si nous passons au théâtre, au cinéma), le présent, le passé et l'avenir, c'est-à-dire le sens historique du geste représenté[16] », il ne « contient » pas ces absences dans un seul cadre, mais dans une continuité dramatique qui est d'abord rhétorique. Le tracteur, comme les lorgnons du médecin de *Potemkine*, est un objet répété qui ne renvoie aux différents contextes qu'à la mesure de ses répétitions mêmes. L'instant du tableau vivant doit en effet non seulement synthétiser la continuité dans laquelle il se situe, mais s'en abstraire, puisque cette continuité est imposée par ailleurs au spectateur dans le déroulement du film. Il faut donc que cet instant marque son altérité en même temps que sa fondamentale corrélation. Il ne s'agit pas seulement de signifier sa place dans une histoire, quitte à en renforcer le poids dramatique : suggérer la suite ou la cause fait partie des

---

15   Barthes Roland, « Diderot, Brecht, Eisenstein », *Revue d'Esthétique*, 1973, repris *in L'Obvie et l'Obtus*, Paris, Seuil, 1982, p. 89.

16   *Ibid.*

figures puissantes du cinéma, mais ne suffisent pas à marquer l'instant. La belle scène de *La jeune fille au carton à chapeau* (Barnet, 1927) dans laquelle la jeune fille se pique intentionnellement la lèvre après que son partenaire trop timide a sucé la blessure qu'un faux mouvement lui a occasionné au doigt est une trouvaille qui excite l'imagination du spectateur, mais ne propose pas un instant fort pour lui-même. De la même façon, les assiettes qui reviennent à l'office dans *Angel* (Ernst Lubitsch, 1937), renseignant le spectateur sur l'état d'esprit des convives installés dans une salle à manger où l'on ne pénètre pas, suggèrent, avec le brio et la finesse caractéristiques du cinéaste, la tension de la scène que nous n'avons pas vue.

Mais ces « absences », ces « promesses », ne sont pas pour autant des instants prégnants : il leur manque une dimension qui aille au-delà de la seule relation de cause à effet. Ils sont situés dans le passage, en suggèrent les éléments manquants, mais ne se hissent pas à un degré supplémentaire qui « ferait tableau », et érigerait ce moment comme dans et hors le temps.

L'instant ne se résout – c'est-à-dire, « prégnant », n'est gros de vie et de puissance – ni dans l'immobilisation ni dans le flux : il faut ce système de relations tout entier contenu dans le tableau, cette vibration holistique, pour qu'il y ait contraction, et que celle-ci se diffracte en retour. Or, dans le film, ces éléments qui forment le tout du tableau sont dispersés dans le flux, et c'est l'insuffisance du plan qui oblige à l'appel (« promesses ») ou au rappel (« souvenirs »). S'il ne peut pas être un accomplissement, l'instant ne peut pas non plus être un simple déclencheur mécanique. Il lui faut une épaisseur, le mystère même de cette insuffisance, pour que la modalité d'un tableau apparaisse. L'instant prégnant du film, ce n'est plus celui du tableau qui forme un tout, mais celui de l'insuffisance capable de convoquer ce tout.

Un cinéaste a tenté de résoudre cette ambivalence du moment, pris dans une suite qu'il manifeste, et réduisant à son seul instant la continuité entière, c'est Robert Bresson, dont plusieurs formules, dans les *Notes sur le cinématographe*, vont dans ce sens : « TRADUIRE le vent invisible par l'eau qu'il sculpte en passant[17] ». Ou encore, dans l'agencement des plans

---

17   Bresson Robert, *Notes sur le cinématographe*, Paris, Gallimard, p. 77.

et des scènes, ce déplacement chronologique qui modifie profondément la saisie de l'instant : « Que la cause suive l'effet, et non l'accompagne ou le précède[18] ».

On pense aux légères ondulations de l'eau, qui seuls manifestent la chute de l'adolescente dans *Mouchette* (fig. 3) ou bien à la hache jetée dans le lavoir après le massacre de *L'Argent* qui renvoie au drame lui-même, évidemment, mais aussi aux confidences faites juste avant entre victime et assassin dans ce même lavoir. Mais cette saisie d'un moment décalé, qui annonce ou qui conclut, laissant imaginer l'acmé du drame, comme le suggèrent aussi bien Lessing que Quignard, ne fait pas l'économie de l'essentiel. En cela elle n'est pas seulement rhétorique : dans la hache jetée comme dans l'eau qui se referme se trouve toute la vérité des personnages. Aucun objet ni aucun milieu n'est choisi par hasard : ils rassemblent, ils contiennent, à l'image du tableau préféré par Diderot à la « combinaison d'événements ». C'est ce que Bresson explicite, plus tard, dans un entretien avec Michel Ciment :

> Mes personnages vont au bout d'eux-mêmes. Je ne peux pas faire autrement, sinon ils seraient morts. Si je peignais une fleur je ne la peindrais pas à l'état de bouton, mais dans sa maturité la plus belle, au cœur de son mystère[19].

La métaphore de la fleur est éclairante : son état est bien entendu lié à une histoire, une évolution naturelle, mais le moment où elle est saisie (on notera que Bresson, en cinéaste, parle de « peinture ») est un moment riche de mystère, en grande partie précisément parce qu'elle n'est qu'un moment, qu'aucune continuité ne peut expliquer. Insuffisance et plénitude. Ce n'est pas tant que « la cause suive l'effet », mais que la cause soit absente de l'exposition de l'effet : à ce prix c'est la maturité, c'est-à-dire l'accomplissement, qui est montré, et qui pourtant reste un moment transitoire. « Tout est accompli », mais rien n'est clos : mystère d'une présence qui aimante tous les autres moments du film. Mais Bresson est peut-être surtout un cinéaste des natures mortes ; revenons aux tableaux vivants, et donc à *Histoire de Judas*.

---

18 *Ibid.*, p. 102.
19 Ciment Michel, *Petite planète cinématographique*, Paris, Stock, 2003, p. 30.

Fɪɢ. 3 – Image extraite de *Mouchette*, Robert Bresson, 1967.
L'événement intemporel.

Quand ce dernier entre dans le tombeau, un instant éclairé par la porte ouverte, quand il arrange ses vêtements sur la pierre, s'allonge dans l'ombre, il est encore vivant, il n'a subi aucun coup mortel, il pourrait juste attendre le matin. Mais le Christ vient de monter au Golgotha, et des siècles après, sa mise au tombeau sera représentée dans les formes et le cadre qui sont ceux dans lesquels Judas se glisse... Ce faisant, il rejoint un autre temps que celui de sa vie matérielle et terrestre : il se confond avec l'éternité dont le Christ a bénéficié, par sa résurrection d'une part, et dans la mémoire de l'Art d'autre part. C'est tout le propos du film, qui montre Judas étroitement associé à la vie de Jésus, lors d'épisodes fameux auxquels on le voit participer : la violente charge contre les marchands du temple, la quarantaine au désert, le pardon à Marie-Madeleine, etc. ; tant et si bien que son destin est d'une certaine manière lié à celui du fils de Dieu, jusque dans la mort et dans l'éternité, par sa dénonciation même. L'instant où il se couche sur la pierre à la place où Holbein-le-jeune représentera le Christ est donc dans le flux logique de l'action qui précède, et dans la promesse de ce qui devrait suivre : « notre devoir est de réhabiliter Judas. Pendant plus de deux mille ans, les juifs ont été considérés comme les meurtriers du Christ » déclare le cinéaste à la sortie du film. Le tableau vivant donne ici au personnage l'éternité qu'il n'a pas eue dans la tradition chrétienne... En immobilisant le corps, mais surtout en faisant naître une autre image, celle qui pourrait être *Le Christ mort*, il permet au personnage humain de rejoindre un autre temps. Et c'est bien l'indécidable, entre le moment d'une histoire et l'éternité du divin, qui fait de cet instant un instant prégnant, riche de tout ce qui précède, l'amitié entre les deux hommes, leur destin commun, le compagnonnage douloureux, et la suite incertaine (pour le personnage du film, dont les derniers mots sont : « je ne sais pas ce qu'il y aura maintenant... je ne sais pas... après toi je ne sais pas ce qui arrivera, mais je suis prêt maintenant[20]... ») et tout à fait connue (le destin de Judas dans le Nouveau Testament et dans la culture chrétienne). Grâce au tableau, à la lumière composée, au cadre singulier qui convoque celui des prédelles, grâce aux références dont le film est gorgé, et qui ne peuvent que resurgir dans ce plan, se croisent trois temps : celui de la vie humaine, celui de l'Histoire, et celui de la vie éternelle. Un tel choc, qui est le principe même de Dieu fait homme, n'est possible que parce que l'instant est lui-même le moment d'une histoire ; sans flux narratif, pas de croisement des temporalités. Sans tableau, pas d'éternité.

Reste à savoir, mais ce serait l'objet d'une autre étude, à quel point la nature référentielle du tableau vivant est essentielle. La suspension est une chose, la référence à la peinture en est une autre, et une autre encore la référence à un tableau particulier. Avec des conséquences différentes : interrompre le flux, instituer, établir une relation intertextuelle. Les scènes filmées par Rabah Ameur-Zaïmeche aussi bien que par Pasolini répondent à ces trois critères ; ce qui n'est pas le cas de celles de Bresson, ni de Terence Malick, dont le montage rompu incite souvent à regarder les plans comme autant de tableaux. Dans une scène clef de son dernier film, *Une vie cachée* (2019), les deux époux se retrouvent front contre front, assommés par la nouvelle du départ imminent du mari pour l'armée – on est en Autriche, en 1943. Et la femme crie dans un sanglot : « tu vas le faire... ! » : nous ne savons pas exactement de quoi elle parle alors, s'il s'agit de partir, ou de refuser, d'obéir ou de résister. Mais s'accumule

---

20   Est-ce un hasard si les derniers mots de la femme, au lavoir de *L'Argent*, sont « je n'attends rien », eux aussi renvoyant à un avenir absolument ouvert ?

entre eux à ce moment-là tout ce qui les lie, tout ce qui risque de les séparer, tout ce en quoi ils croient ; l'important n'est pas tant ce qu'il va faire que ce qui les tient bousculés l'un contre l'autre à ce moment-là, et qui inclut l'acte à venir. Le cinéma de Malick fonctionne avant tout par tableaux vivants – mobiles, certes –, mais d'un mouvement qui tient plus du « bougé » que de l'avancée. Dans son cinéma, chaque plan sur les montagnes, les forêts, les blés mûrs, chaque plan de joie ou de douleur inclut tous les autres. Cette immanence, ce réseau de sentiments, d'émotions et de temporalités diverses sont associés chez lui à l'entrelacs des voix off, qui dispersent les points de vue autour d'un même objet : on quitte alors le modèle de la peinture classique occidentale. Mais la diversité des points de vue, au sens propre du terme, la dispersion des regards au gré de la position des spectateurs n'est pas incompatible avec toute image. L'image de la miniature persane par exemple :

> L'événement ne constitue qu'un élément dans l'ensemble. On ne distingue aucune hiérarchie de signification et tous les détails sont d'importance égale. Ainsi l'expérience immédiate d'une miniature consiste en une dispersion de regard attiré par une infinité de détails, tandis qu'une harmonie intrinsèque maintient subtilement et fermement l'unité ornementale du tout. Ce double mouvement perpétuel du regard, qui implique le temps et l'annule, crée le sentiment fascinant, mais comblé, de quelque chose d'inépuisable[21].

Le cadre lui-même n'est plus indispensable : « la miniature persane est décentrée et n'implique donc aucun pouvoir du cadre[22] ».

Autre logique picturale, autre logique cinématographique : si la référence a disparu (du moins dans le champ de réception du spectateur), il n'est pas interdit de penser qu'un même principe de dispersion et d'unité préside ici aux scènes du film comme à la miniature. Et que « faire tableau » au cinéma ne nécessite ni de « faire comme » ni de suspendre tout mouvement : le cadre est celui du plan, l'insuffisance est celle de l'image.

Vincent AMIEL

21   Ishaghpour Youssef, *La Miniature persane*, Tours, Farrago, 1999, p. 19.
22   *Ibid.*, p. 23.

ÉMOUVOIR LA PEINTURE (BILL VIOLA)

« Cinq personnes debout serrées les unes contre les autres, sont traversées par une vague d'émotions intenses qui menace de les submerger. Au début de la séquence, l'expression de leur visage est neutre, mais, peu à peu, l'émotion s'individualise et, s'intensifiant jusqu'à l'extrême, finit par gagner l'ensemble du groupe. Au bout de quelques minutes, elle retombe, laissant chacun épuisé[1] ». C'est en ces termes, faisant récit d'un événement d'une nature exclusivement émotionnelle, que Bill Viola présente *The Quintet of the astonished*, créé et montré pour la première fois en 2003, au Getty Museum de Los Angeles. La vidéo se développe durant quinze minutes, selon l'extraordinaire lenteur d'un ralenti qui étire l'image et dilate le temps du regard. Elle dramatise sur cinq visages l'action expressive de sentiments perceptibles dans leurs plus subtiles manifestations et jusqu'en leur spectaculaire puissance de torsion des corps. Entièrement dévolu au défi d'enregistrer et de projeter le grain des affects (« *Is emotion recordable*[2] ? »), *The Quintet of the astonished* n'est pas une expérience isolée : la performance filmée prend place au sein d'un dispositif d'œuvres réunies par Bill Viola sous le titre *The Passions*[3] et à travers lequel il a entrepris de sonder et varier la figurabilité des émotions, diversité elle-même modulée en fonction des installations dans les lieux d'exposition qui ont accueilli la série[4].

---

1   *Bill Viola*, Paris, Édition de la Réunion des musées nationaux-Grand Palais, 2014, p. 70 (texte de Bill Viola).

2   *Bill Viola : The passions*, éd. John Walsh, The J. Paul Getty Museum-The National Gallery, Los Angeles-London, 2003, p. 249.

3   *The Quintet Series* (*The Quintet of the Astonished*, *The Quintet of Remembrance*, *The Quintet of the Silent*, *The Quintet of the Unseen*) (2000), *Dolorosa* (2000), *Anima* (2000), *The Locked Garden* (2000), *Six Heads* (2000), *Memoria* (2000), *Union* (2000), *Witness* (2001), *Man of Sorrows* (2001), *Unspoken* (2001), *Mater* (2001), *Four Hands* (2001), *Catherine's Room* (2001), *Silent Mountain* (2001), *Surrender* (2001), *Five Angels for the Millenium* (2001), *Emergence* (2002), *Observance* (2002).

4   J. Paul Getty Museum (24 janvier–27 avril 2003), National Gallery de Londres (22 octobre 2003-4 janvier 2004), Pinacothèque de Munich (printemps 2004), Fundación « La Caixa »

Ce travail du début des années 2000 trouve son origine en 1998, dans l'invitation de Salvatore Settis, le directeur du Getty Research Institute, à participer à un questionnement mené autour de la représentation des passions. Déjà, en 1995, Bill Viola avait filmé, pour *The Greeting*, l'instant d'une rencontre entre trois femmes dont la patiente restitution (une dizaine de minutes pour 45 secondes de prise de vue) mettait en relief, enveloppés dans leur traîne visuelle, les gestes et les émotions de chacune des protagonistes. Bill Viola profite donc de l'occasion de son séjour au Getty Research Institute pour approfondir l'intérêt qu'il porte aux épiphanies émotionnelles, dans le prolongement de son exploration de la plasticité des corps, et pour envisager les régimes modernes possibles de leur étude. S'appuyant sur des essais d'histoire de l'art parus à ce sujet[5], il se compose un album d'œuvres, certaines visibles au Getty ; en particulier des peintures religieuses des XVe et XVIe siècles, pour la plupart d'inspiration dévotionnelle, qu'il investit comme supports de sa réflexion et sources de nouvelles perspectives pour sa création. De même que *The Greeting* revisitait la *Visitation* de Pontormo[6] dont Bill Viola reconstitue la scénographie, cite le décor et la gamme colorée, *The Quintet of the astonished* évoque, de l'aveu même de l'artiste, *L'Adoration des Mages* de Mantegna[7] et, de manière plus prégnante encore, le *Christ aux Outrages* de Bosch[8] ou *La Madone entourée de deux saintes* de Bellini[9].

Le carnet de notes entamé lors du séjour au Getty recueille une partie de ce catalogue d'œuvres élues, commentées et rapprochées. Il façonne le canevas du projet artistique des *Passions*[10]. Présenté lors des expositions et faisant intégralement partie d'elles, ce carnet associe, de manière étroite, fragments de journal intime, commentaires analytiques et débuts de story-board. Il témoigne du fonds iconographique dont s'est inspiré Bill Viola et de son retentissement extrêmement personnel

---

de Madrid (4 février-15 mai 2005), National Gallery of Australia (29 juillet-6 novembre 2005).

5 Notamment : Montagu Jennifer, *The Expression of the Passions. The Origin and Influence of Charles Le Brun's Conférence sur l'expression générale et particulière*, New Haven, Yale University Press, 1994 ; Stoichita Victor, *Visionary Experience in the Golden Age of Spanish Art*, Londres, Reaktion Books, 1995 (trad. fr., 2011).

6 Église prévôtale Saints-Michel-et-François de Carmignano (1528 et 1530).

7 Los Angeles, J. Paul Getty Museum (1495-1500).

8 Londres, The National Gallery (1495-1500).

9 Venise, Gallerie dell'Accademia (1490-1495).

10 Reproduit dans *Bill Viola : The passions, op. cit.*, p. 223-255.

dans l'élaboration des vidéos du cycle ; fonds non pas fidèlement imité mais, pour ainsi dire, absorbé dans la ou les version(s) qu'en propose *The Passions*, et ainsi revivifié et réactualisé par les images mobiles. Pour le spectateur, l'animation des tableaux, dont la source peut donner le sentiment d'avoir disparu dans sa réinterprétation mais continue d'y agir avec un air familier, produit une impression saisissante : « c'était comme si, note Giorgio Agamben, l'on entrait dans les salles d'un musée abritant les toiles de maîtres anciens et que l'on voyait celles-ci, par miracle, se mettre à bouger[11] ». Par une surprenante métalepse qui confère aux images une vie presque surnaturelle, les peintures s'animent avec un formidable relief, leur surface semble se mouvoir vers nous et s'offrir à notre présence : « Sous les yeux incrédules du spectateur, le *musée imaginaire* devient un *musée cinématographique*[12] ». Le plan immobile du tableau s'active, quoiqu'avec une sidérante lenteur ; les sentiments, qui affectent les visages, parcourent, au fil des minutes, un large éventail pathique, de la colère à la douleur, du rire aux larmes, dégageant de la gangue de peinture sa réserve de passions. Le ralenti, choisi comme modalité d'approche et régime de restitution de la scène émotionnelle, ne freine pas l'élan vital ; il permet, au contraire, de découvrir l'étendue de sa densité et de faire éclore ses virtualités, comme si l'émotion, originellement figurée dans chaque visage peint, n'était que la couche supérieure d'un glacis dont la vidéo réussissait à épeler la matière enfouie.

Bill Viola prend au pied de la lettre la formule du tableau vivant : il fait acte d'image. Au plus près, il se confronte, en partant de la peinture, au vivant de l'image[13] de façon à recréer de la figuration. Ce qu'il obtient ne se classe pourtant dans aucune des catégories traditionnelles du tableau vivant : ni dans la typologie des stases esthétiquement obtenues par le savant agencement de corps réels (les réalités « faites à peindre ») ; ni dans celle des reproductions d'œuvres mises en scène au moyen de figurants vivants (les « tableaux en action »)[14]. Bill Viola investit un autre régime de tableaux vivants, sollicité au sein des images elles-mêmes par le transfert médiatique de la peinture à la vidéo. Des images, imparfaitement reproduites, réinterprétées plus qu'imitées,

---

11   Agamben Giogio, *Nymphes*, Paris, Puf, « Perspectives critiques », 2007, p. 10.

12   *Ibid.*, p. 11.

13   Bredekamp Horst, *Théorie de l'acte d'image*, trad. Fr. Joly, Paris, La Découverte, 2015, p. 93-113.

14   Voir dans le présent volume la contribution de Bernard Vouilloux.

s'incarnent ainsi de nouveau (mais comme pour la première fois) dans des corps mobiles, des corps d'acteurs dirigés et stimulés, dont les expressions hésitent entre l'artificialité du jeu et l'émotion sincèrement éprouvée ; des corps enregistrés, captés dans le plan de l'image mais agissant en elle, semblables à des portants figuraux.

Le résultat se situe alors au croisement d'un double échange anachronique, orienté d'une part vers la reconnaissance, dans certains tableaux du passé, d'une charge émotionnelle dont il est encore nécessaire (et possible) de libérer la force, grâce à la vitalité toujours féconde de la forme ; et, d'autre part, vers le rappel, à travers des représentations actuelles de l'émotion, d'une généalogie d'images qui déjà les contient et sollicite leur renouvellement. Le geste de Bill Viola (geste qui l'amène à s'intéresser au palpable de l'image) ouvre donc dans la peinture un état de « pensivité » : quelque chose d'une étrangeté et d'une désappropriation mais qui cherche moins à faire errer une indétermination qu'à révéler des implications et à déclencher de nouvelles participations affectives[15].

PICTURALITÉ

Les vidéos de *The Passions* sont en dette vis-à-vis d'une abondante archive d'images. Un certain nombre d'entre elles, identifiées par Bill Viola et consignées dans son carnet de notes, composent la toile de fond sur laquelle l'artiste a élaboré son projet et qu'elles ont en permanence nourri, cristallisant autour d'elles d'autres œuvres au fur et à mesure du travail. Le quatuor d'*Observance* (2002) hérite des quatre apôtres de Dürer (1526)[16] ; *Six heads* revisite les études de têtes de Pereda[17] découvertes dans l'essai de Victor Stoichita ; les visages de souffrance de *Dolorosa* (2000) proviennent du diptyque attribué à Dieric Bouts (*Mater dolorosa* et *Le Christ couronné d'épines*)[18] tandis qu'*Emergence* (2002) se souvient de

---

15   Rancière Jacques, « L'image pensive », *in Le Spectateur émancipé*, Paris, La Fabrique éditions, 2008, p. 115-140.

16   Munich, Alte Pinakothek (1526).

17   Madrid, Instituto de Valencia de Don Juan (1650-1675).

18   Londres, The National Gallery (1415-1475).

la *Pieta* de Masolino[19]. L'on reconnaît dans *Catherine's room* les prédelles d'Andrea di Bartolo fractionnant la vie de sainte Catherine de Sienne[20] ou, plus ponctuellement, *Le Miracle de l'hostie profanée* de Paolo Ucello[21] voire, dans un panier à ouvrage de l'une des fenêtres, le collage d'un détail tiré de *L'Annonciation* de Zurbarán[22]... La disposition des personnages, les choix dramaturgiques, la structuration des espaces, les orientations de l'éclairage ou les cadrages qui découpent les corps et les sujets eux-mêmes s'affirment comme des emprunts incontestables, confirmés selon des échelles variables, à l'histoire de l'art ; ils s'accumulent en une topique citationnelle dont les constantes se retrouvent et se déclinent de vidéos en vidéos.

Cependant, toutes ces images sources ne se (re)donnent pas dans leur état initial : la référence s'aperçoit sans s'imposer, elle flotte sans se fixer. Il n'est pas entré dans les intentions de Bill Viola de dupliquer des tableaux ni même exactement de les adapter. Le vidéaste semble davantage avoir voulu faire apparaître des fantômes iconiques, entretenant, par le souvenir d'art, à rebours de l'oubli des origines, un rapport spectral à l'histoire des images. Le palimpseste visuel des œuvres de Bill Viola se comporte à la façon d'une présence latente, suffisamment ductile pour ne pas être envahissante au risque d'encombrer la vidéo mais suffisamment insistante pour ne pas tout à fait s'y effacer. Il persiste à l'écran sous la forme d'une rémanence « hyperesthétique[23] », avec une discrétion – qui n'est toutefois pas invisibilité – susceptible de libérer l'image de toute fonction banalement imitative ou révérencielle. Mais la référence à la peinture n'est pas davantage pour Bill Viola une façon d'ajouter à la vidéo une plus-value d'art dont la pratique du tableau vivant a pu initialement tirer une grande partie de sa légitimité.

Les postures filmées ne décalquent pas à l'identique les attitudes peintes ; elles n'en sont, néanmoins, pas non plus complètement éloignées. Les visages diffèrent de leurs modèles, quoique sans jamais contredire leurs traits et, en partie, leurs attitudes. Bill Viola dispose ses actions émotionnelles dans un temps présent qu'estampillent, en particulier, les vêtements des personnages. Pour autant, ces mêmes vêtements, par leur texture, par leurs couleurs

19   Empoli, Museo della Collegiata (1424).
20   Venise, Gallerie dell'Accademia (1393-1394).
21   Urbino, Galleria Nazionale delle Marche (1467-1469).
22   Grenoble, Musée de Grenoble (1638-1639).
23   Genette Gérard, *Palimpsestes. La littérature au second degré*, Paris, Seuil, 1982, p. 435-453.

n'ancrent qu'imparfaitement les tableaux vivants dans la modernité ; ils les relient plutôt à un temps incertain, en dehors d'une mode strictement assignable. Pareillement, les arrière-plans, de préférence sombres, d'où se détachent les personnages, parce qu'ils ne sont la plupart du temps que très faiblement individués, produisent un vague mais récurrent effet de tableau. Ce fond définit un seuil entre le renvoi à la peinture et la volonté de détacher d'elle une image inédite. L'inactualité obtenue, fruit de la rencontre dialectique des temporalités, permet à Bill Viola de traduire la manière dont circulent pour lui les images, ce qui, en chacune et entre elles, a retenu son attention et imposé l'évidence d'un nouveau travail. Le thème iconographique, encore perceptible dans ses images, correspond à une galerie mentale et affective que le vidéaste restitue à l'écran après avoir remodelé son matériau mnésique, l'avoir accordé à sa subjectivité pour le livrer en partage, en pariant sur son substrat d'universalité. S'y exprime, plus largement encore, une sensibilité particulière et affirmée aux images, à leur histoire, étayée sur la certitude qu'aucune image n'est sans images, sans occasions antérieures, et que le regard de l'artiste, quels que soient ses outils, fussent-ils les plus technologiquement avancés, dépend d'une archéologie de gestes et de représentations, d'une anthropologie. Du reste, l'atelier de Bill Viola se fait la chambre d'échos de cette mémoire visuelle : les nombreuses reproductions d'œuvres sur les murs, les abondants catalogues composent un musée d'images qui irriguent la création et lui aménagent son lieu d'accueil avec ses repères.

À ce titre, le travail d'imbrications temporelles qui sous-tendent les œuvres de Bill Viola peut apparaître comme une métaphore du processus intermédial qui les a suscitées. Dans les œuvres, en raison de l'emprise du ralenti sur le temps, « chaque instant, chaque image anticipe virtuellement son développement futur et rappelle ses gestes précédents[24] ». Il en découle que les vidéos « n'insèrent pas les images dans le temps, mais bien le temps dans les images[25] ». En réalité, il existe un temps des images, qui rattache le présent au passé, le long d'une histoire de l'art vectorisée : les performances ne sont pas isolées dans leur bloc de temporalité, coupée de toute préfiguration. Puisqu'elles ont pu apparaître et exister, c'est qu'elles étaient déjà prévues, en attente dans des œuvres antécédentes, tout à la fois comme des suppléances et des suppléments.

---

24   Agamben Giorgio, *Nymphes, op. cit.*, p. 13.
25   *Ibid.*

Ce temps de la survivance est répercuté dans la durée de déploiement interne à l'image. De même que chaque inflexion de l'émotion visible sur les visages est déjà contenue dans l'émotion qui l'a précédée et dont elle est l'émanation et la formalisation provisoires, chaque image renvoie à celles dont on peut dire, dans cette perspective, qu'elles l'ont *annoncée* (on ne s'étonnera donc pas que le tableau fondateur de *The Passions*, déclencheur du projet, soit précisément une Annonciation[26]) ; et, d'une certaine façon, chaque image en appelle d'autres à venir, dont les œuvres du cycle de Bill Viola sont les occurrences. Cette logique complémentaire d'enchâssement et de déploiement articule temps de l'image et temps dans l'image, sur les bases du processus fécondant de la mémoire.

Aussi l'écran opère-t-il comme une interface entre les images passées (dont le souvenir est conjointement présent et absent) et les images présentes (qui regardent en arrière tout en se projetant dans la boucle de leur représentation). Ces temporalités se correspondent, se regardent, ne se superposent pas cependant, créant dès lors l'intervalle suffisant d'où les images naissent et prennent vie, dans les termes d'une étrangeté familière. Étrangeté d'images dans lesquelles d'autres images, connues, sourdent et s'estompent, semblant ainsi doter, par extension, toute image d'un double coefficient d'être et de non-être[27].

Comme il découvre dans les tableaux qui le touchent une capacité de régénération et de « réavènement », Bill Viola les arrache au statisme de l'émotion dont la peinture est contrainte de privilégier une manifestation (ou plusieurs, comme dans *Le Christ aux outrages* mais, à chaque fois, en en détachant un unique aspect). En assumant par rapport à l'image la position d'une réapparition retenue, il s'affranchit encore de ce qu'il considère comme un risque attaché au sentiment de la peinture : il évite toute forme de monumentalisation de l'histoire de l'art qu'impliqueraient le soin scrupuleux apporté à la reproduction et ainsi le vœu de transparence mimétique inhérent au tableau vivant. Il désigne dans les images muséales non ce qui le séduit, voire le sidère mais ce qui peut de nouveau prendre forme et inspirer la vie. Le lien, pour ainsi dire résurrectionnel, aux œuvres d'art est donc révélateur de leur force et, simultanément, de leur insuffisance : celles de l'émotion

---

26   Celle de Dieric Bouts (1450-1455) conservée au J. Paul Getty Museum de Los Angeles.
27   Bailly Jean-Christophe, *L'Imagement*, Paris, Seuil, « Fiction & Cie », 2020, p. 17.

condensée dans un visage peint, de l'ébranlement qu'on y a suspendu. Or il faudrait, pour Bill Viola, retrouver cette intranquillité dont les passions sont par excellence les symptômes, dans le mouvement du visible, comme s'il s'agissait de revoir l'image, en tant qu'elle est dynamisme, à travers les images qui se sont arrêtées, « chutes abandonnées du passage du temps[28] ». Bill Viola part de la conviction que l'art est vivant dans le temps où les formes sont en vie, que la vie elle-même se donne comme un film, déroulant la permanence d'un apparaître. Réintégrés dans la fluidité du temps, qui est « une donation constante[29] », les tableaux prouvent qu'ils sont vivants, réellement. Quand la peinture célèbre l'achèvement « sans repentir et qui n'évoluera plus[30] », et que le tableau vivant classique exacerbe le sublime du figement, les vidéos de Bill Viola refusent que l'image, pour être elle-même, se retire de la vie ; elles entendent révéler que toute image, même la plus parfaite, reste promesse et devenir. De la sorte, elles rencontrent de nouveau le geste, l'action processuelle du peintre quand, pas à pas, touche après touche, il fait éclore l'émotion du trait et de la couleur.

Aux yeux de Salvatore Settis, les vidéos de Bill Viola énoncent le désir d'un « enracinement solide et lointain dans l'histoire[31] » de l'art. Elles sacralisent « l'expérience et les émotions des spectateurs » en intensifiant « l'épaisseur de la représentation[32] » par sa dimension réflexive et éventuellement critique. Dès lors, elles établissent avec l'observateur un mode de regard qui « présuppose la référence[33] ». Salvatore Settis rapproche en toute logique *The Passions* de l'esthétique du tableau vivant dans la mesure où, précisément, elle a pu, au gré de son histoire, entretenir avec la peinture un rapport tout à la fois de dépendance esthétique et de distanciation vis-à-vis de ses artifices expressifs et narratifs. S'autorisant des déclarations de Bill Viola, réservé lui-même sur une lecture culturelle de ses vidéos au détriment de la vérité de l'émotion, Chiara Cappelletto[34]

---

28 *Ibid.*, p. 51.
29 *Ibid.*
30 *Ibid.*
31 Settis Salvatore, « Bill Viola : i conti con l'arte », *in Bill Viola. Visioni Interiori*, sous la direction de K. Perov, Palazzo delle Esposizioni, Rome, 21 octobre 2008-6 janvier 2009, Rome, Giunti 2008, p. 20.
32 *Ibid.*
33 *Ibid.*
34 Cappelletto Chiara, « Bill Viola ou l'image sans représentation », *Images Re-vues*, 8 | 2011, http://journals.openedition.org/imagesrevues/497.

soutient, à la différence de Salvatore Settis, la nécessité de minimiser la filiation avec les modèles picturaux, ni repris ni détournés, mais plutôt envisagés comme des supports à l'émancipation d'images qui sont destinées à exister en elles-mêmes :

> Si l'on va trop loin dans cette voie, il est facile de se laisser séduire par le processus de citation en soi et pour soi, et on finit par ne plus avoir de respect pour la puissance intrinsèque des objets et des matériaux mêmes, et pour leurs potentialités de transformation intérieure qui constituent le motif originaire permettant de s'en approprier[35].

Pour Chiara Cappelletto, l'expressivité des images relègue au second plan la question des soubassements iconographiques. Au lieu de chercher à apprécier une image de seconde main en évaluant ses qualités représentationnelles, le spectateur serait invité à faire table rase de l'historicité de son regard et de celui de l'artiste, pour ne se confronter aux images qu'« en terme de réactivité physique et non en terme d'éducation visuelle, culturelle et symbolique. [...] B. Viola propose à nouveau, selon moi, la conception de cet *œil innocent* dont on pensait qu'il n'existait pas, sous la forme d'un *corps sincère* dont l'existence reste encore à prouver[36] ».

Mais, si les images de Bill Viola s'écartent visiblement d'un usage strict de la *mimésis*, comment oublier qu'elles doivent leur présence à des œuvres préexistantes, non exactement parce qu'elles répètent des solutions figuratives déjà éprouvées par les artistes (ce qui les ramènerait au tableau vivant et, selon Bill Viola, empêcherait qu'on les regarde librement pour ce qu'elles sont) mais parce qu'elles puisent dans d'autres œuvres leur énergie, leur puissance de figurabilité ? Les deux interprétations, au regard des images, ne sont pas incompatibles : les citations d'art, telles que les intègre Bill Viola, n'entravent pas l'émotion des visages filmés ; elles les engendrent et continuent de les traverser, à la manière des figures, entêtantes et mouvantes, du rêve. Une toile peut être, aux yeux de l'artiste, une vidéo en sommeil.

---

35   Viola Bill, « In risposta alle domande di Jörg Zutter », *in Bill Viola. Visioni Interiori*, *op. cit.*, p. 183-184.
36   Cappelletto Chiara, « Bill Viola ou l'image sans représentation », art. cité.

ÉMOTION

Il existe bien dans l'histoire du tableau vivant, en dehors de la difficulté à tenir la pose sans bouger, des approches de la mise en mouvement[37], lorsque les figurants de la représentation se mettent progressivement en place ou bien quand le choix est fait d'un enchaînement des scènes, au moyen notamment de rotations[38]. Mais pour défaire leur agencement figural et en offrir un nouveau à sa suite, les acteurs ont besoin d'un laps de temps qui fractionne inévitablement le spectacle et rompt sa linéarité. Quels que soient les efforts pour conformer le tableau vivant à l'image-mouvement, le comble de cette pratique reste l'arrêt visuel sur le mode de l'apparition saisissante et de la ressemblance virtuose avec des modèles statiques.

Chez Bill Viola, le flux des images, émancipées de la fixité (celle du tableau comme surface retenue et de la peinture comme référence historique), sert une unique intention : manifester l'émotion et son monde fluide. Tandis que la peinture maîtrise traits et postures dans le but de dégager des états pathiques saillants, les vidéos de Bill Viola replacent les phénomènes passionnels dans un continuum qu'elles déroulent sans hiérarchie ni accentuation définitives. Comprises dans leurs modulations plus qu'isolées dans leur singularité, les émotions à l'œuvre en image sont modelées sous l'angle de l'intensité et du mouvement. Non qu'elles paraissent moins fortement éprouvées que dans la figuration peinte d'un Christ de pitié ou d'une *virgina dolorosa* : au contraire, les déchirements passionnels des visages se répercutent sur l'intégralité du corps, autant que l'image, en fonction de ses cadrages, nous le laisse percevoir. Toutefois, aucune émotion ne prévaut sur l'autre puisque chaque inflexion est déterminée par celle qui va lui succéder et déjà produite par celle qui l'aura auparavant engendrée.

Même si, parmi les ouvrages et les images qui ont préparé *The Passions*, se trouvent les dessins de Charles Le Brun réalisés en 1698 pour sa *Conférence sur l'expression générale et particulière*, l'anthropologie

---

37 Pour Valentine Robert, « les tableaux vivants n'ont jamais été purement immobiles » (« Le tableau vivant ou l'origine de l'"art" cinématographique », *in Le Tableau vivant ou l'image performée*, sous la direction de J. Ramos, Paris, Mare & Martin-Institut National d'Histoire de l'Art, 2014, p. 270).

38 Voir *ibid.*

de Bill Viola et, partant, son esthétique se distinguent nettement de la physiognomonie classique, jusqu'à la contredire. Car Le Brun projette dans la gestualité rhétorique des visages la pression de l'émotion ; il moule, au moyen de la tension expressive du ressenti, la surface des corps. La peau, enveloppe finalement peu résistante, en est littéralement bouleversée. Sollicitée du dedans, l'image se tient alors, dans son achèvement, à un point de crispation extrême, pour ne connaître plus aucun développement. Le Brun freine les fugacités de la vie affective, il canalise l'instabilité (ce qui l'aide à en accroître la charge) et il apaise paradoxalement la forme après que la force de la passion l'a violemment propulsée. À l'opposé, Bill Viola fonde ses images sur la constance d'une volonté qui, seconde après seconde, minute après minute, dynamise des métamorphoses.

Il peut donc arriver qu'un même visage connaisse, sur la durée de la vidéo, plusieurs émotions, éventuellement antithétiques, distinctes en tout cas. Dans les compositions de Bosch ou de Mantegna, Bill Viola s'intéresse particulièrement à la distribution des expressions dans la mesure où elles anticipent, sans encore la réaliser, ces turbulences passionnelles qu'il concentrera, pour sa part, au sein d'un même visage. Il ne renonce d'ailleurs pas au dispositif de groupe qui permettait aux peintres de jouer sur les harmoniques émotionnelles. Dans ses quatuors ou ses quintets, comme dans ses diptyques ou ses prédelles, le vidéaste diffracte, à sa manière, la gamme émotionnelle comme nous y a habitués la peinture. Chaque personnage incarne de son côté et sans que ses partenaires n'en aient conscience, un éventail de passions que les autres ne ressentent pas semblablement. Ainsi, les émotions traversent rythmiquement plusieurs visages. Elles se croisent éventuellement, coïncident quelquefois mais toujours de manière partielle et jamais selon la même histoire. Chacun rend visible un film – son film émotif – à l'intérieur d'une image qui, par décalages fugués, orchestre le ballet des visages et draine dans son flux la somme de tous les autres. Pour le spectateur, les émotions se répondent sans qu'elles ne se correspondent pour les acteurs. L'image tire finalement son énergie de ces polarités pathiques que le vidéaste a composées d'après la peinture et auxquelles il confie toute la charge kinésique de ses images.

Certainement, chaque visage est très individué ; il l'est avec d'autant plus de force que Bill Viola le réserve entièrement à la projection des passions, rendues inhabituellement visibles par l'insistance du ralenti. À ce marquage formel de l'émotion sur le corps et en lui, s'ajoute la performance des acteurs invités par Bill Viola à puiser en eux-mêmes, selon le credo de l'*actor's studio*, le matériau subjectif qui alimente, *in vivo*, la puissance de l'expressivité[39]. Cependant, cette actualisation de la scène pathique n'obéit pas au diktat de la narration. On pourrait d'abord le croire puisque – son carnet de notes le suggère –, Bill Viola paraît vouloir construire ses vidéos sur un scénario ou, à tout le moins, un canevas narratif. Pour réaliser ses films, il fait répéter ses acteurs, les dirige dans un studio, déplaçant dans l'image vidéo les logiques de préparation et de tournage cinématographiques. Mais, si *Catherine's room* conserve bien le principe d'une narration, quoique ritualisée et à proprement parler sans histoire sinon celle d'une existence simplement méditative, *The Quintet of astonished*, par exemple, fait pratiquement disparaître toute trace de narrativité.

Le plan du fond, l'absence de décors (que contenait encore *The Greeting*) ou d'accessoires contribuent à supprimer l'arrière-plan temporel qui aiderait le spectateur à élucider les motifs de la crise émotionnelle à laquelle il assiste. On ne saura donc rien de ce qui a déclenché la douleur, de ce qui absorbe tel visage ou éclaire tel autre. En réalité, pour Bill Viola, l'histoire ne doit pas fournir un réseau de faits justifiant une dramaturgie mais agir comme un ferment émotionnel, un stimulus : ses mises en scène sont des mises en état et en disponibilité de sujets pathiques. La situation de vulnérabilité qui en résulte rend possible, à cette condition, l'avènement de l'émotion (non son dépôt) et son mouvement, désormais indépendant de sa cause et donc du moindre « procès historique[40] ». Dans ses déclarations, Bill Viola explique avoir tout compte fait décidé de se débarrasser du script et de la narration pour ne plus ajuster sa formule du tableau vivant qu'aux émotions seules : « Je suppose que c'est la même chose pour un peintre, dans un sens, qui veut accéder au rouge en tant qu'expérience ou couleur pure, et non comme la part d'illusion picturale d'une rose[41] ». L'émotion est la couleur de la vidéo,

---

39   Voir France Jancène, « Bill Viola, *The Passions* : mise en scène de moments critiques », *in La critique, le critique*, Rennes, Presses universitaires de Rennes, 2005, p. 81-90. Disponible à l'adresse suivante : http://books.openedition.org/pur/28678

40   *Ibid.*

41   « A conversation. Hans Belting and Bill Viola », 28 juin 2002, *in Bill Viola. The Passions, op. cit.*, p. 201.

décantée des circonstances factuelles de son apparition ; couleur pure, bien que changeante, ne perdant rien de sa vigueur en chacun de ses surgissements sur sa ligne mobile.

En somme, l'action n'intéresse Bill Viola que comme *actio*, à condition de ne pas l'entendre non plus, dans un sens trop étroitement rhétorique, comme un lexique préétabli de gestes séparés, mais bien comme une syntaxe, ou mieux un phrasé de dynamiques émotionnelles. Le déroulement de la séance se substitue alors aux conditions narratives extérieures qui l'expliqueraient. Ne compte plus, une fois lancée, que l'histoire inventée et dirigée par les émotions elles-mêmes. Viola ne voit pas dans la passion un signe qui signalerait ou signifierait un événement, dont elle serait la métonymie fétichisée. Dans ses vidéos, le flux émotionnel a toujours, semble-t-il, déjà commencé, sans cause ni fin : il est déclenché et entretenu avec suffisamment de concentration pour se transformer et se maintenir dans la tension du manifesté. On le voit passer sur les visages ou mieux les occuper (les préoccuper), contraindre leur plasticité et conférer aux figures (les acteurs-personnages ne sont plus les simples figurants du tableau vivant classique) leur incroyable profondeur, péniblement ressentie en raison de la force qui, interminablement, imprime son poinçon sur la peau. Cette gravité toutefois n'est pas incompatible avec l'emportement formel et la paradoxale légèreté dont il donne le sentiment : les corps s'affirment de toute leur présence en ne cessant de se renouveler, d'être déterminés et entraînés par ce qui les affecte et, d'une certaine façon, les ravit. À peine sont-ils reconnaissables, alors même qu'ils adhèrent pleinement à leur émotion et que l'émotion adhère intimement à la peau.

C'est sans doute parce qu'ils sont pensés prioritairement comme des formes qui donnent formes, des patrons émotionnels, des *skemata*. Dans un chapitre de son essai, Horst Bredekamp fait du schéma, en le référant aux textes de Platon, le paradigme du tableau vivant[42] ; il parle, en conséquence, d'« acte d'image schématique ». Cette notion aide à décrire les œuvres de Bill Viola, si on ne lui donne pas le sens de contour figural, d'enveloppe d'un volume et de modèle graphique ; elle est davantage l'égale d'une force motrice au sein de la figure, un milieu d'accueil du changement, comprise dans l'unité d'une identité en mutation. Sous l'angle de cette ouverture du schéma à la matière, les corps de Bill Viola

42   Bredekamp Horst, *Théorie de l'acte d'image, op. cit.*, p. 94.

n'ont plus rien des statues qu'ont tendance à figer les tableaux vivants :
ils performent le corps moins peut-être pour transfigurer la vie dans
l'art, comme l'envisage Horst Bredekamp[43], que, tout simplement et
plus miraculeusement encore, faire entrer la vie dans l'art.

MOTION

Le choix le plus spectaculaire de Bill Viola est certainement l'emploi
systématique qu'il fait du ralenti dans ses vidéos. Cette action sur la
vitesse, infléchissant du dedans ses images, est en partie la traduction
du regard que l'artiste moderne porte sur les œuvres du passé. À ses
yeux en effet, les émotions restituées par certaines peintures dépendent,
malgré l'immobilité fondamentale de leur rendu, d'un bougé impliqué,
suspendu dans le trait et la touche. Bill Viola ressent, dans ces tableaux
– en quoi ils l'émeuvent et en même temps ne comblent pas tout à fait
son attente – la dynamique pathique signifiée par les corps, c'est-à-dire
l'effet qu'ils produisent pour qu'ils nous touchent. La vidéo s'appuie sur
l'expression picturale de la passion qui ne serait, en définitive, que l'arrêt
sur image d'un ralenti ; elle lui redonne de la vitesse, fût-elle infiniment
lente, pour libérer, par sa force motrice, l'émotion des êtres peints et la
faire irradier partout de la substance de l'image.

Techniquement, la vitesse des vidéos est traitée selon un double
processus : la prise rapide de la scène (l'action doit tenir moins de 40
secondes et tend au point immobile de l'émotion peinte) et l'étirement
ensuite de cette compression temporelle dans une durée volumineuse
et sensiblement ressentie. D'un côté, un maximum d'énergie dans un
minimum de temps (une sorte de « bourrage », pour reprendre à Gilles
Deleuze son expression à propos du pli[44]) ; de l'autre, un minimum de
matière dans un maximum de temps, selon l'action complémentaire
de l'étirement[45]. L'enregistrement ramasse le temps sur lui-même, de
façon à resserrer l'intensité émotionnelle, tandis que le film des images

43 *Ibid.*, p. 105.
44 Deleuze Gilles, *Le Pli. Leibniz et le baroque*, Paris, Minuit, 1988.
45 *Ibid.*, p. 166.

bénéficie à l'inverse d'une dilatation minutieuse de cette intensité, qui n'a rien à voir avec sa dilution, dans l'ordre de la durée. Grâce à ce dépliement processuel, le temps apparaît dans toute sa matérialité, comme un authentique exprimé, et il est conservé à l'image, en étant doté d'un poids physique considérable et parfois, quand la douleur est aiguë, difficile à supporter pour le spectateur, tant le corps semble constamment conduit à son point de rupture.

Cette vitesse, créée par la machine, brusque (de toute sa lenteur) notre perception du réel et, notamment, sa précipitation, ce que la peinture déjà opérait, en livrant au regard la chance de se perdre dans la contemplation, voire la méditation, d'un regard éploré ou d'un front ridé de douleur. L'image s'accorde le temps d'entrer au creux de l'émotion et d'être saturée par elle. Pour y parvenir, elle élabore, grâce au ralenti, un autre rapport temporel aux phénomènes ; elle s'attarde dans l'hypostase de la durée.

En adoptant le ralenti, Bill Viola se dote d'un instrument, à la façon d'une loupe de temps, qui lui permet de fouiller l'espace des émotions. Dépliés, soulevés de leur surface, mais leur appartenant encore en quelque façon, les visages s'épaississent, se décomposent ; leurs traits sont engagés dans des changements (et à des moments, dans des distorsions) que notre regard est désormais, grâce à la netteté de rendu des écrans modernes, en mesure de découvrir avec acuité. Le soin apporté par les peintres de l'Europe du Nord du XVᵉ siècle à la qualité, à la netteté de la représentation[46] doit, pour Bill Viola, servir de modèle à l'art vidéo. Car il attend de cette nouvelle technologie qu'elle circonscrive, sans en perdre le flux, chaque détail, chaque tremblement, chaque transition dans la palette des émotions. Le vidéaste ne souhaite pas que ses images soient obsédées par la surexpressivité des corps. D'une certaine façon, il ne s'intéresse pas aux passions en tant que telles, quand elles atteignent leur plus haut degré, leur crise. Il veut capter ce qui ne se voit jamais dans leur figuration (sinon en les dissociant) et qu'a tendance à faire oublier l'intensité dramaturgique des passions, par souci de spectacularité.

En demandant à ses acteurs de se mettre au diapason de ce qu'il nomme un « arc d'intensité[47] » (un schéma de circulations et d'interactions

---

46 *Bill Viola*, *op. cit.*, p. 35.
47 Bill Viola cité par John Walsh, « Emotions in extreme time. Bill Viola's Passions project », *ibid.*, p. 36.

passionnelles), individuellement éprouvé, Bill Viola espère parvenir à enregistrer les nuances, les passages, les paliers, toute l'activité intermédiaire qui inscrit chaque émotion dans son environnement pathique : « Pendant qu'ils bougent, tu saisis une configuration temporelle – "des constellations" et des moments culminants d'alignement qui se défont lorsque de nouveaux commencent à se former. Je suis intéressé par ce que les anciens maîtres n'ont pas peint, par les passages situés au milieu[48] ». Ainsi, même les émotions les plus aiguës témoignent qu'elles voisinent avec d'autres, peut-être avec toutes les autres, y compris celles avec lesquelles elles entretiennent des rapports apparents de contraste ou d'antagonisme. La vie des passions et non leur état, le « composé multiple » de tel sentiment « variant en qualités et intensités, selon des rythmes obscurs et précipités », comme a pu également s'y intéresser Jean Epstein[49], sont les objets, au mystère entêtant, de la captation vidéo. Or il n'existe aucun conflit ni même aucune dissemblance entre les occurrences de l'émotion dont Bill Viola fait jouer et distend les « arcs » : la peur n'est pas opposée à la joie comme l'angoisse ne l'est pas au plaisir puisque l'une est la matière sororale de l'autre. Le discours sur les passions aux périodes antérieures pouvait les ranger dans des listes organisées, des répertoires, des tableaux, les soumettre à une taxinomie régie par les principes explicatifs de leur surgissement. Mais c'est aux images et donc à leur forme-matière que Bill Viola restitue la faculté de révéler la malléabilité des phénomènes. Ce monde « vaste et complexe[50] », plus vaste et complexe qu'il n'y paraît, est le gisement que l'artiste exploite dans ses œuvres séquentielles : il mène au visible l'indiscernable des mutations et des équations internes aux émotions, accessible essentiellement dans leur mouvement, à condition d'en ralentir l'appréhension, pour augmenter le manifesté et enrichir l'expérience somatique.

La fonction emphatique du ralenti[51] y trouve son plein épanouissement. Bill Viola apprécie sa capacité à rendre tangible la solennité des gestes rehaussant des expressions elles-mêmes intégralement et profondément

---

48   *Ibid.*
49   Epstein Jean, *Écrits sur le cinéma*, Paris, Seghers, « Cinéma club », 1975, t. 2, p. 184.
50   *Ibid.*, p. 28.
51   Voir Elie During, « L'image ralentie : de la caméra-œil au bullet-time », *in Images des corps /
     Corps des images au cinéma* Lyon : ENS Éditions, 2010, p. 71-90 (http://books.openedition.
     org/enseditions/9094).

vécues. Comme dans un rituel, accentué par la lenteur chorégraphique qui les anoblit, les sujets émus détaillent leurs mouvements, ils leur prêtent une admirable attention, s'attachent à eux méticuleusement, tout en les éprouvant sans recul, dans un engagement radical. L'émotion s'emplit de gravité ; la souveraineté de sa puissance est affirmée dans une durée dilatée, hyperbolique. Cette solennité, partagée dans les groupes par chacun des participants, s'apparente ainsi à des expériences proches de la mystique, que Bill Viola met en écho avec les spiritualités chrétienne, hindoue, bouddhiste ou islamique.

L'émotion fait bâiller le corps en lui insufflant la charge de l'âme affectée ; elle est sans afféterie, sans filtre. Les acteurs eux-mêmes, à force de travail sur leur propre intériorité, sont délestés des postures imposées ; ils doivent abandonner toute technique de jeu prédéterminée, tout réflexe. Car les indications prodiguées par Bill Viola ne visent pas à organiser un espace scénique ; elles déroutent les acteurs pour que, sans autre repère que l'énergie des attractions affectives, ils inventent un milieu sensible, favorable à la diffusion des expressions et à leur vérité. Le ralenti ne favorise le surgissement qu'associé, collé presque à son processus, plus longuement visible que son résultat. Il est difficile au spectateur de percevoir où se situe la crête émotionnelle ; c'est tout le mouvement de l'avènement qui s'accomplit dans la durée d'une grâce. Le sublime ne s'affirme pas sous l'aspect dramatisé d'une frappe de l'émotion sur les corps, d'un saisissement sans retour ni complément. La lenteur prend la mesure d'un transport extrême, incessamment renouvelé sur une surface elle-même corrigée ; cette immersion dans la qualité de la passion reflue sur les visages et se transmet dans une image incroyablement dense, relevant d'une théâtralité sans artifice, « une épaisseur de signes et de sensations qui s'édifie[52] ». Car élisant le ralenti comme vitesse de figuration, Bill Viola emploie la solution d'un trucage qui détache l'image de sa réalité quand la vidéo pouvait paraître propice à livrer le réel avec une sorte de spontanéité naturaliste. Or de l'usage qu'en fait le vidéaste, il ressort une vérité supérieure ; elle témoigne du pouvoir de révélation de l'enregistrement au point que le ralenti n'est plus ressenti en soi ; le spectateur oublie son artificialité pour éprouver, grâce à lui, le passage à la limite de l'image-perception et de l'image-affection.

---

52   Barthes Roland, « Le théâtre de Baudelaire », *in Essais critiques*, Paris, Seuil, « Points », 1981, p. 41.

EMPATHIE

Le régime figuratif voulu par Bill Viola pour filmer les émotions et les mettre en communication avec notre regard vise à créer des séries associées de relations actives : entre les images et les spectateurs qu'elles cherchent à toucher, entre les acteurs et les figures auxquelles ils prêtent leur corps jusqu'à provoquer en eux des épreuves émotionnelles, mais déjà entre les vidéos et la vie personnelle de Viola. Autrement dit, les images se situent au croisement du privé et du public, du psychologique et du culturel, du subjectif et de l'universel. C'est ce faisceau de rapprochements, définissant les contours d'une proxémie sensible des images, que la relation privilégiée avec certains tableaux a d'abord mis au jour. Bill Viola a perçu en eux une actualité intime, inséparable de la mémoire culturelle à laquelle ils donnaient accès à travers l'événement de leur représentation particulière. S'est alors imposée à l'artiste l'intuition du rattachement signifiant de sa propre histoire émotionnelle avec la mémoire des gestes pathiques que les hommes ont en partage et que, dans leur histoire, ils ont désiré exprimer.

Bill Viola a évoqué la manière dont la confrontation avec la peinture avait coïncidé, dans sa vie, quelque temps avant de monter *The Passions*, avec des moments personnels de grande affliction. Le séjour au Getty est ainsi entièrement marqué par le drame de l'agonie inexorable du père de l'artiste déjà affecté, quelques années auparavant, par la mort de sa mère. Dans une conversation avec Hans Belting, Bill Viola évoque, plus précisément encore, comment la vision, insupportable, de la Madone éplorée de Dieric Bouts l'avait totalement submergé lors d'une visite à l'Art Institute de Chicago[53]. Au contact de l'émotion ressentie en même temps que son double de peinture, Bill Viola se sent pris par un assaut ininterrompu et incontrôlable de larmes : il se met à pleurer comme la Madone pleure ou plutôt, dira Bill Viola, surpris dans sa peine par le tableau, ils pleurent ensemble. Tout à coup, le drame de la Vierge est le sien, ils partagent une histoire, celle, éternelle, de la séparation et de la mort. Les larmes peintes, métonymies de la perte et de la souffrance, prévues par Bouts comme point d'appui dévot

---

53 « A conversation. Hans Belting and Bill Viola », art. cité, p. 198.

du pathétique, déclenchent l'émotion de celui qui s'adonne à elles. Centré sur les pleurs et les yeux rougis de la Madone, le spectacle du tableau est insupportable, écrit Bill Viola (« *excruciating* », « *hard-core detail* »)[54]. Or, précisément, cette sur-expressivité des zones locales corporelles touchées par la douleur, en condensant le tableau et sa force pathique, accroche le regard et, à travers lui, affecte un autre corps. Les éléments poignants, *puncta*, trous, entailles qui, aux yeux de Roland Barthes, creusent dans les photographies nos blessures[55], se comblent ici ; le détail des larmes pointe en notre direction ; protubérant, gonflé (œil, goutte, œil-goutte, goutte-œil), il fait relief, empli de sa disponibilité empathique. L'action de l'émotion sur l'œil, visible à sa déformation et à l'humeur qui s'en échappe, concentre le regard sur lui ; elle l'extrait du corps et Bill Viola s'en saisit comme ce qui l'émeut plus que tout (avec un sentiment mêlé d'attraction et d'horreur) et comme le lieu de la vision recréée qu'il veut adopter : un œil renforcé en qualités et intensités, un « sur-œil[56] » adhérant à son objet tout en se décollant pour en suivre le mouvement, et qui parvient à augmenter l'expressivité. L'image ralentie, fluente, est le prolongement naturel de cet œil en pleurs.

C'est alors dans les yeux de la Madone que l'émotion refait surface, ignorant toute surface qui ne soit accès à l'altérité partagée. Bill Viola décrit la chute de l'eau de l'œil sur la joue de la Vierge. Il ne voit plus le grain de la couleur. Franchissant l'opacité de la peinture, il reçoit l'offrande transparente qu'elle recèle, le don directement adressé (« *tears streaming down her face*[57] »). À ce transport humoral, répond, sans latence, la pulsion de douleur. La lenteur des vidéos est bien la rémanence de cet écoulement hors des temps et des plans de réalité ; elle résonne encore de la mort lente du père (« *my father was dying slowly, inexorably*[58] »). La visite au musée de Chicago a lieu, comme l'indique Bill Viola à Hans Belting, alors que son père est encore vivant, « *but fading* ». Roland Barthes a retenu, on le sait, le « fading » comme l'une des figures de son discours amoureux, désignant l'épreuve du retrait, « tel un mirage

54　*Ibid.*
55　Epstein Jean, *Écrits sur le cinéma*, Paris, Seghers, « Cinéma club », t. 1, 1974, p. 191.
56　Barthes Roland, *La Chambre claire. Note sur la photographie*, Paris, Cahiers du cinéma-Gallimard-Seuil, 1980, p. 48-49.
57　« A conversation. Hans Belting and Bill Viola », art. cité, p. 198.
58　*Ibid.*

triste[59] », infligé par l'être aimé. L'éloignement est exactement ce que conjure la double expérience des larmes échangées et des vidéos où se conjugue le deuil. Car le déport à l'infini de l'être perdu s'inverse en une avancée de la présence qui se gonfle de temps.

Les vidéos ne prétendent pourtant restituer aucun souvenir direct. Elles ne retracent pas un récit autobiographique. Les éléments de la vie de Bill Viola, aussi déchirants soient-ils, n'y font sens et n'y sont vivifiés que sous la forme d'une extension de soi à la communauté souffrante de figures vouées à symboliser, non par l'abstraction de l'allégorie mais à travers la chair vibrante d'autres sujets, l'expressivité de la condition humaine, identifiable au-delà des siècles. Voilà pourquoi les acteurs des figurations émotives sont eux-mêmes poussés à engager leur histoire, y compris en ses zones les plus intimes[60], dans le territoire de l'image. Les scènes de groupe ou les diptyques de *The Passions* reflètent l'enjeu d'une incarnation individuelle du fait émotionnel sur le fond d'un espace commun qui nous unit et nous permet de nous comprendre. Chaque sujet éprouvant est, en effet, identifié par la gamme d'affects qui mobilise la totalité de son existence ; c'est apparemment par l'essor du sentir qu'il se définit comme unique. Dans les groupes, les figures ne sont pas réglées pour être synchrones, elles ignorent ce que l'autre est en train de ressentir, alors qu'il est parfois très proche. Néanmoins, un rythme transparaît à l'écran : l'émotion, bien qu'individuée, est chorale, chacun, comme malgré lui, prenant place dans l'image, redéfinie comme un milieu de circulations et de coexistences.

Il en va ainsi de l'effet recherché de l'image sur le spectateur : elle se livre pour mieux pénétrer l'émotion, faire irruption dans la vie de ceux qui prennent le temps de s'arrêter devant elle. Elle leur remémore la longue histoire des corps sentants dont les représentations plastiques sont les avatars vivants, les *moyens* au sens fort. Entrer dans l'émotion d'une peinture, être en retour envahi par elle deviennent, à la suite des événements personnels au Getty et à l'Institute of Art de Chicago, les impératifs esthétiques, affectifs et psychiques du programme de *The Passions*.

---

59   Barthes Roland, *Fragments d'un discours amoureux*, Paris, Seuil, « Tel Quel », 1977, p. 129.
60   On sait par exemple que, atteinte de la maladie d'Alzheimer, la mère de l'acteur de *Man of sorrows*, John Fleck, était mourante au moment du tournage de la vidéo.

Bill Viola est alors amené à revenir aux théories de l'empathie (« *This empathetic property of the emotions*[61] ») élargies aux œuvres d'art, telles qu'elles ont été développées dès le XVIIIᵉ siècle par Theodor et Robert Vischer. Déjà, le tableau vivant en soi problématise de manière exemplaire l'hypothèse d'une abrogation de la division entre les artefacts et la vie[62]. Le ralenti imprimé sur le mouvement, qui sous-tend la projection par l'écran du geste émotif, accroît encore le processus empathique. S'il ne naturalise pas la représentation et même rend plus évident que nous voyons des simulacres, en revanche, courbant l'image sur elle-même, il participe à sa mise en volume, à sa sculpture vivante, et il assure, pour Bill Viola, l'une des conditions essentielles pour qu'une rencontre ait lieu avec le spectateur. Le ralenti est déjà la preuve que le temps a été ému.

Mais le lien empathique est au préalable ce qui raccorde les tableaux et les vidéos et justifie que soient réenvisagées, littéralement, les figures émotives de l'histoire de l'art : la peinture produit une telle *enargeia* qu'elle ne peut que stimuler le désir d'en reproduire une imitation empathique. À condition que soit engagée une réappropriation de la nature de cette imitation pour en assurer l'efficience. En éliminant l'histoire, le *drama*, au profit de la jouissance émotive, Bill Viola mobilise l'image sur les impressions. Ainsi, il l'épure du pathétique ordinaire (ou disons de l'*empathie narrative*) de façon à favoriser ce qu'il identifie comme le sublime du *pathos*, entendu à la fois comme un processus de décantation du réel et de symbolisation, à son plus haut degré de fulgurance sensible et en conséquence, pour Bill Viola, d'évidence spirituelle, imposée par l'énergie absolue des corps. Les métamorphoses que le ralenti fait subir aux corps filmés dégage une force plastique, une violence opératoire que Bill Viola met au service de la répercussion, à son tour violente, que les images occasionnent en nous. Quand on a pu, comme Wilhelm Worringer[63], reprocher au concept d'empathie d'encourager non la compréhension dans l'autre du fond communicable de la vie mais une relation exclusivement narcissique à l'extériorité, Bill Viola revient, bien davantage, sur la possibilité d'un dialogue unifiant entre des corps en présence, touchés par l'éternité des affects, au seuil de l'œuvre d'art

---

61　« A conversation. Hans Belting and Bill Viola », art. cité, p. 210.
62　Bredekamp Horst, *Théorie de l'acte d'image*, *op. cit.*, p. 110.
63　Worringer Wilhelm, *Abstraction et Einfühlung*, trad. E. Martineau, Paris, Klincksieck, « L'esprit et les formes », 1978.

et grâce à elle. Cet accès aux émotions à travers la re-présentation, ou mieux la re-présentification de l'image dépasse toute individuation ; il conteste, par là, la frontière entre les œuvres et les hommes au nom d'une anthropologie de la force émotive qui ravit tout corps à lui-même, quel qu'il soit : « *We are all moving images*[64] *! ! !* ».

L'implication, dans nos vies, d'images qui arrivent jusqu'à nous et nous sollicitent, voilà ce que Bill Viola voudrait que ses écrans obtiennent. Car il désire tourner l'expérience solitaire, qu'affronte chacune de ses figures, vers d'autres regards et surtout vers d'autres corps. Pour lui, en effet, c'est avec l'intégralité de notre réalité physique que nous voyons. Sans doute cette ambition s'appuie-t-elle sur une perception des gestes émotionnels, dont les visages sont les réceptacles essentiels et dont les corps tout entiers sont les ondes de choc, comme des constantes infiniment modulables. La série *The Passions* décrit, en multipliant les formats et les dispositifs, la mutabilité des affects. Cette dernière cependant n'est pas produite de manière autonome par les vidéos. Les renvois à des tableaux préexistants, échantillons eux-mêmes du vaste champ des affects humains, dépendent d'une conception transhistorique qui s'efforce de rattacher, en temps réel, dans un présent éternisé et un « flux incessant d'humanité[65] », l'art à l'existence et inversement.

On pourrait appréhender cette conception de la vitalité des images par le prisme des formules de *pathos* qui ont hanté l'œuvre d'Aby Warburg. S'il ne s'intéresse pas aux effets de calque des tableaux vivants, Bill Viola concentre en revanche sa sensibilité sur la richesse à tirer de la répétition énergétique de gestes replacés dans un rapport anachronique, conformément à sa vision d'une culture active. D'un tableau à une vidéo, il est possible d'identifier des élans plastiques, dont les mises en formes peuvent se faire écho mais qui surtout se retrouvent autour de forces à l'œuvre. Ces forces, actualisées dans les régimes intenses du devenir que sont les émotions, entraînent les images dans de douloureuses déformations sans les détruire, en les rendant au contraire accessibles à des cycles de métamorphoses sans fin. Les gestes de passion accomplissent alors des trajets à travers des singularités fécondes, métonymies de l'universel, dont la vidéo est le catalyseur et le vecteur : la mémoire des tableaux revient, elle se recompose avec d'autres matériaux plastiques et dans la trame d'autres chorégraphies

---

64 Viola Bill, *Journal*, août 2013.
65 *Bill Viola*, *op. cit.*, p. 38.

émotives mais elle diffuse un langage de signes originaires, une grammaire qui continue d'agir, de toute sa puissance empathique, dans des territoires d'image dramatisés (mais dépourvus de récits).

MÉDIUM

L'une des particularités du traitement des écrans par Bill Viola est la mise en avant de leurs potentialités concrètes. La qualité technique des images accentuée par le ralenti qui les rend plus visqueuses ramène à la consistance de la peinture[66] et à ses événements de présence. Mais tandis que le geste du peintre trouve son relief, son épaisseur de touche, grâce au matériau coloré quoique sans parvenir à l'animer, la vidéo va jusqu'à produire, grâce à la mise en œuvre de ses formes, un soulèvement, une protension du sensible au-delà de sa surface, telle que sa texture semble cette fois saisissable et, en tout cas, manifeste le désir de l'être. L'écran encourage l'illusion, avec celle inverse d'une profondeur, d'une projection des corps émus hors d'eux-mêmes qui enveloppe le spectateur. La force impressive, hyperesthésique, des passions vécues et déployées compense ce que l'image ne peut réellement obtenir : faute de les atteindre effectivement, elle touche sensiblement le regard et, dans son aura, le corps du regardeur.
Une constante identifie les vidéos de Viola tout en les troublant : chacune d'elles, d'une manière ou d'une autre, remonte à l'élément primordial aquatique ; elle en récupère les qualités, lui emprunte sa double vertu d'agitation et de régénération, voire de transfiguration, que l'artiste aime rapporter à la spiritualité bouddhiste[67]. Bill Viola veut concevoir dans son œuvre des actes, des miracles d'eau : corps plongés, jaillissants, éclaboussés ou ruisselants, happés dans des cataractes en furie (*Tristan's ascension*, 2005)... présentent un complexe où s'accomplit la quête d'un élément originaire alliant mouvement et densité (valeurs indispensables à l'obtention d'une image), où se vérifie le principe d'une émergence lustrale des corps et, enfin, où s'exerce le don généreux d'une coulée en direction du spectateur. Les

---

66 « A *smooth, creamy texture like oil paint* » (Bill Viola cité par John Walsh, « Emotions in extreme time. Bill Viola's Passions project », *ibid.*, p. 36).
67 *Ibid.*, p. 26.

émotions s'avèrent, selon cette logique de la sensation, une des modalités de l'imprégnation qui caractérise l'univers imaginaire de Viola. Par nappes, par remous, par tourbillons et courants, elles submergent les sujets et se répandent, à partir de leur corps, sur le projectile dans lequel ils baignent et qui, en retour, favorise leur motion. Telle une eau sans limites, l'image fait naître et renaître les figures de l'émotion ; ses cycles, accrus par la mise en boucle des vidéos, leur donnent une vie éternelle.

Bill Viola a plusieurs fois raconté le traumatisme ancien d'une noyade dont ses images aquatiques sont l'inlassable réitération et la recréation à la fois tragique et heureuse. À six ans, il réchappe de peu à la mort alors qu'il s'amuse avec son cousin à plonger dans un lac près de New York. Ayant oublié de vider ses poumons, le garçon tombe à pic : « Je me suis alors assis au fond du lac, comme un petit bouddha, et j'ai vu ces rayons de lumière étonnants qui pénétraient dans l'eau, exactement comme dans *Ascension*. Ensuite, mon oncle m'a rattrapé avec son bras et m'a sorti de l'eau[68] ». De cette expérience d'un spectacle au bord de la mort mais doté d'un pouvoir d'envoûtement vital (être à la fois devant et derrière, voire sous et dans l'image), l'œuvre de Bill Viola sonde interminablement l'écho. L'intégrant comme la ressource élémentale la plus primitive qui soit, la vidéo, malgré son haut degré de technologie, reproduit la densité substantielle de l'eau : les corps qui y sont immergés connaissent une vie profonde, lumineuse, même si elle est souvent vécue avec mélancolie. Dans *Surrender*, la réflexion narcissique est complètement transformée au profit d'un échange avec les images d'eau : la prosternation de l'homme et de la femme, faussement au miroir l'un de l'autre, n'aboutit pas à l'immersion aveugle dans le bain de soi. Leur geste produit le vacillement du reflet, il brouille sa spécularité au profit d'une désintégration de l'image, l'enfouissement dans le volume de la surface engendrant d'autres images striées d'ondes et d'éclats lumineux plus ou moins abstraits.

La révélation de la sensation de l'eau, gagnée lors de l'accident d'enfance, s'oppose, dans l'imagerie mythique de Bill Viola, à l'interprétation traditionnelle de l'histoire de Narcisse. L'artiste préfère revisiter la légende dans la perspective d'une dé-subjectivation de l'identité au profit du miracle du don matériel, généreusement prodigué par l'élément liquide pour dépasser les contours étroits de l'individu. L'eau offrait à Narcisse le terrain substantiel où se revivifier, où s'épancher et accéder au sublime de

---

68　*Ibid.*, p. 25.

la matérialité naturelle. Or Narcisse, trop préoccupé de lui-même, n'en goûte pas le *kaïros* : il s'aveugle au reflet, réduit la formidable épaisseur superficielle en support de l'attachement mimétique à soi-même, étanche au monde extérieur. L'eau appelait pourtant le moi à s'affranchir de ses limites, à se tourner, en un essor sensible et métaphysique, à l'altérité sacrée du contact : « l'une des choses dont il est important de se rendre compte dans l'histoire de Narcisse est que son problème n'est pas qu'il a vu son propre reflet, est qu'il n'a pas vu l'*eau*. C'est le point capital. L'eau est la clé[69]! ». Pour Bill Viola, l'eau, baptismale, favorise le jaillissement des corps, elle les sature d'une existence mobile qui, sous la poussée de sa propre pression, espère les faire accéder à partir d'eux, de leur expansion, à une authentique présence au monde sous une forme pour ainsi dire liquéfiée. L'extase de cette traversée arrache l'image à son tombeau pour prendre corps ; elle l'engage dans un mouvement spectaculaire qui vient fendre la surface, comme si elle n'était qu'un mur d'eau invisible, moins obstacle que chance de vigueur.

Voilà comment, dans *Emergence* (2000), le Christ ressuscite doublement. Il émerge de cette eau-fontaine dont Bill Viola a empli le sépulcre pour favoriser le glissement de la remontée physique et du film qui en suivra la progression. L'élément liquide facilite la figurabilité d'une telle image, riche de sa puissance d'affleurement au monde, et il fait transition avec le tableau dans lequel Bill Viola a puisé son sujet. Car, pour parvenir à sa situation à l'image, le Christ aura, au préalable, franchi le tableau de Masolino. La vidéo reprend l'image là où elle a été arrêtée, présupposant que la peinture amorçait déjà cette réapparition bien que sans l'achever. Absorbée dans des logiques de passage et de transmission, la peinture est manipulée par Bill Viola comme un médium ; un médium corporel qui change l'espace visuel en ressenti réel, *via* le sas haptique de l'écran. L'image est donc appréhendée, le long de la chaîne imaginaire, selon un mode unifié de présence et de médiation sensibles, relativisant finalement la diversité des pratiques et des types d'image. On pourrait le dire autrement : pour Bill Viola, une image est un tableau vivant ou, à tout le moins, susceptible, sous l'angle de l'émotion perceptive, d'être regardée et donc vécue comme un tableau vivant.

Le corps du Christ, bloc ruisselant d'une blancheur de marbre, se rend visible comme le symptôme d'une image restituée à sa fluidité. L'émotion

---

69   « A conversation. Hans Belting and Bill Viola », art. cité, p. 206-207.

dont la source, « viscérale[70] » pour Bill Viola, monte du corps pour en tirer sa matérialité et le déborder démultiplie ainsi la force aquatique du visible qui sourd dans l'écran et le pousse à s'écouler. Traduite dans le langage expressif des affects, l'eau se change en larmes dont on comprend qu'elles sont, effectivement répandues ou discrètement contenues, les motifs primordiaux de la substance émotionnelle, substance qui glisse dans celle de l'écran. L'écran plasma, par ses propriétés charnelles, organiques, prolonge et diffuse la tactilité des larmes, leur corporéité spécifique extrêmement touchante. Dans les visages affligés de la Vierge et du Christ peints par Dieric Bouts, les gouttes de larmes gelant provisoirement, en points successifs, l'humidité de l'œil ou répétant les coulures de sang suintant des épines sont étendues par Bill Viola à la totalité de l'image ; les corps, leurs rides, les cous tendus ou les mains vrillées, et jusqu'aux cheveux, sont moulés dans cette chair aqueuse. Quand l'homme et la femme d'*Emergence* se penchent dans l'eau et qu'en ressortant, ils nous apparaissent plus accablés encore, c'est qu'ils ont pratiqué dans l'onction d'eau la recharge de leur douleur ; en échange, ils auront versé à l'intérieur du reflet toute l'émotion du corps, créant par cette perturbation physique l'empreinte de leur âme souffrante.

Le Christ en émergeant se dresse hors de l'écran d'eau qui paraît avoir été posé sur son tombeau. Il s'arrache au cadre qui le retient, perce la surface humide. Deux résistances aux contraintes de l'image sont ici mises en abîme dans leur faculté paradoxale de libération du visible. Le cadre, contenu plus que contenant, y est refusé comme entrave à l'expansion de l'imagination liquide et la surface, suaire poreux, n'opère plus comme une frontière étanche. Pourtant Bill Viola n'abandonne pas la fonction de découpe du cadre, la doublant par le choix du cadrage fixe de ses plans. Il continue donc d'assigner la représentation à une certaine place, en isolant ses scènes émotionnelles dans des territoires iconiques : de la projection grandeur nature au format portable, l'écran change de taille autant qu'autrefois les toiles ou les panneaux peints. Bill Viola localise le visible pour ne pas le disperser et risquer d'égarer le regard ; il attire l'attention sur une unité d'événements, éventuellement réverbérés par plusieurs personnages. Mais cette pression exercée par les bords pour situer l'image (de la caméra à l'écran) débouche, chez le vidéaste, sur un véritable défi lancé à leur capacité de coagulation et de rétention. Car au lieu de retenir l'émotion des

---

70 *Ibid.*, p. 201.

figures, le cadre l'accroît, comprimant sa vague pour la rendre irrésistible et la soustraire à tout arrêt possible dans un courant perceptif intarissable et pleinement immersif comme si, à chaque fois, nous regardions dans une piscine[71]. Aussi aide-t-il à déborder la surface, en paraissant continuer à la remplir à mesure que se diffusent les forces pathiques. Ces épanchements confèrent à la fluence universelle qui imprègne l'univers visuel de Bill Viola son hétérogénéité qualitative. Le ralenti pourrait faire croire à l'homogénéité du mouvement alors qu'il favorise les multiplicités : il permet d'accueillir dans son milieu élastique toutes sortes de perturbations. Les émotions décuplent alors l'agitation qui brasse en permanence le flux ; elles provoquent des ondes, des remous supplémentaires dans les courants de la vie dont le ralenti dévoile le processus fondamental et qui se répercutent dans les corps, à leur tour remués, des spectateurs.

L'œuvre de Bill Viola développe ce que l'artiste considère, à l'échelle de l'histoire de l'art, comme le passage d'un régime de représentation à un régime de présence. L'artiste situe à la Renaissance ce seuil tout à la fois inscrit dans la continuité du geste esthétique et marquant une profonde rupture dans l'expérience du regard : « Des artistes comme Giotto, Uccello, Donatello ou Ghiberti ont pris conscience qu'au lieu de peindre les objets physiques qui les entouraient ils pouvaient peindre la nature tangible de la lumière et de ses effets[72] ». Le retour à la peinture, à travers quelques-uns de ses tableaux, est pour Bill Viola une manière de placer son œuvre à ce point d'origine. Ses vidéos mettent au jour, dans la lumière mobile des écrans, la présence insistante des émotions, une profondeur d'âme impliquée dans le champ intensif. Sa pratique du tableau vivant capte le frémissement d'énergie, l'appel du mouvement dont il sent que la vidéo peut être l'enregistrement et la réponse. À la faveur de l'émotion, objet et vecteur du regard, son art, rapprochant temps et techniques, fait alors signe de l'épaisseur du sentir, de la Vie elle-même.

Olivier Leplatre

---

71   *Bill Viola*, *op. cit.*, p. 39.
72   *Ibid.*, p. 24.

TROUBLES CARAVAGESQUES

Révolutions visuelles et contrecadres
dans *Caravaggio* de Derek Jarman

AUTOPORTRAIT EN CARAVAGE

Derek Jarman, cinéaste britannique indépendant, se voit proposer en mars 1978 de réaliser un film « sur la vie du Caravage[1] ». S'il se lance immédiatement dans l'entreprise avec un enthousiasme perceptible[2], il est peu à peu échaudé par les différents obstacles qu'il rencontre sur un chemin prenant parfois des allures de Calvaire. Il se heurte d'abord à la résistance du matériau biographique et remanie à de nombreuses reprises son scénario, condensant lieux, personnages et dialogues, sacrifiant la progression chronologique au profit d'une construction temporelle plus complexe, faite d'allers et retours dans la vie et l'œuvre du peintre romain. C'est finalement en prenant la décision de raconter Le Caravage *à partir* de ses toiles[3] que Derek Jarman parvient à *mettre en œuvre* son film. Mais c'est compter sans les difficultés financières et la frilosité des investisseurs, qui le ralentissent et font parfois perdre espoir au cinéaste. Lequel, dans ces temps de latence, tourne deux longs métrages – *La Tempête* et *The Angelic Conversation*[4] –, revient à la peinture et débute une entreprise littéraire, prise entre autobiographie, réflexions esthétiques et tribune politique.

---

1   Jarman Derek, *Dancing Ledge*, University of Minnesota Press, 2010, p. 2.
2   Dès mai 1978, il commence à écrire le scénario (*ibid.*).
3   « La narration du film est construite à partir des peintures. Si c'est une fiction, c'est la fiction des peintures » (« *The narrative of the film is constructed from the paintings. If it is fiction, it is the fiction of the paintings* », Jarman Derek, *Derek Jarman's Caravaggio*, London, Thames and Hudson, 1986, p. 75). Nous traduisons ici toutes les citations en anglais, y compris celles de Derek Jarman, dont on peut déplorer l'absence de traduction française des œuvres littéraires.
4   Jarman Derek, *La Tempête (The Tempest)*, UK, 1979 ; *The Angelic Conversation*, UK, 1985.

Et pourtant, ces sept ans de réflexion qui séparent la proposition de Nicholas Ward Jackson du tournage de *Caravaggio* ne parviennent pas à entamer la volonté de Derek Jarman, ni son désir presque viscéral. C'est dire à quel point *Caravaggio* ne peut être considéré comme un film de commande, mais doit plutôt être appréhendé comme une de ces pierres d'angle sur laquelle prend appui l'œuvre plurielle et protéiforme du cinéaste britannique. En effet, Jarman entretient avec la figure du Caravage – figure à la fois historique, esthétique et fantasmée – un rapport troublant. Génie tutélaire, le peintre romain est pour Jarman le point d'origine d'une lignée artistique qui conduit à Pier Paolo Pasolini, en passant par Oscar Wilde, Jean Cocteau et Jean Genet, dont il se sent si ce n'est l'héritier, du moins tributaire[5]. Et même davantage, puisqu'à plus d'une reprise Jarman confesse le jeu d'identification qui le pousse à faire de ce film un *autoportrait en Caravage*[6].

Par-delà les frasques réelles ou légendaires de la vie du Caravage, son homosexualité supposée, sa violence assurée, sa mort pathétique, c'est surtout dans la peinture du maître romain que Jarman trouve le lieu d'une intense réflexivité. Réflexivité que le film *Caravaggio* met en lumière de façon évidente, mais qui traverse tout l'œuvre de Jarman de façon plus souterraine quoique toujours opérante. En effet, à quelques siècles de distance, en dépit des extrêmes différences de médiums et de sujets, de matière et de composition, le cinéaste semble interroger et comprendre l'image en des termes étonnamment similaires à ceux du peintre.

Une figure, récurrente et pourtant diffuse dans le cinéma de Jarman, informe plus que tout autre ces conceptions plastiques partagées que nous cherchons à éclairer. Il s'agit du tableau vivant qui, chez Jarman, n'est jamais réduit à une fonction purement ornementale ou ostensiblement érudite. Cette invention de l'art dramatique du XVIIIe siècle, dont l'histoire conduit des tréteaux aux salons mondains puis au cinéma[7],

---

5   À ce propos, voir le bel article de David Gardner, « Perverse law : Jarman as gay criminal hero », *in By Angels driven, The Films of Derek Jarman*, sous la direction de Ch. Lippard, Westport, Greenwood Publishing, 1996.

6   « Le problème, c'est que j'ai écrit un autoportrait filtré à travers l'histoire du Caravage, qui n'est évidemment en aucun cas la vie du Caravage » (« *The problem is that I've written a self-portrait filtered through the Caravaggio story, which is of course not in any way Caravaggio's life* », *Dancing Ledge, op. cit.*, p. 20).

7   À propos de la figure du tableau vivant au cinéma, nous renvoyons aux nombreux et érudits travaux de Valentine Robert.

consiste à reproduire, à l'aide d'acteurs ou de modèles, les motifs et la composition d'un tableau célèbre. La soudaine immobilité imposée aux corps charge alors la scène et le champ d'une extrême tension, dont les effets dramatiques, pathétiques et spectaculaires sont recherchés autant qu'appréciés. Chez Jarman, au-delà de ces effets – bien présents –, la mise en scène du tableau vivant tend à affirmer une valeur programmatique, cristallisant les enjeux narratifs et plastiques d'une œuvre cinématographique dont la tension – qu'elle soit temporelle ou spatiale, visuelle ou sonore – est à la fois le moteur et le combustible.

Nous n'entendons pas ici le tableau vivant au sens strict d'un déroulement dramatique culminant dans une immobilité et un silence soudains, offrant à une audience le spectacle saisissant d'une extrême ressemblance à un tableau fameux. Nous lui préférons un sens plus large – celui de la mise en scène de motifs, de compositions, de figures empruntés à un tableau existant –, puisque précisément Derek Jarman ne cesse de subvertir les modalités conventionnelles d'expression du tableau vivant pour en élargir, voire en renverser, les effets possibles et attendus. Lieu d'une tension plastique, où la matière et la lumière s'hybrident[8], où les espaces deviennent perméables, où les regards s'échangent, le tableau vivant tel que Jarman le met en scène est avant tout une image spéculaire, dont la figure de Narcisse – originelle et séminale –, cristallise les enjeux réflexifs.

LES MÉTAMORPHOSES DE NARCISSE

En septembre 1982, alors qu'il remanie le scénario de *Caravaggio* pour la énième fois, Derek Jarman écrit ces phrases qui résonnent comme une profession de foi :

> Le film va creuser, fouiller et mettre au jour et n'essaiera pas de tendre un miroir à la réalité. Quand Le Caravage peint le reflet de Narcisse, ce n'est pas

---

8   « Le cinéma, c'est le mariage de la lumière et de la matière – une conjonction alchimique » (« *Film is the wedding of light and matter – an alchemical conjunction* », Jarman Derek, *Dancing Ledge, op. cit.*, p. 180).

un véritable reflet, mais un commentaire sur toute vanité et notre film devrait traiter sa vie de la même manière, en pénétrer la surface[9].

Ainsi, avant même le tournage, Jarman place son film sous le patronage de Narcisse, tel que le Caravage l'a représenté vers 1597[10]. Image exemplaire, figure modèle, comment comprendre alors son absence du film ? Les toiles peintes à la même période par Caravage y sont largement représentées, sans que la moindre allusion ne soit faite à cette œuvre dont il faut bien constater la valeur nodale, voire fondatrice. Fondatrice, elle l'est. Mais pas uniquement de ce film. En effet, le *Narcisse* du Caravage est l'image originelle qui signe le rapport trouble du cinéma de Jarman à la peinture. Elle est la première occurrence d'un tableau vivant, la première trace manifeste d'un *travail du pictural* dans l'œuvre du cinéaste[11] et s'invite, de façon subreptice et doublement anachronique, au cœur de *Sebastiane*[12], premier long-métrage réalisé par Jarman en 1976.

Le film, tourné en latin et sous le soleil de Sardaigne, narre la conversion au christianisme, l'exil et le martyre de saint Sébastien, au IVe siècle après J.-C. Alors que le jeune homme s'isole sur un rocher et contemple son reflet à la surface de l'eau, adressant à son image une ode dont on ne sait si elle loue le Christ, le Soleil ou sa propre beauté, la mise en scène de Jarman participe à composer l'image de Narcisse. Usant d'abord d'un plan d'ensemble lointain, la caméra se rapproche ensuite pour jouer du champ-contrechamp entre le jeune homme et ce qui n'est qu'une ombre à la surface de l'onde. Finalement, un travelling arrière et un panoramique ascendant livrent au spectateur le tableau vivant de *Narcisse*, tel que Caravage l'a immortalisé quelques siècles auparavant. Puis, reprenant sa position initiale, la caméra jette un dernier regard sur le jeune homme perdu dans la contemplation de son image.

Cette séquence, pétrie d'un désir tout entier mené par le regard à distance et l'impossibilité de la caresse, interroge en ce qu'elle condense

---

9 *« The film will dig and excavate and make no attempt to hold the mirror up to reality. When Caravaggio paints the reflection of Narcissus it is no true reflection, but a comment on all vanity and our film should treat his life in a similar way, penetrate the surface »* (*ibid.*, p. 17).

10 Caravage (attrib.), *Narcisse*, c. 1597, huile sur toile, 110 x 92 cm, Galerie nationale d'art ancien, Rome.

11 À propos du *travail* du pictural dans le cinéma de Jarman, voir Nicole Cloarec, « Derek Jarman : le peintre à la Caméra », *Itinéraires*, 2014-2 | 2015 (https://journals.openedition. org/itineraires/2414).

12 Jarman Derek, *Sebastiane*, UK, 1976.

cinéma et peinture sous les auspices du miroir et de l'ombre[13], en la figure paradoxale d'un tableau vivant qui fait la part belle au mouvement autant qu'à la parole. Qui plus est, elle problématise la place de la caméra et du spectateur, clairement attirés par cette figure resplendissante, se voyant toujours refuser le regard de cet obscur objet du désir, noyé en son propre reflet. Si Sébastien est ici métamorphosé en Narcisse, il revient clairement au cinéaste comme au spectateur d'endosser le rôle d'Écho, nymphe éperdue et éconduite qui, de n'être pas regardée par le jeune pâtre, finit par disparaître et dont seule la voix survit[14]. Même rendue à sa corporéité et à son mouvement par le jeu du tableau vivant, la figure de Narcisse reste une image à la surface de laquelle l'étreinte se heurte inévitablement.

Une décennie plus tard, en 1987, Jarman filme une scène étonnamment semblable où, à nouveau, la peinture caravagesque s'invite au cœur d'un trio amoureux impossible entre le modèle, le reflet et l'ombre. Une séquence où la violence du désir s'exprime dans toute sa splendeur, révélant la difficulté, si ce n'est la vanité, à vouloir pénétrer la surface pour embrasser l'image. À l'ouverture de *The Last of England*[15], abandonné dans une décharge publique, *L'Amour victorieux* du Caravage[16] subit les soudains assauts d'un jeune homme. Piétinée, attaquée à coups de bâton, la toile résiste cependant. Étendant son empire érotique, le Cupidon facétieux finit même par charmer son adversaire qui, de guerre lasse, s'étend sur cette image d'amour profane. Les coups de poing se changent alors en coups de reins, en caresses et en frottements d'une violence non moindre, avant que la douceur ne prenne le pas. Seulement, la surface ne cède toujours pas et le jeune homme dénudé, filmé en plongée, semble désormais étendu sur un miroir renvoyant sa propre image[17], illusion sans corps d'autant plus érotique qu'elle est inatteignable. Tandis que le jeune homme plonge ses bras « sans pouvoir s'atteindre[18] », le cinéaste,

---

13 Au sujet de la gradation des termes employés par Ovide « qui, du "simulacre" et par le détour de l'image, va à l'"ombre" », voir Hubert Damisch, « D'un Narcisse l'autre », *Nouvelle Revue de Psychanalyse*, n° 13 : « Narcisses », 1976, p. 174.

14 Ovide, *Les Métamorphoses*, trad. Georges Lafaye, Paris, Gallimard, 1992, p. 118-123.

15 Jarman Derek, *The Last of England*, UK, 1988.

16 Il s'agit ici de la copie réalisée par Christopher Hobbs pour *Caravaggio*, que le chef décorateur offre à Jarman en sachant qu'elle est promise à la destruction.

17 Selon les propres mots de Jarman, Spring « reflète ce cupidon » (« *mirrors this cupid* »), Jarman Derek, *Kicking the Pricks*, London, Vintage, 1996, p. 196).

18 Ovide, *Les Métamorphoses*, *op. cit.*, p. 120.

tournant autour de ce couple éperdu, se retrouve soudain dos au soleil et son ombre se projette sur le dos nu de celui qui n'a d'yeux que pour son autoportrait en Cupidon[19].

À nouveau, donc, Jarman réactive la fable de Narcisse, insistant sur la valeur spéculaire du tableau, confiant au cinéaste et au spectateur confondus le rôle de la nymphe, pur regard sans corps. Une fois encore, s'il met en œuvre le fantasme d'une entrée dans la peinture, d'une pénétration de la surface – qu'elle soit celle du tableau vivant, de la toile ou de l'onde –, il lui oppose nettement la vanité d'une telle entreprise. Narcisse ne peut pas plus embrasser sa propre image qu'Écho ne peut toucher le jeune pâtre, et le spectateur fait l'épreuve d'une réalité qui le tient à distance. Ce que Jarman investit de façon prodigieuse, en convoquant ainsi la peinture du Caravage et l'histoire de Narcisse, n'est pas la profondeur feinte de l'image, mais bien sa surface :

> [...] la surface, non pas le dehors des choses, mais le plan où dehors et dedans se joignent en une indécise limite, en une limite indécidable, mais où dedans et dehors atteignent à leur plus haute intensité, à leur plus grande force, si puissante qu'il n'est pas possible d'y résister[20].

Ces lignes, que Louis Marin consacre à la peinture du Caravage, résonnent de façon éloquente et autorisent un parallèle évident entre l'œuvre du peintre romain et du cinéaste britannique. L'image, impénétrable et stupéfiante, fascinante et tragique, cristallise *en sa surface* l'expression d'un désir inassouvible, qui n'est pas uniquement celui du spectateur, mais aussi celui de la figure qu'elle contient.

C'est d'ailleurs en ces termes qu'Elizabeth Richmond-Garza comprend le dispositif singulier de l'ultime long-métrage de Derek Jarman, *Blue*[21]. À propos de ce film dont la bande-image est intégralement emplie par un monochrome bleu Klein, elle écrit :

---

19 Jarman décrit ainsi la séquence : « Spring frappe la peinture à coups de pied et se masturbe dessus. C'est une relation amour/haine. Pendant ce temps, je filme and ce n'est pas une caméra passive mais une baise cinématographique, mon ombre tombe sur lui » (« *Spring kicks the painting and masturbates over it. It's a love/hate relationship. Meanwhile I'm filming and this is not a passive camera but a cinematic fuck, my shadow falls across him* », Jarman Derek, *Kicking the Pricks*, op. cit., p. 199).

20 Marin Louis, *Détruire la peinture*, Paris, Flammarion, « Champs », 1997, p. 135.

21 Jarman Derek, *Blue*, UK, 1993.

L'histoire de Narcisse est souvent imaginée comme ayant essentiellement trait au reflet visuel. Jarman, cependant, nous ramène au mythe originel, au royaume de l'écho, à la notion de reflet comme fondamentalement textuel aussi, avec un sens de la durée, de l'acoustique et, comme toujours, impliquant une réparation visuelle[22].

Elle insiste plus loin sur le changement de point de vue opéré par le film, qui délaisse l'objet désiré comme le sujet désirant, le reflet comme l'ombre, au profit de la pure surface de l'onde[23]. En ce sens, Derek Jarman reprend à son compte le décadrage opéré par Oscar Wilde dans son poème en prose *Le Disciple*. Après la mort de Narcisse, les Oréades viennent interroger la mare réflexive, qui s'est changée en « coupe de larmes salées ». Et voici ce qu'elle répond : « J'aimais Narcisse parce que, lorsqu'il était courbé sur mes bords et laissait reposer ses yeux sur moi, dans le miroir de ses yeux je voyais se mirer ma propre beauté[24] ».

De reflets en renversements, la fable de « l'inventeur de la peinture[25] » s'invite dans le cinéma de Jarman, comme dans la peinture du Caravage et la poésie de Wilde, non pour tendre un miroir à la réalité, mais pour inquiéter la profondeur illusoire de la représentation et donner la parole à sa surface. Qu'il s'agisse du plan-tableau de *Sebastiane*, du tableau du Caravage invoqué pour sa capacité à « pénétrer la surface », de la mise en scène spéculaire de *L'Amour vainqueur* ou du pan monochrome de *Blue*, la figure de Narcisse trouble la relation conventionnelle qui unit le

---

22   « *The story of Narcissus is also often imagined as being at its core about visual reflection. Jarman, however, returns us to the original myth, to the realm of the echo, to the notion of mirroring as fundamentally also textual, with a sense of duration, and acoustic and as always involving visual remediationc* » (Richmond-Garza Elizabeth, « Translation is blind : reflections on narcissus and the possibility of a queer echoc », *Comparative Literature Studies*, vol. 51, n° 2, 2014, p. 279-280).

23   « Dès le début, sa voix-over prend non pas le rôle attendu de Narcisse contemplant son image mourante, mais plutôt celui du bassin qui cherche à attirer le regard de l'amoureux » (*ibid.*, p. 28 : « *Early on, his voice-over takes on not the expected role of Narcissus contemplating his dying image, but rather that of the pool which wishes to attract the lover's gaze* »).

24   Wilde Oscar, « Le Disciple », *Le Portrait de Monsieur W. H.*, trad. A. Savine, Paris, P.-V. Stock, 1906, p. 219-220.

25   « C'est pourquoi j'ai l'habitude de dire à mes amis que l'inventeur de la peinture, selon la formule des poètes, a dû être ce Narcisse [...]. La peinture est-elle autre chose que l'art d'embrasser ainsi la surface d'une fontaine ? » (Alberti Leon Battista, *De Pictura*, Paris, Macula/Dédale, 1992, p. 135).

spectateur à l'œuvre, opérant une véritable *conversion du regard* en même temps qu'un *raccord sur le point de vue de l'image*.
Caravaggio en est le manifeste.

EFFET-MÉDUSE ET POROSITÉS DE LA PEINTURE

Tourné en quelques semaines à l'automne 1985 aux Limehouse Studios de Londres, en 35 mm, avec un budget réduit de 475 000 £, *Caravaggio*[26] fait la part belle aux œuvres du peintre romain, comprises comme autant de balises jalonnant le parcours de l'artiste, autant d'indices sur la vie tumultueuse de l'homme, autant d'instantanés photographiques fixant son image et celle de ses compagnons de route. Ainsi donc, Jarman appréhende les toiles du Caravage non pas uniquement dans leur autonomie, mais aussi comme une suite continue bien que lacunaire, une histoire en pointillés, dont il lui revient de combler les intervalles par les moyens de la fiction cinématographique. S'il emploie la métaphore de l'excavation, c'est à juste titre, tant il endosse ici le rôle d'archéologue, reconstruisant fantasmatiquement cet édifice parcellaire qu'est la vie du Caravage.

La mise en scène des œuvres du Caravage y est multiple. Si certaines apparaissent achevées, prêtes à être encadrées et accrochées aux cimaises, la plupart de ses toiles se manifestent dans le temps de leur exécution, confinées à l'espace de l'atelier, livrées uniquement à la main et à l'œil du peintre. À l'intérieur de ce cube obscur et clos, le montage organise alors une relation quasiment spéculaire entre les œuvres en cours et les modèles prenant la pose, relation s'articulant à partir du regard de Michelangelo Merisi da Caravaggio, surnommé Michele par Jarman[27], dont le point de vue est régulièrement pris en charge par la caméra. Dans ces moments où le champ cinématographique est investi du même rôle que celui du cadre pictural, l'assemblée des modèles figés en une posture consacrée prend l'aspect d'un véritable tableau vivant.

---

26 Jarman Derek, *Caravaggio*, UK, 1986.
27 Afin d'éviter la confusion entre le Caravage réel et son double fictionnel, nous emploierons ce diminutif pour nous référer au personnage de Jarman, interprété par Nigel Terry.

Mais il arrive parfois que les œuvres du Caravage viennent emplir le cadre, en l'absence de tout alibi réaliste et de toute coprésence d'une toile chargée d'en reproduire l'image. Il en va ainsi du *Bacchus*, du *Garçon à la corbeille de fruits*, du *Garçon mordu par un lézard*, de *L'Incrédulité de saint Thomas* ou de *La Déposition de Croix*. Dans ces cas-là, pris dans la continuité narrative du film, Michele lui-même devient soudain le modèle involontaire de ses propres représentations, tandis que Derek Jarman, prenant la place du peintre, se charge de *faire image* de ces tableaux vivants, en prêtant le renfort du cadre de sa caméra[28].

Finalement, un dernier mode de mise en scène donne parfois à voir non plus une composition à la ressemblance exacte d'une toile du Caravage, mais un grand nombre de ses motifs, comme déplacés et condensés pour servir la narration biographique. Ainsi, certaines séquences s'apparentent à de véritables *traductions* cinématographiques de tableaux, auxquels elles empruntent sujets, figures, couleurs, tout en leur prêtant mouvement et son. L'exemple le plus éloquent est celui du meurtre de Ranuccio par Michele. Si à aucun moment la mise en scène, la lumière ou le cadrage ne citent une composition caravagesque précise, les motifs de la gorge tranchée, du giclement de sang, de la bouche béante et des yeux exorbités, semblent renvoyer naturellement aux décapitations sanguinolentes volontiers dépeintes par Caravage. À l'image du peintre, dont les multiples autoportraits mythologiques et religieux scandent l'œuvre et la vie, les différents personnages de la fiction de Jarman se trouvent embarqués dans un cycle de métamorphoses incessantes et de retournements spectaculaires, qui ne s'achève qu'avec leur mort. Ainsi, Ranuccio est tour à tour le bourreau et la victime, Lena la putain et la Vierge, Michele le dieu du Vin et celui de l'Eucharistie.

Cette rapide typologie, si elle a le mérite d'éclairer le large spectre de mises en scène des œuvres du Caravage dans le film, ne doit pas être comprise comme catégorique. En effet, à plus d'une reprise, une figure *glisse* du motif isolé pour devenir le détail d'un tableau vivant, tableau vivant qui s'avère finalement être le modèle d'une toile en-devenir. Ce

---

28 Ces occurrences sont peut-être les seules à répondre strictement à la définition du tableau vivant, encore que leur immobilité ne soit que très relative. En effet, Jarman se félicite d'avoir réussi à capturer « les moindres gestes [...] le clignotement de l'œil du serviteur [...] ou la larme sur la joue de Madeleine » (« *the smallest gestures [...] like the flicker of the waiter's eyes [...] or the tear on the Magdalen's cheek* », *Derek Jarman's Caravaggio, op. cit.*, p. 132).

mode d'interpénétrations entre la peinture et le cinéma révèle tout le jeu de porosité et de perméabilité que Jarman met en place entre ces régimes d'image distincts. Bien loin d'opposer le cadre, la fixité, la matérialité et la mutité de l'image picturale au champ, au mouvement, à la translucidité et au son de l'image cinématographique, il s'emploie bien plutôt à en troubler les limites, à travers deux modalités possibles : l'effet-Méduse et l'effet-Pygmalion.

Précisons. De la même manière que la figure et la représentation de Narcisse affirmaient leur caractère fondateur par leur présence initiale à l'ouverture de *Sebastiane*, celles de Méduse dévoilent leur caractère primordial en ouvrant le bal des mises en scène de la peinture dans *Caravaggio*. En effet, la première toile que nous découvrons n'est autre que la fameuse *Tête de Méduse*, peinte sur un bouclier de parade. Une œuvre dont Louis Marin, Jean Clair ou Pascal Quignard[29] ont tour à tour étudié la complexité de la représentation, les effets spectaculaires et stupéfiants. Une œuvre qui entretient au temps, à l'espace et au regard un rapport extrêmement ambivalent, et dont Derek Jarman se fait – ici comme ailleurs – l'héritier.

Tout d'abord, la fable autant que l'image de Méduse intéressent la temporalité singulière imposée au cinéma par la figure du tableau vivant. En effet, ainsi que le rappelle Pascal Bonitzer, le plan-tableau a pour particularité de conjuguer pose et pause ; la pose des corps entraînant irrémédiablement une pause dans le déroulement narratif du film, un arrêt de la chronologie et du mouvement au profit d'un instantané qui fige et pétrifie[30]. Ainsi, la peinture, lorsqu'elle occupe l'intégralité du champ cinématographique ou lorsqu'elle se manifeste en la forme du tableau vivant porte en son sein les puissances de Gorgone, capable par sa seule présence d'arrêter le déroulement des images et le mouvement des corps[31]. Qui plus est, cette représentation singulière qu'est celle du Caravage problématise la limite entre les différents espaces qui garantit conventionnellement l'efficacité de l'illusion picturale sur le spectateur.

---

29 Marin Louis, *Détruire la peinture, op. cit.* ; Clair Jean, *Méduse*, Paris, Gallimard, 1989 ; Quignard Pascal, *Le Sexe et l'Effroi*, Paris, Gallimard, « Folio », 1994.

30 Bonitzer Pascal, « Le plan-tableau », *Cahiers du cinéma*, n° 370 : « Le cinéma à l'heure du maniérisme », avril 1985, p. 17-22.

31 À propos de l'instantané des représentations caravagesques, Louis Marin écrit : « L'action, autrement dit, est immobilisée, statufiée, *stupéfiée* : effet-Méduse » (*Détruire la peinture, op. cit.*, p. 205).

Ici, l'espace de représentation est convexe, l'espace représenté concave. La tête de Méduse, contenue dans les limites du *tondo-bouclier-miroir*, semble pourtant en surgir pour s'avancer vers nous. « Elle joue le jeu topologique de la limite qu'est la surface de représentation : effet de support, effet de surface pour troubler, perturber tous les espaces que l'espace du tableau enclot dans le système de représentation[32] », écrit à son sujet Louis Marin. Ce qui vaut pour la *Méduse* vaut également pour la figure du tableau vivant dans *Caravaggio*. Sous les auspices d'une évidente spécularité, elle est le moyen d'investir cette limite qu'est la surface de représentation pour mieux la transformer en seuil.

Ainsi, dès que le silence se fait, que le mouvement des corps et de la caméra se fige, que le champ filmique adopte le cadrage pictural, l'image cinématographique semble hériter des qualités propres à la peinture. Et tout particulièrement l'imperméabilité de son cadre. Or, Jarman en prend systématiquement le contrepied. Il suffit que, pendant quelques instants, le cardinal Del Monte apparaisse sous les dehors du *saint Jérôme* de la Borghèse, pour que Jerusaleme – précédé par son ombre – fasse irruption dans le champ, par le bord gauche, rompant en un instant le trompe-l'œil de la mise en scène, l'immobilité du plan, l'étanchéité et la stabilité du cadre. Ainsi libérée de la tyrannie de l'illusionnisme pictural, la séquence se permet alors des recadrages, des raccords dans le mouvement, des *flashs-back* et des inserts.

Ainsi, l'effet-Méduse du tableau vivant n'est-il employé que pour être mieux dévoyé, subverti, au profit d'un *métissage*, voire d'une *hybridation*[33] entre peinture et cinéma, espace de la représentation et lieu du spectateur, fixité picturale et mouvement filmique. Que le jeu des raccords regard/ point de vue tisse ces deux régimes d'image dans un même maillage, que l'écran semble se diviser pour faire cohabiter dans le même plan le modèle et sa représentation ou que les fondus enchainés hybrident en une même image le visage du modèle et de sa représentation, le montage et la composition cinématographiques participent d'une volonté de troubler les frontières entre le cadre et le champ, par le moyen répété d'une évidente spécularité.

---

32   *Ibid.*, p. 156.
33   Sur ces deux notions, voir Philippe Dubois, « Hybridation et métissage », *in La Couleur en cinéma*, sous la direction de J. Aumont, Milan-Paris, Mazotta-Cinémathèque française, 1995, p. 74-90.

À TRAVERS LE MIROIR :
INCARNATIONS ET SURGISSEMENTS

Traversant le miroir de la peinture, il arrive parfois que des motifs, contenus dans une toile, s'autonomisent pour investir l'espace filmique, à la faveur d'un *cut*. Un des serpents coiffant la *Méduse* se fraie ainsi un chemin jusqu'à la poitrine de Jerusaleme ; Pasqualone déguste à pleine bouche une figue que semble avoir épluchée à son attention le *Garçon pelant un fruit*, esquissé par Michele dans le plan précédent. Au fantasme d'une entrée du spectateur dans l'image, dont les multiples occurrences narcissiques nous ont montré la vanité, Derek Jarman oppose le mouvement contraire et triomphal, celui d'un surgissement de la figure peinte hors du cadre censé la contenir. Ce mouvement de migration ressort d'un effet tout aussi spectaculaire que celui – pourtant opposé – de Méduse. Devant la caméra de Jarman, les représentations caravagesques s'animent, ses personnages prennent vie et parole, descendent de leur piédestal pour aimer et mourir. Le saisissement et la pétrification propres au tableau vivant se renversent en une incarnation de ses figures : effet-Pygmalion.

Posant pour le *Martyre de saint Matthieu*, Ranuccio semble un mannequin, une figure de cire, une statue de chair, peu à peu modelée par Michele à l'image du bourreau de la chapelle Contarelli[34]. Ce corps à corps artistique et érotique culmine dans un baiser qui n'a rien à envier à ceux que Pygmalion pose sur l'ivoire de Galatée, tiédi et amolli par le désir[35]. La séquence tout entière, par recadrages successifs, se consacre

---

34 À ce sujet, Jim Ellis écrit : « La façon dont le procédé de représentation transforme les corps en objets est fréquemment explorée dans les films de Jarman : on le voit le plus clairement dans ces scènes qui oscillent entre les modèles de l'artiste et leur représentation sur les toiles. Le procédé de conversion des corps en objets se voit le plus directement dans la manière dont l'artiste manipule les corps de ses modèles, arrangeant membres et poses comme si les modèles étaient des mannequins [...] » (« *The way that the process of representation turns bodies into objects is frequently explored in Jarman's films : this is seen most clearly in those scenes that oscillate between the artist's models and their representations in paintings. The process of converting bodies into objects can be seen most directly in how the artist handles the bodies of the models, arranging limbs and poses as if the models were mannequins [...]* » (Ellis Jim, « Renaissance Things : Objects, Ethics, and Temporalities in Derek Jarman's *Caravaggio* (1986) and *Modern Nature* (1991) », *Shakespeare Bulletin*, vol. 32, n° 3, Fall 2014, p. 382.
35 Ovide, *Les Métamorphoses, op. cit.*, p. 329-330.

d'ailleurs à mettre en scène la docilité et la sensualité de la matière, qu'il s'agisse de la peinture mélangée et caressée par Michele ou du corps de Ranuccio, pétri et modelé à l'envi. Cette confusion entre matière picturale et charnelle se déploie à nouveau dans l'ultime face à face entre Michele et Ranuccio. Le couteau a remplacé le pinceau et le corps à corps entre les deux hommes se solde par un meurtre. En un brusque écho à la séquence précédente, Ranuccio pose sa main sur le visage de Michele et en teinte de sang la surface, confondant en un geste pigment et humeur[36].

Ainsi, le modèle posant n'est pas conçu comme une image que la peinture, ce miroir médusant, serait en charge de fixer pour l'éternité, mais bien plutôt comme le reflet charnel et mouvant des figures picturales contenues dans le cadre de la toile. En effet, chez Jarman, les miroirs et les tableaux sont habités par autant de créatures cherchant à se délivrer de la tyrannie de la surface, vœu que réalise pleinement le film consacré au peintre romain. Déjà, dans *La Tempête*, qu'il réalise pendant cette période où il conçoit *Caravaggio*, Jarman investit les miroirs de manière singulière. Occupant régulièrement le fond du cadre, au centre de la composition, ceux-ci semblent ouvrir la profondeur de l'image au lointain. Seulement, leur cadre n'est pas celui d'une fenêtre ouverte sur le monde, mais bien plutôt un trompe-l'œil, un espace coercitif qui enclot en sa surface les personnages qui s'y égarent.

Ariel en fait à plusieurs reprises les frais. L'esprit, maintenu sous le joug tyrannique de Prospero, est parfois puni de ses velléités d'indépendance. Alors, le magicien le condamne à être prisonnier des miroirs. Encadré, derrière une vitre transparente, il apparaît comme un portrait peint accroché aux murs de l'antique demeure. Pourtant, bien loin de jouer le jeu du tableau vivant, l'esprit tente à tout prix de traverser le quatrième mur, mais ne fait que se heurter tragiquement à la surface vitrée qui l'emprisonne. Ce n'est que lorsque Prospero renonce à ses pouvoirs qu'enfin Ariel peut retrouver sa liberté. Mais, avant de rejoindre les airs, il apparaît une ultime fois sous les auspices conjugués du miroir et de la peinture. Debout sur le manteau d'une cheminée,

---

36 Cette confusion rappelle une nouvelle fois le geste inaugurateur du Caravage trempant son pinceau dans le sang du Baptiste pour signer de son nom *La Décollation de Saint Jean-Baptiste* de la Valette. Derek Jarman lit dans cette signature sanglante la confession par Caravage du meurtre de Ranuccio (*Derek Jarman's Caravaggio, op. cit.*, p. 48).

dos à un mur, il trône – immobile – au-dessus de deux naines en robe
à crinoline. Figures et composition empruntent ici clairement à la peinture de Diego Vélasquez, transformant le plan cinématographique en
tableau vivant et Ariel en un des motifs les plus troublants de l'histoire
de l'art : le miroir des *Ménines*, dont Michel Foucault, notamment,
a révélé l'ambiguïté fondamentale[37]. Ainsi, chez Jarman, la mise en
scène du tableau vivant n'est-elle qu'une étape dans l'animation des
figures reflétées ou peintes, qui s'extraient à grand-peine de la surface
qui les emprisonne.

Un même mouvement anime les figures peintes par Michele dans
Caravaggio. Condamnées à « l'instantané » par le fond obscur et opaque
qui les empêche de se déployer « en profondeur[38] » et donc dans le temps,
elles ne trouvent de salut qu'en traversant le plan du tableau, qu'en
surgissant hors du cadre pictural pour entrer dans le champ cinématographique. Cette caractéristique ne tient d'ailleurs pas uniquement
à la mise en scène de Jarman mais se révèle essentielle à la manière du
Caravage. Ainsi que l'écrit Louis Marin, « l'espace noir » qui caractérise les représentations caravagesques s'oppose fondamentalement à la
conception albertienne de la peinture :

> Si donc l'espace représenté dans le cadre du tableau est un cube « ouvert »
> sur une de ses faces, une fenêtre ouverte sur le monde et un miroir le réflé-
> chissant, il faut dire que chez le Caravage, le miroir est obscurci, la fenêtre
> est fermée, le cube est clos[39].

Et Marin de poursuivre : « le tableau "noir" est un espace représenté
qui *expulse* hors de lui, hors de sa surface, les objets que le peintre voudrait
y introduire[40] ». Jarman révèle non seulement cette tension singulière,
mais lui offre une résolution provisoire, en la forme du surgissement
hors du tableau et de l'animation du motif pictural, paradoxalement
autorisés par la mise en scène du tableau vivant.

Résolution provisoire seulement, car l'espace représenté par Jarman
est souvent lui aussi un « tombeau fermé » qui enclot ses figures
entre un fond opaque et une surface infranchissable. Dans son œuvre

---

37 Foucault Michel, « Les suivantes », *Les Mots et les Choses*, Gallimard, Paris, 1966, p. 19-31.
38 Marin Louis, *Détruire la peinture, op. cit.*, p. 205.
39 *Ibid.*, p. 203.
40 *Ibid.*, p. 204.

cinématographique, l'espace se réduit irrémédiablement : la profondeur de champ et le paysage étendu de *Sebastiane* font place à des décors de plus en plus oppressants[41], qui culminent en la pure surface de *Blue*. Et quand bien même Jarman semble renouer avec le paysage et la profondeur, comme dans *The Garden*[42], ceux-ci sont autant de trompe-l'œil en *transparence*. Nicole Cloarec écrit à leur sujet :

> Or ces transparences ne cherchent aucunement à créer l'illusion d'une réelle coexistence des acteurs dans ces décors qui se révèlent pour ce qu'ils sont : des toiles de fond, d'autant que les paysages choisis sont le plus souvent filmés en monochrome, accentuant l'arbitraire d'une couleur devenue autonome, indifférente au réel, de même que leur dimension de surface plane[43].

Le cinéaste s'interroge d'ailleurs sur cette récurrence dans ses films : « Pourquoi cette obsession avec le langage des structures closes, le rituel du caché et du sanctuaire[44] ? », avant d'y apporter une réponse étonnante : « Les images de ces espaces clos dans mes films sont une tentative de trouver un refuge[45] ». Souvent, pourtant, le refuge promis révèle sa dimension carcérale, contraignant les personnages à chercher leur salut ailleurs que dans la profondeur de l'image ou hors d'un champ cinématographique qui ne se quitte pas aisément. Extrêmement sensible à cette question de la profondeur de champ, Jarman écrit par ailleurs :

> Le Super 8 a une merveilleuse profondeur de champ. Personne n'est flou, on n'a pas besoin de s'embêter avec des mètres à ruban. Il y a un grand sens de

---

41 Jarman rapporte à ce sujet cette conversation avec Suso Cecchi D'Amico, qui collabora un temps au scénario de *Caravaggio* : « Sur le chemin du retour, nous avons parlé de *La Tempête*, de la manière dont les scènes en extérieur n'ont tout simplement pas la force de celles en intérieur. Cela venait en partie de ce que le temps et le climat ne le permettaient pas, mais Suso a raison. Le Caravage partage ce problème avec moi. Nous sommes tous deux des garçons d'arrière-boutique nocturne. Il évitait le paysage lui-aussi » (« *On the way back we talked of* The Tempest, *how the exterior scenes just don't have the strength of the interiors. This was partly because time and weather did not permit, but Suso has a point. Caravaggio share this problem with me. We're both nocturnal back-room boys. He avoided landscape as well* », *Dancing Ledge, op. cit.*, p. 22). Le jeu de mots sur « *nocturnal back-room boys* » peut difficilement être rendu en français.

42 Jarman Derek, *The Garden*, UK, 1990.

43 Cloarec Nicole, « Derek Jarman : le peintre à la Caméra », art. cité, p. 5.

44 « *Why this obsession with the language of closed structures, the ritual of the closet and the sanctuary ?* » (Jarman Derek, *Kicking the pricks, op. cit.*, p. 60).

45 « *The images of the closed spaces in my films are an attempt to find a safe-house* » (*ibid.*, p. 108).

la liberté, on peut bouger où l'on veut quand on veut. C'est impossible de recréer cela en 35 mm[46].

Tourné en 35 mm, *Caravaggio* ne cesse donc d'opposer la coercition d'un espace clos à la liberté de la profondeur de champ. Un de ses plans les plus pathétiques cristallise cette tension. Alors que Lena est retrouvée morte dans le Tibre, Michele s'acharne à piéger son « essence même dans la matière » picturale de *La Mort de la Vierge*. Frénétiquement, le peintre fait des allers-retours dans l'espace extrêmement restreint qui sépare le tableau, toile de fond obturant la profondeur de l'image, et la palette, placée hors champ, à l'aplomb du plan de l'image. Comme un lion en cage, il prend la mesure de ces deux surfaces oppressives qui préviennent toute tentative d'évasion. Alors, soudain, il se retourne, adressant à la caméra une malédiction, un œil et un doigt vengeurs[47]. Cette étonnante frontalité, associée au regard et au geste destinés au spectateur, travaille à son tour le fantasme d'une perméabilité entre l'espace représenté (celui du film) et l'espace réel (celui du spectateur de cinéma)[48]. Chez Jarman, l'image – picturale, spéculaire ou cinématographique – n'est donc pas uniquement un lieu qui se regarde, mais aussi *un lieu d'où l'on regarde*.

LE *CONTRECADRE* OU LE POINT DE VUE DE LA PEINTURE

La mise en scène du tableau vivant est, pour le cinéaste britannique, le moyen de *mettre en œuvre* cet ultime fantasme : celui d'un point de vue de

---

46 « *The Super 8 has a wonderful depth of field. No one goes out of focus, you don't have to worry about tape measures. There is a great sense of freedom, you can move where you want to when you want to. It would be quite impossible to recreate* [...] *in 35 mm* » (*ibid.*, p. 199).

47 « Il se retourne et fait le signe du *mauvais œil* directement à la caméra » (« *He spins round and gives the sign of the evil eye straight into the camera* », *Derek Jarman's Caravaggio, op. cit.*, p. 113).

48 Cette fulgurance n'est pas sans rappeler l'affiche fameuse présentant Lord Kitchener, doigt et regard tendu vers le spectateur, appelant ses concitoyens aux armes. À ce propos, voir Carlo Ginzburg, « Your country needs you », *in Peur révérence terreur, Quatre essais d'iconographie politique*, Paris, Les Presses du réel, 2013, p. 67-108. Sur la manière dont le cinéma d'Alfred Hitchcock et de Dario Argento reprend à son tour un tel mode de figuration, voir Tristan Grünberg, « Entrer en peinture, surgir de l'écran », à paraître dans la revue *Théorème*.

l'image. Que ce soit dans *Sebastiane*, dans *La Tempête* ou dans *Caravaggio*, le tableau vivant n'emplit le champ que pour donner à voir, à l'issue d'un spectaculaire renversement, son propre point de vue : le *contrecadre*. Ce néologisme, que nous forgeons à partir des termes de *contrechamp* cinématographique et de *cadre* pictural, s'entend comme la réciprocité permise entre le regard porté *sur* la peinture et le regard porté *par* la peinture. Cette réciprocité, autorisée par le montage cinématographique, postule la folle possibilité non seulement d'une traversée de la surface de l'image par la caméra, mais aussi sa capacité à se mouvoir dans sa profondeur feinte, jusqu'à se retourner pour révéler le lieu d'où elle vient.

Cette ultime subversion des limites picturales par le cinéma ne joue plus de la dichotomie fixité/mouvement, cadre invariant/champ mouvant, mais hybride ces deux régimes d'image à travers le regard, en investissant l'espace pictural comme lieu d'où peut advenir le point de vue, grâce au raccord cinématographique. Et c'est à nouveau sous les auspices du miroir que se produit cette *révolution*, dont l'axe n'est autre que la surface de l'image[49].

Si *Sebastiane* inaugure le rapport du cinéma de Jarman à la peinture, à travers la figure du tableau vivant de *Narcisse*, le film se clôture sur une autre mise en scène où se confondent et se répondent image cinématographique, picturale et spéculaire. Alors que saint Sébastien est attaché à un arbre et subit sans mot dire le martyre de la sagittation, la caméra – comme les flèches avant elle – se rapproche peu à peu de son corps nu. Puis soudain, par deux fondus enchaînés successifs, elle s'en éloigne, pour fixer l'image du martyr en un véritable tableau vivant à la semblance du *Saint Sébastien* de Luca Signorelli (c. 1498). Seulement, le film ne se clôt pas sur cette image spectaculaire. Un plan, monté *cut*, en plongée, donne soudain à voir l'assemblée des archers contemplant leur méfait. L'espace y est littéralement anamorphosé, les lignes du rivage et de l'horizon se courbent tandis que les corps en périphérie de l'image s'allongent vers l'extérieur (fig. 1).

---

49   À propos de la *surface* chez Caravage, Louis Marin écrit ces lignes qui, une fois de plus, résonnent familièrement aux oreilles du spectateur des films de Jarman : « Surface, lieu de la plus haute intensité, de la plus puissante force de l'art de peindre : attrait, attraction, fascination qui est détournement de la chose même, stupeur » (*Détruire la peinture*, *op. cit.*, p. 135-136).

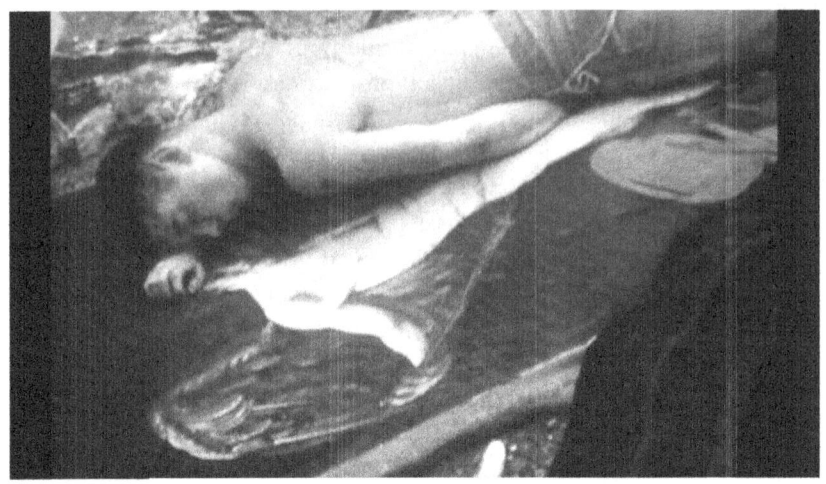

FIG. 1 – Derek Jarman, *The Last of England*, UK, 1988.

FIG. 2 – Derek Jarman, *Sebastiane*, UK, 1976.

FIG. 3 – Derek Jarman, *Caravaggio*, UK, 1986.

Ce type de représentation, inédit jusqu'alors dans le film, est typique de l'emploi d'un objectif à courte focale et invite à nous interroger sur l'instance énonciative qui donne naissance à une telle image. Par sa distance, par l'angle de prise de vue, par le sujet représenté, la caméra prend ici exactement la place de saint Sébastien. Pourtant, dans le plan précédent, le martyr expirant, les yeux clos et la tête basculée en arrière, n'était plus en mesure d'offrir le moindre point de vue sur l'espace qui l'entoure. Ce point de vue, qui n'est donc clairement pas le fait d'une instance énonciative extérieure à la diégèse et qui n'est pas non plus pris en charge par Sebastiane, ne peut être compris qu'à supposer la possibilité d'un point de vue du tableau vivant, dont la *surface* serait douée de regard[54]. Cette hypothèse est renforcée par l'utilisation du *grand angle* et par l'anamorphose qui en résulte[51]. Ils raniment au cœur de l'image cinématographique le souvenir de ces miroirs convexes qui, en peinture, inscrivent « l'avers dans le revers, l'invisible dans la face visible[52] » :

54 Contrairement à sa mise en scène théâtrale, le tableau vivant filmique possède une *surface*, celle de l'image cinématographique.
51 Le cinéma n'est par ailleurs pas étranger à l'anamorphose, puisque c'est sur elle que repose, entre autres, le format CinemaScope.
52 « Le miroir, opérateur essentiel de la stratégie générale des *Ménines* [...], est une sorte de dispositif de contrechamp dans le champ, qui inscrit l'avers dans le revers, l'invisible (le

Van Eyck, Memling, Metsys, Parmesan, Caravage, ... Si Jarman aborde la surface picturale comme un miroir, c'est d'un miroir convexe qu'il s'agit, dont la proximité formelle avec l'œil est tellement évidente qu'elle suppose inévitablement la réciprocité du regard[53]. Et donc la possibilité d'un point de vue de la peinture, d'un *contrecadre*[54]. C'est d'ailleurs avec cette image, *a priori* impensable et irreprésentable, que Jarman clôture *Sebastiane*, offrant au spectateur le point de vue inattendu et conjugué de la peinture, du miroir et de l'image cinématographique.

Au cinéma, le tableau ne saurait en définitive être vivant qu'à la condition *sine qua non* d'être doué d'un regard, dont la caméra pourrait prendre en charge le point de vue. Philippe Dubois n'écrit pas autre chose lorsque, à propos de la mise en scène du « tableau ovale » d'Edgar Poe par Jean Epstein dans *La Chute de la maison Usher*[55], il affirme :

> Roderick s'avance [...] vers l'objectif de la caméra qui tient lieu de tableau. Si caméra subjective il y a dans ce plan, c'est le tableau [...] « subjectivisé » [...] par la caméra. C'est une caméra subjective du tableau. Et c'est ainsi que le cinéma, à la différence de la peinture, peut rendre un tableau littéralement vivant[56].

Bien loin d'être isolée dans l'œuvre de Jarman, cette figure d'énonciation qu'est le *contrecadre* est reprise dans *La Tempête*, trois ans plus tard. On se souvient qu'Ariel y est capable d'habiter la profondeur des miroirs[57]. Il nous a aussi été donné d'en constater la valeur hautement picturale, capable de rappeler dans le film l'image des *Ménines* de Vélasquez. Or, ajoutant une dimension supplémentaire au dispositif déjà vertigineux du peintre espagnol, Jarman nous offre une fois de plus un point de vue inédit, qui n'est autre que celui du *reflet peint*. Alors qu'Ariel est

---

dos) dans la face visible (on a souvent évoqué le *Portrait des Arnolfini* de Van Eyck à cet égard) » (Dubois Philippe, *Le Portrait de Dorian Gray*, Paris, Yellow Now, 2015, p. 128).

53	« Moins d'un siècle après le Parmesan, le Caravage devait lui aussi peindre un bouclier. [...] Sur la surface bombée de l'écu, ronde et gonflée comme l'iris de l'œil, les serpents autour du visage s'entremêlent et se gonflent de colère, mimant le gonflement et la prolifération gestuelle du travail du peintre » (Clair Jean, *Méduse, op. cit.*, p. 110).

54	Toujours à propos du *Portrait de Dorian Gray*, Dubois écrit que, chez Albert Lewin, « toute image (une peinture, un plan de cinéma) a un dos et que ce dos est un œil qui nous regarde » (*Le Portrait de Dorian Gray, op. cit.*, p. 117).

55	Epstein Jean, *La Chute de la maison Usher*, France, 1928.

56	*Ibid.*, p. 68.

57	Jarman se souvient ici de l'*Orphée* de Cocteau, qu'il cite d'ailleurs à propos de son obsession des espaces clos.

emprisonné dans l'espace picturo-spéculaire, pris entre le tain et la vitre, la seule évasion possible est celle de son regard, que le montage nous offre soudain de partager. Un raccord sur son point de vue nous donne alors à voir le visage de Prospero, mais dédoublé et troublé par la paroi de verre qui occupe l'avant-plan et redouble la surface de l'image. Ce contrechamp est une véritable révolution optique en même temps qu'une révélation visuelle, rappelant l'image cinématographique à sa qualité de surface, investissant en retour le miroir et la peinture d'une profondeur inédite[58]. Une profondeur *d'où l'on peut regarder*.

Une séquence de *Caravaggio* cristallise encore ces enjeux, non plus dans l'instantanéité du raccord point de vue, mais dans la lente élaboration d'une *scénographie* au moins aussi savante que celle des *Ménines*. Alors qu'il choisit de modifier la composition et les figures de son *Martyre de saint Matthieu*, Michele prend Ranuccio pour modèle de son bourreau. La majeure partie de la séquence prend appui sur le regard de Michele, offrant ses points de vue successifs sur Ranuccio et sur sa représentation picturale, jouant à plein le jeu de la spécularité. Mais il est un certain nombre de plans, au cadrage toujours identique, qui ne peuvent être subsumés au regard du peintre, ni même à celui du modèle. La construction en est apparemment simple : au premier plan, de dos, Ranuccio tient la pose. À l'arrière-plan, la toile en train d'être exécutée semble un miroir à la surface de laquelle se reflète son image. Entre les deux, Michele fait des allers et retours, consacrant tour à tour son regard et ses gestes à l'un puis à l'autre.

A priori, ce point de vue est le fait d'une instance extérieure à la diégèse. Mais, à y regarder de plus près, il semble prendre une autre origine, à mesure que l'on appréhende un peu différemment l'espace et les corps qu'il contient. Si l'on ne considère pas Ranuccio comme un modèle posant dans l'atelier, mais comme la figure centrale d'un tableau vivant reproduisant *Le Martyre de saint Matthieu*, alors ce point de vue est en fait le résultat d'une ocularisation interne[59]. Dans la composition finale du tableau du Caravage, un personnage se situe effectivement

---

58 Nicole Cloarec comprend en des termes semblables le générique de *Caravaggio* : « Dans un renversement ironique, le plan oscille ainsi de l'écran à la toile où l'écran se donne comme surface lisse et la toile comme épaisseur » (« Derek Jarman : le peintre à la Caméra », art. cité, p. 4).

59 De façon assez évidente, par le simple regard du spectateur, l'énonciation bascule ici d'une « ocularisation externe » à une « ocularisation interne ». Pour une étude précise

à l'endroit même d'où filme ici la caméra et son regard suit la même direction que l'objectif de l'appareil. Ce personnage, perdu dans la profondeur de l'image, a une silhouette et un visage familier : c'est le Caravage lui-même. En dernier recours, ces plans répétés livrent donc le point de vue inédit, stupéfiant et vertigineux, de son autoportrait peint à la surface de la toile[60].

Jarman se charge d'ailleurs de nous convaincre définitivement de cette hypothèse lorsque, quelques instants après, il convoque à nouveau ses personnages pour une seconde séance de pose. La mise en scène est un peu différente : si la toile occupe toujours le fond du cadre, si Michele se tient toujours dans l'espace qui sépare le tableau de son modèle, Ranuccio, lui, s'est retourné. Le corps de face, le visage de profil, il apparaît au spectateur tel qu'*en la toile* qui le représente à l'arrière-plan. Michele s'immobilise alors et regarde Ranuccio tandis que la caméra s'éloigne en un travelling arrière. Puis l'appareil, à son tour, arrête son mouvement, livrant l'image fabuleuse d'un tableau vivant ayant pour toile de fond l'œuvre qu'il imite. Imitation par anticipation : Michele occupe seulement devant la caméra de Jarman la place que prendra plus tard son autoportrait dans la toile du Caravage. La Vie imite l'Art beaucoup plus que l'Art n'imite la Vie[61], au cœur de ce film où, définitivement, la peinture regarde autant qu'elle est regardée[62].

---

de ces différentes modalités d'énonciation au cinéma, voir François Jost, *L'Œil-caméra, entre film et roman*, Lyon, Presses Universitaires de Lyon, 1987.

60 Jarman s'est longtemps interrogé sur le regard que jette l'autoportrait du Caravage à la figure du bourreau. Il écrit à son propos : « Michele jette un regard mélancolique au héros assassinant le saint. C'est un regard que personne ne peut comprendre sauf celui qui est resté jusqu'à 5h du matin dans un bar *gay*, espérant être baisé par ce héros » (« *Michele gazes wistfully at the hero slaying the saint. It is a look no one can understand unless he has stood till 5 a.m. in a gay bar hoping to be fucked by that hero* », *Dancing Ledge, op. cit.*, p. 14).

61 « Tout ce que je désire montrer, c'est ce principe général que la Vie imite l'Art beaucoup plus que l'Art n'imite la Vie [...] » (Wilde Oscar, « Le Déclin du Mensonge », *in Intentions*, trad. H. Rebell, Paris, Georges Crès & Cie, 1914, p. 33).

62 En ce sens, la mise en scène de Jarman peut être rapprochée de celle d'Albert Lewin dans *Le Portrait de Dorian Gray* (USA, 1940). À son sujet, Philippe Dubois écrit que peut s'y lire « un fantasme de cinéma sur la peinture : l'histoire, inversive si elle en est, de Dorian Gray, l'histoire d'un tableau vivant, d'une image qui enregistrerait la vie en temps réel, tout en faisant du réel une image inamovible » (*Le Portrait de Dorian Gray, op. cit.*, p. 132). Il est à noter que ces réflexions sont issues de l'analyse d'une séquence où Lewin convoque *Les Ménines* de Vélasquez, comme le fera Jarman dans *La Tempête*.

EXPLOSION DE L'IMAGE

De l'onde dans laquelle se mire Narcisse au bouclier de Persée dans lequel se reflète la Gorgone, la surface de l'image est figuralement investie par Derek Jarman comme elle le fut par Caravage avant lui. Lieu d'une extrême tension, entre stupeur et incarnation, effet-Méduse et effet-Pygmalion, elle est le point d'origine de toutes les métamorphoses, de toutes les hybridations, de tous les renversements. La figure du tableau vivant y participe plus que nulle autre, prêtant son épaisseur, sa matérialité, son mouvement-même à ce piège visuel que le miroir de la peinture tend au cinéma, pour en révéler la surface par-delà l'illusoire profondeur[63].

Dès 1973, Jarman consacrait d'ailleurs aux miroirs un court-métrage éloquent[64]. Intitulé *Art of Mirrors*[65], la mise en scène y est aussi simple que profonde. Du fond de l'image ou à l'avant-plan, en plan large ou rapproché, immobiles ou traversant le cadre, trois personnages tiennent en main un miroir qu'ils inclinent par intermittence, de façon à ce que la lumière du soleil soit directement renvoyée vers la caméra. Inondant alors le cadre de rayons éblouissants, menaçant l'œil de l'appareil et du public, le miroir – loin de redoubler formes et figures ou de creuser l'image dans la profondeur – y est un réflecteur qui rappelle l'image à sa surface et renvoie au spectateur la lumière projetée sur l'écran. Tout à la fois épiphanique et aveuglante, cette figure, issue de la profondeur de l'image, prend appui sur sa surface pour mieux en surgir. Jarman l'emploie à de nombreuses reprises par la suite[66] et notamment dans *In the Shadow of the Sun*[67] où elle est, de façon essentielle, associée à Narcisse. Il la décrit ainsi : « Une troisième et dernière image de Narcisse, un

---

63 En ce sens, on peut rapprocher l'emploi du tableau vivant chez Jarman de ces lignes de Luc Vancheri : « S'il y a un miracle dans *Passion*, il est dans cette faculté qu'à Godard de faire d'un tableau un espace d'expérimentation du cinéma, et d'un film la forme d'une pensée de la peinture » (*Cinéma et peinture-Passages, partages, présences*, Paris, Armand Colin, 2007, p. 118).

64 À propos du motif du miroir dans le cinéma de Derek Jarman, voir Steven Dillon, *Derek Jarman and Lyric Film*, Austin, University of Texas Press, 2004.

65 Jarman Derek, *Art of Mirrors*, UK, 1973.

66 Dans *Caravaggio*, on en trouve notamment un écho diégétisé, lorsque Pasqualone oriente les réflecteurs vers le modèle posant devant Michele autant que vers le spectateur.

67 Jarman Derek, *In the Shadow of the Sun*, UK, 1980.

miroir qui flamboie et renvoie le soleil vers la caméra afin que l'image explose et se réinvente de la façon la plus mystérieuse[68] ».

Cette ultime convocation de Narcisse nous rappelle que l'image, dans le cinéma de Derek Jarman, *réfléchit* pour mieux *se réinventer*. C'est-à-dire que, cinématographique, picturale ou spéculaire, elle *travaille* sans cesse sa propre surface, sa propre matérialité et ses propres limites, pour investir l'espace du spectateur dans une *explosion* dramatique et plastique qui renoue avec l'« ampleur paroxystique[69] » des premiers tableaux vivants.

Tristan GRÜNBERG

---

68   « *A third and final image of Narcissus, a mirror which flashes the sun into the camera so that the image explodes and reinvents itself in a most mysterious way* » (*Dancing Ledge, op. cit.*, p. 122).

69   « [T]el que Diderot le définit, le "tableau" intervenait au sein des pièces de théâtre pour en "suspendre" l'action lorsqu'elle prenait une ampleur paroxystique, pour souligner et immortaliser l'émoi dramatique sur un effet plastique » (Robert Valentine, « Quand le film raconte l'image », *Cahiers de Narratologie*, 16 | 2009, p. 6, https://journals.openedition.org/narratologie/956).

BARRY LYNDON,
TABLEAUX ET TABLEAUX VIVANTS[1]

LE « TABLEAU VIVANT » ET LE CINÉMA

Dans les premières pages de *L'Œil interminable*, Jacques Aumont commente les réactions de Georges Méliès, futur cinéaste et créateur passionné de trucages et d'effets spéciaux, aux premières vues Lumière : « Au fond de l'image, il y a des arbres et, merveille, les feuilles de ces arbres sont agitées par le vent. Ailleurs ce seront [...] des buées, des vapeurs, des reflets, des vagues clapotantes[2] ». L'auteur attribue l'émerveillement de Méliès aux effets de réalité que procure l'image cinématographique. Ceux-ci sont pour lui liés aux tremblements, frémissements et remuements variés des choses, c'est-à-dire à leurs mouvements réels et surtout peut-être autonomes. Ce n'est pas la mise en scène qui agite les feuilles des arbres : la certitude que ce mouvement des choses aperçu sur l'écran est naturel, au sens où il n'est le produit d'aucun artifice sinon le déclenchement de la caméra, est la source du goût de Méliès, lequel, paradoxalement, s'est acharné à montrer dans ses films des mouvements étranges ou impossibles, en tout cas mis en scène, créés par le dispositif de cinéma.

L'image de cinéma, sauf cas limite, est attachée à la mobilité : elle est conçue pour exhiber aussi précisément que possible des mouvements. Un plan fixe d'un mur parfaitement blanc se vouerait, en première approximation, à l'immobilité ; cependant, en enfermant cette image immuable et uniforme dans une durée précise – celle du plan –, le film correspondant ferait au moins voir le passage (le mouvement) du

---

1   Un précédent travail sur Barry Lyndon (*L'Analyse de film avec Deleuze*, Paris, CNRS Éditions, 2017, p. 119-126), dans une perspective différente, a parfois rencontré celui-ci. Deux paragraphes du présent texte sont issus du précédent.
2   Aumont Jacques, *L'Œil interminable*, Paris, Librairie Séguier, 1989, p. 23-24.

temps, au contraire d'une photographie du même mur blanc que l'on peut regarder une seconde ou de façon illimitée.

Le cinéma montre une image « vivante », qui manifeste une vivacité native, a-t-on envie de dire. De telle sorte que parler de tableau vivant à propos du cinéma induit une évidence ou au moins un paradoxe : l'image cinématographique délivre des tableaux vivants spontanément, animant par définition les tableaux offerts par la peinture ou la photographie. En ce sens tableau vivant devient synonyme d'image mouvante.

Bien sûr, le cinéma est aussi narratif : les films racontent des histoires. À ce titre les tableaux vivants (au sens habituel du terme) peuvent devenir des objets narratifs des films, de façon explicite comme dans les célèbres *La Ricotta* de Pier Paolo Pasolini (1963), *Passion* de Jean-Luc Godard (1982) ou *L'Hypothèse du tableau volé* de Raoul Ruiz (1978). Moins ostensiblement, il est aussi le sujet des premiers films noirs. S'il est vrai, comme l'écrit Jacques Aumont, que « dans ses esthétiques les plus fortement constituées, c'est toujours à une nostalgie du corps qu'a affaire le cinéma[3] », le film noir porte cette nostalgie à un point d'acmé du désir. Dans *La Femme au portrait* (Fritz Lang, 1944) comme dans *Laura* (Otto Preminger, 1945), un homme est fasciné par le portrait d'une femme qui soudain apparaît devant lui, comme si le tableau prenait vie, devenait tableau vivant.

En dehors de ces cas particuliers, la problématique du tableau vivant concerne-t-elle le cinéma en général ? La notion de tableau vivant comme reconstitution d'une œuvre préalable est déterminée par un rapport : celui né entre le figement d'un tableau de peinture et l'effort de le restituer sur une scène à l'aide de personnes bien vivantes. La relation entre l'immobilité picturale et la suspension toute provisoire et à tous égards fragile du simulacre proposé par des corps humains constitue le nœud gordien du tableau vivant. Peut-on trouver dans l'image ciné-matographique une liaison analogue ?

C'est la tâche que se donne, dans un article très intéressant, Jérémie Koering[4]. Celui-ci considère que tableau vivant et image cinématographique sont pris dans une étrange symétrie. Selon lui, le tableau vivant se définit par l'immobilité, mais est tendu entre la mobilité qui l'a vu

---

3   *Ibid.*, p. 163.
4   Koering Jérémie, « Sur le seuil : tableau vivant et cinéma », *in Le Tableau vivant ou l'image performée*, sous la direction de J. Ramos, Paris, Mare&Martin/INHA, 2014, p. 305-320.

naître et celle qui le défera. Au contraire, l'image de cinéma est caracté-risée par sa mobilité ; celle-ci est cependant comprise entre l'immobilité première de l'écran et l'image finale du film, le panneau « fin » qui l'achève[5]. Koering suggère qu'il y aurait un désir du cinéma de revenir à l'image fixe, à l'immobilité. Certains films suggèrent effectivement cette idée, comme *Shining* (Stanley Kubrick, 1980) : un long travelling à travers les grandes salles de l'hôtel Overlook sert d'épilogue au film : il se perd dans la fixité de la photographie du bal du 4 juillet 1921 où l'on découvre Jack Torrance (Jack Nicholson) que l'on vient de voir mourir.

Le tableau vivant serait donc structuré par une tension que l'on pour-rait représenter par le triptyque MIM (mobilité, immobilité, mobilité), et le cinéma par la suite IMI. Si l'on va au bout de cette idée, sans doute discutable dans son versant cinématographique, mais féconde, le cinéma serait habité par cette structure IMI qui sous-tendrait l'agencement des images d'un film.

La définition de la mise en scène en peinture comme en cinéma proposée par Jacques Aumont dans le livre cité plus haut prendrait tout son sens. L'un et l'autre arts fabriqueraient des scènes, comprises comme le lieu où se déroule l'action[6]. La scène de cinéma serait guettée par un point d'équilibre, et peut-être d'immobilité, qui figurerait un instant prégnant, un tableau significatif et/ou sublime, certes chassé par la scène suivante, mais qui reviendrait hanter à son tour cette dernière. Ainsi toute scène dupliquerait la structure IMI de Koering.

Cette conception du cinéma nous rapproche de manière inattendue d'un penseur qui ne connaissait pas le cinéma, mais a beaucoup réfléchi sur le théâtre et la peinture ainsi que sur la notion de mise en scène qui les unit. Que ce soit dans *Discours sur la poésie dramatique, Entretiens sur le fils naturel* ou dans *Essai sur la peinture*, Denis Diderot en appelle à une théâtralité non théâtrale, que le théâtre et la peinture doivent s'efforcer d'atteindre : l'un et l'autre doivent se fier à la logique fiction-nelle de l'action et donc représenter des drames (ou plutôt des scènes dramatiques) de la façon la plus transparente : « Si la scène est une, claire, simple et liée, j'en saisirai l'ensemble d'un coup d'œil[7] ». Quelle

---

5   L'on pourrait sans doute rapprocher cette idée avec le besoin de happy end du cinéma américain, voire du cinéma de fiction dans son ensemble.

6   Aumont Jacques, *L'Œil interminable, op. cit.,* p. 157.

7   Diderot Denis, *Essai sur la peinture, in Œuvres complètes,* Paris, Nrf-Gallimard, « Bibliothèque de la Pléiade », 1951, p. 1148.

que soit la complexité de l'intrigue, nous devons l'apercevoir aisément, en un « coup d'œil », avec un unique point de vue[8].

Ainsi, au théâtre, une scène parfaite peut justement être appelée tableau : « Une disposition [des] personnages sur la scène, si naturelle et si vraie, que rendue fidèlement par un peintre, elle me plairait sur la toile, est un tableau[9] ». Élargissant du théâtre au cinéma, on serait tenté de penser que la mobilité théâtrale ou cinématographique aurait pour germe et pour fin l'immobilité du tableau.

Reprendre l'analyse de la mise en scène en ce sens pourrait donner des résultats extrêmement fertiles. Par exemple, « l'invention » du montage rompu par Godard dans À bout de souffle manifesterait le refus d'achever la scène, le déni de l'immobilité, la volonté d'un perpétuel au-delà, non pas du mouvement, mais de la vie. Au contraire l'extatisme de Jeanne d'Arc/Falconetti dans le film éponyme de Dreyer, magnifié par la succession des gros plans, voudrait atteindre le plan d'un cinéma devenu pleinement pictural en une image aussi pure que possible de la fusion de l'être avec la divinité.

La problématique du tableau vivant, pour revenir à elle, prend dans cette perspective une tonalité bien différente. Est retenue dans le terme « vivant » non pas une incarnation figée, mais la mobilité de l'image cinématographique : l'état usuel du film, son mode d'existence ordinaire, serait justement le « tableau vivant », un tableau animé, mobile. Dans le contexte cinématographique, le tableau vivant ne se confond pas avec la reconstitution d'un tableau de peinture qui le précède, mais avec la scène cinématographique conçue comme le lieu tension entre la mobilité « naturelle » du film et une immobilité virtuelle, parfois menaçante, parfois désirée, toujours à fleur de peau de l'image cinématographique. Nous nous situerons dorénavant dans cette perspective et donnerons au terme de « tableau vivant » le sens d'image mobile et l'opposerons à l'image tableau que nous allons définir maintenant (bien sûr il s'agit d'image de cinéma).

---

8   Voir sur ce point Michael Fried, *La Place du spectateur. Esthétiques et origines de la peinture moderne*, Paris, Gallimard, 1990 [1980], p. 94-97.

9   Diderot Denis, *Entretiens sur le fils naturel*, *in Œuvres complètes*, éd. citée, p. 1211.

FAIRE TABLEAU

Un autre film de Stanley Kubrick fait justement de la disparité entre mobilité et immobilité, entre tableau vivant et image tableau, un enjeu de pouvoir. Dans *Barry Lyndon*, la mobilité a même d'énormes difficultés à se frayer un chemin à travers l'engourdissement généralisé des images du film, comme si les personnages y étaient pris dans une glu tenace. L'action est engoncée à l'intérieur de limites inexorables qui prennent l'aspect de contraintes formelles spécifiques, lesquelles traduisent le contexte social, politique et économique de l'époque dans laquelle se tient la vie du héros Barry Lyndon (Ryan O'Neal). La sensation d'immobilisme du film est la transposition sensible de ces contraintes.

Commençons par situer le travail du metteur en scène ainsi que les principes qui l'ont guidé. Kubrick choisit de transcrire le XVIIIe siècle à partir de documents picturaux d'époque. Dans un entretien avec Michel Ciment, le cinéaste affirme « avoir créé un dossier d'images avec des milliers de dessins et de peintures[10] » : les images du film s'inspirent ostensiblement de la peinture de Gainsborough, Reynolds, Constable, etc. « Quant aux costumes, ils sont tous copiés d'après des tableaux. Aucun n'a été conçu aujourd'hui[11] ». L'intention du réalisateur était encore de n'utiliser que des musiques créées par des compositeurs du XVIIIe siècle. Mais n'y trouvant pas tout ce qu'il cherchait, nommément des thèmes amoureux ou mêmes dramatiques, il se résout à donner un rôle au trio pour piano et cordes de Schubert et à « dramatiser » la *Sarabande* de Haendel. Le plus spectaculaire et le plus connu de ses efforts pour parvenir à composer un XVIIIe siècle crédible consiste à employer un éclairage « d'époque », en particulier à se contenter de bougies pour les scènes d'intérieur. Marisa Berenson, qui joue le personnage de Lady Lyndon, déclare à ce propos : « De nombreuses scènes étaient éclairées à la bougie et filmées avec une installation que Stanley Kubrick avait

---

10 Cité *in Kubrick par Kubrick*, film documentaire de Gregory Monro, produit par Temps noie & Arte France, 2020, vu sur https://www.arte.tv/fr/videos/084724-000-A/kubrick-par-kubrick, consulté le 12/11/2020.
11 Ciment Michel, *Kubrick*, Paris, Calmann-Lévy, 1981, p. 174.

trouvée... Parfois on ne pouvait pas bouger d'un pouce. Certaines fois, on passait la journée à se faire éclairer[12] ».

En outre, le roman de William Thackeray, dont s'inspire le film, a été modifié dans l'un de ses aspects les plus importants. *Les Mémoires de Barry Lyndon du royaume d'Irlande* sont écrits à la première personne, le héros racontant et embellissant ses propres aventures : ce qui procure un ton souvent sarcastique et même satirique à l'ouvrage. Ce dernier contredit évidemment la volonté réaliste du cinéaste, qui décide d'introduire la voix d'un narrateur omniscient racontant l'histoire de Barry comme si elle était révolue. L'objectivation du récit par une voix *over* contribue à faire valoir une vérité intemporelle garantie par un savoir exhaustif : le film se donne un énonciateur accréditant l'authenticité de la narration.

Le cinéaste ne se contente pas d'allouer à son film le cachet le plus réaliste possible ; il veut en outre que ce dessein soit immédiatement apparent. Pour cela, quoi faire de mieux que de ralentir l'action, de l'immobiliser autant que possible, afin que l'œil du spectateur puisse mesurer la précision de la reconstitution. En un mot, il s'agit de « faire tableau » en substituant au tableau vivant des images tableaux.

John Alcott, chef opérateur du film se souvient :

> [Kubrick] a fait un large usage du zoom. À chaque fois c'est un tableau en soi et non, comme c'est l'usage, un moyen pour aller d'un point à un autre. Ainsi, chaque plan est une composition comme le zoom qui part du pistolet pendant le duel au bord de l'eau [lors du duel entre le jeune Barry et le capitaine Quin][13].

Le zoom arrière utilisé à plus de vingt reprises dans le film et souvent avec une amplitude majestueuse, mais aussi de très nombreux plans d'ensemble ou rapprochés, témoignent de la volonté du cinéaste d'exhiber des images tableaux qui sont l'équivalent de séquences entières.

Avant de détailler ce type d'image, il faut revenir sur notre terminologie. L'image cinématographique, disions-nous, est par nature mobile, vivante ; c'est pour cela que nombre de critiques ont prétendu qu'elle était toujours au présent. Ainsi, si elle présente des tableaux, il faut nommer ces derniers des tableaux vivants, au sens que nous avons précisé plus haut.

---

12 Cité *in Kubrick par Kubrick*, film documentaire de Gregory Monro, produit par Temps noie & Arte France, 2020, vu sur https://www.arte.tv/fr/videos/084724-000-A/kubrick-par-kubrick, consulté le 12/11/2020.

13 Cité par Michel Ciment, *Kubrick, op. cit.*, p. 216.

Cependant, *Barry Lyndon* est guidé par la volonté de « faire tableau », d'endiguer l'avancée des images et de retenir la vie des personnages.

Qu'appelons-nous exactement faire tableau ? Comment distinguer ces images sinon immobiles du moins persistantes, qui semblent se suffire à elles-mêmes par leur complétude ? Le problème est d'autant plus aigu que ces images tableaux sont souvent associées à un mouvement d'appareil, en particulier le zoom arrière et donc à une mobilité.

Une première solution serait de dire que l'image s'inspire très directement d'un tableau de Gainsborough ou de Constable : la reconnaissance de la composition du tableau marquerait l'image filmique, pourvu qu'elle ait une durée suffisante, comme une image tableau. Mais, s'il est vrai que le film imite la peinture du XVIIIe siècle anglais, il est aussi exact que l'impression de tableau est très perceptible à un quelconque spectateur, même s'il connaît peu la peinture anglaise.

L'explication par l'imitation n'est pas satisfaisante : c'est plutôt la mise en scène, dans sa conception générale, qui suscite l'effet tableau procuré par la plupart des images du film. Celle-ci opère selon quatre principes, qui tiennent respectivement (i) au cadre de l'image, (ii) à sa composition, (iii) à la création de tableaux en lieu et place des habituelles scènes et enfin (iv) aux conséquences de la narration.

Les images du film obéissent à des règles de cadrage très strictes. Tout d'abord les limites du cadre sont, dès que c'est possible, redoublées par les objets du décor, arbres ou végétation pour tout ce qui se trouve en extérieur. Ces objets sont placés en amorce de l'image, de façon très proche de la caméra : ils sont comme des cadres à l'intérieur du cadre. Ensuite la scène elle-même, le lieu de l'action, est au contraire éloignée de l'objectif, de telle sorte qu'un vide se creuse entre le cadre marqué par les objets en amorce sur les côtés de l'image et la scène proprement dite. Les personnages sont le plus souvent donc tenus à distance du spectateur et se trouvent enfermés sur une scène minuscule si on la compare à l'immensité du champ ouvert par l'image, ce qui limite drastiquement leur capacité à se mouvoir. Les exemples sont ici innombrables : Barry se promenant dans la forêt avec Nora Brady ou chevauchant sous un ciel d'orage, le chevalier de Balibari seul devant son bureau, Lady Lyndon jouant aux cartes avec des suivantes et le Révérend Runt autour d'une petite table. Quand les tableaux sont obtenus par un zoom arrière comme c'est fréquent, l'effet du mouvement est de faire mesurer au spectateur la distance entre la scène et le bord du cadre. Il est vrai que, parfois, la caméra rompt avec l'isolement des personnages et s'en rapproche : de la mobilité vient alors au film. Mais il n'est pas encore temps de développer ce point.

Deuxièmement, la composition des images obéit à une géométrie stricte. L'équilibre y est toujours maintenu. Dès que possible, un personnage, un château, un groupe est placé en son centre et autour de lui les masses s'organisent de façon symétrique. « Le pouvoir du centre » décrit par Rudolf Arnheim[14] a rarement été aussi bien illustré. Les zooms arrière qui partent souvent d'un objet très petit comme le pistolet dans la scène citée par John Alcott désignent l'objet central de façon ostensible. La statue représentant un amour lors de la partie de cartes entre Nora Brady et le jeune Barry, qui se terminera par la séduction du second par la première, en est un exemple. Quand il n'est pas possible d'ordonner verticalement l'image, une ligne oblique, rivière, chemin, etc., dispose les masses d'une façon claire et régulière. Centrement et équilibre délimitent un espace clos : rares sont les recours au hors champ, sauf peut-être les entrées dans le champ depuis le fond de l'image comme celle, bruyante, de Lord Bullingdon (Léon Vitali) et du jeune Bryan pendant la scène du concert. Témoignent notamment de ce soin de la composition les nombreux plans de château ou de grandes demeures, qui scandent l'avancée des aventures de Barry. Ils jouent un peu le même rôle que les « *pillow shots* » des films du cinéaste japonais Ozu Yasujiro analysés par Noël Burch[15] : ils marquent une suspension du récit par le passage à la nature morte, tout en confrontant la précarité des personnages à l'intemporalité des bâtisses orgueilleuses.

Durant la dernière partie du film, le château des Lyndon apparaît à six reprises dans un même cadre à des heures de la journée et à des saisons variées : les bords d'un étang, celui-ci ensoleillé ou brumeux, mènent au château encadré par une forte végétation. On pense aux modulations de la cathédrale de Rouen par Monet : ces images s'imposent comme images tableaux façonnées par la palette d'un peintre.

De ces deux premiers caractères de la mise en scène résulte une conséquence directe qui est le peu de latitude laissée aux personnages :

14   Arnheim Rudolf, *The Power of the Center, Berkeley*, Berkeley, University of California Press, 1982 [1932].

15   Burch Noël, *Pour un observateur lointain*, Paris, Cahiers du cinéma-Gallimard, 1982 [1979], p. 168-194.

ceux-ci sont littéralement enveloppés par le cadrage et la composition propres au film. Nous avons déjà noté que les lois du cadre dans *Barry Lyndon* ne leur laissent qu'un espace étriqué, une scène réduite qui restreint leur capacité à se mouvoir. En outre, s'ils se déplacent ou bougent un bras, une jambe, la tête, ils doivent respecter l'équilibre de la composition. Ainsi leurs gestes et mouvements sont empesés, voire englués, dans l'image. Le fond s'impose aux figures, pour parler le langage de la peinture : il les contraint à respecter son ordonnance. Ainsi, les rares mouvements des images tableaux sont gouvernés par une économie de l'étiolement, que les choix musicaux soulignent. La solennité un peu lourde de la *Sarabande* de Haendel (quelles que soient les orchestrations proposées[16]), la douceur et la mélancolie de *Women of Ireland* de Sean O'Riada ou le lyrisme contenu du *Trio pour piano et cordes n° 2* de Schubert sont tous marqués par la lenteur et une scansion affirmée.

Troisième trait de la mise en scène de Kubrick : je veux parler de sa volonté de substituer à la scène des images tableaux accompagnés par le commentaire du narrateur. La scène, avec ses champs contrechamps entre les personnages, ses surprises et ses coups de théâtre, ses jeux avec différents hors-champs, est en effet souvent remplacée ou réduite au minimum. Ainsi le premier plan du film qui est toute l'histoire du père de Barry, un vaste plan d'ensemble composé autour de sa diagonale : nous y apercevons au fond de l'image les derniers instants du duel qui coûtent la vie au personnage. Ou bien le plan de Barry accoudé au pont surplombant la rivière traversant le domaine des Lyndon, grand zoom arrière qui laisse Barry solitaire et abandonné après son algarade publique et violente avec Lord Bullingdon. Dans ces images tableaux, l'action est condensée à l'extrême dans un geste, un comportement, lui-même réduit à sa plus simple expression. Elles plairaient sans aucun doute à Dorval, le protagoniste des *Entretiens sur le fils naturel* et porte-parole de Diderot. On y retrouve exactement, en un moment de figement, « une disposition [des] personnages sur la scène si naturelle et si vraie[17] » qu'elle mériterait d'être immobilisée définitivement par un peintre. Ainsi l'action s'accomplit sans que nous y soyons conviés : nous pouvons

---

16 La version de Haendel, que nous entendons brièvement au milieu du film, était pour clavecin seul. C'est Leonard Rosenman qui élabore à la demande du cinéaste l'extraordinaire version orchestrale que nous entendons notamment au début et à la fin du film.

17 Diderot Denis, *Entretiens sur le fils naturel*, éd. citée, p. 1211.

l'observer mais aussi sommes tenus à l'écart par les effets de cadre et de composition, aucun plan subjectif ne vient nous inviter à nous rapprocher de l'un ou l'autre personnage.

Bien sûr, la substitution de l'image tableau à la scène n'aurait pas la même efficacité sans le quatrième caractère de la mise en scène du film : la présence copieuse des commentaires par la voix *over* donne fréquemment aux images tableaux leur consistance narrative. Lors du duel fatal pour le père de Barry qui inaugure le film, le narrateur expose et glose la situation de la façon suivante :

> Le père de Barry, comme bien des fils de famille bourgeoise, avait été destiné au barreau. Et, sans doute, se serait-il illustré dans sa profession s'il n'avait été tué dans un duel suscité par un achat de chevaux[18].

Comme on l'entend, le narrateur connaît parfaitement l'origine du duel et donc le passé de la scène que nous avons sous les yeux. Nous comprenons en outre, notamment en raison des temps verbaux employés, que la scène montrée s'est déroulée il y a bien longtemps, soit qu'elle ait été enregistrée par le narrateur, soit qu'il s'agisse d'une reconstitution. Dans les deux cas on peut parler de représentation si la représentation est bien définie par la substitution à quelque chose d'absent de quelque chose de présent qui tienne lieu du premier, comme l'énonce Louis Marin[19]. L'auteur ajoute un point décisif selon lequel, à la première opération de la représentation, qui permet donc de rendre l'absent présent, s'ajoute une seconde opération, laquelle consiste en l'intervention d'un sujet se présentant comme représentant quelque chose[20]. Le narrateur du film se présente d'évidence comme celui qui nous offre la représentation de l'histoire de Barry Lyndon. Ainsi, les images tableaux qui se succèdent dans le film sont des illustrations de l'histoire représentée par le narrateur.

La troisième séquence en propose un exemple remarquable : nous arrivons à la « découverte de l'amour » par Barry. La scène (il y aura bien une scène cette fois) commence par une image tableau sublimée par un très lent zoom arrière et la musique très douce de Sean O'Riada

---

18   « *Barry's father had been bred like many sons of genteel families to the profession of the law. There is no doubt he would've made an eminent figure in his profession, have he not been killed in a duel which arose over the purchases of some horses* ».

19   Par exemple, Louis Marin, *De la représentation*, Paris, Gallimard/Seuil, 1994, p. 342. Ou *Le Portrait du roi*, Paris, Minuit, 1981, p. 9.

20   *Ibid.*, p. 9-10.

sur les images de Barry et Nora jouant aux cartes. Très vite s'installe la voix narratrice :

> Le premier amour ! Quel changement il opère chez un garçon ! Quel éblouissant secret ce dernier porte en lui ! La tendresse jaillit d'un cœur d'homme ! Il aime comme l'oiseau chante, comme la rose s'épanouit par nature ! L'objet des attentions de Barry et la cause de ses tous premiers ennuis était sa cousine Nora[21].

Le narrateur fait admirer ici sa maîtrise du récit, puisqu'il nous fait déjà part du rôle qu'aura Nora Brady sur les futurs « ennuis » de Barry. Le savoir du narrateur apparaît finalement comme une contrainte supplémentaire pesant sur les personnages : son récit fait figure de destin inévitable, inéluctable, qui leur dénie toute liberté.

On peut se demander ce que deviennent récit et personnages dans ces images tableaux. Le premier et les seconds sont enfermés comme dans une cellule. Les personnages qui y apparaissent sont des pantins placés par un narrateur affichant un cynisme ostensible à l'intérieur d'images tableaux représentant un passé achevé. Leurs mouvements sont alors infiniment ralentis, compassés, engoncés, dans une gaze lumineuse qui les enveloppe. Les visages sont des masques impassibles, expression d'un décorum social immuable. La composition surchargée et ostentatoire de l'image, le cadre centripète, les mouvements précis mais indolents de la caméra polissent un « ralentissement stylisé[22] ». La voix *over* maîtrise alors la situation, expliquant, préparant, disposant, reliant comme si elle dépliait pour nous un livre d'images dont elle contrôle chaque fragment. La représentation qui s'offre à nous est la manifestation d'un pouvoir.

Si *Barry Lyndon* ne comportait que ces images tableaux, on pourrait considérer que son modèle est le livre illustré : les images tableaux visualisent le discours du narrateur en une suite de vignettes légèrement animées. De cette façon, le narrateur constitue un véritable écran entre l'objet de la représentation et le spectateur. Pour certains critiques, cet état du film constitue son seul objet. Ainsi Fitzgerald et Keep écrivent : « C'est précisément cette perte que Kubrick cherche à explorer : cette

---

21 « *First love ! What a change it makes in a lad ! What a magnificient secret it is he carries with him ! The tender passion gushes out of a man's heart. He love as a bird sings or a rose blows from nature. The object of Barry's attention, and the cause of his early troubles was his cousin Nora Brady bu name* ».
22 *Ibid.*, p. 175.

distance délibérée qui caractérise le film, distance qui écarte le spectateur de la diégèse [...] constitue "l'objet même" du film[23] ». Mais c'est
là oublier que le cours des images tableaux est fréquemment rompu
et qu'une autre logique cinématographique se faufile dans le film : du
vivant, du mobile se glissent dans la trame rigide du film ce qui change
notablement la perspective sur le film, particulièrement la relation entre
mobilité et immobilité.

LE (TABLEAU) VIVANT DANS *BARRY LYNDON*

Réinscrire le vivant dans le film sans détruire son parti pris esthétique
principal tel que nous venons de le décrire était une tâche difficile. Très
rarement (deux fois me semble-t-il, lors du combat de Barry avec un
autre soldat et lorsqu'il agresse Lord Bullingdon), le cinéaste choisit une
mise en scène leste, des plans courts, une caméra mobile, une vision « en
direct ». C'est au point que James Naremore peut qualifier de cinéma
vérité la scène du combat de boxe entre Barry et son collègue de régi-
ment[24]. Mais le plus souvent, la mise en scène réintroduit du mouvement et de la subjectivité en parvenant à maintenir dans les scènes de
nombreux principes à l'œuvre dans la scénographie des images tableaux.
Ce sont des moments plutôt courts, où l'émotion gagne enfin l'image
et ses personnages, où nous sommes témoins de l'effervescence ou du
trouble ébranlant tel ou telle des protagonistes. Ainsi, un fil continu
lie les images tableaux et les images vivantes.
   Commençons par une scène exemplaire. Sa réalisation fait sans doute
partie des journées de tournage cauchemardesques décrites par Marisa
Berenson citée plus haut. Barry séduit Lady Lyndon à une table de jeu
sans qu'aucun mot n'ait été prononcé. La scène compte dix-sept plans
pour un peu plus de quatre minutes, un peu plus de quatre plans par
minute. Elle suit le long plan d'introduction de la famille Bullingdon,
dont le narrateur dresse un portrait peu flatteur, se promenant pesamment

---

23   Fitzgerald Lara et Keep Christopher James, « Barry Lyndon démembré : la perte de
     l'histoire dans le film de Stanley Kubrick », *CINéMAS*, volume 4, n° 1, 1993, p. 26.
24   Naremore James, *On Kubrick*, Londres, BFI Palgrave-McMillan, 2007, p. 175.

dans un jardin à la française, sur la musique de Schubert. Alors que l'air de Schubert poursuit sa complainte mélancolique, nous retrouvons la société aperçue dans le jardin autour d'une table de jeu éclairée par de nombreuses bougies : les silhouettes frissonnent légèrement, tandis que Barry et le chevalier de Balibari, de dos pour nous, trônent face à eux. La persistance de la musique, le plan général avec les mêmes personnages, le glacis de l'image assurent la continuité narrative avec la scène précédente. Cependant, l'avancée de la caméra nous conduira bientôt à une scène de séduction entièrement muette et menée avec une économie de moyens remarquable.

Devant les maîtres du jeu, des joueurs debout frémissent, chuchotent, se trémoussent. Sur la droite de l'image, assis, se détachent face à nous Lady Lyndon, femme de Lord Bullingdon, et le révérend Runt, précepteur de son jeune fils. Trois candélabres porteurs de bougies sont posés sur la table. À leur clarté s'ajoute celle d'un quatrième tenu par un serviteur. Nous restons en plan général près de trente secondes, le frisson du jeu parcourt l'assemblée. Puis un plan en contre champ montre quelques instants Balibari et Barry presque de profil.

Alors commence l'échange mesuré des champs contrechamps entre Lady Lyndon et Barry. Elle est en plan américain, saisie à la taille, située entre deux candélabres, avec l'épaule de Barry en amorce sur la gauche et le révérend Runt entre les deux. La robe et le chapeau de couleur crème de la jeune femme s'allient à la pâleur de son décolleté et à son visage blanchis par le fard. Deux larges anglaises descendent sur son cou, auquel sont attachés un ruban et un collier discret. Ses mains sont posées sur ses jetons. Elle jette un grand regard en direction de Barry, puis un autre. Après une vingtaine de secondes, un plan rapproché de Barry se détachant du fond se substitue à elle, à la lumière de quatre bougies sur la gauche du cadre. Son habit, s'accordant avec ses cheveux blonds, est presque aussi clair que celui de Lady Lyndon. Il la regarde intensément, puis s'arrache enfin à sa contemplation.

Rapidement, nous revenons vers Lady Lyndon. La main de Barry s'avance pour lui donner ses gains ; elle prend les jetons comme si elle avait reçu une caresse. Elle le fixe plus directement, plus effrontément a-t-on envie de dire, un léger sourire aux lèvres. Runt découvre l'échange des regards de plus en plus brûlants entre les deux, jeu qui se poursuit pendant quelques plans, jusqu'à une image, longtemps retardée, plus rapprochée de la jeune femme, joliment éclairée par les bougies : l'ovale allongé de son visage, ses grands yeux bruns, ses lèvres rouge sombre, le large chapeau qui tombe sur son œil droit, seule ligne oblique du cadre, se détachent merveilleusement du fond de vestes et de chemises d'autres joueurs. C'est une vision sublime du désir dévorant d'une femme fixant son amant. On pense aux différents portraits de Mrs Abingdon peints par Joshua Reynolds, dont l'image construite par Kubrick paraît s'inspirer.

FIG. 1 – Joshua Reynolds, *Mrs Abington as The Comic Muse*, huile sur toile, 238,1 x 149,2 cm, 1764, National Trust, Waddesdon Manor.

FIG. 2 – Joshua Reynolds, *Portrait of Mrs Abington*,
huile sur toile, 74 x 61,5 cm, Denver Art Museum.

Le spectateur n'est plus à distance des personnages, qui occupent toute l'image. Celle-ci est encore centripète et centrée, mais nous fait approcher de la scène au point qu'elle en devient sensible au toucher, comme si nos doigts entendaient battre le cœur de la jeune femme, comme si la brûlure de ses épaules serrait notre poitrine. Ici, le cinéma l'emporte sur la peinture, le portrait filmé sur le portrait peint : les gestes des personnages aussi lents et délicats qu'ils soient, le frémissement propre au tremblé de l'image de cinéma, bref la mobilité cinématographique procurent un vertige supplémentaire aux tableaux pourtant déjà pleins de séduction du peintre.

Honoria Lyndon[25] n'y tient plus, elle se lève, sort de la pièce. Nous la voyons marcher précautionneusement sur la terrasse de profil pour arriver à son extrémité. La caméra s'approche en plan américain. Nous percevons sa respiration, les palpitations de sa poitrine, dans une demi-obscurité. Ses mains sont posées sur sa robe à la hauteur de son ventre, son regard est perdu loin devant elle. Nous demeurons trente secondes avec elle, apercevant en arrière-plan à travers les portes fenêtres, si nous regardons bien, une ombre traversant la salle qu'elle a certainement parcourue. Déjà, elle esquisse le mouvement de se retourner. Nous la quittons un instant : c'est Barry qui sort à son tour, suivi par la caméra en travelling latéral, les mains derrière le dos. Il la rejoint, ils restent un instant presque immobiles. Elle commence lentement à se tourner pour lui faire face, il tend délicatement sa main, saisit la sienne, elle se retourne complètement. Il se penche, puis elle à son tour, il l'embrasse.

L'extraordinaire est que ce baiser est accrédité par les quatre minutes qui viennent de s'écouler, alors que rien n'a été dit, qu'il ne s'est rien passé d'autre qu'une tension grandissante, palpable dans les corps bientôt bouillonnants de l'un et l'autre. Si la sincérité de Barry peut être discutée, celle de Lady Lyndon est incontestablement authentique. Ainsi, le film bascule dans une autre dimension où le narrateur n'a pas de place. Cette scène est loin d'être la seule dans le film. Déjà, au tout début, la séduction de Barry par Nora Brady à la suite du plan tableau décrit plus haut, ou le dîner entre Lischen (Diana Körner) et Barry qui conduira aussi à un baiser obéissent à une autre logique du film gouvernée par l'intention de nous rendre sensible la vie intérieure des personnages.

Cette fois, l'image n'en reste pas à l'état d'image tableau à peine animé se contentant d'enluminer le récit. Les protagonistes s'éveillent et deviennent personnages. Nous vivons avec eux la séduction de Redmond par Nora ou celle de Lady Lyndon par Redmond. Le champ contrechamp fait de chacun d'entre eux des subjectivités affectées par leurs perceptions. Nous sommes entrés dans l'image tableau, comprenant les émotions des amoureux, le désir dévorant de l'une, la flamme jouée (ou non) de l'autre. D'abord, les personnages sont comme des acteurs interprétant leurs propres rôles, saisis dans les gestes et attitudes prescrits pour eux

---

25 Je ne crois pas que ce prénom apparaisse dans le film, mais il lui est donné dans le roman de Thackeray. Je me permets de l'utiliser car, à l'intérieur du roman, Barry nomme ainsi la jeune femme dans sa déclaration amoureuse.

par la voix narratrice, encadrés dans un *gestus* impitoyable[26], protagonistes involontaires d'une pièce écrite à l'avance, immobilisés dans des images tableaux. Mais soudain, leurs souffles, désirs, émois nous sont si proches que nous sommes touchés par leur présence. Voici qu'ils sont vivants, expressifs, ardents, comme si, dans ces séquences, le film redevenait au présent. C'est une révolte de la vie, de la mobilité contre l'immobilité. L'amorce d'une vision politique se fait jour : le pouvoir est confinement[27], enserrement, claustration, il est la réduction du possible à une seule conduite, presque obligatoire. *Barry Lyndon* a ce mérite remarquable de nous faire sentir presque physiquement le poids du pouvoir.

LE REPRÉSENTÉ ET SES REPRÉSENTANTS

Nous avons détaillé les modalités de la représentation proposée par le film. Il est temps de s'intéresser plus avant au représenté : après le « comment », examinons le « quoi ». Ce dont parle *Barry Lyndon*, c'est un XVIIIᵉ siècle prérévolutionnaire enfermé dans ses conventions et dans un paysage socio-politique de domination sans partage d'une noblesse arrogante. Elle se protège en cultivant une éthique de la bienséance souvent hypocrite d'un côté, une exploitation sans vergogne des paysans et autres gens de peu notamment comme chair à canon de l'autre. Et ce que le film raconte, c'est le parcours d'un jeune bourgeois ambitieux au sein de cette noblesse qui précipite elle-même sa chute au cours de cette guerre de Sept Ans aux innombrables conséquences. L'aristocratie est représentée d'une part comme une société exténuée : les tavernes sont remplies de comtes ou de marquis ivres, affalés sur leur siège ; la corruption règne, dont Barry essaie de profiter pour acquérir un titre de noblesse ; enfin, un cynisme effroyable gouverne leurs rapports avec serviteurs ou soldats. D'autre part, nous découvrons ces propriétaires du pouvoir et de la terre s'acharner à faire bonne figure : perruques, fards,

---

26   En un sens plus brechtien que deleuzien : un complexe de comportements articulant significativement une situation sociale (Brecht Bertold, *L'Art du comédien. Écrits sur le théâtre*, Paris, L'Arche éditeur, 1999).
27   On pardonnera cette ironie un peu amère…

coiffures, habits luxueux se multiplient et rivalisent en somptuosité ; on s'intéresse à la peinture, on joue de la musique ; on ajuste son pas et ses comportements sur l'allure commune décente, convenable, alanguie.

Ces caractéristiques s'accordent merveilleusement avec le style de la mise en scène du film : les nobles, leurs demeures et leurs armées composent des tableaux mémorables, une scénographie du figement sous lequel couve un dérèglement atavique. Ces images sont comme le portrait d'une classe sociale européenne dominante à l'époque de la première guerre presque mondiale. Comme l'écrit Louis Marin : « La représentation dans et par ses signes représente la force[28] ».

Ce sont les derniers feux d'un système social de la représentation qui s'épanouit au Grand siècle, celui de Philippe IV et de Louis XIV, de Vélasquez et Le Brun. Derniers feux, car même dans les images tableaux se nichent des signes de fatigue, de fourberie, de lâcheté. La sublime scène finale, celle du duel entre Barry et son beau-fils, en témoigne. Il se tient dans une grange sordide, au milieu des pigeons et du caquètement des poules. Elle est accompagnée par la *Sarabande* métamorphosée en musique d'enterrement : dominée par le grondement sourd d'un tambour, l'orchestration choisie par Rosenman contraste par sa dignité avec l'effroi, voire l'épouvante, dont fait preuve Lord Bullingdon.

Rien ne nous est épargné, ni le chargement des armes, ni le tirage au sort ou la mise en place des combattants, mis en scène à travers un montage sec en plans moyens ou américains. L'erreur de Bullingdon, qui décharge son pistolet sans le vouloir, en est l'acmé : alors que Barry doit faire feu sur lui, il est pris de nausée et doit vomir contre un mur sous le regard désapprobateur de ses témoins. Son beau-père l'épargne, le jeune homme bénéficie d'un coup supplémentaire. Quand il parvient à toucher son adversaire, sa joie, à la fois enfantine et morbide, est démonstrative.

La critique sociale et politique construite par le film apparaît donc comme un assemblage à deux étages. Tout d'abord, le décorum des images tableaux exhibe la représentation que se donne à elle-même une classe dominante à bout de souffle. L'immobilisme des images, redoublé par le cynisme du narrateur, nous maintient à distance : nous sommes ici des observateurs lointains, admiratifs, mais aussi écœurés

---

28   Marin Louis, *Le Portrait du roi, op. cit.*, p. 11.

par la sotte vanité ambiante. Le carcan emprisonnant les personnages est d'une rare solidité.

Les (tableaux) vivants peinent à y échapper, parvenant quand même de temps à autre à interposer ces scènes où les ambitions, l'amour, la haine, deviennent visibles, sensibles. Ces séquences où la scène reprend le dessus sur le tableau constituent des points culminants du film, en au moins deux sens différents. D'une part, l'insinuation du vivant donne au film sa respiration qui rend supportable la succession des images tableaux et l'incoercible impudence d'une noblesse pas encore aux abois. D'autre part, elles désignent justement ce qui manque aux images tableaux, simplement la vie.

La scène de la rencontre de Barry avec Lischen en est un très bon exemple. L'idylle entre eux s'ébauche en quelques champs contrechamps qui, d'abord, n'échappent pas à l'atmosphère empesée entre eux. Barry y joue la comédie de l'officier anglais respectueux des convenances. Bientôt, sous l'impulsion de Lischen, depuis longtemps privée de son mari, qui donne à manger à son bébé, l'on parle de la solitude, de la guerre. Une peur sourde se mêle au désir entre eux. Ils partagent leur extrême isolement, leur réclusion, a-t-on envie d'écrire. Elle lui demande de rester quelques jours, de repousser un moment l'existence qu'on leur a imposée. Elle est toute tendue vers lui, retenant à peine son bébé du bras, émue, émouvante.

Après leur baiser, nous passons directement à leurs adieux : nous y apprenons que l'un et l'autre ont tombé les masques, elle l'appelle Redmond (il lui a donc dit la vérité sur la fausseté de son existence), leur tendresse est palpable. C'est un fugitif instant de mouvement et de vie, qui échappe à l'enrégimentement des images tableaux. Comme si la machine sociale de répression associée à la classe noble et au système de mise en scène de présentation de tableaux ne pouvait pas éteindre complètement les velléités de révolte des personnages.

« Dans tous les films de Kubrick, déclare Michel Ciment, il y a une surface de civilisation […] de grande culture et de grande rationalité ; et en dessous, il y a l'irrationnel, il y a les pulsions, il y a la violence, il y a le côté animal de l'homme[29] ». On ajoutera que ces pulsions, ce désir sont la manifestation de la vie, de la force de vie, qui anime les

---

29 *In Kubrick par Kubrick, op. cit.*

plus puissants des personnages du cinéaste. Et sans doute cette vie sous l'immobilité est insupportable à la haute société, comme elle l'est au narrateur : ce dernier, immédiatement veut regagner la main et le pouvoir en prétendant que Lischen prend un amant après l'autre, qu'elle est aussi cynique que son temps. Mais cette remarque, que rien ne corrobore, paraît extrêmement mal venue, du moins à ceux des spectateurs qui se sont intéressés aux personnages (et donc au film…) : la vie nous est trop précieuse pour être à ce point dédaignée.

On en arrive à une conclusion quelque peu paradoxale. Kubrick et son équipe ont vaincu des difficultés assez prodigieuses pour représenter une société décadente dans ses plus beaux atours en même temps que dans toute son hypocrisie et sa malfaisance (on n'en a rien dit faute de place, mais les scènes de combat sont réellement terribles). Il a disposé son portrait en une série de tableaux à peine vivants, presque figés dans une mortelle immobilité, ce que nous avons appelé les « images tableaux ». Pourtant, peut-être que toute cette organisation n'est là que pour faire valoir ces instants de vie dérobés à la répression sociale. Quand le capitaine Grogan félicite Barry de défier les convenances au nom de son amour-désir pour Nora Brady au tout début, ne représente-t-il pas un point de vue qui, bien que constamment déguisé durant tout le film, semble indispensable si l'on veut évaluer proprement la complexité majestueuse du récit ? Certes, d'autres sont plus manifestes ou plus présents. Mais seule l'adoption de ce regard sensible aux émotions des personnages appréhende dans son entièreté l'étouffement social décrit par le film : la hiérarchie des classes et le destin souvent effroyable réservé aux plus pauvres, le tout dissimulé sous les images tableaux, caché sous la représentation que se donnent à eux-mêmes les puissants, l'ensemble reconstitué précisément par Kubrick et son équipe.

Jean-Pierre ESQUENAZI

BRUEGHEL, LE MOULIN ET LA CROIX DE LECH MAJEWSKI (2011)

L'histoire de l'art et l'art du récit

Il est peu de films dont on peut dire qu'ils aient littéralement *animé* une toile de peinture préexistante. C'est le cas, selon des modalités bien particulières que l'on se propose d'examiner, du film *Mlyn i Krzyz* (*Brueghel, le moulin et la croix*), réalisé par Lech Majewski et sorti en 2011, qui fait vivre à l'écran le tableau *Le Portement de croix*, peint par Pieter Brueghel l'Aîné en 1564.

Le cinéaste américano-polonais avait précédemment réalisé un film intitulé *Angelus*, une « comédie métaphysique » située en Silésie, dans une communauté rurale où des apparitions mystiques suscitent de nombreuses micro-intrigues paysannes, des dialogues et commentaires (conduits en dialecte silésien) qui témoignent d'un monde révolu, au bord du cataclysme de la deuxième guerre mondiale. Tous ces récits se développent à partir d'un point nodal quasi-pictural, un arrière-plan statique donnant l'impression d'être une toile de maître. C'est grâce à ce film que l'écrivain et critique d'art Michael Francis Gibson contacte le réalisateur. Michael Francis Gibson est l'auteur d'un essai qui porte sur un tableau de Brueghel l'Aîné, *Le Portement de croix* (tableau de 1564)[1]. Il propose à Lech Majewski d'adapter son livre au cinéma, et de faire un documentaire sur l'histoire et la symbolique du tableau, à la manière dont lui-même a écrit son livre.

Le film prend finalement la forme d'une fiction hybride, « animant » une dizaine des cinq cents personnages de la toile, et en reconstituant le contexte de production grâce au personnage du peintre, Brueghel (Rutger Hauer), lequel guide le spectateur dans les étapes de préparation du tableau. Des explications sur les éléments anachroniques faisant référence à l'histoire des Flandres du XVIᵉ siècle sont également introduites.

---

1   Gibson Michael Francis, *Portement de croix, histoire d'un tableau de Pierre Brueghel l'Aîné*, Paris, Noésis, 1996.

Tout en éclairant d'abord les aspects principaux du film, l'on abordera d'autres cas, dans l'histoire du cinéma, qui se sont inspirés d'un tableau unique. On se focalisera ensuite sur trois figures majeures du film qui incarnent chacune un aspect différent de ce qui constitue possiblement un trait essentiel du tableau vivant : le peintre-guide (Rutger Hauer), le collectionneur (Michael York) et la Vierge Marie (Charlotte Rampling).

Mise en scène et illusion du mouvement, arrêt du temps et abolition des limites du cadre sont ainsi les principales dimensions du tableau vivant au cinéma sur lesquelles l'on se propose de réfléchir grâce au film *Brueghel, le moulin et la croix*, en ayant pour visée de déterminer ce qui, dans cette poétique particulière, détermine un art du récit passant par une certaine vision de l'histoire de l'art.

LE PORTEMENT DE CROIX :
DE BRUEGHEL L'ANCIEN À LECH MAJEWSKI,
EN PASSANT PAR MICHAEL FRANCIS GIBSON

Le Portement de croix, l'une des œuvres majeures de Pierre Brueghel l'Aîné, relate un épisode de la Passion du Christ. Peinte en 1564, l'œuvre représente un vaste paysage peuplé de centaines de personnages qui, pour la plupart, se dirigent vers le Golgotha. D'autres, paysans et bergers, se rendent à la ville. Certains fragments du tableau montrent des cavaliers espagnols se livrant à des persécutions, ce qui situe le tableau dans le contexte de l'occupation des Flandres par les Espagnols au XVIᵉ siècle. Le tableau fascine par plusieurs aspects : un moulin massif situé au centre du tableau, un Christ dans la foule qu'il faut chercher avec attention, et une fusion des temporalités.

Lech Majewski est depuis l'enfance fasciné par ce tableau. La carrière de ce réalisateur polonais né en 1957 a dès le début été marquée par une relation symbiotique avec la peinture[2]. Lui-même peintre, il est l'auteur du scénario du film *Basquiat* (1996) consacré à l'artiste new-yorkais, et

---

2   Alsop Laura : « Bringing Bruegel to the big screen », article de CNN, 2012, en ligne : https://www.cnn.com/2012/03/30/world/europe/bruegel-painting-film/index.html, consulté le 15/06/2020.

a réalisé en 2004 le film *Le Jardin des Délices*, lequel suit un historien d'art pénétrant dans le triptyque éponyme de Jérôme Bosch. Comme son précédent film *Angelus*, le résultat visuel de *Brueghel, le moulin et la croix* repose sur un mélange de techniques anciennes et de technologie numériques, hybridation qui nourrit un abondant métadiscours accompagnant le film. Ainsi, les costumes sont faits à la main et colorés grâce à des teintures faites d'oignons bouillis, comme au temps de Brueghel. Lech Majewski a volontiers confié, au cours des festivals et entretiens auxquels il a participé, des anecdotes sur la création du film, qui ne sont pas sans rappeler une forme de mythification de l'artisanat scénographique qu'un Stanley Kubrick a mis en œuvre pour réaliser *Barry Lyndon*. Par exemple, la bonne teinte de noir a été obtenue en brûlant une bougie sur un morceau de vitre, car le résultat numérique n'était pas satisfaisant pour le réalisateur[3].

De nombreuses scènes font cependant appel à la 3D et aux effets spéciaux numériques, par exemple la mise en mouvement du moulin. Des techniques digitales ont été spécifiquement élaborées pour le projet, et font aussi partie intégrante de la promotion du film lors de sa diffusion dans les festivals et les salles de cinéma. Le film a été tourné dans plusieurs endroits choisis pour leur ressemblance avec le paysage de la toile (en Pologne et en Nouvelle-Zélande) selon plusieurs techniques principales : des acteurs filmés devant un fond bleu, lequel est ensuite intégré plus tard à différents arrière-plans, des prises de vue réelles, ainsi qu'un très large arrière-plan peint par Lech Majewski, reproduisant *Le Portement de croix*[4].

Le film s'ouvre sur un plan-séquence qui balaye le décor où l'on reconnaît des éléments du tableau de Brueghel. Pendant les trente premières minutes, pas un mot n'est prononcé, alors que l'on suit les personnages du peintre, des artisans et des paysans, dans leur vie quotidienne. Une succession de « vignettes » bucoliques défile ainsi, à l'issue de laquelle le peintre arrive en dessinant dans les champs. Le film montre aussi des scènes cruelles que l'on devine dans le tableau, des paysans arrêtés par la cavalerie espagnole et exécutés.

3   Bailey John, « Lech Majewski meets Bruegel on the Way to Cavalry », article paru dans *The American Cinematographer*, 2014, en ligne : https://ascmag.com/blog/johns-bailiwick/lech-majewski-meets-bruegel-on-the-way-to-calvary, consulté le 15/06/2020.

4   Voir le dossier de presse disponible sur le site du festival du film de Moscou : http://www.moscowfilmfestival.ru/upfile/file/229.pdf, consulté le 15/06/2020.

Après trente minutes interviennent les premiers dialogues entre
le collectionneur (le commissionnaire et ami de Brueghel, Nicholas
Jonghelinck) et le peintre, ainsi qu'un discours didactique de Brueghel
sur son tableau : la caméra le saisit en train d'exécuter l'esquisse de sa
toile, et sa voix énonce avec clarté son projet. Il s'agit de placer non pas
le Christ, mais le moulin au centre du champ. Pendant ces explications,
certains plans apparaissent pour illustrer son propos : tel ou tel personnage figé, telle ou telle figure, dans une logique de quasi-arrêt sur image.

La deuxième partie du film aborde la représentation de la Passion du
Christ, tout en continuant de multiplier les différents plans de temporalité. Le monologue de la Vierge Marie (Charlotte Rampling) ne tient
pas seulement de la complainte de la mère du Christ, mais aussi du cri
pathétique d'une femme des Flandres, car l'arrestation du Christ et les
supplices qui lui sont infligés sont, comme dans le tableau de Brueghel,
teintés d'équivoque quant à l'identité des bourreaux. C'est bien la cavalerie espagnole et non les Romains qui emmène Jésus au Golgotha. La
figure du collectionneur, qui assiste de loin à cette exécution, est très
présente dans cette deuxième partie du film. Là encore, des dialogues
entre le collectionneur et le peintre commentent les scènes qui se jouent
« devant » eux. Parfois, le peintre et le collectionneur évoluent dans un
décor qui ne semble pas être celui du tableau, mais dont on peut repérer
des « résidus » : les ailes du moulin, par exemple. Ces passages sont ainsi
comme autant d'*images-cristal*, en termes deleuziens : des actualisations
de virtualité[5].

Le film est à la fois simple dans ses dialogues, sa narration et ses
personnages, puisqu'il est entièrement dédié à un seul tableau qu'il se
propose d'animer et d'expliquer. Mais il n'en est pas moins inclassable du
point de vue du genre cinématographique – à tel point que les films de
Lech Majewski sont souvent qualifiés de « post-cinématographiques » –
et il est difficile d'en définir précisément les processus d'intermédialité :
s'agit-il d'une adaptation, d'une transposition, d'une citation ?

---

5   Deleuze Gilles, *Cinéma II. L'Image-temps*, Paris, Minuit, 1985, p. 92.

PRÉSENCE DE LA TOILE DANS LE FILM :
ENTRER, MONTRER, EXPLIQUER

Quelques points de comparaison avec d'autres films peuvent permettre de qualifier plus précisément les formes d'intersémioticité à l'œuvre dans *Brueghel, le moulin et la croix*. L'on verra ainsi que si celui-ci se laisse aisément intégrer dans des groupements de films ayant la peinture pour point de départ, il est cependant unique dans sa manière d'animer exclusivement un seul tableau. *Le Portement de croix* est, dans le film, omniprésent visuellement et source de la narration, décor et objet de la fiction : l'on suit certains personnages du tableau, à qui l'on prête des gestes et des attitudes, quelques dialogues et plusieurs monologues. Le film est souvent métapoétique : en effet, de nombreuses séquences sont constituées d'arrêts sur image, pendant lesquels des explications sont données sur la genèse du tableau, des scènes sont interprétées par un commentaire souvent amené par Brueghel lui-même. Un mélange entre narration (à défaut de fiction) et de passages didactiques est donc à l'œuvre. Cependant, même au niveau de la narration, la distinction entre les niveaux diégétiques et les plans temporels est brouillée. En effet, un peu comme *Le Portement de croix*, le film multiplie les séquences qui font référence à la Passion du Christ, et d'autres au contexte des Flandres du XVIᵉ siècle.

Ainsi, le film de Lech Majewski ne saurait être rangé dans la catégorie des *biopics* de peintres, même si certains d'entre eux utilisent aussi certaines toiles de l'artiste en les reproduisant en prises de vue réelles, par exemple *Frida* (2002) ou *Van Gogh* (1991)[6]. En effet, dans ces exemples le thème du film est bien la vie et l'œuvre de l'artiste, et ne privilégie pas un tableau en particulier.

Lorsque des tableaux précis et identifiables se trouvent intégrés dans un film, ils le sont souvent pour métaphoriser un contenu latent, pour symboliser un point de tension maximal, comme les œuvres *Susanne et les vieillards* (Willem van Mieris, 1731) et *Le Verrou* (Fragonard, 1778) qui apparaissent dans *Psychose* (1960) lors de la scène précédant celle du

---

6   Bien que Maurice Pialat ait plutôt utilisé des éléments impressionnistes pour constituer la scénographie du film.

meurtre sous la douche[7]. Dans le cas de *Brueghel, le moulin et la croix*,
nous sommes loin d'une logique d'évocation symbolique ou d'inscription
subliminale : c'est bien pendant toute la durée du film de Lech Majewski
que nous sommes invités à contempler le tableau.

L'on peut évoquer une autre catégorie : la reproduction de toiles en
prises de vue réelles à titre d'inspiration scénique, généralement pour
sublimer un décor, représenter une certaine atmosphère, donner un effet
de réel aux reconstitutions historiques, ce qui donne lieu à de nombreux
jeux cinéphiliques de reconnaissance de ces « tableaux cachés[8] ». Notons
que plusieurs toiles de Brueghel ont déjà été convoquées au cinéma,
chez Andrei Tarkovski (*Chasseurs dans la neige* apparaît dans *Andrei
Roublev, Solaris* et *Le Miroir[9]*), Pasolini (*Le Décaméron*, où l'on aperçoit
Le Combat de Carnaval et Carême[10]) Lars Von Trier (l'on peut reconnaître
Chasseurs dans la neige dans l'ouverture de *Melancholia*). Le film de Lech
Majewski se démarque de ces exemples en ce qu'il propose une véritable
exploration du tableau *Le Portement de croix*, qui n'est ni une allusion ou
une référence ponctuelle mais bien le sujet principal du film.

Quelques autres films ont fait d'une toile spécifique leur trame narrative. *La jeune fille à la perle*, adaptation d'un roman réalisée par Peter
Webber (2003) bâtit un récit de fiction autour de la genèse inventée de la
toile de Vermeer : la rencontre purement fictive entre le sujet de la toile
éponyme, incarnée par Scarlett Johansson, et la figure du peintre Vermeer
(Colin Firth). Le tableau est le résultat de cette fiction étiologique, et
n'apparaît donc qu'à la fin, contrairement à *Rêves* de Kurosawa (1990),
où le protagoniste joué par Martin Scorsese entre dans le tableau *Champ
de blé aux corbeaux* et y rencontre Vincent Van Gogh. Ce dernier exemple
est sans doute plus proche dans sa démarche esthétique de *Brueghel, le
moulin et la croix* que d'autres (mise en scène du peintre, concentration sur
un seul tableau, reproduction d'une toile à l'écran), mais il ne contient
pas, parce que *Rêves* de Kurosawa est bien une fantaisie, l'importante
dimension d'enquête sur le tableau qui détermine l'intérêt majeur du

7   Voir Luc Vancheri, *Psycho. Une leçon d'iconologie*, Paris, Vrin, 2013.
8   Bergala Alain, « Le tableau caché », *in Les Œuvres d'art dans le cinéma de fiction*, sous la
     direction de P.-H. Frangne, A. Fiant et G. Mouëllic, Rennes, Presses Universitaires de
     Rennes, 2014, p. 119-131.
9   Prud'homme François-D., « Bruegel chez Tarkovski », *Séquences*, n° 291, 2014, p. 21-24.
10   Rumble Patrick, *Allegories of Contamination. Pier Paolo Pasolini's Trilogy of Life*, Toronto,
     University of Toronto Press, 1996, p. 100.

film de Lech Majewski. Il en va de même pour d'autres cinéastes comme Peter Greenaway (*A Wed and Two Noughts*, 1985), Alexandre Sokourov (*L'Arche russe*, 2002 ; *Francofonia*, 2015) ou Gustav Deutsch (*Shirley, un voyage dans la peinture de Hopper*, 2013) : le caractère déterminant de la fiction et du récit les éloigne du film ici étudié. Le tableau n'est pas le motif central de la narration (sujet et objet), même si tous ces films, d'une manière ou d'une autre, *animent* une toile, lui donnent vie.

En effet, dans *Brueghel, le moulin et la croix*, il s'agit d'entrer dans le tableau pour en éclairer la genèse mais aussi les mystères. *Le Portement de croix* comporte de nombreuses énigmes, lesquelles font l'objet du livre de Michael Gibson. Le moulin (symbole de l'entrée dans une nouvelle ère astrologique) et le mélange des époques sont longuement analysés, mais c'est surtout la recherche du Christ dans ce « vaste paysage accidenté[11] » qui donne lieu à des développements interprétatifs. Certes, Michael Gibson rappelle qu'il existe d'autres tableaux de Brueghel qui dissimulent l'événement central (*La Chute d'Icare*, *La Conversion de Saint Paul*), mais une telle mise à l'écart de la figure christique est tout de même très inhabituelle.

Le film de Lech Majewski reconstitue donc certes des segments du tableau sous forme de séquences narratives, mais le but final de ces opérations de fiction repose sur une visée didactique. Les rencontres avec le peintre devenu guide et passeur peuvent néanmoins faire penser à *Rêves* de Kurosawa et au *Décaméron* de Pasolini, dans lequel le peintre Giotto conduit le spectateur à travers différentes histoires représentées dans sa fresque.

Enfin, il nous faut évoquer le cas du film *Loving Vincent* réalisé par Dorota Kobiela et Hugh Welchman en 2017. Inspiré par la vie de Vincent Van Gogh, son format est inédit : c'est à partir des toiles du peintre lui-même que l'animation est réalisée. Le processus technique et la visée narrative sont complètement différents de ceux de *Brueghel, le moulin et la croix*. Ce qui réunit les deux films a trait à une manière *littérale* de réaliser le projet intersémiotique : animer une toile en la reproduisant par un ensemble de techniques variées qui visent l'idéal de la fidélité visuelle la plus absolue, tout en y introduisant du mouvement.

À bien des égards, le film de Lech Majewski est donc inclassable, même s'il possède des affinités certaines avec d'autres films qui font de la toile de peinture un moteur d'inspiration. Dès lors, l'on serait tenté

---

11   Gibson Michael Francis, *Le Portement de croix*, *op. cit.*, p. 85.

de proposer un terme nécessairement inédit comme celui de *film-tableau* ou de *tableau animé* pour qualifier cette œuvre. Pour l'heure, c'est en proposant une réflexion sur les termes de *tableau vivant* que l'on souhaite aborder trois mouvements qui, selon nous, composent la dynamique du film *Brueghel, le moulin et la croix* : composer (la scène et le mouvement), arrêter (le temps) et sortir (du cadre).

LE PEINTRE OU LA COMPOSITION, LE COLLECTIONNEUR OU LA DÉCOMPOSITION

Deux scènes très importantes actualisent l'une des dimensions essentielles du tableau vivant, celle de mise en scène, au sens de direction (« *the stage is set* », dit la voix de Brueghel dans le film). Il s'agit du prologue et de son rappel une heure plus tard, deux séquences qui dévoilent les acteurs s'apprêtant à jouer la Passion du Christ.

En travelling latéral, la caméra découpe une grande portion de la toile de Brueghel, en montrant plus précisément la première rangée de personnages, plus importants en taille ici que dans le tableau : ce sont les acteurs qui doivent jouer l'ascension sur le Golgotha. Ils sont mobiles, mais ils posent. Des costumiers s'affairent. Une voix *off* évoque le projet pictural, mais elle semble aussi donner des instructions de mise en scène aux acteurs. Une heure plus tard, la voix mène l'exégèse : elle ne met plus en scène, elle commente ce qui est en train de se jouer tout en donnant des clés d'interprétation mystiques et philosophiques du tableau. Les mots « *the stage is set* » font donc référence à plusieurs plans de réel et d'expérience : le décor de la toile est fixé, la scène est prête pour la Passion. Le tableau vivant est pleinement rattaché, ici, au théâtre, aux processions religieuses, à une forme de spectacle pré-cinématographique.

Cependant, le nombre de personnages en arrière-plan et l'échelle donnée par le film (la toile de Brughel contient cinq cents personnages) ne sont pas sans évoquer à la fois le cinéma des premiers temps[12] et l'âge

---

12 Voir Jérémie Koering, « Sur le seuil. Tableau vivant et cinéma », *in Le Tableau vivant ou l'image performée*, sous la direction de J. Ramos, INHA/Université de Leyde, Mare & Martin, 2014, p. 302-318.

d'or des studios avec ses péplums mettant en mouvement des milliers de figurants. Il existe un fort potentiel comique de cet imaginaire, constitué par l'équilibre compositionnel quasi géométrique et artificiel des foules picturales, impossible à réaliser dans le réel sans tomber et ainsi engendrer des gags, ou bien par la mise en scène de processions qui, en prises de vue réelles, donnent lieu à des bousculades. *La Ricotta* de Pier Paolo Pasolini (1962), qui a lui aussi pour sujet une reconstitution filmique de la Passion, s'inscrit en partie dans ce registre. Mais cette dimension comique n'est pas, dans le film de Lech Majewski, actualisée.

Un deuxième réseau est à l'œuvre, lequel joue moins sur l'immobilité qu'au contraire, sur la complexité d'amener le mouvement, pour répondre au défi d'animer à l'écran une toile peinte. Selon Lech Majewski, la « clé » d'interprétation de l'esthétique de la toile de Brueghel réside dans une manière permanente de dérober les lignes de force et de multiplier les passages (« *funnels* ») pour l'œil[13]. Le livre de Michael Gibson est d'ailleurs largement consacré à l'analyse de la composition du tableau, complexe en raison de la « qualité kaléidoscopique » de la foule[14] qui paraît d'abord giratoire, puis se révèle plutôt en forme de spirale, tout en multipliant les axes et les cercles secondaires. Tout est fait pour cacher le Christ et exposer le moulin, motif important dans la symbolique de la Renaissance qui coïncide avec de nombreux symboles du zodiaque (l'entrée dans l'ère des Poissons).

Le peintre-guide, dans le film de Lech Majewski, est dont artiste et illusionniste du mouvement : la métaphore de l'araignée, qu'on trouve dans toute la première partie du film (Brueghel observe une araignée tissant sa toile dans la nature, puis la reproduit plus tard en comparant son dessin au projet du tableau futur), fait aussi allusion au spectateur pris au piège d'une toile hypnotique.

Le réalisateur, dès lors, est-il imitateur de ces illusions et de ces pièges ou tente-t-il de les combler, en préférant au rôle d'illusionniste du personnage de Brueghel, celui de guide ? Certaines séquences, en effet, tiennent plutôt le rôle de vignettes sans rapport avec ce qui précède ou ce qui suit, et leur décor ne permet pas au spectateur d'identifier facilement dans quelle partie du tableau l'on se trouve alors. D'autres

---

13   Voir l'article de John Bailey, « Lech Majewski meets Bruegel on the Way to Cavalry », art. cité.
14   Gibson Michael Francis, *Le Portement de croix*, *op. cit.*, p. 113.

scènes, bien au contraire, amplifient et aménagent, grâce aux pouvoirs de la caméra et du montage, certains motifs du tableau de manière à ce que le regard ait un accès plus direct aux figures représentées. Le film joue ainsi beaucoup sur le changement d'axe et de direction. Une scène, comme celle de la première arrivée de la cavalerie, peut ainsi être filmée de droite à gauche, contrariant la « lecture » habituelle du tableau qui se fait généralement de la gauche vers la droite (« ce qui se trouve à gauche... s'écoule déjà vers le passé[15] »). La séquence de supplice du jeune paysan hissé sur une roue et aux yeux crevés par les corbeaux multiplie les plongées et contre-plongées, en jouant sur la verticalité. À première vue, le film montre plus efficacement que la toile, offre des angles de vue et des directions qui permettent un accès plus intime aux sujets représentés.

Mais le discours de Lech Majewski sur son travail insiste sur une forme de transposition fidèle au projet brueghelien, et non pas sur cette dimension d'efficacité plus avérée du médium filmique. Il s'agit pour lui de transposer les sept perspectives différentes que l'on trouve dans *Le Portement de croix*, et qui en font un paysage surréaliste. L'efficacité de la caméra et la maîtrise du mouvement sont mises au service d'un hommage à la planitude brueghelienne, que la centralité du méta-discours opéré par le personnage du peintre affirme. Par ailleurs, le film est saturé de séquences beaucoup moins réalistes, aux décors de carton-pâte ou de ce que n'importe quel spectateur peut identifier très clairement comme étant des effets spéciaux numériques.

Cette célébration du mouvement par une oscillation constante entre réalisme et exhibition d'un certain artificialisme n'est pas sans se rapprocher d'une forme de baroque, ou du moins d'une esthétique qui se plaît à exposer ses rouages et à laisser entrevoir toute la magie de l'illusion motrice. C'est aussi tout l'aspect paratextuel du film qu'il faut prendre en compte : les nombreuses interviews et les anecdotes de tournage et de fabrication du film. Même à l'intérieur du récit, des allusions marquées au processus de fabrication du film construisent un réseau signifiant qui est, à notre sens, constitutif de l'imaginaire du tableau vivant : comment est-ce fait ? Quels sont les processus techniques utilisés ?

Lech Majewski souligne d'ailleurs souvent la dimension d'innovation technologique et l'aspect collectif de cette aventure : « [...] *literally every*

---

15   *Ibid.*, p. 14.

week the guys in the computer department were discovering new plug-ins and new developments in the field and employing it for what I wanted to achieve[16] ». Outre ce que l'on peut inférer comme un plaisir fondamental du spectateur à savoir, pour ce genre de film, *comment c'est fait*[17], quels sont les mécanismes techniques de transposition de médium (et qu'on peut rattacher dès lors à une forme de « technologie de l'enchantement[18] »), il semble que regarder un film tableau-vivant c'est être présent à la fois dans l'atelier du peintre et dans le studio. Les dialogues entre le collectionneur et Brueghel sont autant de métaphores des discussions techniques et esthétiques qui se sont déroulées pour préparer ce film. Ici, le parallèle avec *La Ricotta* de Pasolini est pertinent : ces deux films portent sur leur propre création.

LE COLLECTIONNEUR ET LA MÈRE : ARRÊTER LE TEMPS, SORTIR DU CADRE

Les deux dernières dimensions essentielles du tableau vivant que nous abordons ici sont liées à deux autres figures du film : le collectionneur (Michael York) et la mère (Charlotte Rampling).

Le collectionneur énonce plusieurs fois la nécessité d'*arrêter le temps*, des mots à plusieurs sens. Être de parole, riche humaniste, il est témoin de premier plan des persécutions commises par les Espagnols occupant les Flandres. Il incarne aussi une tension inhérente au tableau vivant, celle de la dualité entre *continuum* des images et désir de figer, de posséder l'image. Le tableau vivant permet en effet de penser le cinéma comme « mort 24 fois par seconde[19] », dont les arrachements au défilement des

---

16 Cité dans l'article de John Bailey, « Lech Majewski meets Bruegel on the Way to Cavalry », art. cité.

17 Aussi bien pour *Brueghel, le moulin et la croix* que pour *Shirley, un voyage dans la peinture de Hopper*, une simple recherche Google montre que la première question posée par les internautes est « Comment le film est fait ? ».

18 Gell Alfred, « La technologie de l'enchantement et l'enchantement de la technologie », *in Technologie de l'enchantement, Pour une histoire multidisciplinaire de l'illusion*, sous la direction d'A. Braito et Y. Citton, Grenoble, Ellug, 2014, p. 35-68.

19 Mulvey Laura, *Death 24 x a Second. Stillness and the Moving Image*, Londres, Reaktion Books, 2006.

images facilitent la découverte renouvelée, par le spectateur, de *puncta*. Ces arrêts sur image peuvent engager de nouveaux modes de discours sur le motif ou la figure, l'image filmique prise hors de sa dialectique de l'un et du multiple, et les technologies qui permettent de faire surgir d'autres modes d'intertextualité.

Cette dynamique d'arrêt sur image s'inscrit ainsi dans de nombreux discours sur le numérique et les nouveaux modes de visionnage des images animées ainsi que d'analyse du film. Le collectionneur, à bien des égards, incarne le spectateur d'aujourd'hui, qui peut arrêter le temps et scruter l'image. Son inscription, parfois de manière artificielle, dans le cadre du tableau, illustre aussi tout le projet du film, celui d'entrer dans la toile.

Entrer dans le tableau, enfin, mène à abolir le cadre, comme le souligne justement Michael Gibson :

> Comme chaque détail est traité presque en miniature, le spectateur est sans cesse incité à s'en approcher le plus possible – si bien que les limites du tableau sortent de son champ de vision. Ne les apercevant plus, il peut même perdre… qu'il s'agit d'un tableau[20].

De manière symétrique, le film suggère une sortie de l'écran, bien évidemment métaphorique, mais dans un possible toujours renouvelé grâce à une esthétique du tableau vivant qui ritualise les différences entre vie et mort, mouvement et immobilité.

C'est le personnage de la mère, jouée par Charlotte Rampling, qui pourrait le mieux incarner cette dimension. En effet, son statut est équivoque, ce qui en fait un personnage différent des autres. Elle paraît tantôt être Marie, mère du Christ persécuté, tantôt la comédienne qui incarne Marie dans la Passion, et enfin la mère déchirée d'un homme persécuté et exécuté, une douleur universelle. Son monologue pathétique traverse ainsi différents plans de réalité spatio-temporelle, ce qui en fait une incarnation de la limite brouillée entre les époques. L'imaginaire de la sortie du cadre par un personnage de tableau, ou de film, est souvent lié à la fantaisie amoureuse. Dans la nouvelle « Omphale » de Théophile Gautier, le motif de la toile qui s'anime est une figure érotique. Dans le film *La Rose pourpre du Caire* (1985), déchirer l'écran donne prétexte à une rêverie et à une séduction comique. Dans le cas présent, les nombreux

---

20 Gibson Michael Francis, *Le Portement de croix, op. cit.*, p. 36.

plans sur le visage de Charlotte Rampling en font une madone intemporelle, recréant plusieurs pans de l'histoire de la peinture et en même temps permettant de formuler un discours universalisant sur la guerre et la domination. Personnage-passerelle, comme les deux précédents, la mère fait la jonction entre vie, peinture et cinéma où le spectateur peut chercher des correspondances, ce que fait aussi le film *Passion* de Jean-Luc Godard[21].

Le tableau vivant introduit parfois une distance ironique au cinéma. Pour Lech Majewski, comme pour d'autres cinéastes expérimentaux de l'après « Révolution numérique », il s'agit plutôt d'engager une réflexion intense sur la vision, l'expérience du mouvement et la décomposition de l'image à l'ère post-cinématographique[22]. L'esthétique du tableau vivant au cinéma fait depuis quelque temps l'objet d'un réexamen historique[23], on la replace dans une longue sériation, on réévalue l'importance des plans-tableaux bibliques, et surtout les « Passions » des années 1890 à 1910[24] pour la constitution de l'art cinématographique et sa conception du plan et du découpage[25]. Si le tableau de Brueghel mêle le contemporain et le temps de l'Évangile, le film propose également une mise en scène de l'histoire des arts. Comme si rejouer un acte fondateur de l'art occidental, celui de la Passion du Christ, permettait de penser d'autres changements de paradigmes esthétiques : la Renaissance, puis la bascule de l'image inanimée vers l'image animée.

Lech Majewski recréé un dispositif ancien au moyen d'une superposition de couches technologiques, de la plus ancienne à la plus contemporaine. Il fait ainsi référence à plusieurs moments forts de l'histoire des arts, légendaires ou réels, à l'heure du « post-cinéma[26] » ou

---

21 Koering Jérémie, « Sur le seuil. Tableau vivant et cinéma », art. cité, p. 308.

22 Voir Agnes Petho, « Housing a Deleuzian Sensation : Notes on the Post-Cinematic Tableaux Vivants of Lech Majewski, Sharunas Bartas and Ihor Podolch », *in The Cinema of Sensations*, sous la direction d'A. Petho, Newcastle, Cambridge Scholars Publishing, 2015, p. 155-182.

23 Voir Valentine Robert, *L'Origine picturale du cinéma. Le tableau vivant, une esthétique du film des premiers temps*, thèse de doctorat, Université de Lausanne, 2016.

24 Voir *ibid.* : les « Passions » étaient presque un genre cinématographique au début du XXᵉ siècle, tant on dénombre de films qui recréent cet épisode de l'Évangile, souvent en se référant aux gravures de Gustave Doré.

25 Voir André Gaudrault, *Cinéma et attractions. Pour une nouvelle histoire du cinématographe*, Paris, CNRS Éditions, 2008.

26 Le terme de « post-cinéma », nécessairement objet de débat, désigne les images animées nées avec la Révolution numérique et qui ne peuvent plus se définir par les caractéristiques

du « cinéma éclaté[27] », comme une manière de reposer le problème de la reproductibilité de l'œuvre d'art et sa perte d'aura[28], mais aussi de se réapproprier la logique d'épiphanie sur écran menacée par l'expansion des images animées.

Jessy NEAU

---

qu'on attribuait de manière ontologique au cinéma (expérience de la salle, processus d'impression photochimique sur pellicule, montage classique et format conventionnel du long-métrage). Voir *Post-Cinema : Theorizing 21st-Century Film*, sous la direction de S. Denson et J. Leyda, Falmer, Reframe Books, 2016.

27   Un cinéma qui n'a plus le monopole des images animées, un cinéma en voie de relocalisation et de dispersion, à cause de la prolifération des écrans et de l'intégration de l'image animée dans des plateformes multimédiales. Voir Francesco Casetti, *The Lumière Galaxy. Seven Key Words for the Cinema to Come*, New York, Columbia University Press, 2015.

28   Benjamin Walter, *L'Œuvre d'art à l'époque de sa reproductibilité technique*, traduit par Fr. Joly, Paris, Payot, 2013.

PAUSES

LE TABLEAU VIVANT,
UN DISPOSITIF TRANSMÉDIAL

D'UN MÉDIUM ARTISTIQUE À L'AUTRE

Avant les années 1830, au cours desquelles la dénomination de « tableau vivant » commence à s'imposer, on ne parle que de « tableaux mis en action » ou de « tableaux historiques » – comme Mme de Genlis, pour les spectacles qu'elle organise, avec l'aide des peintres Isabey et David, dans le pavillon de Bellechasse à l'intention des enfants du duc d'Orléans dont elle est la préceptrice[1]. Ce *dispositif* hybride[2] trouve son moment fondateur dans une représentation des *Noces d'Arlequin* donnée par la troupe de Charles-Antoine Bertinazzi, dit Carlin, durant l'automne 1761 : au milieu de l'Acte II, les comédiens, dans les costumes de leurs rôles, prennent un moment les attitudes des personnages de *L'Accordée de village* de Greuze, tableau qui avait rencontré un accueil très favorable au Salon et dont Diderot avait rendu compte avec force éloges dans la *Correspondance littéraire*. Si le public français n'avait pas accès à cette gazette très confidentielle, les idées de Diderot sur le « tableau » scénique étaient connues par ses deux grands textes théoriques, les *Entretiens sur Le Fils naturel* (1757) et *De la poésie dramatique* (1758). Faute de témoignages précis, on peut toutefois reconstituer avec quelque vraisemblance

---

1 Pour l'histoire du tableau vivant, je me permets de renvoyer à mon livre *Le Tableau vivant. Phryné, l'orateur et le peintre*, Paris, Flammarion, « Idées et Recherches » [2002], rééd. Paris, Flammarion, « Champs », 2015. Seules seront données dans la suite les références des œuvres citées.

2 Sur le modèle théorique du dispositif, voir Bernard Vouilloux, « Pour introduire aux dispositifs », *Ce que nos pratiques nous disent des œuvres. À travers poétique et esthétique*, Paris, Hermann, 2014, p. 15-53, et pour son application au tableau vivant, « Le tableau vivant, entre genre et dispositif », *in Entre code et corps. Tableau vivant et photographie mise en scène*, sous la direction de Ch. Buignet et A. Rykner, *Figures de l'art*, n° 22, 2012, p. 91-103.

ce qui s'est passé au cours de la représentation, lorsque les comédiens ont commencé à se placer les uns par rapport aux autres comme dans le tableau de Greuze, que le groupe s'est formé et que le mouvement s'est arrêté, comme suspendu. Un tel suspens, en affectant la temporalité dans laquelle se produit le mouvement, aura immanquablement eu pour effet de spatialiser le temps, de le cristalliser en un instant : cet espace figé est celui de l'image (c'est ce que Diderot nomme un « tableau »), mais d'une image qui, en l'occurrence, renvoie à une autre. Tout se sera donc passé comme si les mouvements scéniques dans lesquels se déployait l'intrigue s'étaient noués sur un instant réminiscent.

Dans la version qu'instaurent les débuts du tableau vivant, l'opération transmédiale sur laquelle il repose joue en effet sur la reconnaissance d'un artefact hypo-artistique (le tableau) appartenant à un autre art (la peinture, mais aussi bien la sculpture) que celui de l'artefact hyperartistique qui l'accueille (la représentation scénique)[3]. Ressort fondamental de la tragédie, selon Aristote, la reconnaissance (*anagnorisis*) à laquelle en appelle le tableau vivant ne porte pas sur l'identité d'un personnage (Électre reconnaissant Oreste, dans la tragédie d'Euripide)[4], mais sur l'identité du tableau peint qui est sous-jacent au tableau scénique. Compris à partir des concepts de la *Poétique*, ce type de reconnaissance a donc pour milieu non plus le récit (*muthos*), dont il peut y avoir théorie, mais le spectacle (*opsis*), qui est non théorisable dans la mesure où il relève non de l'art poétique (l'*opsis* est *atekhnotaton*), mais des seules compétences performatives des comédiens et du savoir-faire du « fabricant d'accessoires » (*skeuopoiou tekhnè*)[5]. Pour autant que l'hyperarticité consiste en une relation de dérivation entre des œuvres appartenant à des arts différents, la relation entre les deux, en ce moment inaugural, est ainsi construite qu'elle sera encore longtemps pensée comme un facteur d'intensification du coefficient d'art : au tableau peint dont il est l'*analogon* scénique, le tableau vivant rajoute, si l'on peut dire, un

---

3   La distinction entre l'hypo-artistique et l'hyperartistique est dérivée de la théorie de l'hypertextualité que l'on doit à Gérard Genette : il avait lui-même programmé l'extension de celle-ci à ce qu'il nommait alors « relations hyperesthétiques », lesquelles étaient explorées à partir d'exemples pris dans la peinture et la musique (*Palimpsestes. La littérature au second degré*, Paris, Seuil, 1982, p. 435-453).

4   Aristote, *La Poétique*, 52a29-52b8, texte, traduction, notes par R. Dupont-Roc et J. Lallot, Paris, Seuil, 1980, p. 70-73.

5   *Ibid.*, 50b16-20, p. 56-57.

supplément d'art, d'où le dispositif tire sa dimension esthétisante. Cette double dimension, transmédiale et hyperartistique, subsiste même quand le tableau vivant n'intervient plus dans le cadre dramaturgique d'une représentation théâtrale (il est alors spectacle à lui seul) et qu'il ne renvoie plus à une œuvre particulière, mais évoque une scène qui pourrait avoir été peinte, un groupe qui pourrait avoir été sculpté, soit des réalités « faites à peindre » : l'émergence du tableau vivant est contemporaine de celle de l'esthétique du *pittoresque*.

Le tableau vivant est donc à son origine et par définition un art de la scène, qu'il soit organisé à des fins publiques (fêtes officielles, spectacles) ou privées (divertissement de société). De l'engouement international pour le tableau vivant, qui a toujours conservé sa dénomination française, témoignent notamment *Die Wahlverwandtschaften* (1809) / *Les Affinités électives* de Goethe, qui firent beaucoup, jusqu'en Russie, pour la popularité de ce type de divertissement, *La Curée* (1871) de Zola, *The American* (1877) d'Henry James, et encore au XXᵉ siècle *The House of Myrth* (1905) / *Chez les heureux du monde* d'Edith Wharton ou *A Dance to the Music of Time* (1951-1975) d'Antony Powell. Et c'est bien comme un élément d'époque que le montre le cinéma « illustratif », comme par exemple l'adaptation cinématographique que Terence Davies a réalisée en 2000 du roman de Wharton.

En tant qu'art scénique du geste, qui implique la temporalité et par conséquent, *in nuce*, le mouvement, le tableau vivant connaît deux types de mise en œuvre qui engagent des rapports différents au temps-mouvement. Le premier type est celui qui permet au spectateur d'assister à la mise en place progressive des figurants. Cette modalité processuelle, *in progress*, qui aura été celle des *Noces d'Arlequin*, est très nettement perceptible dans le spectacle donné en 1846 au Théâtre de la Porte Saint-Martin : comme il ressort des comptes rendus détaillés de Gérard de Nerval et de Victor Hugo, les figurants de la troupe anglaise enchaînent les poses, passant de l'une à l'autre sous les regards du public. Si l'on en croit Nerval, le risque encouru par le genre même du tableau vivant était que les figurants ne fussent pris pour des figures de cire, un type d'exhibition qui avait déchu de l'art de cour aux baraques foraines. Et c'est donc pour marquer la limite séparant un art encore « distingué », et prétendant comme tel à la pure délectation esthétique, d'un art esthétiquement dégradé et socialement dévalorisé, que les responsables artistiques du spectacle de la Porte Saint-Martin auraient décidé de « faire exécuter, dans les tableaux où la scène le comporte, un mouvement qui change l'attitude et l'expression de physionomie des personnages[6] ». Hugo, de son côté, détaille le double dispositif technique de rotation qui régit l'organisation du spectacle[7] : rotation linéaire des « tableaux » qui se succèdent les uns aux autres par composition, décomposition et recomposition des groupes (on songe à l'enchaînement des « attitudes » présentées successivement par lady Hamilton telles que les ont décrites nombre d'illustres spectateurs, Goethe, Germaine de Staël, la comtesse de Boigne) ; rotation circulaire du groupe montrant chaque « tableau » sous toutes ses faces grâce au mécanisme de disque tournant, socle ou piédestal, sur lequel prennent place les « statues ». Très différent est le deuxième type d'exécution du tableau vivant : celui-ci est préparé derrière le rideau et n'est découvert, dévoilé qu'au dernier moment. Cette modalité est celle de l'apparition, traditionnellement réservée à l'objet numineux en tant qu'il est constitutif du sacré et générateur d'un sentiment d'effroi, le *mysterium tremendum* des Anciens.

On pourrait reconnaître dans ces deux modalités, durative et ponctuelle, une opposition du même type que celle qui passe entre les images mobiles cinématographiques et l'image fixe photographique. De fait, la photographie ne donne à voir le plus souvent que le résultat de la mise en place, comme on le voit dans les tableaux vivants photographiques en costumes historiques violemment fustigés par Baudelaire dans la section de son *Salon* de 1859 sur la photographie :

> En associant et en groupant des drôles et des drôlesses, attifés comme les bouchers et les blanchisseuses dans le carnaval, en priant ces *héros* de bien vouloir continuer, pour le temps nécessaire à l'opération, leur grimace de circonstance, on se flatta de rendre les scènes, tragiques ou gracieuses, de l'histoire ancienne. Quelque écrivain démocrate a dû voir là le moyen, à bon marché, de répandre dans le peuple le goût de l'histoire et de la peinture, commettant ainsi un double sacrilège et insultant ainsi la divine peinture et l'art sublime du comédien[8].

---

6   Nerval Gérard (de), « Porte Saint-Martin. Les mimes anglais. Nouveaux tableaux » [1846], *Œuvres complètes*, sous la direction de J. Guillaume et Cl. Pichois, Paris, Nrf-Gallimard, « Bibliothèque de la Pléiade », t. I, 1989, p. 1081.
7   Hugo Victor, *Choses vues. Souvenirs, journaux, cahiers*, éd. H. Juin, Paris, Nrf-Gallimard, « Folio », 1997, t. I, p. 391.
8   Baudelaire Charles, « Salon de 1859 », *Œuvres complètes*, éd. Cl. Pichois, Paris, Nrf-Gallimard, « Bibliothèque de la Pléiade », 1975-1976, t. II, p. 617.

Là où les Français privilégient des scènes de genre historiques dans l'esprit de celles que peignent un Delaroche, un Meissonier ou un Gérôme (cibles régulières de la critique d'art de Baudelaire), les pictorialistes anglais, avec Margaret Cameron, exploitent la même veine arthurienne que les peintres de la Pre-Raphaelite Brotherhood et la traitent formellement en privilégiant des options qui signent l'esthétique pictorialiste, de sorte que les tableaux vivants de l'époque victorienne sont deux fois redevables à la peinture.

Les deux modalités, ponctuelle-photographique et durative-cinémato-graphique, sont encore très actives dans l'art contemporain[9]. D'un côté, ce sont les poses photographiques de Jean-Luc Verna qui « remixent » la culture rock, jusque dans ses attenances *underground* et ses avatars *punk* et *gothic*, en combinant les poses des « idoles » avec les icônes passablement sacralisées de la haute culture artistique[10]. Ici, c'est moins la contestation du *high* par le *low* qui importe que le jeu incessant des renversements carnavalesques. De l'autre côté, ce sont les spectacles de Gisèle Vienne, dans lesquels l'impossibilité de remonter à un tableau *princeps* semble contrainte par leur dimension fantasmatique, le travail scénographique sur les poses visant à mettre au jour les stéréotypes sociaux du *bad guy*, du *serial killer*, du monstre, de l'homme-enfant ou de la femme-enfant, de l'homme-objet ou de la femme-objet, du travesti, de l'androgyne, de la belle enfant, de l'adolescent, de la beauté[11], icônes un moment figées dans l'immobilité réifiante de la stéréotypie et coupant net les flux mouvants, les courses folles des comédiens et des danseurs. Dans tous les cas, la mise en œuvre du tableau vivant coupe court à l'effet de

---

9   Couvrant un large spectre, la grande exposition qui s'est tenue en 2002 à la Kunsthalle de Vienne rassemblait des œuvres d'Eleanor Antin, Gertrud Arndt, Christian Boltanski, Claude Cahun, Julia Margaret Cameron, Mat Collishaw, Marcel Duchamp, Valie Export, Gilbert & George, Rodney Graham, Jonathan Horowitz, Tom Hunter, Pierre Klossowski, René Magritte, Man Ray, Piero Manzoni, Bruce McLean, Aernout Mik, Jonathan Monk, Yasumasa Morimura, Orlan, Pier Paolo Pasolini, Gebrüder Pathe, Pierre et Gilles, Liza May Post, Arnulf Rainer, de Rijke / de Rooij, Ulrike Rosenbach, Christiane Seiffert, Cindy Sherman, Hiroshi Sugimoto, Karl Valentin, Hannah Wilke, D. W. Wynfield, Madame Yevonde. Voir *Tableaux vivants. Lebende Bilder und Attitüden in Fotografie, Film und Video*, catalogue d'exposition (Vienne, Kunsthalle, 24 mai-25 août 2002), sous la direction de S. Folie et M. Glasmeir, Vienne, Kunsthalle, 2002.

10   Voir Bernard Vouilloux, « Dépositions des corps », *in Jean-Luc Verna. « Vous n'êtes pas un peu beaucoup maquillé ? – Non »*, catalogue d'exposition (MAC VAL, Musée d'art contemporain du Val de Marne, 22 octobre 2016-26 février 2017), MAC VAL, 2016, p. 279-283.

11   Voir Bernard Vouilloux, *Gisèle Vienne. Plateaux fantasmatiques*, Paris, Shelter Press, 2020.

sidération qu'induisait son dévoilement ou sa mise en place : il ne s'agit plus de couper le souffle du regardeur (comme on le dit des *breathtaking pictures*), mais de l'amener à adopter une distance critique.

À la différence de la photographie et à l'instar de certaines performances scéniques, le cinéma montre très souvent la mise en place du tableau vivant. Ce qu'il y a, en effet, de plus intéressant pour un art constitué par des images mobiles, animées, c'est bien de faire voir le *passage* de la mobilité à l'arrêt (qui ne se confond pas avec un arrêt sur image) et de jouer éventuellement, comme Raoul Ruiz[12], avec tous les prolongements fantasmatiques (être physique/image, réalité/art, animé/inanimé, mort/vivant, sujet/objet, etc.) de cette opposition perceptuelle. Tel est notoirement le cas dans *La Ricotta* (1963) de Pier Paolo Pasolini, dans *Passion* (1982) de Jean-Luc Godard, dans *The Mill and the Cross* (2011) de Lech Majewski ou encore dans *Maesta, la Passion du Christ* (2015) d'Andy Guérif. Le film de Majewski s'articule sur le franchissement métaleptique du seuil séparant le monde réel du monde feint, peint : le début nous fait passer ainsi du tableau de Pieter Brueghel l'Ancien, *Le Portement de croix* (1564), tel qu'on peut le voir au Kunsthistorisches Museum de Vienne, à ce qui paraît en l'être l'animation, prélude à une narration éclatée qui mêle à la reconstitution de la Passion l'histoire de certains figurants et celle du peintre travaillant à son tableau, sous le regard de son ami et mécène. La dimension constitutivement anachronique liée à la re-figuration *in vivo*, elle-même prise en charge par le médium filmique, d'une scène de l'histoire sainte passée par le médium pictural, peut être appréhendée, comme l'ont montré Pietro Montani et Xavier Vert pour *La Ricotta*[13], à partir de la notion warburgienne de « survivance » (*Nachleben*) des « formules de pathos » (*Pathosformeln*). Il est notable que même dans les films qui, tels *La Ricotta, Passion, Maesta*, montrent à la suite de la séquence des préparatifs le tableau vivant qui en est issu, l'immobilité des figurants, inscrite dans la durée filmique (encore une fois, la caméra continue de tourner), est toute relative, comme le signale son tremblé, son bougé : la contingence assume à elle seule

---

12 Voir la démonstration de Valentine Robert, « Le tableau vivant chez Raoul Ruiz : l'extension de la perception », *Décadrages*, nº 15, 2009, p. 38-56.

13 Montani Pietro, « La "vita posthuma" della pittura nel cinema », *Cinema / pittura : dinamiche di scambio*, sous la direction de L. De Franceschi, Turin, Lindau, 2003, p. 32-42 ; Vert Xavier, « Image dialectique et contamination dans *La Ricotta* de Pier Paolo Pasolini », *Images Re-vues*, Hors-série 2 | 2010, http://journals.openedition.org/imagesrevues/284

au minimum la distance défamiliarisante (Guérif), sinon même la visée critique (Godard), voire la dimension profanatoire (Pasolini) du projet re-figuratif. Il n'est pas jusqu'à la bande-son qui ne porte témoignage de ce « bruit » parasite, quand bien même le support hypo-artistique serait une scène de l'histoire « profane » : rien n'est plus bruyant, dans *Passion*, que le « tableau » tiré de l'*Entrée des Croisés dans Constantinople* (1840) de Delacroix, où l'on entend le piétinement des sabots des chevaux. De sentir l'écurie et pour un peu le purin, le « chef-d'œuvre » choit dans la matérialité de la mise en scène.

L'immobilité a donc au cinéma une tout autre portée que dans la photographie, dont l'instantanéité redouble l'immobilité des figurants. C'est d'ailleurs la raison pour laquelle la seule *composition* de l'image photographique peut produire un effet de tableau vivant : un tel effet est en quelque sorte consubstantiel au médium photographique, dans la capacité qui est la sienne de fixer un moment, n'y eût-il aucun tableau attesté derrière[14], à plus forte raison lorsque ce sont les poses elles-mêmes qui sont composées[15]. Pour des raisons différentes, le cinéma connaît le même type d'effets. On peut sans doute soutenir que les débuts du cinéma sont globalement caractérisés par une esthétique du tableau vivant, le film consistant alors en un enchaînement de plans fixes, composés comme des « tableaux » chez Georges Méliès[16]. Mais un effet similaire peut être obtenu avec les plans tournant autour de statues ou de personnages immobiles, comme dans *L'Année dernière à Marienbad* (1961) d'Alain Resnais, et que l'on retrouve dans les mises en scènes glacées d'Alain Robbe-Grillet (par exemple dans *Glissements progressifs du plaisir*, 1974), lui-même grand adepte des tableaux vivants[17].

---

14   À propos de la « différence entre les poses dans les arts traditionnels et les instants conservés par la photographie », Jean-Louis Leutrat note que « les premières montrent le passage réglé d'une forme à une autre, un ordre des instants privilégiés, alors que la photographie rapporte le mouvement à l'instant quelconque » (*Le Cinéma en perspective : une histoire*, Paris, Nathan, 1992, p. 18).

15   Pour un aperçu du corpus contemporain, voir *Entre code et corps, Tableau vivant et photo-graphie mise en scène*, sous la direction de Ch. Buignet et A. Rykner, *Figures de l'art*, n° 22, *op. cit.*

16   Voir notamment *Georges Méliès, l'illusionniste fin de siècle*, sous la direction de J. Malthête et M. Marie, Actes du colloque International, Cerisy-la-Salle, 13-22 août 1996, Paris, Presses de la Sorbonne Nouvelle, 1997.

17   Catherine Robbe-Grillet, qui a collaboré avec Gisèle Vienne, a elle-même évoqué les « cérémonies » sado-masochistes qu'elle aimait organiser, telle celle qu'elle a intitulée *Les Cinq Sens*, même si elle soulignait bien que le renvoi à une œuvre particulière n'est

En outre, le traitement de l'image, en noir et blanc ou en couleur, peut faire appel à des références picturales génériques ou spécifiques : les groupes éclairés aux chandelles, dans le *Barry Lyndon* (1975) de Stanley Kubrick, sont composés comme les *conversation pieces* de la peinture anglaise du XVIIIe siècle.

DE L'ESTHÉTISME HYPERARTISTIQUE
AU REGARD MÉTA-ARTISTIQUE

Comme le font apparaître ces quelques exemples, la photographie et le cinéma ont infléchi notablement les modalités opératoires du tableau vivant, et donc la perception que nous en avons. La principale conséquence qui en aura découlé est incidente à la temporalité. À cet égard, l'arrivée de la photographie s'est avérée déterminante. Il faut s'arrêter sur ce moment et, pour en saisir la portée, revenir à la situation antérieure. Le tableau vivant scénique, tant qu'il fait référence à la peinture, et en particulier à la peinture narrative, isole un instant dans un flux de durée. Mais cet instant peut être considéré sous deux points de vue, soit comme instant d'une séquence narrative, soit comme instant d'une séquence de mouvements.

Rapporté à la séquence narrative, l'instant choisi par le peintre d'histoire est celui que la théorie artistique au XVIIIe siècle déterminait comme « prégnant » ou « fécond ». Si un tableau comme *L'Accordée de village* n'entre pas précisément dans le cadre générique de la peinture d'histoire, il participe incontestablement de ce qui en forme le noyau,

---

pas indispensable à l'effet de tableau vivant et que celui-ci peut simplement tenir à un « faire tableau » : « Ce qui frappe, je crois, c'est la théâtralisation qui peut s'inspirer (ou pas) d'une œuvre d'art, au sens large. Ça peut être, entre autres, un tableau ou une série de tableaux, par exemple, celle de Botticelli illustrant un récit du *Décaméron* qui raconte une chasse fantôme : une femme nue court dans une forêt, poursuivie par un cavalier sur un destrier blanc. Elle tombe ; l'homme met pied à terre, lui arrache le cœur qu'il jette à ses chiens. Horreur ! Mais elle se relève et la scène se reproduit, identique, indéfiniment. Il y avait quelque chose d'excitant à essayer de la reconstituer » (propos recueillis dans l'entretien avec Jean-Max Colard, « Maîtresse de cérémonies », *Le Printemps de Septembre* [Toulouse], 2009, accessible sur le site de Jean-Max Colard, http://www.jeanmaxcolard. com/fr/litterature.html, consulté le 25/02/2019).

c'est-à-dire le récit, ou du moins la narrativité, celle-ci étant simplement immergée dans le milieu « bourgeois » du drame que Diderot, dans sa propre réforme théâtrale, veut opposer au milieu aristocratique de la tragédie. C'est donc bien par le récit, celui de la peinture d'histoire ou de la scène de genre, que passe d'abord et majoritairement le tableau vivant, même s'il a pu recourir par la suite au portrait. Or, il se trouve que l'essor théâtral du tableau vivant, dans les années 1780, a été étroitement lié à la restauration néoclassique entreprise par David, dont plusieurs tableaux sont mis en action[18]. L'efficace du tableau vivant supposait la mise en mémoire d'un certain nombre d'images, de sorte que son émergence peut être considérée comme le produit d'une collusion entre, d'une part, l'assomption par les arts de la scène d'une dimension esthétique et, d'autre part, la maturation dans le public d'une compétence artistique apte à réagir adéquatement aux performances qui la sollicitent. Ce double mouvement se trouve donc converger avec la réhabilitation de la peinture d'histoire et le retour aux valeurs esthétiques du classicisme, incarné par Nicolas Poussin : cette mutation, c'est celle à laquelle les historiens de l'art donneront plus tard le nom de « néoclassicisme ». Que la promotion de la peinture d'histoire classique intéresse l'histoire du tableau vivant à ses débuts, il en est deux signes. C'est, tout d'abord, l'importance que Diderot attache au *punctum temporis* : l'instant « prégnant » ou « fécond » que doit choisir le peintre est celui dans lequel sont condensés les instants antécédents et subséquents de l'histoire, la condensation opérant au moyen d'indices qui sont soit objectaux (les accessoires), soit expressifs, et notamment gestuels. Certes, les réflexions de Diderot viennent à la suite de bien d'autres (Le Brun, Shaftesbury, Du Bos, Caylus, Grimm), et elles sont contemporaines de celles de Lessing, mais elles revêtent une importance particulière dans le contexte de sa théorie dramaturgique. Le deuxième signe de cette convergence entre le tableau vivant et la peinture d'histoire, c'est la valorisation d'un type de geste, d'un geste que l'on pourrait qualifier lui aussi de « prégnant » ou de « fécond » en ce qu'il doit exprimer en toute clarté, de manière lisible autant que visible, l'histoire dont il est gros, c'est-à-dire à la fois le passé qui s'est accumulé en lui et l'avenir

---

18 Sur ce point, voir Bernard Vouilloux, « Le geste dans le tableau vivant, des arts de la scène à la photographie », *in Le Tableau vivant ou l'image performée*, sous la direction de J. Ramos, Paris, Mare & Martin/INHA, 2014, p. 121-134.

qui s'y préfigure. Des moments mémorisables, voilà en somme ce que scelle l'assomption du geste « clair » porté par la réaction anti-rococo en peinture, puis aussitôt assumé partout où l'on met des tableaux en action. Cette configuration peut expliquer pourquoi les tableaux de David, plus que d'autres, servirent de patrons à des tableaux vivants[19]. Aussi longtemps que l'esthétique du tableau d'histoire a prévalu et que le tableau vivant y a trouvé son matériau, la photographie n'a en rien modifié cette construction.

En revanche, dès l'instant où la technique a permis l'accession à la prise de vue instantanée (dans les années 1860), la photographie a renouvelé entièrement la perception du mouvement. Un demi-siècle plus tard, Rodin, dans ses entretiens, a cherché à démontrer que le mouvement, en peinture et en sculpture, est représenté de manière non pas analytique, mais synthétique. Prenant appui sur la statue du maréchal Ney par François Rude, il montre que le sculpteur a combiné dans le mouvement représenté plusieurs des moments successifs dont il se compose en réalité : si « l'illusion de voir le mouvement s'accomplir[20] » est obtenue en sculpture (ou dans les arts figuratifs en général) par la perception successive des « différentes parties de la statue représentées à des moments successifs », la photographie instantanée d'un homme en marche – voire la chronophotographie – présente, elle, « l'aspect bizarre d'un homme tout à coup frappé de paralysie et pétrifié dans sa pose[21] », pour la seule raison que, « toutes les parties de [son] corps étant reproduites exactement au même vingtième ou au même quarantième de seconde, il n'y a pas là, comme dans l'art, déroulement progressif du geste ». Toutefois, le nouveau régime temporel qu'instaure la photographie ne se limite pas à la perception du rapport entre le mouvement et sa représentation. Il exerce ses effets jusque sur ce qui constitue le noyau sémantique du tableau vivant, à savoir le geste, car en ajoutant sa fixité propre à celle des figurants, la photographie ne fait pas que redoubler l'immobilité constitutive du tableau vivant, elle en dénonce aussi l'artifice, fût-ce à son insu. À vrai dire, ces deux déterminations ne sont pas historiquement

---

19 *A contrario*, les choix de Godard pour *Passion* privilégient une peinture luministe ou coloriste, à la gestualité expressive, la seule exception étant constituée par *La Petite Odalisque* d'Ingres.

20 Rodin Auguste, *L'Art*, entretiens réunis par Paul Gsell [1911], Paris, Grasset, 1986, p. 70, ainsi que la citation suivante.

21 *Ibid.*, p. 72, ainsi que la citation suivante.

synchrones : le figement photographique du groupe immobile répond aux attentes du public aussi longtemps que la durée des temps de pause prescrit aux modèles de poser jusqu'à plusieurs minutes, et cela quand bien même ferait défaut le prétexte du tableau vivant. Mais dès le moment où l'instantané permet la prise sur le vif, l'immobilisation photographique dévoile l'artifice des attitudes et des gestes peints. C'est alors qu'apparaît pleinement la contradiction entre la pose picturale, qui vise à exprimer synthétiquement le mouvement, et l'instantané photographique, qui isole analytiquement chaque phase du mouvement.

Le cinéma ajoute une complication supplémentaire, puisque l'immobilisation des corps en mouvement, qui n'est plus un effet du médium, n'est possible qu'à la condition que leur stabilité soit assurée. Cette stabilité n'est pas nécessairement celle des attitudes et des gestes composés de la peinture, car bien des poses peintes ou sculptées sont physiquement intenables plus de quelques secondes et nécessitent que le modèle soit savamment étayé (par des supports, des courroies, des attelles)[22]. Pour le dire autrement, la *pose* ne saurait se confondre avec la *pause*. La fonction « pause » de nos lecteurs de films ne peut produire qu'un photogramme, un de ces instantanés condamnés par Rodin. Une autre manière de produire cet effet de figement consiste non à arrêter le défilement du film, mais à demander aux figurants de s'arrêter de bouger à un signal donné : « *One…, two…, freeze* » est ainsi le signal lancé par l'artiste espagnole Alicia Framis dans la série de ses *Secrets Strikes* qu'elle réalise dans des lieux publics, comme à la Tate Modern en 2005[23]. On voit bien que si chaque figurant s'est arrêté au moment où l'ordre lui en a été donné, ce n'est pas sans avoir ajusté sa pose de manière à pouvoir la conserver durant la pause.

Avec la photographie et le cinéma, c'est donc l'artificialité du geste peint qui éclate au grand jour. Auparavant, la gestuelle pouvait être

---

22   On en a un bel exemple avec une photographie montrant le modèle masculin qui pose pour *Le Retour des Argonautes* (1891-1897) de Gustave Moreau : Henri Rupp, *Modèle masculin dans l'atelier de Gustave Moreau*, entre 1890 et 1891, épreuve sur papier albuminé, 21,9 x 17,5 cm, Paris, Musée Gustave Moreau (Inv. 16026).

23   Voir Bernard Vouilloux, « Partages. Alicia Framis ou les pratiques de la relation », texte en français et en anglais, *in Alicia Framis. Partages / Sharings*, catalogue d'exposition (Bordeaux, CAPCMusée d'art contemporain ; 12 mai-17 septembre 2006), Bordeaux et Clermont-Ferrand, CAPCMusée d'art contemporain et Un, Deux… Quatre Éditions, 2006, p. 11-18 (p. 11-81).

critiquée, mais c'était toujours en vertu de principes esthétiques. Ainsi en va-t-il des objections très vives que Stendhal, dans ses *Salons*, oppose aux peintres davidiens et qui participent de ce que l'on pourrait nommer le « syndrome de Talma », du nom du grand tragédien que Stendhal admirait[24]. Il reproche à ces peintres d'être allés chercher sur la scène des modèles gestuels que la société française, proscrivant une gestualité trop marquée, avait bridés, et de n'avoir pas tenu compte de ce qui sépare la peinture et le théâtre, d'avoir donc théâtralisé la peinture. Pour Stendhal, c'est parce qu'ils se savent (ou, plus rigoureusement, donnent l'impression de se savoir) sous le regard du spectateur que les personnages peints ont l'air de poser – et, bien sûr, s'ils sont aussi conscients d'eux-mêmes et de l'impression qu'ils font, c'est parce que le peintre les a peints tels, le peintre qui ne néglige de les immerger dans la fiction que pour mieux donner ses soins à la scène sur laquelle il les fait comparaître et se parer de tout l'éclat dont il les fait briller. L'argument est celui-là même que Diderot avait fait valoir dans ses propres *Salons*, et il n'est pas jusqu'à sa dénonciation des figures maniérées et fausses, « mannequinées », que Stendhal ne réassume. Or, le paradoxe est que le jeune David était d'abord apparu comme le peintre qui devait porter à son suprême degré d'achèvement le processus de « déthéâtralisation » et d'autonomisation du tableau de peinture que Diderot appelait de ses vœux – ce même peintre, ou ses successeurs, que Stendhal accuse maintenant d'avoir tout au contraire théâtralisé emphatiquement la représentation. Le paradoxe, toutefois, s'atténue si, après Michael Fried, qui a analysé ces problèmes[25], on suit la carrière de David : si les contemporains des grands tableaux réalisés au cours des années 1780 – *Le Serment des Horaces* (1785), la *Mort de Socrate* (1787), *Les Licteurs rapportent à Brutus les corps de ses fils* (1789) – jugeaient que leur structure dramatique, indispensable à la production d'une peinture ambitieuse, était exempte de toute théâtralité, il n'en ira plus de même une dizaine d'années plus tard, lorsqu'on s'avisa, et David tout le premier, alors qu'il travaillait aux *Sabines* (1796-1799) et substituait le modèle grec au modèle romain, que la composition des

---

24   Voir Bernard Vouilloux, *Le Tournant « artiste » de la littérature française. Écrire avec la peinture au XIX⁰ siècle*, Paris, Hermann, p. 90-107.

25   Fried Michael, *La Place du spectateur. Esthétique et origines de la peinture moderne* (1980), trad. Cl. Brunet, Paris, Gallimard, 1990, en particulier p. 162, et *Le Réalisme de Courbet. Esthétique et origines de la peinture moderne II* (1990), trad. M. Gautier, Paris, Gallimard, 1993, en particulier p. 21-34.

Horaces était décidément trop « théâtrale », pour reprendre le mot même de Delécluze, élève de David et ami de Stendhal[26]. Il n'empêche que son tableau des *Sabines*, les vernis ayant à peine eu le temps de sécher, a donné lieu à un tableau vivant parodique.

Jusqu'à l'invention de la photographie, l'expression gestuelle était fonction de paradigmes artistiques. De la même façon que le paradigme « rocaille » ou « Pompadour » d'un Boucher (on parlera plus tard de « rococo ») put être contesté par le paradigme néoclassique de David, ce dernier fut contesté par Stendhal au nom d'un principe de grandeur qui condamne toute conscience que l'on peut avoir de son geste. Avec l'invention de la photographie, le geste artistique, transposé dans l'élément naturaliste du médium, ne peut que sonner faux, comme Baudelaire le soulignait en 1859 dans le texte déjà cité. Un critique anglais contemporain de Baudelaire, Thomas Sutton, le dira plus crûment, prenant à partie la grande composition allégorique d'Oscar Rejlander, *The Two Ways of Life* (1857), pour porter le fer sur l'irréductible singularité du modèle d'atelier, rétive, selon lui, à toute fictionnalisation idéalisante :

> Vous pouvez choisir une belle jeune femme, l'envelopper avec art dans une couverture, lui faire prendre une pose voluptueuse, arranger délicatement ses doigts effilés et l'appeler l'« Été », mais c'est peine perdue, Mr Rejlander : cette jeune femme n'est pas l'Été. Il apparaît même fort évident qu'elle s'appelle Jane Brown ou Sophie Smith, que la draperie n'est qu'une couverture[27].

Pour échapper au dérisoire du contingent (ce n'est que « ça »), mais aussi bien à la prétention de l'esthétisme (c'est plus que « ça »), il ne restait au tableau vivant plus d'autre solution que d'assumer sa complète artificialité, et donc d'emphatiser, comme on le voit chez les plus lucides

---

26 Delécluze Étienne Jean, *Louis David, son école et son temps. Souvenirs* (1855), nouvelle édition annotée par J.-P. Mouilleseaux, Paris, Macula, 1983, p. 120. C'est l'occasion de souligner l'équivoque portée par des termes comme « théâtralité », « théâtralisation », « déthéâtralisation », puisqu'ils peuvent renvoyer aussi bien à la spécificité médiale du théâtre qu'à une sorte d'excès aussi bien dans l'intrigue (un renversement de situation théâtral) que dans le jeu des comédiens – cette seconde acception étant seule prise en compte par Michael Fried, dont les analyses ne font pas place à la théâtralité (médiale) non théâtrale (spectaculaire) qu'ont théorisée Roland Barthes ou Bernard Dort.

27 Cité dans *Tableaux vivants. Fantaisies photographiques victoriennes (1840-1880)*, catalogue rédigé par Q. Bajac (Paris, musée d'Orsay, 1er mars-6 juin 1999), Paris, Réunion des Musées Nationaux, 1999, p. 20.

des cinéastes (Pasolini, Godard, Majewski, Guérif) ou des plasticiens (Framis, Verna, Vienne), son double statut hyperartistique et intermédial, non en cherchant à aligner le corps singulier sur le corps idéal du modèle artistique – au gré d'une *hyper*articité entendue cette fois-ci au sens intensif du terme et exposée au risque d'être trahie par un intempestif retour du réel –, mais en faisant saillir tout au contraire ce qui les écarte l'un de l'autre, en exhibant leur frottement : non plus la fiction, mais la friction. En d'autres termes, le réinvestissement critique du tableau vivant, loin de recueillir les bénéfices de la plus-value esthétique liée à un supplément d'art, dénonce la transaction qui les engendre en mettant l'accent sur la spécificité du médium d'accueil : le tableau tel qu'en lui-même enfin la médialité le change…

Bernard VOUILLOUX

LE TEMPS SUSPENDU

Mélancolie des tableaux vivants

Constitué de plans fixes, sans lien de cause à effet, aux couleurs saturées et diffusés au ralenti sur le prélude de *Tristan et Isolde* de Richard Wagner (1865), le prologue du film *Melancholia* (Lars von Trier, 2011), reproduisant notamment *Ophelia* de John Everett Millais, *Melancholia I* d'Albrecht Dürer et *Les Chasseurs dans la neige* de Pieter Brueghel l'Ancien, est composé de tableaux vivants tant ils suspendent l'action et « réinsuffle[nt] une certaine – mais intime – part de mouvement dans la pose[1] ». Alors que la source du tableau vivant, qui consiste à « faire incarner des compositions picturales[2] », peut varier, le prologue de *Melancholia* tantôt renouvelle des tableaux préexistants, tantôt donne un caractère pictural à d'autres œuvres d'art, quelle qu'en soit la forme. Selon les mots de Lars von Trier, dans cette séquence, « tout est volé, mais c'est comme ça que les œuvres se font[3] ». Pouvant être envisagés en termes d'images relationnelles[4], les tableaux vivants qui la composent, proposent des adaptations libres d'œuvres antérieures et sont marqués par l'équivoque, hésitant entre le corps vivant immobile et sa représentation figée[5].

Dans son acception psychiatrique, la mélancolie se traduit principalement par un ralentissement idéo-moteur[6], manifestant la condition

---

1   Robert Valentine, « Le tableau vivant chez Raoul Ruiz : l'extension de la perception », *Décadrages. Cinéma, à travers champs*, n 15, 2009, p. 39.

2   *Ibid.*

3   Delorme Stéphane, « La douceur de la mélancolie. Entretien avec Lars von Trier », *Cahiers du cinéma*, n 669, 2011, p. 38.

4   Voir Marie-Hélène Mello, « Le tableau vivant d'après Raoul Ruiz. Une esthétique de l'"interimage" », *in La Circulation des images. Médiation des cultures*, sous la direction de R. Bégin, M. Dussault et E. Dyotte, Paris, L'Harmattan, 2006, p. 139-151.

5   Voir Carole Halimi, « Le tableau vivant contemporain. Une performance aux frontières de la représentation », *in Le Tableau vivant ou l'image performée*, sous la direction de J. Ramos, Paris, Mare & Martin/INHA, 2014, p. 323-340.

6   Voir William de Carvalho et David Cohen, « Aspects sémiologiques de la dépression à l'âge adulte », *in Les Maladies dépressives*, sous la direction d'H. Lôo, P. Olié, J.-P., M.-Fr.

de l'individu qui « vit comme mort » et cherche à « maintenir imaginairement présent à lui, intact ce qui lui est réellement absent, manquant, perdu[7] », ressassant « le passé qui ne passe pas[8] ». Flottant entre immobilité et changement, dans le temps suspendu d'un passé révolu et pourtant en mouvement, les images du prologue de *Melancholia* transforment des œuvres du passé. L'analyse de cette séquence amène à interroger la possibilité d'un caractère mélancolique propre aux tableaux vivants qui la constituent, suivant trois éléments en particulier. D'abord, le ralentissement de la vitesse de défilement, rappelant l'immobilité du tableau, exprime l'apathie du mélancolique et octroie aux images des qualités oniriques. Ensuite, l'omniprésence du passé, à travers le renouvellement d'œuvres d'art, notamment picturales, témoigne de l'impossibilité du film à faire le deuil de ces objets d'amour. Enfin, le prologue révèle des événements à venir tout en manifestant sa dimension mélancolique tant il est structuré par la représentation des quatre éléments, dont la terre et l'eau, associées à la mélancolie selon la théorie d'Hippocrate et la philosophie de Gaston Bachelard, par des références mythologiques chrétiennes et par de nombreuses citations artistiques, qu'elles soient picturales, cinématographiques ou musicales.

INERTIE DE LA MÉLANCOLIE

Film apocalyptique, *Melancholia* se déroule dans un huis clos et met en scène deux personnages principaux, Claire (Charlotte Gainsbourg) et sa sœur Justine (Kirsten Dunst). Lors de la première partie du film, une foule d'invités est présente pour fêter le mariage de Justine qui sombre ensuite dans la mélancolie au cours de la deuxième partie, où n'évoluent plus que cinq personnages. Pendant que la planète Melancholia se rapproche lentement de la Terre, la perspective de son anéantissement provoque des sentiments opposés chez les deux femmes ;

Poirier, Paris, Flammarion, 2003, p. 3-18.

7   Bellemare Denis, « Mélancolie et cinéma », *Cinémas : revue d'études cinématographiques /
     Cinémas : Journal of Film Studies*, vol. 8, n 1-2, 1997, p. 157.

8   Kristeva Julia, *Soleil Noir. Dépression et mélancolie*, Paris, Gallimard, 1987, p. 70.

Composé de seize plans fixes à l'éclairage artificiel fluctuant parfois entre ombre et lumière, le prologue de *Melancholia* répond à une esthétique qui contraste avec le reste du film. Accompagnées d'une musique extradiégétique, les images défilent au ralenti tandis que la fixité des plans et la saturation des couleurs placent la séquence dans une autre réalité. Provoquant un effet de déréalisation tant ils instaurent une incohérence dans la frontière entre le réel et l'imaginaire[9], ces plans sont soumis à un effet tableau. Par ailleurs, respectant une règle imposée dans l'esthétique revendiquée par le manifeste du Dogme 95[10], la caméra portée très mobile qui caractérise la suite du film donne l'impression d'une vidéo amateur, alors que l'esthétique très stylisée du prologue accentue son caractère illusoire, prêtant aux images des qualités habituellement attribuées au rêve[11]. Tandis que le gros plan sur le visage rond et pâle de Justine qui ouvre très lentement les yeux fait appel à la dimension haptique, car il compose, parmi d'autres, ce que Gilles Deleuze a défini en termes d'image-affection[12], la musique symphonique et les couleurs irréelles excitent les sens de l'ouïe et de la vue. Ajoutée à l'absence de lien de causalité, cette polysensorialité participe au caractère onirique de la séquence tant les récits de rêves sont des souvenirs bien souvent réinventés, immatériels, uniquement constitués de sensations et d'impressions[13].

Cet onirisme s'accompagne de mélancolie, traduite dans son acception psychiatrique par un ralentissement idéo-moteur, soit « l'inhibition de toute activité[14] ». Ces plans s'imposent alors comme des tableaux vivants, non plus parce que « inévitablement, les modèles [qui les composent] bougent un peu, imperceptiblement[15] », mais parce que les mouvements

---

9   Voir Pierre Frantz, *L'Esthétique du tableau dans le théâtre du* XVIIIe *siècle*, Paris, Puf, 1998.

10   En mars 1995, Lars von Trier et Thomas Vinterberg créent le collectif Dogme 95 qui vise à remettre en cause le langage cinématographique conventionnel : « Dogme 95 va à l'encontre du cinéma de l'illusion à travers l'ensemble des règles irrévocables qui forment le Vœu de Chasteté » (Björkman Stig, *Lars von Trier, Entretiens*, Paris, Cahiers du cinéma, 2000, p. 161-162).

11   Jamin Alban, « Des rêves filmés au ralenti. Notes sur les pouvoirs oniriques d'une figure cinématographique », *Ligeia, dossiers sur l'Art*, n° 129-132 : « Le Rêve au cinéma. Iconographie, procédés, partitions. L'onirisme filmique au prisme des autres arts », 2014, p. 81.

12   Voir Gilles Deleuze, *L'Image-mouvement*, Paris, Minuit, 1983.

13   Voir Maxime Scheinfeigel, *Rêves et cauchemars au cinéma*, Paris, Armand Colin, 2012.

14   Freud Sigmund, *Métapsychologie*, Paris, Gallimard, 1986 [1915], p. 146-147.

15   Ruiz Raoul, *Poétique du cinéma 1 (Miscellanées)*, Paris, Éditions Dis voir, 1995, p. 51.

des éléments constituant les images sont presque immobilisés par un effet de ralenti, forçant la pose. Le ralentissement de leur vitesse de défilement octroie aux images un effet plan tableau, consécutif à un travail de postproduction qui les lisse électroniquement. Par cet effet contrastant avec la nervosité de la caméra dans la suite du film, le prologue manifeste un caractère mélancolique, à l'instar du personnage de Justine, associé à la planète Melancholia. Alors que certaines images seront par la suite identifiées comme des images subjectives de rêves de Justine, le film débute par un fondu d'ouverture sur un gros plan du visage rond face caméra de la jeune femme immobile, qui ouvre ensuite lentement les paupières avant que des oiseaux ne tombent du ciel. À travers la mise en parallèle de l'ouverture du film avec le regard de Justine, les images sont marquées par sa subjectivité, tandis que dans le quatrième plan, la planète Melancholia, ronde et bleue apparaît à l'endroit du cadre où figurait le visage de la jeune femme dans le premier plan. La planète et Justine sont ainsi rapprochées par la composition des images, comme en témoigne aussi le deuxième plan, affichant un cadran solaire géant dont la rondeur rappelle le visage du premier plan. L'impression de suspension du temps dont souffre le mélancolique qui vit dans l'attente du retour de l'objet d'amour, transparaît encore par les deux ombres visibles sur le cadran, éclairé à la fois par le Soleil de minuit et par le clair de Melancholia : sans pouvoir identifier l'origine des ombres, le Soleil ou Melancholia, il est alors impossible de connaître l'heure exacte, le temps est suspendu par l'approche de la planète. Enfin, les premier, sixième et septième plans, montrant respectivement la chute d'oiseaux, d'un cheval et de papillons, illustrent le caractère dépressif de la mélancolie, entendu comme un abaissement, un effondrement.

Alors qu'une interprétation du film consiste à considérer la « danse de la mort » entre la Terre et Melancholia comme une expression de la relation entre les deux sœurs, le huitième plan, dans lequel on voit Justine surplombée par Melancholia, son neveu Léo surplombé par la Lune et sa sœur Claire surplombée par un Soleil de minuit, atteste également de cette association. À ce propos, Lars von Trier précise que symboliquement, Justine appelle la planète, notamment lorsqu'elle expose son corps nu au clair de Melancholia[16]. Cette « danse de la

---

16   Voir Stéphane Delorme, « La douceur de la mélancolie. Entretien avec Lars von Trier », art. cité.

mort » est figurée dans les neuvième, douzième et seizième plans, dans lesquels est montré le mouvement, non plus ralenti mais accéléré tant il est perceptible, des deux planètes vues de l'espace, jusqu'à la collision finale, s'imposant comme une absorption de la Terre par la mélancolie. Ce dernier plan annonce la fin du film tandis que, selon Stéphane Delorme, « la planète vient figurer l'appétit de destruction de Justine[17] », mélancolique dans l'acception freudienne du terme. Délaissant son jeune époux le jour même de leur mariage, elle manifeste la « perte de [s]a capacité d'aimer », alors qu'isolée et solitaire, elle fait preuve d'un manque d'« intérêt pour le monde extérieur[18] ». La « dépression profondément douloureuse » dont elle souffre témoigne d'une « diminution du sentiment d'estime [d'elle-même][19] », notamment à travers ses larmes et son apathie. Elle semble avoir besoin d'aide pour mener à bien son projet d'anéantissement de la Terre qu'elle définit de néfaste. Alors que Justine dit à Claire la haïr parfois, cette dernière, femme d'un scientifique qui incarne la raison, le sens des réalités, l'organisation et la rigueur, représenterait, non pas le Soleil comme le laisse entendre le huitième plan, mais cette Terre qu'il faut détruire. Justine serait, quant à elle, symbolisée par la planète Melancholia : dépressive à l'extrême, rêvant « de naufrages et de mort soudaine[20] », au début de la deuxième partie, elle « vit comme mort[e][21] » tandis que la planète s'avérera être à l'origine de la destruction de l'humanité, exauçant ainsi ses désirs.

RENOUVELLEMENT

Fixes et presque immobiles, les tableaux vivants qui composent le prologue de *Melancholia*, par leur mise en mouvement, renouvellent ou

---

17 *Ibid.*, p. 33-34.
18 Freud Sigmund, *Métapsychologie, op. cit.*, p. 146-147.
19 *Ibid.*
20 Von Trier Lars, « Nous, les mélancoliques, n'aimons pas les rituels, et c'est bien dommage… », propos recueillis par N. Thorsen, *univer, cine.com*, 2011, https://www.universcine.com/articles/lars-von-trier-nous-les-melancoliques-n-aimons-pas-les-rituels-et-c-est-bien-dommage, consulté le 12/11/2020.
21 Bellemare Denis, « Mélancolie et cinéma », art. cité, p. 157.

rendent picturales des œuvres préexistantes, notamment de Millais, Brueghel l'Ancien, Dürer ou encore Andrei Tarkovski. Traduisant une omniprésence du passé, ces multiples citations artistiques participent à la manifestation de la dimension mélancolique de l'œuvre qui semble alors ressasser « le passé qui ne passe pas[22] ». Ressentant une « perte qui ne peu[t] – pour quelque raison – s'avouer en tant que perte [...][23] », pour le sujet mélancolique, « il n'est [...] pas de deuil possible[24] ». L'état psychique engendré par la mélancolie correspond à celui ressenti dans le deuil à la différence que le sujet peut « maintenir imaginairement présent à lui, intact ce qui lui est réellement absent, manquant, perdu » : n'ayant jamais possédé l'objet perdu, il « méconnaît l'objet précis de sa perte[25] ». Ainsi, la mélancolie correspond à un deuil impossible. Ce dernier peut être celui du spectateur face aux images du film, ou celui des images du film lui-même, vis-à-vis d'œuvres préexistantes. Liées au passé dont elles conservent la trace, les images filmiques disparaissent inévitablement de l'écran par leur défilement. Ainsi perdues, elles n'ont pourtant jamais été possédées par le spectateur pour qui il est donc impossible d'en faire le deuil. En effet, pour Vivian Sobchack, « le *"here where I (eye) am"* [la place où je suis et où mes yeux sont] le lieu où la vision est en-visagée ou imaginée, est doublement occupé par *"ici, où nous voyons"* et *"là, où je ne suis pas"*[26] ». Certes tournées en images numériques auxquelles sont parfois ajoutés des effets spéciaux, les scènes ont néanmoins été jouées devant la caméra par des acteurs évoluant dans les décors. Le film met le spectateur en présence d'images d'une réalité absente à laquelle il n'a jamais été présent. La rencontre manquée des images et du spectateur peut ainsi éveiller un sentiment mélancolique chez celui-ci qui absorberait l'objet-film de façon fantasmatique. Dans le prologue de *Melancholia*, l'omniprésence des œuvres d'art témoigne également de l'impossibilité du film de faire son deuil de ces objets d'amour : bien qu'il tente de les exprimer, leur reproduction exacte est

---

22   Kristeva Julia, *Soleil Noir. Dépression et mélancolie, op. cit.*, p. 70.
23   Abraham Nicolas et Torok Maria, *L'Écorce et le Noyau*, Paris, Flammarion, 2009 [1978], p. 265.
24   Croce Cécile, *Psychanalyse de l'art symboliste pictural. L'art, une érosgraphie*, Seyssel, Champ Vallon, 2004, p. 49.
25   Bellemare Denis, « Mélancolie et cinéma », art. cité, p. 155.
26   Sobchack Vivian, *The Address of the Eye : A Phenomenology of Film Experience*, Princeton University Press, 1992, p. 10 (ma traduction).

impossible, variant entre plan-tableau ou plan d'un tableau directement filmé mais décadré alors qu'il se consume.

Le prologue présente des citations, sous forme de tableaux vivants, provenant de différents arts. Le château, les plans très structurés et la découverte du jardin, sur-cadré par les arbres, présentent une architecture remarquable, rappelant les décors d'opéra, inspirés des toiles de Paul Delvaux. La sculpture est évoquée par le cadran solaire façonné dans la pierre et certains plans du corps de Justine, immobile telle une statue, rappelant également l'homme de Vitruve (Léonard de Vinci, vers 1490) par sa position en croix. L'expression « danse de la mort », désignant les mouvements de la Terre et de Melancholia dans la deuxième partie du film, fait référence à la pièce de théâtre éponyme d'August Strindberg (1901), ainsi qu'à l'art de la danse. En plus de la reprise du prélude au premier acte de *Tristan et Isolde*, la référence à l'opéra de Wagner est accentuée par le ralenti du prologue, rappelant les vidéos de Bill Viola, réalisées pour la mise en scène de *Tristan et Isolde* par Peter Sellars (2005). Par ailleurs, l'« atmosphère pesante des fictions insulaires de Bergman[27] » dont le film est empreint, témoigne d'une influence cinématographique, tandis que la structure géométrique des lieux extérieurs et le terrain de golf semblent évoquer respectivement *L'Année dernière à Marienbad* (Alain Resnais, 1961) et *La Nuit* (Michelangelo Antonioni, 1961), admiré par Von Trier. Le film révèle également des références tarkovskiennes, qui se manifestent à travers divers éléments tels la figure du cheval qui s'effondre comme dans *Andreï Roublev* (Tarkovski, 1966), le plan-tableau reproduisant *Ophelia* (Millais, 1852) qui rappelle *Nostalghia* (Tarkovski, 1983) et la présence d'une reproduction des *Chasseurs dans la neige* (Brueghel l'Ancien, 1565), en hommage au *Miroir* (Tarkovski, 1975) et à *Solaris* (Tarkovski, 1972), dans lequel une longue description est faite du tableau. Enfin, l'art pictural est le plus cité : selon Marie-Camille Bouchindomme[28], l'atmosphère onirique et crépusculaire semble s'inspirer des peintures de Caspar David Friedrich et de Johan Christian Dahl, tandis que d'autres œuvres constituent une vanité tout en rappelant la gravure *Melencolia I* de Dürer (1514).

---

27 Bouchindomme Marie-Camille, « La mélancolie des images », *in Les Œuvres d'art dans le cinéma de fiction*, sous la direction d'A. Fiant, P.-H. Frangne et G. Mouëllic, Rennes, Presses Universitaires de Rennes, 2014, p. 206.
28 *Ibid.*

Alors que *Les Chasseurs dans la neige* est directement filmé, la reproduction d'*Ophelia* prend la forme d'un plan-tableau. D'une part, légèrement
coupé en haut et en bas, *Les Chasseurs dans la neige* apparaît vacillant
quand des parties brûlées tombent en cendre. Suivant Bouchindomme,
on peut se demander ce qui brûle : une reproduction du tableau ou un
plan du film ? Ainsi, la présence du tableau dans le prologue présage
de la fin tragique du film et les couleurs froides annoncent la mort.
Par ailleurs, les personnages du film s'enfoncent dans la terre verte,
comme les personnages du tableau dans la neige. Ce motif de la neige
apparaît dans la suite du film, lorsque les flocons tombent sur le jardin d'été par l'influence de Melancholia sur les saisons. D'autre part,
le plan-tableau d'*Ophelia* témoigne de la relation de certaines œuvres
picturales remployées au sein du film avec le personnage de Justine.
Filmée en plan rapproché taille et en plongée zénithale, Justine est
allongée dans l'eau, vêtue d'une robe de mariée, un bouquet de muguets
dans les mains posées sur son ventre. Entourée de nénuphars et autres
végétations, elle est entraînée par le courant. Selon Bouchindomme,
les nénuphars, à peine entrouverts, renvoient à la vertu, ajoutant une
référence au roman du Marquis de Sade, *Justine ou les malheurs de la vertu*
(1791), mais ils suggèrent aussi le cycle de la mort et de la renaissance,
suivant le rythme de floraison. Malgré certaines différences entre le plan-
tableau de *Melancholia* et l'œuvre de Millais, Lars von Trier « retient les
caractéristiques plastiques du tableau[29] » : l'absence de profondeur, les
couleurs, ainsi que certains motifs tels le ruisseau, le corps abandonné,
les fleurs. Cependant, « les violettes, marguerites, roses et autres fleurs »
sont remplacées par du muguet, « symbole de pureté affiché lors du
mariage[30] ». Par ailleurs, un changement de point de vue est institué
par la plongée zénithale sur le corps de Justine : l'actrice « se trouve
aussi face au spectateur, inversant le rapport originel entre la figure et
le cadre, lequel reposait entièrement sur l'horizontalité[31] ». Alors que
selon Bachelard, l'onde est « l'élément mélancolique par excellence[32] »,
les liens thématiques entre Ophelia et Justine présagent de « l'ineffable
mélancolie et [de] la mort qui sont à l'œuvre alors même que le récit

---

29   *Ibid.*, p. 208-209.
30   *Ibid.*
31   *Ibid.*
32   Bachelard Gaston, *L'Eau et les Rêves. Essai sur l'imagination de la matière*, Paris, LGF, 2016
     [1942], p. 205.

n'a pas été entamé[33] ». Créant une fissure temporelle, en annonçant le futur par la réactualisation du passé, ces renouvellements, bien qu'ils donnent du mouvement à des œuvres inanimées, présagent du funeste destin de la planète Terre et de ses habitants.

Le prologue annonce aussi la scène de la bibliothèque au cours de laquelle, sur la musique de *Tristan et Isolde*, Justine remplace les livres d'art ouverts : des œuvres abstraites de Kasimir Malevitch laissent place aux *Chasseurs dans la neige* et au *Pays de Cocagne* (1567) de Brueghel l'Ancien, à *Ophelia* et à *La Fille du bûcheron* (1851) de Millais, à *David avec la tête de Goliath* du Caravage (1610), au *Brame du cerf* de Carl Fredrik Hill (1878), au *Marchand Georg Gisze* de Hans Holbein (1532) et à une gravure de William Blake. Alors que le *Cercle noir* de Malevitch (1923) peut rappeler le soleil noir de la mélancolie, le noir de la fin du prélude et la fin du monde, l'abstraction est remplacée par des œuvres annonçant le destin des protagonistes. Selon Lars von Trier, les reproductions choisies par Justine révèlent son émotion[34] : *Ophélia* et *La Fille du bûcheron* ont des destins tragiques mêlant amour et folie ; la devise du *Marchand Georg Gisze* est « Pas de plaisir sans chagrin » et le *Pays de Cocagne* de Brueghel, rappelant la publicité affichée par le patron de Justine, fait écho à ses comportements alimentaires.

PASSÉ ET ANTICIPATION

Révélant des éléments à venir, le prologue manifeste une dimension prospective, tout autant que la récurrence du passé. La suite du film y est annoncée, s'imposant comme la répétition du passé de la séquence liminaire, elle-même réactualisation d'œuvres antérieures à travers les tableaux vivants qui la constituent. Outre les nombreuses citations et références artistiques précédemment relevées, le prologue est structuré par la représentation des quatre éléments et par des références mythologiques.

Le feu et le vent y sont présents à travers les éclairs et la chute de la météorite, ainsi que par le mouvement des robes, du drapeau et des cheveux

---

33 Bouchindomme Marie-Camille, « La mélancolie des images », art. cité, p. 208.
34 *Ibid.*, p. 36-39.

de Justine. Par ailleurs, la composition du 13ᵉ plan, figurant l'intérieur bleuté d'une pièce du château pourvue d'une fenêtre à croisée, offre une variation sur *Les Nuits à Saint Cloud* (Edvard Munch 1890), peinture évoquant la mélancolie selon l'historien de l'art Dieter Buchhart[35]. Les deux autres éléments que sont la terre et l'eau font davantage référence à la mélancolie. Alors que dans la théorie des humeurs d'Hippocrate, chaque humeur est associée à un élément – le feu et la bile jaune ; le vent et le sang ; l'eau et la pituite, la terre et la mélancolie[36] –, l'élément tellurique est prégnant dans le prologue, notamment figuré par la densité de la végétation au milieu de laquelle Justine se dirige vers Léo taillant des branches, ou lors des plans dans lesquels on peut voir les personnages s'enfoncer dans le sol ramolli par l'approche de la planète. Alors que Justine, filmée dans l'eau d'un ruisseau au sein du plan-tableau renvoyant à *Ophelia*, annonce les nombreux bains qu'elle prendra au cours du film, le deuxième plan du prologue présente une étendue d'eau dans la profondeur de champ, calme, bleu clair et scintillante à l'instar de la planète Melancholia. Ainsi, l'eau matérialise également la dimension mélancolique de l'œuvre tant elle est, d'après Bachelard, « la matière de la mélancolie[37] ».

Selon Hippocrate, outre les quatre éléments, les saisons et les positions des planètes influent sur le caractère des individus : l'hiver, le printemps, l'été et l'automne sont respectivement dominés par la pituite, le sang, la bile jaune et la bile noire. Par ailleurs, la mélancolie est associée à la planète Saturne, dont le nom est celui d'un dieu romain. Bien que Justine ne remarque pas la planète Saturne, mais l'étoile Antares, visible lors du prologue sous forme d'un point rouge lumineux sur les plans du ciel, les références à l'astrologie et à la mythologie enrichissent le caractère mélancolique de l'œuvre.

Les influences mythologiques de *Melancholia* se manifestent aussi à travers la musique de Wagner : les plans-tableaux du prologue sont accompagnés du prélude au premier acte de *Tristan et Isolde*, débutant par l'audacieux accord de Tristan[38], l'un des plus célèbres de l'histoire

---

35   Voir Dieter Buchhart, *Edvard Munch, Zeichen der Moderne*, Ostfildern, Hatje Cantz, 2007.

36   Jouanna Jacques, « La théorie des quatre humeurs et des quatre tempéraments dans la tradition latine (Vindicien, PseudoSoranos) et une source grecque retrouvée », *Revue des Études Grecques*, vol. 118, 2005, p. 138-167.

37   Bachelard Gaston, *L'Eau et les Rêves. Essai sur l'imagination de la matière*, op. cit., p. 82.

38   Composé des notes fa, si, ré# et sol#, l'accord de Tristan est le premier accord de l'opéra de Wagner. Il trouve son originalité principalement dans son enchaînement avec les

des opéras. Issu de la légende médiévale celtique de Tristan et Iseut, cet opéra en trois actes traite d'une passion qui ne peut aboutir qu'à une fin tragique, seule délivrance possible. Les thèmes de l'amour, de la mort et de la trahison parcourent l'opéra comme *Melancholia* : Justine rejette l'amour de son époux le jour du mariage, l'amour de Claire pour son fils Léo est infini ; John, son mari, la trahit en se suicidant par ingestion de médicaments, substituts d'un philtre de mort ; tous les personnages vont mourir lors de la destruction de la Terre. Les plans-tableaux du prologue offrent une représentation picturale de ces thèmes, notamment les plans de Justine en robe de mariée, de la collision des planètes et des animaux qui tombent. Le plan-tableau d'*Ophelia* condense ces thèmes : l'héroïne shakespearienne se donne la mort car elle ne peut supporter la trahison de son amant Hamlet, qui a tué son père après l'avoir abandonnée. Alors que l'amour de Tristan et Iseut ne peut s'accomplir que dans la mort, l'état de Justine ne s'améliore qu'à l'approche de l'anéantissement de toute vie sur Terre. Cette délivrance dans la mort, annoncée par le plan-tableau d'*Ophelia* et par le dernier plan du prologue, traduit également le caractère mélancolique de l'œuvre. Ne supportant pas sa condition mélancolique qui implique qu'elle vive comme morte, Justine cherche à échapper à la mort et à en protéger ceux qu'elle aime. Pour cela, elle désire « tuer la mort » à travers son propre désir de mort : cette mort volontaire « n'est pas un acte de guerre camouflé, mais une réunion avec la tristesse[39] ».

L'omniprésence de la mort est aussi sous-tendue par l'influence de la mythologie chrétienne, notamment par le récit de *L'Apocalypse de Jean*, dernier livre du *Nouveau Testament*. Contrairement à la chute de l'étoile Absinthe[40], qui anéantit un tiers du monde, la collision avec Melancholia est fatale. Néanmoins, les relations avec le mythe chrétien s'imposent également par la présence d'un cheval noir, faisant écho au troisième cavalier de l'Apocalypse, qui apporte la famine. Bien qu'il soit aussi

---

accords précédents et suivants.

39 Kristeva Julia, *Soleil Noir. Dépression et mélancolie*, *op. cit.*, p 22.

40 « Le troisième ange sonna de la trompette. Et il tomba du ciel une grande étoile ardente comme un flambeau ; et elle tomba sur le tiers des fleuves et sur les sources des eaux. Le nom de cette étoile est Absinthe ; et le tiers des eaux fut changé en absinthe, et beaucoup d'hommes moururent par les eaux, parce qu'elles étaient devenues amères. Le quatrième ange sonna de la trompette. Et le tiers du soleil fut frappé, et le tiers de la lune, et le tiers des étoiles, afin que le tiers en fût obscurci, et que le jour perdît un tiers de sa clarté, et la nuit de même » (*Apocalypse*, 8, 10-12).

un symbole de puissance sexuelle et donc vitale, le cheval noir tombe, comme les oiseaux du premier plan, en signe de mauvais augure : il peut ainsi être un symbole de mort. Bien que le plan représentant la chute du cheval noir ne reproduise pas de tableau spécifique figurant les Quatre Cavaliers de l'Apocalypse, l'effet de ralenti et le clair-obscur semblent constituer non pas une image mouvante de film, mais une suite de tableaux, certes vivants tant ils sont soumis à un mouvement presque imperceptible. Interprété en lien avec la destruction du monde représentée à la fin du prologue et du film, ce plan s'impose comme une représentation du cheval noir de l'Apocalypse.

Enfin, par le renouvellement d'éléments antérieurs au film et par la présentation d'éléments qui seront répétés par la suite, le caractère annonciateur du prologue témoigne de la temporalité cyclique propre à l'œuvre mélancolique, dévorée par un passé non assimilé. La fin du film renvoie à la fin du prologue qui reproduit sa première image, celle d'un plan totalement noir d'une durée de quelques secondes. Cette cyclicité de *Melancholia* s'impose comme le résultat de la « tension entre mouvement et immobilité[41] », enjeu du tableau vivant et de l'image cinématographique. D'une part, à l'instar des modèles originaux des peintures, les modèles vivants des tableaux éprouvent une « tension physique » dans la pose et « les petits mouvements des modèles d'origine, figés dans la peinture, sont alors reproduits par les modèles dans le tableau vivant[42] ». D'autre part, l'image cinématographique ralentie engendre une tension en contrariant le mouvement effectué par l'acteur lors du tournage, sans pour autant le retenir totalement. La tension des gestes réprimés n'est plus « réincarnée[43] » mais doublement renouvelée : elle circule depuis le modèle original au tableau qui le fixe, ensuite imité par le tableau vivant qui lui réinsuffle un mouvement retenu ; puis du tableau vivant à l'image cinématographique, animant les tableaux qu'elle régénère pour être finalement empêchée dans son mouvement par le ralentissement de la vitesse de défilement.

---

41   Robert Valentine, « Le tableau vivant chez Raoul Ruiz : l'extension de la perception », art. cité, p. 39.
42   Ruiz Raoul, *Poétique du cinéma 1 (Miscellanées)*, *op. cit.*, p. 51.
43   *Ibid.*

CONCLUSION : TEMPORALITÉ DU TABLEAU VIVANT

Alors que la suite du film est composée de renvois à la séquence liminaire annonçant tous les événements importants à venir, en tant que tableaux vivants, les plans du prologue de *Melancholia* condensent la mélancolie de l'œuvre, exprimée non seulement thématiquement mais aussi esthétiquement. Outre les références mythologiques et les représentations de la mélancolie, la lenteur des images implique une tension entre immobilité et mouvement, les rapprochant de la condition apathique de l'individu mélancolique. Cette tension propre au tableau vivant est d'autant plus forte au cinéma, « où l'"arrêt" du geste menace l'"arrêt" du film[44] » : le devenir tableau du film à l'image figée rappelle l'arrêt psychique du mélancolique. En outre, s'il reproduit des œuvres préexistantes en leur donnant un caractère pictural au sein de l'image en mouvement, le tableau vivant semble inlassablement répéter le passé, à l'instar du prologue, repris par le film entier, jusqu'à l'anéantissement total de tout mouvement et image. À travers ce prologue, Lars von Trier rend palpable la mélancolie de l'œuvre tant elle est construite comme une objectivation de la condition mélancolique : alors que « le tableau vivant est un lieu privilégié d'expérimentations sur la temporalité de l'image cinématographique[45] », cette séquence exprime la temporalité cyclique de la psyché du mélancolique, subissant l'éternel retour de l'objet d'amour perdu sans jamais avoir été possédé, et ne trouvant que la mort comme seule issue possible.

Anaïs CABART

---

44 Robert Valentine, « Le tableau vivant chez Raoul Ruiz : l'extension de la perception », art. cité, p. 39.
45 *Ibid.*

SYMBOLISME IMAGÉ
ET MOUVEMENT SUSPENDU

Plasticité des tableaux vivants chez Sergueï Paradjanov

Le tableau vivant est une forme éminemment paradoxale : réalisant « dans l'espace, avec des êtres humains réels, une représentation analogue à ce qu'un tableau peint figure à plat », ce spectacle « présenté à part, et se suffisant à soi[1] » emploie des corps en volume pour reproduire un modèle pictural pourtant bidimensionnel. Ce faisant, le tableau vivant impose aussi le figement des déplacements, un arrêt volontaire de la mobilité qui survit toutefois dans les frémissements des acteurs véritables employés à la tâche.

On comprend que le tableau vivant soit l'une des formes les plus communément rejetées par les conventions cinématographiques. Celles-ci, en effet, associent le cinéma au mouvement, par opposition à la fixité picturale ou photographique[2]. Le discours ontologique dominant sur le cinéma proclame ainsi le règne d'une restitution définitivement fidèle du réel vécu, y compris dans sa mobilité et sa profondeur, ce que rejettent au contraire les tableaux vivants. Leur convocation dans un film s'oppose ainsi à la définition « mouvementée » du cinéma craignant le figement, et plus généralement à la tradition naturaliste de l'Occident latin, qui cherche, entre les XVᵉ et XIXᵉ siècles, à reproduire le monde tel qu'il est matériellement perçu.

---

1   Souriau Anne, « Tableau », *in Vocabulaire d'esthétique*, sous la direction d'É. et A. Souriau, Paris, Puf, 1990, p. 1335.

2   Voir par exemple ce que déclare le journaliste enthousiaste de *La Poste*, peu après la première projection des vues Lumière à Paris : « lorsque ces appareils seront livrés au public, lorsque tous pourront photographier les êtres qui leur sont chers *non plus dans leur forme immobile mais dans leur mouvement*, dans leur action, dans leurs gestes familiers, avec la parole au bout des lèvres, la mort cessera d'être absolue » (Anonyme, *La Poste*, 30 décembre 1895, repris *in Le Cinéma, naissance d'un art : premiers écrits (1895-1920)*, choix et présentation des textes par D. Banda et J. Moure, Paris, Flammarion, 2008, p. 41, nous soulignons).

Il est un cinéaste qui, pourtant, a régulièrement convoqué le statisme et la planéité du tableau vivant. Né à Tbilissi, le réalisateur et plasticien soviétique Sergueï Paradjanov cite dans ses films des œuvres issues d'une tradition qui rejette la restitution mimétique du réel : en peinture, les miniatures persanes, les icônes orthodoxes, plus ponctuellement l'art naïf ; au cinéma, les plans-tableaux primitifs, avec leurs transformations à vue (procédé qui consiste à faire voir en un même plan le passage d'un état à un autre). Livrant un cinéma marqué par un artifice symbolique assumé, en particulier dans ses trois derniers longs-métrages véritablement personnels qui forment une « trilogie caucasienne », Paradjanov s'avère rétif aux définitions cloisonnées, ainsi que peut le montrer son recours généralisé aux tableaux vivants, dont la picturalité contamine l'ensemble de la « grammaire » filmique, au point de faire complètement tomber les limites entre les régimes représentatifs. Tant en termes de composition que de montage, c'est la plasticité qui compte dans ce cinéma non-conventionnel n'hésitant pas ainsi à convoquer la « mauvaise forme » qu'est le tableau vivant.

Il s'agit donc pour nous d'explorer les enjeux spatiaux, rythmiques et finalement plastiques dont cette forme est lestée chez Sergueï Paradjanov. Les modèles que les tableaux vivants réalisent dans ses films permettent en effet d'interroger la manière dont s'image le monde ; mais ces représentations qui interrompent volontairement le mouvement questionnent aussi nécessairement le dynamisme d'ordinaire associé au défilement cinématographique. La forme du tableau vivant contamine finalement l'ensemble des films de Paradjanov, au point qu'ils « débordent » le cadre habituel du cinéma au profit d'une redéfinition plastique.

PLANÉITÉ, FRONTALITÉ ET AUTONOMIE : UNE CERTAINE VISION DU MONDE

L'une des particularités du tableau vivant réside dans son ambiguïté à l'égard de la profondeur. Choisir la forme du tableau vivant au cinéma, c'est donc avant toute chose élire un certain agencement de l'espace, où règnent frontalité et jeu de poses. Ces artifices restent acceptés par la tradition de l'Occident latin, alors qu'y domine une représentation mimétique de l'espace, suggérant la profondeur. De telles conventions représentatives prennent en compte le point de vue humain sur le monde, mais il existe d'autres modalités de mise en images de l'espace, dépendant de systèmes spirituels différents. C'est le cas des icônes orthodoxes et des miniatures persanes convoquées par le cinéma paradjanovien, qui retient leur refus flagrant de la profondeur au profit d'un aplatissement atténuant la matérialité du monde[3].

Les icônes sont des images sacrées en usage dans l'Église orthodoxe. Elles ont une fonction liturgique, contrairement à la peinture religieuse : le rôle qu'elles sont amenées à jouer dans le culte nécessite l'établissement de règles très strictes déterminant tout aussi bien le sujet traité que la technique employée[4]. Puisqu'il s'agira de vénérer ces images[5], celles-ci doivent déjà relever du divin transcendant, et non du matériel terrestre. Les icônes excluent ainsi toute trace de l'apparence immanente, dont les ombres et la profondeur. Le monde n'est pas représenté tel qu'il apparaît matériellement, mais tel que les fidèles le *pensent*. Préféré au réalisme, le symbole permet de creuser l'écart entre le modèle – la Création, qui ne peut être l'œuvre que de Dieu – et son image, toujours suspecte ; ainsi « les figures symboliques [des icônes byzantines] servent à dissimuler le modèle sous sa représentation, à l'en éloigner, c'est-à-dire à l'en protéger[6] ».

On retrouve ce même souci de protection à l'égard des images dans la tradition miniaturiste musulmane, bien que ces productions ne remplissent pas de fonction liturgique[7]. Là aussi, le monde représenté cherche à exclure le plus possible la matérialité terrestre, au profit d'un espace véritablement spirituel, voire peint *tel que vu par Dieu*. Aux IXe

---

3   Pavel Florenski a souligné l'écart existant entre ces deux manières de représenter l'espace. Carlo Severi les résume ainsi : « L'une, typique de l'art occidental, est essentiellement optique, et cherche à imiter les modalités de la perception quotidienne. L'autre, qui est propre à l'icône byzantine comme à l'art primitif, est de caractère symbolique, et vise plutôt la réalisation d'une synthèse, ou d'un équivalent mental de l'image » (Severi Carlo, « L'empathie primitiviste », *Images Re-vues*, hors-série 1, 2008, http://imagesrevues.revues.org/794, p. 20).

4   Scriabine Marina, « Icône », *in Vocabulaire d'esthétique, op. cit.*, p. 843-844.

5   Nous ne reviendrons pas ici sur la longue histoire de la vénération des icônes dans le christianisme, proclamée dogme de foi en 787.

6   Melot Michel, *Une brève histoire de l'image*, Paris, J.-C. Béhar, 2007, p. 43.

7   Pour plus de détails sur la miniature persane, et en particulier ses rapports avec la théologie musulmane, voir Michael Barry, *Figurative art in medieval Islam and the riddle of Bihzâd of Herât (1465-1535)*, préface de Stuart Cary Welch, Paris, Flammarion, 2004.

et Xe siècles, les hadiths ont insisté sur la toute-puissance créatrice de Dieu, avec qui l'artiste ne peut rivaliser ; c'est pourquoi les miniatures fuient la vraisemblance naturaliste[8]. Pour s'en convaincre, on peut y observer les choix souvent étonnants de couleurs, ou plus évidemment les modes de représentation de l'espace : l'absence de profondeur conduit à l'étagement des éléments ; il arrive que l'on voie *ensemble* ce qui se passe à l'intérieur et ce qui se déroule à l'extérieur du bâtiment représenté. Les espaces peuvent être figurés sous plusieurs angles : certains éléments sont vus du dessus, d'autres en perspective cavalière, d'autres enfin frontalement, en deux dimensions. Les ciels n'apparaissent pas ou peu, car c'est de là-haut qu'est vu le monde.

Dans les miniatures comme dans les icônes, c'est la vue symbolique du monde qui compte : rien n'y figure donc par hasard. C'est particulièrement le cas des icônes, puisque leur fabrication est régie par les impératifs liturgiques : les visages et les corps y sont allongés pour signifier leur attraction vers Dieu, les yeux sont agrandis pour en contempler la grandeur mais la bouche, elle, doit être petite. Les fonds d'or imitent la lumière divine, c'est-à-dire une lumière *sans source*, ne provoquant donc pas d'ombres. La représentation du monde dans les icônes et les miniatures est décidément de l'ordre du spirituel, les éléments physiques indispensables pouvant n'être représentés que par des tracés presque abstraits.

Originaire du Caucase, Sergueï Paradjanov a été, comme cette région formant passage entre l'Europe, la Russie et le Moyen Orient, marqué par des influences variées. Il n'est pas étonnant que l'on retrouve dans son cinéma (et dans ses productions plastiques) la trace de cet héritage pluriel. Les icônes orthodoxes jouent ainsi chez lui un rôle central, de même que les miniatures persanes, dont l'influence est plus rarement revendiquée dans une région chrétienne qui tend à rejeter la culture musulmane voisine.

Les tableaux de tradition perspectiviste, cherchant à donner une impression de profondeur, constituent un modèle risqué pour le tableau vivant : leur reproduction avec des corps véritablement volumiques menace de contredire l'ambition naturaliste initiale. Le tableau vivant redouble le paradoxe du relief suggéré en deux dimensions (sur le modèle

---

8   Annequin Guy, « Un art des songes enchantés », *in Les Miniatures persanes. Trois siècles d'enchantement et de féerie (1330-1630)*, Genève, Crémille, 1990, p. 7-8.

d'abord, puis par sa reproduction volumique). Miniatures et icônes sont des modèles bien moins problématiques à cet égard, puisque la profondeur n'y joue pas de rôle. Leur reproduction volontairement artificielle en tableau vivant ne contredira pas l'ambition symbolique première.

Il convient d'abord de signaler que Paradjanov, lorsqu'il compose des tableaux vivants, ne cite pas de modèle précis ; les plans dont le hiératisme et la composition évoquent les figurations iconiques ne cherchent pas à reproduire fidèlement une icône en particulier pour adresser un « clin d'œil » référentiel. Ce qui intéresse le cinéaste, c'est de travailler le plan cinématographique *à la manière* des icônes ou des miniatures, en en convoquant par exemple certains sujets : on pense aux figures de la Vierge, de saint Georges ou d'anges, très présentes dans les productions géorgiennes[9] et qui apparaissent notamment dans *Sayat Nova* (1969). Saint Georges y figure ainsi incarné par un acteur pendant l'enfance du poète, puis à la fin du film sous la forme d'une représentation peinte. C'est aussi lui qui permet à l'*achough* (le poète-troubadour) de rendre la vue à sa mère à la fin d'*Achik Kérib* (1988). Sujets récurrents des miniatures persanes (Madjnoun et Leïla, Khosrow et Chirine...), les couples d'amants occupent aussi une place centrale dans le cinéma parajdanovien, depuis *Les Chevaux de feu* (1964) jusqu'à *Ackik Kérib*, en passant encore par *Sayat Nova* où les amoureux, incarnés par une actrice unique, partagent donc le même visage, comme dans leur modèle persan[10].

Mais au-delà des figures représentées, c'est la composition des plans qui reproduit, à la manière du tableau vivant donc, l'ordonnancement des icônes et des miniatures. Paradjanov ne craint ainsi pas de faire construire de véritables maquettes au-dessus desquelles les acteurs passent pour des géants (*Achik Kérib*), ni surtout de privilégier trois traits caractéristiques de ses modèles : la frontalité, la planéité et l'autonomie. On trouve ainsi dans toute la « trilogie caucasienne » des plans fixes qui figurent toute une scène – par exemple l'épisode de la chasse dans *Sayat Nova* – avec des acteurs placés de face, quelques objets ou animaux étonnants (coquillages, livres, balles dorées, paons, lamas, félins...) et

9   Voir Gaiané Alibegašvili et Aneli Volskaya, « Les icônes de la Géorgie », *in Les Icônes*, traduit et adapté de l'italien par J. Cyrot, Paris, La Martinière, 1992, p. 85-86.

10   Bullot Érik, *« Sayat Nova » de Serguei Paradjanov : la face et le profil*, Crisnée, Yellow Now, 2007, p. 74.

un décor d'où on a généralement évacué le ciel. Il n'est d'ailleurs pas anodin que le scénario originalement prévu pour la réalisation de *Sayat Nova* ait été découpé non en séquences, mais en miniatures[11].

Chez Paradjanov, les espaces apparaissent le plus souvent comme aplatis par la composition qui présente les éléments devant un fond noir (*Sayat Nova*) ou les étage (voir, par exemple, la prière dans *La Légende de la forteresse de Souram*, 1984, lors de laquelle les fidèles sont placés les uns au-dessus des autres dans les anfractuosités de la roche). Les auréoles d'or des icônes sont reproduites par la présence d'un élément de décor lui-même doré (*Sayat Nova*) ou une lumière en contre-jour : le jeune Zourab est ainsi littéralement transformé en image lors de son sacrifice final.

Cette dernière séquence de *Souram* comporte également un plan qui résume peut-être à lui seul ce que le recours au tableau vivant inspiré des miniatures a pu autoriser chez Paradjanov (fig. 1) : on y voit réunis les membres de la société géorgienne devant les fondations de la forteresse dans laquelle Zourab s'est emmuré vivant, *mais Zourab est aussi visible à l'extérieur du bâtiment* : il est donc à la fois dedans et dehors, le tableau vivant permettant alors non seulement un jeu sur les espaces, mais aussi sur les temps. L'image cinématographique rejoint, par le recours à la forme du tableau vivant, l'ambition des modèles orthodoxes et musulmans : donner à voir le monde tel qu'il est *pensé*, et non tel qu'il apparaît.

Fig. 1 – *La Légende de la forteresse de Souram*, Coffret 4 DVD « Serguei Paradjanov » paru aux Éditions Montparnasse, © 2013 Éditions Montparnasse. Tous droits réservés.

---

11   Paradjanov Serguei, *Sayat Nova, in Sept Visions*, traduit du russe par G. Ackerman et P. Lorain, Paris, Seuil, 1992, p. 87-119.

« CRÉER UNE DYNAMIQUE
DANS DES IMAGES STATIQUES »

Il apparaît avec ce dernier exemple que la mobilisation de tableaux vivants inspirés par les traditions orthodoxes et musulmanes n'ouvre pas seulement des possibilités nouvelles d'organisation et de pensée des espaces, mais tout aussi bien des temporalités, et donc des actions qui s'y déroulent. Le tableau vivant au cinéma a ceci de paradoxal qu'il impose un arrêt en contradiction apparente avec le dynamisme généralement attendu de l'image cinématographique. Dans les plans fixes paradjanoviens, chaque geste est esquissé plutôt qu'accompli. Le cinéaste se revendique de ce statisme supposément anti-cinématographique :

> J'ai pensé que le cinéma pouvait être statique par l'image, comme peut l'être une miniature persane ou indienne, et avoir une plastique et une dynamique intérieures [...]. Je sais bien que le cinéma dynamique est considéré comme la pensée cinématographique et que l'image statique signifierait faiblesse d'imagination ou fatigue. Mais pour moi c'est devenu une vraie passion : créer une dynamique dans des images statiques[12].

Opposé à l'impératif « mouvementé » qui préside aux images cinématographiques, Paradjanov a recours aux tableaux vivants à la fois parce qu'ils permettent d'arrêter le défilement filmique pour revenir aux plans-tableaux primitifs, et parce qu'ils donnent à voir le risque d'animation qui hante toute fixité. Il y a bien là un enjeu *rythmique* de la mobilisation cinématographique du tableau vivant.

Nous avons évoqué précédemment divers exemples de plans paradjanoviens qui relèvent du tableau vivant, mais nous avons principalement insisté sur la disposition particulière des espaces qui s'y faisait voir, sans parler de ce qu'un tel choix supposait d'*interruption* des mouvements.

Les plans miniaturistes de *Sayat Nova* ou *Souram* présentent des scènes autonomes, mais d'où le mouvement semble comme évacué. Cela tient d'abord à l'absence de mobilité de la caméra elle-même, qui laisse l'action se dérouler sans intervenir. L'impression générale de statisme provient

---

12 Paradjanov Serguëi, *in* Cazals Patrick, *Serguei Paradjanov*, Paris, L'Étoile / Cahiers du cinéma, 1993, p. 130.

également des cadrages larges qui, éloignant les spectateurs de la scène filmée, semblent en ralentir voire en supprimer les mouvements. Dans les plans plus rapprochés, « iconisant » par exemple la princesse dans *Sayat Nova*, c'est cette fois la grande retenue expressive des visages qui marque un figement presque pictural.

Chacun de ces choix éloigne le cinéma paradjanovien de toute ambition naturaliste : il n'est nullement question pour lui de plonger le spectateur dans l'action ; celle-ci se donne à voir depuis une scène primitive, le tableau vivant permettant alors au cinéma de renouer avec ses origines foraines et l'immobilisme de ses prédécesseurs : figement pictural et photographique des mouvements internes ; immobilité du point de vue spectatoriel face à la scène théâtrale ; frontalité autorisée des regards. Plus que des tableaux vivants, ce sont alors des « plans-tableaux », ce cadrage primitif dont la présence atteste le souci paradjanovien de revitaliser le cinéma en y invitant ses formes archaïques. Hérité d'expressions concurrentes (peinture, photographie, théâtre), le statisme vient paradoxalement dynamiser l'image filmique. En témoigne le générique d'ouverture d'*Achik Kérib*, pour lequel Paradjanov donne à voir alternativement des peintures représentant des amoureux et de petites natures mortes réalisées à partir d'objets divers, avant d'autoriser enfin l'irruption du mouvement dans l'image : du riz tombe en pluie dans un bol, et deux amoureux se serrent l'un contre l'autre, incarnant au sens propre leurs modèles picturaux. Le reste du film aura ensuite régulièrement recours à de tels plans « figés » qui, cadrant des enluminures, isolant des bas-reliefs, recréant des natures mortes, interrompent le mouvement cinématographique et en rappellent ainsi la précarité, puisqu'il dépend toujours en premier lieu, nous y reviendrons, d'images fixes dont on force le défilement.

Si le défilement cinématographique est appelé à s'interrompre par le recours au tableau vivant, ce dernier met aussi le spectateur face à la possibilité du surgissement du mouvement dans l'image fixe. Paradjanov ne craint certes pas de jouer sur le statisme de ses compositions, mais il n'en évacue pas pour autant tout mouvement. D'une certaine façon, la suspension de la mobilité permise par le tableau vivant lui permet de produire une dynamique filmique différente, qui ne repose ni sur un mouvement de la caméra, ni sur d'incessants déplacements internes du matériau filmique.

Bien que l'on ait insisté sur l'importante fixité des plans paradjanoviens, il convient donc de rappeler qu'*Achik Kérib* contient un nombre assez important de mouvements d'appareil. L'emploi notamment de zooms avant et arrière surprend de la part d'un amateur de fixité. Mais ces travellings optiques viennent redécouper des plans dont la composition répond aux mêmes exigences antérieures : cadrages frontaux souvent larges et poses figées des acteurs sont là encore les héritiers des miniatures. Cette fois cependant, l'œil est autorisé à y circuler par le recours à un mouvement lui-même artificiel (le zoom ne mime aucun déplacement physique réel, redoublant donc l'artificialité du modèle miniaturiste). À certaines occasions, Paradjanov a ainsi recouru à des formes filmiques qui, additionnées à ses plans picturaux, y insufflent leur dynamisme. C'est particulièrement le cas des *Arabesques sur le thème de Pirosmani*, et pour cause : ce court-métrage voyage à travers les productions du peintre naïf géorgien Niko Pirosmani. La peinture naïve, comme les icônes et les miniatures, ignore les principes naturalistes de l'académisme occidental. Le déplacement (physique cette fois, en travelling) de la caméra au milieu d'un décor reproduisant l'univers du peintre permet à Paradjanov d'associer la pose picturale (et photographique, très présente dans le film) au mouvement cinématographique. Dans ce film, c'est aussi le son qui apporte un dynamisme aux images fixes : isolant par exemple des morceaux de tableaux représentant des oiseaux, Paradjanov en fait entendre les cris, recréant une ambiance sonore qui contribue à injecter du mouvement dans la toile.

L'image fixe se trouve surtout littéralement mobilisée par le rôle qu'y jouent certains mouvements. On note deux modes de mobilité chez les acteurs des tableaux vivants paradjanoviens : certains sont agités, roulant des yeux et remuant dans l'espace (épisodes parodiant les colloques amoureux dans *Sayat Nova* ; Nadir Pacha dans *Achik Kérib*) ; les autres au contraire font preuve d'une économie de gestes confinant au hiératisme. D'une précision extrême, les gestes effectués lentement dans *Sayat Nova* ne sont pas gratuits : ce qui est autorisé à « mobiliser » le plan ne peut être que d'une grande importance symbolique. Le geste est ainsi souvent associé à un objet (la princesse entortillant ses doigts dans le fil de son métier à tisser, fig. 2) quand ce n'est pas l'objet lui-même qui prend en charge le mouvement (l'ange doré tournoyant derrière le poète et la princesse, marquant leur proximité ; le vent agitant les pages des livres étalés autour de l'enfant).

Fig. 2 – Photogramme de *Sayat Nova*
issu du DVD du film © Films sans Frontières.

Mais la mise en mouvement des images fixes chez Paradjanov passe aussi par leur montage. Une même image peut ainsi être artificiellement rapprochée par des raccords dans l'axe successifs. L'association de plusieurs plans fixes crée également l'illusion d'un lien entre ces images et entre les personnages qui y figurent, comme c'est exemplairement le cas lors des « colloques » amoureux de *Sayat Nova* : les amants ne peuvent pas être réunis dans le même plan mais le montage remplace ce contact inachevé.

C'est que le statisme de la composition des plans, hérité du tableau vivant, ne suppose pas le renoncement complet au dynamisme associé traditionnellement au cinéma, mais ouvre la voie à un travail singulier des images filmiques. À la linéarité narrative, qui voudrait que l'action avance par la succession de mouvements utiles, Paradjanov oppose une logique plastique, qui élit des moments de pose picturale parfois doublée d'une pause du défilement lui-même.

LE CINÉMA DÉBORDÉ

Chez Paradjanov, le dynamisme n'est ainsi plus nécessairement associé à l'exhibition du mouvement, mais prend le risque du statisme pictural pour mieux faire surgir une certaine vision symbolique du monde, selon laquelle le mouvement apparaît toujours comme *suspendu* entre la possibilité de son arrêt et l'audace de sa répétition. Il ne s'agit plus là de seulement repenser les espaces et les rythmes par la convocation de tableaux vivants, mais plus généralement de recourir à cette forme pour produire un cinéma qui soit débarrassé des obligations ontologiques qui limitent son expression. Les films de Paradjanov se démarquent ainsi par leur grande plasticité, due à la contamination qui affecte la composition et le montage des plans, de sorte que c'est le cinéma lui-même qui se trouve comme débordé.

Dans *Sayat Nova* en particulier, c'est l'ensemble des plans qui semblent pouvoir répondre à la définition du tableau vivant, de sorte que le film en son entier est marqué par cette contamination formelle. Paradjanov, qui disait justement s'être « mis à penser plastiquement[13] », choisit d'évoquer la vision du poète plutôt que les faits détaillés de sa vie, mettant à exécution cette ambition formaliste.

Alors que le cinéma a progressivement été associé au montage et, donc, à la variation des plans, Paradjanov privilégie souvent le plan-tableau primitif. Cela lui permet des audaces narratives, et notamment le recours aux transformations à vue. Dans *Sayat Nova* par exemple, le passage à l'adolescence est ainsi imagé : le petit garçon donne à un jeune homme sa *kemantcha* – l'instrument de l'*achough* – puis se place derrière lui, « disparaissant » au profit de l'adolescent. On retrouve un tel vieillissement « à vue » dans *Souram* : Vardo jeune laisse la place, en un seul plan, à une femme âgée. Unité autonome, le plan cinématographique est ici pensé sur le modèle du tableau dans lequel plusieurs événements distants dans le temps peuvent être représentés.

Si *Sayat Nova* présente quelques événements de la vie du poète en marquant le passage du temps, il n'en demeure pas moins que la particularité la plus flagrante du montage de ce film réside dans son refus de la linéarité et même de la clarté d'exposition des situations narratives. Ce qui compte ici, c'est la manière dont l'*achough* se représente le monde, d'où le recours à un symbolisme notamment visuel hérité des traditions picturales locales. Un tel choix a des conséquences sur

---

13   Paradjanov Serguéï, « J'ai écrit le scénario, j'ai essayé de le filmer… », traduction en français par « H.I. » du texte arménien publié dans *Pakine*, Beyrouth, Liban, avril 1974, p. 51.

la forme filmique, puisque le montage ne répond plus aux principes habituellement admis. Là où la grammaire conventionnelle du cinéma a imposé progressivement des règles de raccords autorisant le passage d'un plan à l'autre en fonction de ce qui « se passe » (raccords sur les regards ou sur les mouvements), Paradjanov les évacue au profit d'un montage qui fait revenir régulièrement les mêmes motifs, au point de construire un réseau de rimes visuelles : nous pensons notamment à la récurrence des formes sphériques évoquant la maternité (sein, coquillage, *kemantcha*, enfant recroquevillé, dômes des bains...). Certains motifs circulent d'un film à l'autre, comme les poissons qui marquent là encore l'influence exercée sur Paradjanov par le symbolisme chrétien. Cette plasticité forte de l'image cinématographique pourra même aller, dans certains cas, jusqu'à l'abstraction, bien qu'elle reste pleinement dépendante de l'argument dramatique qui la justifie. On pense par exemple à la vue recouvrée miraculeusement par la mère dans *Achik Kérib* (fig. 3) : après un court zoom, l'image est d'abord très floue, puis une grille aux formes géométriques bouche en partie le regard, des vitraux aux couleurs nettes laissent passer de la lumière, avant qu'enfin la cécité ne quitte définitivement le personnage.

FIG. 3 – *Achik Kérib, conte d'un poète amoureux*, Coffret 4 DVD « Sergueï Paradjanov » paru aux Éditions Montparnasse, © 2013 Éditions Montparnasse, tous droits réservés.

Si l'observation des tableaux vivants dans le cinéma de Paradjanov nous a permis d'insister sur la contamination plastique qu'ils autorisaient dans les films, il convient de noter à quel point cette forme est lestée d'enjeux plus forts encore, puisque l'arrêt du mouvement qu'elle suppose interroge la nature même du cinéma.

Les interruptions et animations permises par le recours aux tableaux vivants chez Paradjanov nous ont déjà permis de rappeler le paradoxe de l'image cinématographique : l'impression de mouvement qu'elle procure naît de la succession d'images fixes. Comme le signale Michel Melot, « pour animer l'image fixe, il faut la multiplier, la fragmenter en instantanés. L'image reste fixe, c'est l'appareil qui la fait bouger[14] ». Cet écart entre animation de l'image fixe et fragmentation de l'image mobile recouvre l'opposition historique entre deux tendances technologiques à l'égard des mouvements : d'une part, la recherche d'une restitution synthétique des mouvements à partir d'images fixes (Lumière, Edison) ; d'autre part, l'étude du mouvement par sa division en clichés photographiques (chronophotographie d'Étienne-Jules Marey).

Si cette dernière démarche, scientifique, semble marginale par rapport au succès rencontré par sa concurrente synthétique, il n'est pas interdit de voir dans cette ancienne rivalité une sorte de hantise de l'image filmique. Les définitions admises du cinéma ont fortement insisté sur le mouvement, en faisant une condition ontologique tellement installée dans les habitudes que bon nombre de films contemporains renoncent à intégrer des plans fixes dans leur montage lui-même agité[15]. Toute cette insistance sur la nécessité de *faire bouger l'image fixe* (son cadre, et l'intérieur de celui-ci) ne témoigne-t-elle pas d'une crainte à l'égard du figement photographique ancestral et de sa violence[16] ? N'y a-t-il pas là une sorte de terreur à l'idée que le cinéma puisse aussi *fixer ce qui bouge* et en manipuler la réanimation ?

Si cette peur existe, c'est en raison de la nature éminemment parcellaire de l'image filmique, dont le défilement est toujours déjà appelé à s'interrompre. La pause en tableau vivant peut donner lieu à un (presque) total arrêt du mouvement filmique. Mais si cette forme arrête

---

14   Melot Michel, *Une brève histoire de l'image, op. cit.*, p. 111.

15   Cette peur du statisme est particulièrement prégnante dans le cinéma d'action ou d'aventure, qui assimile tout figement à l'ennui et à la lenteur. Mais elle essaime aussi dans un certain cinéma indépendant habitué des festivals où le « tremblement » du cadre s'est ironiquement figé en nouvelle norme. Prenons l'exemple, parmi d'autres, de *Juste la fin du monde* (2016), de Xavier Dolan, qui voudrait échapper au modèle théâtral trop statique en recourant à une mise en scène mouvementée et à ce titre « essentiellement » cinématographique.

16   « L'image animée est un flux. L'arrêter est une violence » (*ibid.*, p. 110).

le mouvement, celui-ci peut aussi en surgir. C'est dans cet aller-retour entre la pause et la reprise, voire l'interruption et la réitération, que se joue l'ambivalence du cinéma paradjanovien, décidément dynamique par le statisme. Si l'on dit avec Giorgio Agamben que les « transcendantaux » du montage cinématographique sont l'arrêt et la répétition[17], alors on comprend mieux, peut-être, le pouvoir exercé par les *sautes* qui, chez Paradjanov, construisent un lien paradoxal entre les différents instants d'un même mouvement, d'abord esquissé, puis interrompu, repris enfin quand il n'est pas franchement répété. Le dédoublement d'une même action est une constante de *Sayat Nova* : un cavalier à cheval traverse le champ mais son déplacement est soudainement arrêté par une coupe qui enchaîne sur une reprise de l'exact même plan quelques instants plus tôt ; aux bains, le plan où le roi tourne la tête est montré deux fois d'affilée. On retrouve le même procédé dans *Pirosmani* : le plan d'une femme se retournant pour sourire à la caméra est montré plusieurs fois. À la fin de ce court-métrage, la cabine d'un funiculaire descend puis remonte deux fois grâce à la saute provoquée par la collure entre les plans. Dans certains cas en effet, l'interruption de l'action permet de jouer avec l'objet filmé, que ce soit pour en modifier le trajet comme avec le funiculaire, ou pour le faire surgir magiquement : les deux derniers plans concluent ainsi le film par l'apparition d'un poisson sur la palette du peintre.

Les exemples sont ainsi nombreux d'actions entamées dans un plan soudainement coupé, avant qu'un deuxième plan – le même – permette de voir la fin de l'action, le plus souvent en montrant de nouveau ce que le premier plan laissait déjà voir auparavant. Jamais dissimulée, la coupe franche fait rupture dans l'action, mais elle permet aussi de la manipuler pour la multiplier. Arrêter le mouvement en vol permet de le revoir, enrichi de sa poursuite, ou de sa contradiction. Cette possibilité de contrôler et répéter les mouvements – et donc le temps – pourrait sembler assez proprement cinématographique, et pourtant : pour autoriser de tels jeux avec le défilement des images, il a fallu que Paradjanov en passe par des formes qui permettaient de quitter le cadre des conventions formelles et narratives.

---

17 Agamben Giorgio, « Le cinéma de Guy Debord » [1995], repris dans *Image et Mémoire : écrits sur l'image, la danse et le cinéma*, traduction de l'italien par M. Dell'Omodarme, S. Doppelt, D. Loayza et G.A. Tiberghien, Paris, Desclée de Brouwer, 2004, p. 91.

L'étonnement que procurent les films de Paradjanov tient à leur vision singulière du monde, fort éloignée de ce que l'écrasante majorité des productions cinématographiques propose[18]. Cette singularité provient en grande partie de l'héritage pictural que convoque Paradjanov. Ses nombreux tableaux vivants contaminent l'ensemble de la grammaire filmique par des compositions symboliques. Le figement qu'impose le tableau vivant autorise aussi Paradjanov à reconsidérer les liens entre fixité picturale et animation filmique, au point que c'est le principe cinématographique lui-même qui est interrogé : grâce à la contamination offerte par les tableaux vivants, le cinéma peut « déborder » ses limites ontologiques conventionnelles et défendre sa plasticité.

Le recours au tableau vivant chez Paradjanov s'avère finalement si généralisé, en particulier dans *Sayat Nova*, que l'on peut dire que c'est l'ensemble de sa forme filmique qui se voit dotée des pouvoirs de son modèle pictural[19] : fixité dominante des cadrages, compositions symboliques, pose signifiante des acteurs, suspension et reprise des gestes... L'image cinématographique étant devenue à son tour symbole et son défilement semblant osciller entre tentation de l'arrêt et possibilité de la reprise, elle acquiert même une fonction performative : les anges chantent le retour de Kérib devant un globe qui tourne – et Kérib revient en effet. Ce que le cinéma donne à voir et à entendre (le voyage illustré par le tournoiement du globe et le chant des anges), le récit le réalise *effectivement*. L'image « dit » le voyage ; un plan fixe « dit » le mouvement.

Alice LETOULAT

---

18   Serge Daney ne s'y était pas trompé, vantant l'« heureux effet de "première fois" » procuré par *Sayat Nova*. Le critique disait ainsi de Paradjanov qu'il filmait « comme si personne avant [lui] n'avait filmé » (Daney Serge, « Sayat Nova », 29 janvier 1982, *in Ciné journal (1981-1986)*, préface de G. Deleuze, Paris, Cahiers du cinéma, 1986, p. 73).

19   Le cinéma paradjanovien relève toutefois d'un régime proprement esthétique, sans transcendance. Voir Sylvie Rollet, « "Caucase, mon beau souci" : fragmentation et continuité chez Paradjanov », *in Le Septième Art*, sous la direction de J. Aumont, Paris, Léo Scheer, 2003, p. 213-225.

LE TABLEAU VIVANT DANS LES IMAGES ANIMÉES CONTEMPORAINES

Du retable au clip, d'Andy Guérif à will.i.am

FIG. 1 – Andy Guérif arrangeant le tableau vivant du Chemin de croix sur le tournage de *Maestà*, photographie de plateau d'Audrey Gohaux, 20 mars 2011, coll. Cappricci Films.

ENTRE INCARNATION ET TRANFIGURATION

Le second terme de la locution « tableau vivant » n'est pas un vain mot. La réincarnation de l'image picturale dans un corps vivant est, de fait, définitoire de l'exercice, que nous considérerons ici dans son acception la plus stricte de reconstitution d'une composition artistique préexistante par des modèles vivants. Cette prégnance de l'incarnation incita Bernard Vouilloux à définir le tableau vivant comme « un art des corps[1] » et apparaît au cœur même des intitulés des études collectives les plus récentes sur le sujet. *Le Tableau vivant ou l'image performée* édité par Julie Ramos[2] reformule l'exercice dans les termes d'une performance corporelle, tandis que le numéro de *Figures de l'art* dédié au tableau vivant se voit surtitré *Entre code et corps*[3], plaçant au premier plan l'« hyper-présence » du corps vivant qui, selon Arnaud Rykner, « traverse » et « crève » le tableau[4]. Cette fulgurance des corps se manifeste avant tout dans des tableaux vivants expressément charnels. Il faut en effet rappeler toute la tendance érotique du tableau vivant, et son rôle historique déterminant dans l'exhibition du nu sur scène, qu'il permit de légitimer en arguant de la valeur artistique des nus imités, usant de la peinture comme d'une « armure » contre la censure[5]. Mais le corps dénudé n'est pas le seul à avoir questionné et défié les limites de ces « expositions vivantes ». Tout autant de passions (dans tous les sens du terme) se sont déchainées autour de la mise en scène, non du nu, mais (dans une concordance *a priori* inattendue) de Jésus.

Tandis que les tableaux vivants érotiques scandalisent par leur déshabillage, c'est au contraire l'« habit » référentiel qui choque dans la personnification d'une figure par trop spirituelle. Car actualiser les figures peintes en êtres vivants, humaniser les corps, individualiser les visages, prend avec le thème christique un retentissement tout particulier. Le principe d'*incarnation* courtise alors la majuscule, se teintant de sacralité

---

1   Vouilloux Bernard, « Le tableau vivant, entre genre et dispositif », *in Entre code et corps, Tableau vivant et photographie mise en scène*, sous la direction de Ch. Buignet et A. Rykner, *Figures de l'art*, n° 22, 2012, p. 95. Cet article peut être lu comme une sorte de cristallisation théorique de l'ouvrage de référence sorti dix ans auparavant : Vouilloux Bernard, *Le Tableau Vivant. Phryné, l'orateur et le peintre*, Paris, Flammarion, 2002.

2   *Le Tableau vivant ou l'image performée*, sous la direction de J. Ramos, Paris, Mare & Martin / INHA, 2014.

3   *Figures de l'art*, n° 22, *op. cit.*

4   Rykner Arnaud, « Nature pas morte, vie pas tranquille : du tableau vivant à la photographie mise en scène », *in ibid.*, p. 34-35.

5   Sur le tableau vivant comme ancêtre du strip-tease et spectacle nodal du développement historique de la mise en scène de corps nus, voir notre article « Nudity in Early Cinema ; or, the Pictorial Transgression », *in Corporeality in Early Cinema : Viscera, Skin, and Physical Form*, sous la direction de M. Dahlquist, D. Galili, J. Olsson et V. Robert, Bloomington, Indiana University Press, 2018, p. 156-166.

et d'iconoclasme. Jouer le rôle de Jésus fut en effet longtemps interdit sur les scènes officielles, réservé aux spectacles religieux rituels dont les acteurs non-professionnels vivaient l'« incarnation » de manière liturgique[6]. Les tableaux vivants christiques ouvrent une brèche avec des personnifications muettes, immobiles, et indirectes – ne reproduisant que des images pré-légitimées de l'histoire sainte. Ils échappent à la censure et envahissent toutes les scènes, des plus religieuses aux plus populaires. Impossible, néanmoins, de considérer sans « trouble » ces apparitions du « Christ pour ainsi dire descendu dans le corps d'un acteur », postule Arnaud Rykner[7] :

> En incarnant, littéralement, le Christ, les acteurs de telles mises en scène jouent donc bien avec le feu divin. *De facto*, l'enjeu de ces tableaux vivants [...], c'est l'instauration d'une contiguïté entre le divin et l'humain, entre l'idéal transcendantal et la chair réelle de l'acteur[8].

Ces considérations de Rykner s'appliquent avant tout aux tableaux vivants qui font fureur à la fin du XIXe siècle, caractérisés par ce que Giovanni Lista décrit comme une « reprise frontale et directe, autrement dit "innocente", des grands paradigmes iconographiques de l'art classique[9] ». Mais ce type d'imitation « au premier degré » et « respectueuse du chef-d'œuvre[10] », se complexifie avec la sécularisation et le postmodernisme. L'art moderne et contemporain marque, toujours selon la terminologie de Lista, une « seconde période » du tableau vivant,

---

6   Le cas emblématique de cette interdiction est l'arrestation et la condamnation par la police de l'acteur James O'Neill au Grand Opera House de San Francisco le 17 avril 1879, pour cause de « personnification du Christ » dans une pièce de Salmi Morse (qui fut dès lors confinée aux scènes non-commerciales en conduisant Morse à la faillite et au suicide). Vantée comme « le plus grand événement théâtral de [sa] génération », cette (I)ncarnation suscitait dans le public « subjugué » une croyance qui débordait le fictionnel pour pénétrer le spirituel, certains membres de l'audience « tomb[ant] à genoux et pri[ant] » devant l'acteur (Musser Charles, « La Passion et les Mystères de la Passion aux États-Unis (1880-1900) », trad. J. Châteauvert et A. Gaudreault, *in Une Invention du diable ? Cinéma des premiers temps et religion*, sous la direction de R. Cosandey, A. Gaudreault et T. Gunning, Lausanne/Sainte-Foy, Payot / Les Presses de l'Université Laval, 1992, p. 149-156). Les protestants évangéliques ont en outre traditionnellement lutté contre la personnification du Christ qu'ils assimilent à un sacrilège en intentant plaintes et procès même en l'absence d'interdiction officielle ou après la levée de celles-ci (*ibid.*, p. 148).
7   Rykner Arnaud, « De la Croix à la scène, disposer du sacré », *Bulletin du Centre de recherche français à Jérusalem*, n° 24, 2013, http://bcrfj.revues.org/6998 §. 23.
8   *Ibid.*, § 20.
9   Lista Giovanni, « Le "tableau vivant" et l'œil mécanique », *Ligeia : dossiers sur l'art*, vol. XXV, n° 117-118-119-120, juillet-décembre 2012, p. 67.
10   *Ibid.*, p. 73.

fondée par une relecture « au second degré » qui pastiche ou détourne les œuvres classiques, manipule leurs significations en jouant d'« ironie », de « satire », ou d'« incrédulité », enfin qui « renverse leur sacralité[11] ». Ce renversement peut se faire de manière plus ou moins subversive, souvent en affirmant précisément la part corporelle, charnelle, voire sexuelle de la figure de Jésus, détournant ses codifications physiques au profit d'une réappropriation laïque, ethnique, féminine, homosexuelle, etc.

La fresque de Léonard, porteuse de codes tout à la fois artistiques et religieux, s'est imposée comme une référence planétaire, et même plus particulièrement comme « l'image narrative la plus copiée, adaptée, détournée et satirisée » qui ait existé[12]. Elle est par conséquent devenue la matrice des tableaux vivants les plus propices au détournement. Cette subversion du « Da Vinci Code iconographique », pourrait-on dire, traverse aussi bien le cinéma[13] que la photographie[14], sans oublier le clip, médium incontournable du tableau vivant hyper-contemporain. Ainsi du clip de la chanson *Humble* de Kendrick Lamar (Dave Meyers, 2007), qui réactualise la cène avec des acteurs Noirs uniquement, dans un décor léonardesque devenu luxueux tandis qu'en « nouveau Christ », ledit « roi du hip-hop » s'approprie et subvertit l'injonction chrétienne d'humilité. Ainsi également-ment de la performance d'Ariana Grande aux MTV Video Music Awards 2018, qui chantait *God is a Woman* dans une reconstitution scénique de la *Cène* de Vinci entièrement féminine et pluriethnique, conformément aux tableaux vivants féminisés et métissés qui structuraient son clip lauréat[15].

La Cène de Léonard de Vinci est à l'origine du tout premier tableau vivant de l'artiste, cinéaste et plasticien français Andy Guérif, l'un des

11   Pour toutes les citations de la phrase : *ibid.*
12   Steinberg Leo, *Leonardo's Incessant "Last Supper"*, New York, Zone Books, 2001, p. 12.
13   Voir notre article « Quand le film raconte l'image. Variations cinématographiques autour de *La Cène* de Léonard de Vinci », *Cahiers de Narratologie*, nᵒ 16 : *Images et récits*, 2009, https://doi.org/10.4000/narratologie.956.
14   Dietschy Nathalie, *Le Christ au miroir de la photographie contemporaine*, Neuchâtel, Alphil, 2016.
15   Notons que si dans le tableau vivant scénique la chanteuse n'incarnait pas Jésus, dans son clip officiel de *God is a Woman* (lui aussi réalisé par Dave Meyers, 2018), elle personnifie bien Dieu, en particulier dans le tableau vivant final qui rejoue la *Création d'Adam* de Michel-Ange, tandis que le premier homme est une femme Noire. D'autres clips reprennent la fameuse composition christique de la Cène de Léonard sur un mode moins politique, mais toujours subversif, à l'instar de *Diane Young* de Vampire Weekend (Primo Kahn, 2013) – Je remercie Ludivine Cottier d'avoir porté à ma connaissance la plupart de ces clips, qui ont tous été diffusés sur la plateforme Youtube.

plus grands spécialistes contemporains du tableau vivant dont l'œuvre nous servira de fil rouge en cette étude. Et si ce premier tableau vivant léonardesque est resté dans le secret de l'atelier de l'artiste, considéré comme le ferment « amateur » de son œuvre officielle, les compositions picturales qu'il élit ensuite resteront dédiées à cette figure iconographique par excellence : le Christ. Pourtant Guérif s'inscrit dans un tout autre paradigme que les réappropriations polémiques citées. Ses tableaux vivants christiques emblématisent à mon sens une sorte de *troisième temps*, syncrétique, du tableau vivant, explorant tout autant les enjeux révérencieux de la « première époque » que l'ironie de la « seconde », pour reprendre le découpage de Giovanni Lista[16]. Les reconstitutions de Guérif se présentent tout à la fois comme sérieuses et audacieuses, mêlant la virtuosité à l'humour, le décalage à l'exactitude, la trivialité au sacré. Elles conjuguent la mise à distance avec l'adhésion, en vertu d'une admiration pour l'œuvre « modèle » qui n'est pas sans lien avec une tendance (tant cultuelle que culturelle) qui s'est affirmée ces dernières années sous le nom de « réenchantement[17] ».

L'incarnation des œuvres classiques devient, chez Gérif, le moyen d'un questionnement bien plus que d'un détournement, d'un jeu sur les formes plus que sur les significations. Les figures sacrées qu'il remet en scène ne changent ni de sexe ni de couleur de peau – au contraire, le réalisateur aime à dire que son premier tableau vivant est né du constat amusé de la ressemblance entre ses amis rassemblés, tous revenus barbus des vacances d'été, et le groupe des apôtres :

> J'ai eu l'idée de faire [avec eux] une petite réalisation qui reprenait la *Cène* de Léonard de Vinci. Un plan frontal d'une minute où nous sommes attablés,

---

16 Lista Giovanni, « Le "tableau vivant" et l'œil mécanique », art. cité.
17 Ce terme émerge en réponse au concept de « désenchantement du monde » du sociologue Max Weber (*L'Éthique protestante et l'esprit du capitalisme*, trad. J. Chavy, Paris, Plon, 1964 [1904]), presque un siècle après lui et d'abord dans le champ des études religieuses (Schlegel Jean-Louis, « Le "réenchantement" du monde et la quête du sens de la vie dans les nouveaux mouvements religieux », *in Les Spiritualités au carrefour du monde moderne*, sous la direction d'Y. Tardan-Masquelier, Paris, Centurion, 1994, p. 85-101) puis en se généralisant au fil des années 2000 à la dimension idéologique et sociologique la plus large, jusqu'à se voir simplifiée et brandie en « Contre-Manifeste de l'art contemporain » (Rycke, Jean-Pierre (de), « Contre-Manifeste de l'art contemporain : pour un ré-enchantement de la création », *FigaroVox*, 23 juin 2017, Uwww.lefigaro.fr/vox/culture/2017/06/23/31006-20170623ARTFIG00366-contre-manifeste-de-l-art-contemporain-pour-un-re-enchantement-de-la-creation.php, consulté le 12/11/2020).

puis nous nous figeons rapidement dans l'action. L'idée de départ est donc venue de nos barbes[18]!

La ressemblance, et la fidélité aux codes de la représentation (au détriment même de la « réalité », nous le verrons) est en effet au cœur du travail d'Andy Guérif. Il cherche ses modèles en fonction de leur physique, selon un principe de ressemblance – et de ressemblance « au long cours » pour son film *Maestà* dont le tournage a duré sept ans, forçant son Christ à conserver sa barbe et sa ligne « duccesque » pendant près d'une décennie! Cette ressemblance s'étend aux costumes, accessoires, décors, éclairages, postures, étudiés et reproduits dans leur plus grande exactitude au gré d'un « tour de force formel » dont la virtuosité et l'illusionnisme mènent à la « stupéfaction[19] », tant des protagonistes qui prennent la pose que des spectateurs éblouis.

Guérif joue néanmoins, profondément et fondamentalement, d'ironie, « humour tout à fait ravageur et, paradoxalement, iconoclaste[20] ». La réception critique de *Maestà* montre, de fait, combien l'ambivalence de ses tableaux vivants est remarquable – et remarquée. Le film « profane et ravive à la fois » l'œuvre christique originale, postule Hervé Aubron en le considérant « aussi rigoureux, pointilleux, que bon enfant et burlesque[21] ». « Victor Hugo y aurait retrouvé sa chère alliance dramatique du sublime et du grotesque », renchérit Noémie Luciani[22], tandis que Julien Bécourt salue le « génial hommage [...] doublé d'une désacralisation par l'absurde[23] ». Et si Ludovic Lamant perçoit, derrière l'adhésion de cette « reconstitution au pli du drapé près », une mise à distance tirant

18 Guérif cité par Pierre Vaccaro, « Interview exclusive d'Andy Guérif pour *Maestà, la Passion du Christ* », *Le Cinéma a-t-il une âme ?* (Blog du service de presse « Narthex »), 7 octobre 2015, www.narthex.fr/blogs/le-cinema-a-t-il-une-ame/interview-exclusive-dandy-guerif-pour-maesta-la-passion-du-christ, consulté le 12/11/2020.
19 Otchakovsky-Laurens Paul cité dans le *Dossier de presse du film "Maestà"*, Paris, Capricci, 2015, p. 3.
20 *Ibid.*
21 Aubron Hervé, « Films à mots couverts », *Le Magazine littéraire*, 31 juillet 2015, cité dans la Revue de presse du 26ᵉ Festival International de Cinéma Marseille, https://fidmarseille.org/wp-content/uploads/2019/04/fidrevuepresse2015.pdf, p. 67.
22 Luciani Noémie, « *Maesta, la passion du Christ* : quand le tableau s'anime », *Le Monde*, 14 novembre 2015, www.lemonde.fr/cinema/article/2015/11/17/maesta-la-passion-du-christ-quand-le-tableau-s-anime_4811808_3476.html, consulté le 12/11/2020.
23 Bécourt Julien, « FID Marseille 2015 : La conquête de l'espace », *Chronicart*, 21 juillet 2015, www.chronicart.com/cinema/fid-marseille-2015-la-conquete-de-lespace, consulté le 12/11/2020.

« vers la comédie à la Tati[24] », c'est sans doute Adrien Dénouette qui dépeint le mieux l'« horizon postmoderne qui fait tout le sel de cette contrefaçon hyper appliquée[25] » :

> [F]ourrant son dispositif *a priori* somnifère d'une bonhomie qui détonne, Guérif bombe derrière l'érudition de la référence le comique qui lui fait gagner son pari. Si bien qu'une fois passé l'étonnement [...], on se prend à dénombrer les miettes d'insultes échappées du brouhaha des badauds – relais plutôt cocasse, s'agissant d'une *Passion* –, comme ce « tocard ! » dont l'anachronisme semble autant s'adresser à Jésus qu'à l'auteur de ce *delirium ex machina*[26].

Réincarner les personnages sacrés consiste en effet, chez Guérif, à leur donner non seulement un corps, mais aussi une voix, inscrite dans un langage quotidien et populaire, avec tout ce que cette trivialité réinsufflée aux figures mythiques peut engendrer de comique – dont les Monty Python ou la série *Kaamelott* (Alexandre Astier, 2005-2009) se sont faits les héros. « Non mais, tu le vois, toi, Pilate, prendre ce genre de décision ? » Les répliques aussi badines qu'hilarantes émaillent la représentation d'une ironie mordante et rendent les modèles plus vivants que jamais, tandis que l'encombrement absurde causé par les corps concrétisés est une source de gags constants, qui donnent tout leur enjeu, bel et bien postmoderne, à ces tableaux vivants.

Mais cette trivialité de l'*Incarnation* ou, pour reprendre les mots de Gabriel Bortzmeyer, cette manière d'« exposer, au sein même de l'image religieuse, le profane dont le sacré a fait sa manne[27] », se voit dialectiquement problématisée avec un effet que je propose (en conservant la charge symbolique biblique) de qualifier de *Transfiguration*. Dans tous les films d'Andy Guérif, en effet, les tableaux vivants culminent dans la pose et le silence lorsqu'ils atteignent la composition exacte, figent les corps qui deviennent figures, et l'image cinématographique même qui se « picturalise ». Tandis que les tableaux vivants unilatéralement subversifs cultivent l'écart et

---

24 Lamant Ludovic, « La peinture des primitifs italiens est plus drôle qu'on ne le croit », *Mediapart*, 4 août 2015, www.mediapart.fr/journal/culture-idees/040815/la-peinture-des-primitifs-italiens-est-plus-drole-quon-ne-le-croit, consulté le 12/11/2020.
25 Dénouette Adrien, « Remariage », *Critikat*, 17 novembre 2015, www.critikat.com/actualite-cine/critique/maesta, consulté le 12/11/2020.
26 *Ibid.*
27 Bortzmeyer Gabriel, « FID Marseille 2015 », *Débordements*, 10 juillet 2015, www.debordements.fr/FID-Marseille-2015, consulté le 12/11/2020.

se cristallisent dans l'incarnation[28], le culte de Guérif ne va pas au corps, mais à l'image. Même mâtinés d'ironie, de ruptures et de désacralisation, ses tableaux vivants consistent avant tout en un « exercice d'admiration » (pour reprendre l'heureuse formule de Cioran en 1986).

C'est cette même ambivalence entre incarnation et transfiguration, ce même esprit *d'hommages et de dommages* (comme le dit poétiquement Claudie Gagnon, autre artiste contemporaine spécialisée dans les tableaux vivants) qui est à l'origine de la réviviscence des tableaux vivants amateurs lors de la pandémie de covid-19. Tout le *challenge* de confinement qui s'est viralement propagé sur les réseaux sociaux (presque comme un antidote à l'effroi de *l'autre* virus) proposait des reconstitutions *maison* de grandes compositions, dans un illusionnisme des plus subtils et élaborés, atteignant de vrais effets de transfiguration, mais ménageant dans la rupture et le détournement « domestiques » leur hilarante désacralisation (comme la fourche d'American Gothic devenue un balai à franges, la robe des Ménines une tente Quechua, les collerettes de Rembrandt des rouleaux de papier de toilette, ou les auréoles sacrées... des crêpes sucrées !).

Les tableaux vivants filmés d'Andy Guérif s'inscrivent exactement dans ce paradigme d'une appropriation « artisanale » et démythifiée des œuvres d'art, tout en culminant ponctuellement par la transfiguration, non seulement des corps, mais aussi de l'espace, du temps, et du film tout entier, qui devient un « objet esthétique sans point de comparaison[29] ». C'est à l'aune de tous ces enjeux que nous devons analyser les tableaux vivants d'Andy Guérif, qui se déclinent à ce jour en trois réalisations majeures (où n'apparaît pas sa *Cène* selon Vinci tournée en octobre 2000 et qui reste confidentielle, considérée par l'artiste comme un exercice d'étudiant) : un court-métrage intitulé *Cène* (2007), qui consiste en une reconstitution d'une peinture du dernier repas, non par Léonard de Vinci, mais par

---

28 L'avènement des corps capable de briser les codes prend un caractère explicite dans les paroles du clip de Kendrick Lamar, qui clame être « gavé de Photoshop » et vouloir qu'on lui « montre quelque chose de naturel », attaquant donc les codes de beauté (tant sociaux qu'artistiques) pour valoriser la réalité des corps – et en particulier des corps Noirs. Notons que cette attaque n'est pas aussi univoque qu'on pourrait le croire et n'attaque pas tous les codes, demeurant en particulier empreinte de sexisme et de misogynie, comme le souligne Bowen Sesali, « The Problem With Kendrick Lamar's *Humble* Video », *Refinery29*, 31 mars 2017, www.refinery29.com/en-us/2017/03/148071/kendrick-lamar-humble-lyrics-stretch-marks-natural-women, consulté le 12/11/2020.

29 Ghys Clément, « Andy Guérif, sept ans de Passion », *Libération*, 17 novembre 2015, https://next.liberation.fr/cinema/2015/11/17/andy-guerif-sept-ans-de-passion_1414135, consulté le 12/11/2020.

Duccio di Buoninsegna, partie d'un retable daté du Trecento ; *Maestà* (2016), un long-métrage dont la création a duré sept ans, et qui élargit la reconstitution à l'ensemble du polyptyque de Duccio, en rejouant les 26 vignettes du panneau central dédié à la Passion du Christ sous la forme d'un véritable « retable vivant » ; enfin *Twist Again* (2019), qui décuple les références puisqu'il ne s'agit pas seulement d'une reprise de *La Déposition* de Rosso Fiorentino datée de 1521, mais aussi du tableau vivant filmique qu'en avait proposé Pasolini dans *La Ricotta*, en 1963, achevant d'inscrire l'œuvre de Guérif au cœur de l'histoire du tableau vivant.

Fɪɢ. 2 – Duccio di Buoninsegna, Verso du panneau central du retable de la *Maestà*, 1308-1311, détrempe sur bois, 214 × 412 cm, Museo dell'Opera Metropolitana del Duomo, Sienne, domaine public.

Fɪɢ. 3 – *Maestà*, la Passion du Christ (Andy Guérif, 2016), capture d'écran 00:55:23.

ENTRE 2D ET 3D

Le premier enjeu du tableau vivant qu'Andy Guérif questionne en ses films réside dans l'ambivalence spatiale de ces images qui, d'abord bidimensionnelles, se voient matérialisées en trois dimensions – mais dont la médiatisation filmique fait retourner à la planéité de l'écran. Cet enjeu formel est capital pour l'artiste au point de déterminer ses choix picturaux. Le revirement iconographique qui le fait passer de Léonard à Duccio entre sa *Cène* vivante « amateure » et son film de 2007 ne s'explique pas uniquement par la volonté d'explorer une œuvre picturale plus méconnue, ni par la profonde admiration qui le saisit en découvrant le retable à Sienne en 2001. Ce qui passionne surtout Guérif dans l'idée d'en faire un tableau vivant réside dans le décalage entre la représentation de l'espace propre au Trecento et les contraintes de l'espace vivant :

> J'ai toujours eu ce goût d'éprouver les images. Après mon voyage en Italie, j'ai voulu fabriquer l'espace de la peinture comme on la voit au XIVᵉ siècle, avant l'arrivée des théories sur la perspective. On se rend compte que les proportions sont différentes, la table trop inclinée, l'entrée toute petite : en fait ce sont des images mais pas véritablement des espaces[30].

Le choix d'une composition qui résiste en soi à la logique spatiale des corps et du relief représente en effet un défi plastique majeur qui justifie la fascination même pour le tableau vivant. C'est précisément l'une des caractéristiques récurrentes des tableaux vivants filmiques que je situe dans ce troisième temps du « réenchantement » artistique, à l'instar de *Brueghel, le Moulin et la Croix* (*The Mill and the Cross*, Lech Majewski, 2011) ou *Shirley, un voyage dans la peinture d'Edward Hopper* (*Shirley, Visions of Reality*, Gustav Deutsch, 2013). Ces deux films majeurs des années 2010 sur le tableau vivant ont des modèles picturaux qui semblent totalement différents : Majewski reconstitue un retable (fourmillant de figures) du *Portement de croix* du XVIᵉ siècle peint par Brueghel l'Ancien,

---

30 Vaccaro Pierre, « Interview exclusive d'Andy Guérif pour *Maestà, la Passion du Christ* », *Le Cinéma a-t-il une âme ?*, www.narthex.fr/blogs/le-cinema-a-t-il-une-ame/interview-exclusive-dandy-guerif-pour-maesta-la-passion-du-christ, consulté le 12/11/2020.

Deutsch réanime treize tableaux (dramatisant la solitude) du peintre Edward Hopper créés entre les années 1920 et 1960. Mais en réalité ces peintures représentent un même défi à l'espace tridimensionnel.

> Hopper est considéré comme un peintre réaliste, ce que j'ai fini par trouver faux après avoir fait une analyse plus approfondie de ses peintures. Hopper ne représente pas la réalité, il la met en scène. [...] Il peignait avec des dimensions incroyables. Ses lits font souvent trois mètres de longueur et ses fauteuils sont tellement étroits qu'il est presque impossible de s'y asseoir. [...] Tout est anamorphique, aucun meuble n'est placé dans un angle droit et aucun espace n'est orthogonal. [...] Bien sûr, la préoccupation de Hopper pour les espaces était d'un grand intérêt pour moi en tant qu'architecte. Comment faire pour recréer ces pièces en trois dimensions[31] ?

Bien que les toiles de Hopper paraissent réalistes et ses cadrages « cinématographiques », Deutsch découvre donc qu'elles mettent à mal la perspective centrale et centripète. Or, Lech Majewski est confronté à la même révélation avec le tableau de Brueghel. *A priori*, *Le Portement de croix* de Brueghel se distinguait précisément par son réalisme et sa précision. Mais à force d'échecs et de difficultés dans ses tentatives de reconstitution générale de l'image, le cinéaste mène une analyse mathématique de la composition révélant qu'elle ne s'organisait pas selon une perspective orthogonale, mais mêlait dans le même paysage pas moins de douze perspectives différentes et contradictoires, résistant totalement au filtre monoculaire de la caméra. Majewski choisit alors la solution digitale, retravaillant à l'ordinateur, fragment par fragment, au gré de plus de deux ans de postproduction et d'un arsenal de techniques numériques (aussi bien 2D que 3D), cet espace irréel dont les effets de symétrie, de linéarité et de circularité répondent à une logique purement symbolique[32].

Deutsch et Guérif, en revanche, éprouvent les tableaux par le plateau : leurs reconstitutions n'existent pas uniquement à l'écran[33], ils se

---

31 Deutsch Gustav cité dans le *Dossier de presse du film "Shirley, un voyage dans la peinture d'Edward Hopper"*, Paris, kmbo, 2013, p. 8, p. 10.

32 Je me réfère ici essentiellement au témoignage de Lev Majewski dans le film documentaire *Venise, Vienne et les symboles* (Pierre Crézé & Philippe Piazzo, 2012). Notons cependant que dans l'entretien qu'il accorde la même année à *PUREchannel* (diffusée en ligne sur dailymotion, www.dailymotion.com/video/xnew5r, consulté le 12/11/2020), il explique avoir découvert, non pas douze mais « sept différentes perspectives », qui « se contredisaient les unes avec les autres – partant de la droite, de la gauche, du haut, du bas, et tout cela, en même temps ».

33 Cela n'est que partiellement vrai pour *Maestà*, nous y reviendrons.

matérialisent en trois dimension devant la caméra. Un véritable défi de construction se joue dans la transposition tridimensionnelle de ces décors à la perspective déviante. Gustav Deutsch, fort d'une expérience d'architecte, justement, en plus de celle de cinéaste expérimental, explique avoir dû, pour recréer les espaces de Hopper, forger (au gré de neuf ans de travail) des lits de 3,5 m, des fauteuils trapézoïdaux et incliner les meubles « à tel point que tout tombait de la table[34] ». Andy Guérif poursuit des principes si similaires qu'on trouve dans son scénario de *Maestà* l'indication même selon laquelle, lors de la Sainte Cène, les « plats tombent, en raison de l'inclinaison de la table[35] ». Les décors qu'Andy Guérif reconstitue d'après les espaces gothiques de Duccio représentent en effet un défi d'une même ampleur – auquel il se consacre également pendant neuf ans (si l'on totalise son travail sur *Cène* et *Maestà*). Erwin Panofsky a très bien décrit toute la spécificité de la « perspective de Duccio » :

> La spatialité de Duccio est une spatialité limitée, d'abord en ce sens qu'elle trouve sa conclusion en avant, dans le « plan du tableau », en arrière, au mur du fond, et de chaque côté, aux murs perpendiculaires ; mais c'est de surcroît une spatialité incohérente, et cela pour deux raisons d'égale valeur : la première étant que les objets, par exemple la table de la Cène, ne semblent pas être à l'intérieur, mais en avant de cette « boîte d'espace », la seconde que [...] seules les lignes de fuite de la partie centrale convergent vers une commune zone de fuite, tandis que celle des autres parties s'en éloignent plus ou moins sensiblement. On a donc atteint là l'unification perspective d'un « plan partiel », mais non point d'un plan total, et encore moins l'unification perspective de l'espace tout entier[36].

La « passion » du tableau vivant s'empare donc de Guérif à partir d'une image érigée par Panofsky en emblème d'un système perspectiviste « de transition[37] », hybridant et déjouant aussi bien les logiques

---

34 Deutsch Gustav, *Dossier de presse du film "Shirley, un voyage dans la peinture d'Edward Hopper"*, *op. cit.*, p. 10.

35 Scénario cité dans le *Dossier de presse du film "Maestà"*, Paris, Capricci, 2015, p. 11. Andy Guérif a finalement abandonné ces glissements en poursuivant jusqu'au bout le défi de rendre cet espace praticable. Déjouant la gravité, il met en scène un savant dressage de la table où les figurants « accrochent » chaque assiette sur le pan incliné de la table, un peu comme on fixe un tableau.

36 Panofsky Erwin, *La Perspective comme forme symbolique*, trad. G. Ballangé, Paris, Minuit, 1975, p. 122-123.

37 *Ibid.*, p. 157.

spatiales bidimensionnelle que tridimensionnelle – certains chercheurs y décèleront même la préfiguration des parallaxes des systèmes de représentation stéréoscopiques[38]. C'est dire si le défi de la matérialisation 3D de cet espace intangible (qui se voit démultiplié par 26 lorsque le cinéaste étend le projet à l'ensemble des vignettes du retable) donne tout son retentissement au vocabulaire architectural utilisé par le cinéaste pour décrire son tableau vivant comme « un exercice de déconstruction qui vise à construire et à voir l'image d'une autre façon[39] ».

Les ruptures perspectivistes les plus saisissantes de Duccio donnent lieu à des solutions aussi subtiles que cocasses devant l'objectif de Guérif. Ainsi de « l'escalier impossible » qui relie les registres inférieurs et supérieurs du panneau du Reniement de saint Pierre, et dont l'historien de l'art Daniel Arasse a souligné combien il assumait une fonction « plus métaphorique que directement "narrative" » en figurant « le parcours que saint Pierre se refuse à faire[40] ». Conformément à son défi d'éprouver l'espace du tableau, Andy Guérif se devait de rendre cet escalier praticable, et montre d'autant mieux la trahison de Pierre dans ce refus de rejoindre Jésus qu'un autre figurant emprunte les marches, l'air de rien, en allant subrepticement espionner à l'étage, avant de redescendre, démontrant ainsi que le chemin existe, et sculpte bel et bien un « axe de passage[41] ». Ainsi également des colonnes encadrant l'estrade de Pilate, dont Gavin Wiens soupçonne qu'elles sont expressément utilisées par Duccio « pour confondre l'espace pictural » au profit d'une mise en valeur symbolique de « figures ou de gestes particuliers[42] ». En effet, l'une des colonnes qui se trouve en avant-plan de toutes les figures, délimitant l'espace même de la scène, se voit incongrument « traversée » par Jésus – qui, contre toute règle logique, apparaît au-devant de cette colonne en même temps qu'à hauteur de Pilate devant lequel il comparaît – ou par les gestes emblématiques de Pilate qui, lorsqu'il proclame l'*Ecce Homo* ou lorsqu'il se lave les mains, passe ses bras au-devant même de la colonne

---

38 Ross Miriam, *3D Cinema : Optical Illusions and Tactile Experiences*, New York, Palgrave Macmillan, 2015, p. 112.
39 *Dossier de presse du film "Maestà", op. cit.*, p. 13.
40 Arasse Daniel, *L'Homme en perspective*, Paris, Famot, 1986, p. 236.
41 *Ibid.*, p. 235.
42 Wiens Gavin, « Spaces Made Strange : Architectural Oddity as Devotional Catalyst in the Passion Sequenceof Duccio's "Maestà" », *Artibus et Historiae*, vol. 33, n° 66, 2012, p. 19.

derrière laquelle il se tient, déclenchant des illusions d'optique impossibles dignes de M.C. Escher. Guérif parvient néanmoins à concrétiser cette aberration perspective en ayant l'idée de matérialiser la colonne sous forme de tuyau flexible, suspendu à la structure même qu'il était censé soutenir, et pouvant dès lors être contourné et contorsionné ! Ce jeu de reconstruction impossible fut par ailleurs encore complexifié par la contrainte de réaliser le décor de chaque image du polyptyque l'un après l'autre. L'équipe démolissait puis reconstruisait chaque nouvel espace à partir de l'ancien, recyclant les matériaux au sein d'un atelier dont les dimensions ne pouvaient pas contenir plus d'un décor[43]. Ce caractère artisanal explique pour une grande part les sept ans de travail sur le film, et n'est pas sans lien avec les conditions de création du retable original, pièce d'architecture autant que de peinture forgée dans l'atelier de Duccio où chaque panneau, chaque pigment faisait l'objet de toute une confection[44].

Le travail de construction fait précisément l'objet d'un métadiscours très explicite dans les tableaux vivants d'Andy Guérif. Le principe même de son film *Cène* consiste à nous faire assister, en temps réel, à la reconstruction (non pas fictionnelle, mais documentaire) du tableau vivant. On voit le metteur en scène et son équipe construire les décors, planche après planche, vis après vis, avant que les treize « ouvriers » ne se fassent « modèles », enfilant et ajustant leurs costumes (y compris leur auréole !) avant de se faufiler dans le décor à peine matérialisé pour devenir les figures immobiles de ce tableau vivant érigé sous nos yeux. Le film suivant, *Maestà*, dramatise au contraire ses tableaux vivants (dont celui de la Cène qui réutilise le même décor) de manière

---

43   Si Andy Guérif a néanmoins pu conserver trois décors (celui de l'Entrée à Jérusalem, de la Crucifixion et de la Mise au tombeau), le sort s'est acharné puisqu'un incendie les a détruits en 2016 (témoignage d'Andy Guérif lors de son invitation à l'Université de Lausanne, le 8 mars 2019), ces espaces n'existant désormais nulle part ailleurs que sur l'écran ou dans les photographies de tournage – qui revêtent dès lors un caractère d'autant plus fascinatoire.

44   La création du retable de la *Maestà* (dont on ne s'accorde ni sur la manière de recomposer les parties démembrées, ni même sur le sens de lecture du cycle de la Passion) est l'un des chantiers de recherches les plus passionnants et controversés de l'histoire de l'art. On renverra notamment aux analyses de White (White John, « Measurement, Design and Carpentry in Duccio's *Maestà* », *Art Bulletin*, vol. 55, n° 3, septembre 1973, p. 334-366 (I), vol. 55, n° 4, décembre 1973, p. 547-569 (II)) et Earenfight (Earenfight Phillip J., « Manuscript to Altarpiece : Duccio's *Maestà* Passion Cycle and Medieval Illuminations », *Notes in the History of Art*, vol. 13, n° 3, printemps 1994, p. 6-13).

fictionnelle, en nous donnant à contempler le déroulement diégétique de la Passion. Néanmoins, ainsi que le note Adrien Dénouette, cette reconstitution viserait moins à « exalter la grâce – réelle, évidemment – de l'œuvre copiée », qu'à « ressusciter le chantier laborieux du simulacre qui la précède[45] ». En effet, le récit auquel nous assistons consiste souvent essentiellement dans la manière dont la foule traverse et vient habiter chaque décor, agrémentée d'hilarants « Poussez-vous ! », « Allez, on avance ! », « Tout le monde est là ? ». Ce jeu de double sens qui fait transparaître derrière les personnages de la Passion les acteurs du tableau vivant s'amorce d'ailleurs dès la réplique qui ouvre le film après le prologue : « Il arrive ! Dites aux enfants de se placer ! ». Ces mots se réfèrent tant à l'Entrée de Jésus à Jérusalem qu'à l'entrée de l'acteur principal dans le décor, en induisant un écho direct aux indications de placements du cinéaste.

Et la mise en abyme culmine dans une scène qui se joue un peu à part et en continu dans deux vignettes du registre supérieur du polyptyque, et qui consiste dans la fabrication du saint sépulcre. Deux ouvriers s'attèlent en effet à la tâche tout au long du film, et celui des deux qui dirige les travaux est incarné par... Andy Guérif lui-même ! C'est dans ce rôle et par sa voix qu'il profère l'une des premières bribes de dialogue qu'il nous est donné de saisir (dans le prologue même), et qui annonce : « Trente pieds, ça va être juste... ». Ce clin d'œil aux contraintes et dimensions resserrées des espaces duccesques à reconstruire, voire à la multiplicité des « pieds » des figurants prêts à se bousculer dans ces décors bancals et écrasés, cristallise toute l'ironie réflexive de cette construction du *tombeau*, jouée en miroir de la construction des *tableaux*. L'humour et l'autoréflexivité règnent donc dans ces tableaux vivants d'Andy Guérif, et traduisent bien un héritage postmoderne avide de désacralisation et d'une conception de tout film comme d'un « documentaire sur son propre tournage » (selon la formule célèbre attribuée tantôt à Godard, Rohmer ou Rossellini). Néanmoins, ce fétichisme de la construction et de la technique artisanale met l'accent sur un « travail » de l'image qui en sort magnifiée, cultivée dans le respect de tous ses détails, considérés et transposés dans un questionnement artistique poursuivant un idéal d'exactitude et, décidément, de « réenchantement ».

---

45 Dénouette Adrien, « Remariage », art. cité.

FIG. 4 – Rosso Fiorentino, *La Déposition de Croix*, 1521, huile sur bois, 375 × 196 cm, Pinacothèque communale, Volterra, domaine public.

FIG. 5 – *La Ricotta* (Pier Paolo Pasolini, 1963), capture d'écran 00:03:33.

Fig. 6 – *Twist Again* (Andy Guérif, 2019), capture d'écran 00:06:48.

ENTRE CADRE ET ÉCRAN

Quel que soit l'investissement des cinéastes dans l'exploration tridimensionnelle de leurs tableaux vivants, le médium filmique les oblige toujours à « rendre » l'image aux deux seules dimensions de l'écran. Andy Guérif, on l'a vu, a « intégré » cette démolition dans son travail sur *Maestà*, dont les décors étaient détruits et transformés d'un tableau vivant à l'autre. Au contraire, Gustav Deutsch a conservé, et même *exposé* (à trois reprises, à la Kunsthalle de Vienne en 2008-2009[46], au Palazzo Reale de Milan en 2009-2010[47], et au Künstlerhaus de Vienne en 2013-2014[48]), les décors,

---

46 Au sein de l'exposition collective intitulée *Western Motel Edward Hopper und die zeitgenössische Kunst* organisée par Gerald Matt à la Kunsthalle de Vienne du 3 octobre 2008 au 15 février 2009. Notons que ces installations précèdent de beaucoup la sortie du film, et témoignent de sa période préparatoire (tout comme l'exposition de Milan).

47 En marge de l'exposition *Edward Hopper*, dirigée par Carter Foster, présentée au Palazzo Reale de Milan, du 15 octobre 2009 au 24 janvier 2010.

48 Cette fois les décors font l'objet unique de toute l'exposition, intitulée *SHIRLEY der Film, VISIONS OF REALITY die Ausstellung*, organisée dans le cadre de la Viennale 2013 par Gustav Deutsch et Hanna Schimek au Künstlerhaus, du 6 novembre 2013

meubles et objets reconstruits architecturalement et sculpturalement pour son film *Shirley, un voyage dans la peinture d'Edward Hopper*[49]. Tout l'enjeu de ces installations muséales visait à rendre saisissable l'écart que creusaient les tableaux vivants entre la 2D et la 3D, en révélant au spectateur – devenu visiteur – les disproportions et l'anamorphose des artefacts nés de l'impossible système perspectif de Hopper.

> Comme les décors du film n'ont été construits que pour une position de caméra spécifique – la caméra conserve toujours l'angle de vue des tableaux – les visiteurs [de l'exposition] peuvent se déplacer dans les reconstitutions anamorphiques en trois dimensions des peintures de Hopper. Alors seulement, ils découvrent que les toiles – contrairement à leur apparente fidélité à la réalité – présentent souvent de fausses perspectives, une orientation irréelle de la lumière et des ombres. Les visiteurs peuvent ainsi observer les distorsions de perspective à peine perceptibles dans le film, et faire l'expérience de la tension entre la réalité cinématographique et la réalité effective. L'exposition permet donc au public, d'une part, de regarder « l'envers du décor » de la machine à illusions qu'est le cinéma, tout en leur offrant, d'autre part, la possibilité d'entrer dans le décor pour prendre le rôle des acteurs du film et des figures des tableaux de Hopper. Car une caméra vidéo, adoptant très exactement le point de vue et le cadrage des tableaux, filme les visiteurs dans le décor et les retransmet en direct [sur un écran] qui fait partie de l'installation[50].

Cette installation se présente donc comme un dispositif de « décadrage » : l'occasion d'explorer architecturalement et visuellement le plateau, afin tout à la fois de sortir du tableau, s'en distancier, le déjouer, pour mieux y retourner, le spectateur devenant ultimement acteur du tableau vivant, et allant jusqu'à soumettre son corps même à la « dématérialisation » de l'image enregistrée et projetée. L'intégration de la caméra et de l'écran dans le dispositif est passionnante en ce

---

au 5 janvier 2014. Cette exposition (postérieure à la sortie du film) n'a pas donné lieu à un catalogue mais connaît une description détaillée sur le site internet de l'institution (https://www.k-haus.at/de/kalender/30-11-2013/ausstellung/204/shirley-der-film-visions-of-reality-die-ausstellung.html, consulté le 12/11/2020).

49 S'il proclame avoir eu besoin de toutes ses connaissances d'architecte pour reconstruire ces artefacts, Deutsch en parle volontiers comme de « sculptures » (Coutaut Gregory, « Entretien avec Gustav Deutsch », *Film de Culte*, 19 avril 2013, www.filmdeculte.com/people/entretien/Entretien-avec-Gustav-Deutsch-17424.html, consulté le 12/11/2020).

50 Deutsch Gustav, « Visions of Reality : Die Installation », *gustavdeutsch*.net [site personnel de l'artiste, textes promotionnels officiels], 2008, www.gustavdeutsch.net/de/installationen/341-2008-visions-of-reality-wednesday-august-28th-1957-6-p-m-pacific-palisades.html (consulté le 12/11/2020) – je traduis.

qu'elle démontre combien la question du cadrage est au cœur même de cette expérimentation artistique. Car dans ses tableaux vivants, Gustav Deutsch choisit d'aligner exactement le point de vue de sa caméra sur le point de vue pictural, et de maintenir fixement cette perspective. Il ne filme pourtant pas ses tableaux vivants qu'en plans-séquences : des coupes et des changements de plans s'opèrent, mais uniquement par raccords dans l'axe, en jouant d'effets d'agrandissement (plus encore que de rapprochement). L'architecte-cinéaste change en effet d'échelle de plans, mais conserve toujours le même angle de vue sur l'image et ses « détails ». L'illusionnisme étant promis à se déliter en cas de mouvement de point de vue, Deutsch rend sa caméra (dont tout le jeu perspectiviste dépend) aussi hiératique que les autres composantes du tableau vivant. Libérer le spectateur de la fixité de son regard le fait donc instantanément pénétrer, non le hors-champ, mais le hors-cadre, et sortir du dispositif et de l'illusion – et c'est précisément le jeu de l'exposition, qui rend le spectateur « visiteur », « arpenteur ».

Les tableaux vivants de *Maestà* sont également reconstruits par et pour un *unique* point de vue : si la caméra bougeait, ne serait-ce que d'un pouce, l'espace ne ressemblerait plus au tableau. Chaque ligne, pente, colonne, escalier est reconstitué par Guérif au prix d'un savant compromis anamorphique entre praticabilité architecturale et fantaisie picturale. Le plus petit décalage de la caméra révèlerait des profondeurs, déclivités et anfractuosités insoupçonnées, et déjouerait l'effet pictural de cet espace si précisément dicté par le pinceau, et le point de vue, de Duccio. Comme Deutsch, Guérif conserve donc rigoureusement son angle de vue, frontal et immobile. Mais il conserve également l'échelle de plan, et l'on peut, avec Gisèle Breteau-Skira, regretter l'absence de plans plus rapprochés, qui nous permettraient d'admirer tous les détails fascinants de ce tableau vivant :

> Le travail est énorme, à tous les niveaux, mise en scène, construction des décors et des perspectives, direction des figurants, composition des espaces, confection des costumes. La grandeur de l'œuvre et ses multiples détails peut cependant poser problème. Car l'intérêt réside dans le fait que les personnages animés montrent leurs visages et figurent différentes expressions, sans qu'il soit possible de les voir de près, le format tenant le regard à distance des scènes sans user de zoom ou de gros plan[51].

---

51 Breteau Skira Gisèle, « *Maestà, la Passion du Christ* (2015) », *Jeune Cinéma*, octobre 2015, www.jeunecinema.fr/spip.php?article914, consulté le 12/11/2020.

Dans son court-métrage de 2007, la *Cène*, qui reconstituait, on l'a vu, une seule des vingt-six « cases » du polyptyque de Duccio, Guérif avait très exactement ajusté son cadre filmique au format du tableau (qui lui-même s'aligne parfaitement sur le cadre de la pièce représentée), usant d'inédites bandes noires latérales pour reformater l'écran à la verticale, et conservant cet encadrement du début à la fin du film tourné en un plan-séquence fixe de 30 minutes. Néanmoins, comme le film montre le tableau vivant *en construction*, les figurants-décorateurs s'activent sans cesse dans toute la profondeur du champ, tournoyant et se rapprochant de l'objectif pour offrir tout un éventail de points de vue changeants sur les différents éléments de la composition en train de prendre forme. Dans *Maestà*, seules les photographies de tournage, qui s'écartent de l'axe de vue imposé et s'approchent nettement des sujets filmés, nous donnent accès à l'envers du décor, littéralement, en nous en révélant toutes les facettes, et tous les détails – rendant ce matériel iconographique parafilmique profondément captivant. Car, comme le souligne Breteau-Skira, Guérif instaure une distance maximisée entre le décor et la caméra, posée « à l'autre bout du plateau », à 7 ou 15 mètres des tableaux vivants[52]. L'enjeu est non seulement de jouer de la focale, qui par ce recul permet d'aplanir les effets de relief en renforçant la picturalité de l'image, mais aussi et surtout de donner aux figurants exactement la même taille dans chaque plan. Car si le film *Maestà* ne propose pas de *découpage*, il fait, au contraire, œuvre de *collage*.

Chaque tableau vivant du polyptyque a fait l'objet d'une prise de vue autonome, frontale et continue, montrant les figurants entrer dans le décor, rejouer l'épisode, s'immobiliser et se taire au moment pictural clé, puis continuer la scène jusqu'à sortir du décor et le laisser aussi vide qu'il était. Puis Guérif a recomposé le « puzzle » : il présente sur l'écran le polyptyque entier, techniquement reconstitué par « collage » de tous ses plans en *split-screen*.

> L'écran de cinéma reprend les mêmes divisions, les encadrements du polyptyque ancien. Et les scènes de la fin de la vie de Jésus se déroulent les unes après les autres, suivant l'ordre liturgique : l'entrée à Jérusalem, la Cène, la trahison de Judas, etc. Christ, apôtres, foule, Romains, tous passent d'une scène à l'autre, vidant un panneau et se pressant dans l'autre. Si *Maestà* frappe, c'est

---

52 Guérif Andy, cité dans le *Dossier de presse du film "Maestà"*, *op. cit.*, p. 14.

que, comme rarement dans un parcours de spectateur, on ne regarde qu'une minuscule partie, un vingt-quatrième de l'écran de cinéma[53].

Tout l'enjeu du film est donc de faire voir les cases côte à côte, et de créer de la *continuité* filmique dans la *contiguïté* picturale. Si le polyptyque de Duccio se présente déjà à l'origine comme une véritable bande-dessinée, cristallisant une hybridité entre le linaire et le tabulaire[54], Guérif exalte cette ambivalence en ses « plans-tableaux[55] », en rendant les cases communicantes (comme si elles étaient le hors-champ l'une de l'autre), sans désamorcer leurs bordures (les figures disparaissant un peu trop longtemps dans les « marges » et pouvant même se catapulter dans une case non-contiguë). Ces bordures sont d'ailleurs particulièrement manifestes, puisqu'Andy Guérif ne s'est pas contenté d'une simple ligne immatérielle entre les différentes zones de son split-screen, mais incruste numériquement le trompe-l'œil de la bordure en bois qui assure l'articulation et le collage physique de chacune des parties du retable, l'écran et ses divisions prenant dès lors une inédite matérialité.

Ce questionnement du cadre peut d'ailleurs se lire annoncé dans le titre même du film, *Maestà*, qui se réfère en réalité au verso du polyptyque, montrant (comme sur un écran géant, puisque, rappelons-le, les dimensions de ce retable de Duccio sont immenses, atteignant plus de 2m de haut sur plus de 4m de large) l'image unifiée de la Vierge en majesté. Le cycle de la Passion ne se découvre qu'au prix d'un « décadrage », en tournant autour du cadre – un changement de point de vue qui a connu une dramatisation historique, puisque le retable, conçu pour siéger à la croisée du transept de la cathédrale de Sienne, ne découvrait initialement son verso qu'au gré d'un défilement des fidèles, ou d'une mise en mouvement du tableau lui-même lors des processions, avant que son accrochage au mur du transept au XVIe siècle ne dissimulât totalement ce verso pendant près de deux siècles[56]. La peinture choisie

---

53 Ghys Clément, « Andy Guérif, sept ans de Passion », art. cité.
54 Fresnault-Deruelle Pierre, « Du linéaire au tabulaire », *Communications*, n° 24, 1976, p. 7-23.
55 Bonitzer Pascal, « Le plan-tableau », *Cahiers du cinéma*, n° 370, avril 1985, p. 16-22.
56 Ces données font l'objet de nombreux débats chez les historiens de l'art (le clergé était-il à l'origine le seul à voir le verso ? pourquoi travailler sur des formats miniaturisés si le panneau était fait pour être vu de loin en procession ?) ; un état de la question très complet est proposé par Seiler Peter, « Duccio's Maestà : The Function of the Scenes from the Life of Christ on the Reverse of the Altarpiece : A New Hypothesis », *Studies in the History of Art*, n° 61, 2002, p. 250-277.

par Guérif est donc pensée dans toute la matérialité de son cadre, non
seulement en tant qu'encadrement composite et hétérogène qui fractionne
et rythme le polyptyque sur le mode d'un *split-screen* avant-coureur, mais
aussi en tant que retable qui se transporte, se retourne, s'accroche. Et
le film qui en naît, linéarisé spatialement et temporellement en *split-
screen* permanent, jouant de mises en abyme à tous niveaux, travaillant
les cadres comme des « caches » pour y ménager une dynamique aussi
centripète (par l'amoncèlement des figures qui viennent s'y presser)
que centrifuge[57] (par le mouvement traversant et la circulation des
protagonistes d'une vignette à l'autre), peut tout entier être envisagé
comme une expérimentation du cadre filmique, non seulement dans
ses délimitations, mais aussi dans sa matérialité. Le cinéma opère en
effet cette saisissante dématérialisation du sujet filmé, amputé de sa
troisième dimension, et de toutes dimensions prédéfinies, capable de
se matérialiser partout et dans toutes les tailles, impalpable[58]. Mais le
dispositif cinématographique impose à l'image de reprendre forme sur
un écran, qui, certes « plat », donne à l'image projetée ou diffusée un tour
concret et mesurable. Parfois même, l'écran prend une pleine matérialité,
puisque Guérif n'a pas destiné son film qu'aux salles de cinéma, mais
l'a aussi expérimenté en installation vidéo (au Musée des Beaux-Arts de
Caen en 2016, au Palais des Beaux-Arts de Lille en 2022). Le film s'est
donc bel et bien vu « accrocher » aux murs des musées, matérialisé en
écran plat devant des visiteurs qui déambulent, examinent, approchent
ce cadre filmique comme un cadre pictural[59].

---

57 Pour reprendre les termes célèbres de Bazin qui revendique une opposition entre le
    cadre pictural selon lui toujours « centripète », et le cadre filmique qu'il identifie à un
    « cache » délimitant un espace « centrifuge », conçu pour déborder dans le hors-champ
    (Bazin André, *Qu'est-ce que le cinéma*, Paris, Cerf, 2002, p. 188).

58 Ce phénomène a d'ailleurs précisément été associé à une certaine « Transfiguration »,
    l'incarnation de Jésus ayant historiquement été bien plus tolérée au cinéma qu'au théâtre,
    par cette présence moins charnelle, bidimensionnelle et presque surnaturelle de l'acteur,
    projeté dans un rayon de lumière aisément affilié au divin (Musser Charles, « La Passion
    et les Mystères de la Passion aux États-Unis (1880-1900) », art. cité, p. 169-174).

59 Notons que Majewski a également picturalisé ses plans au-delà même de l'écran, en
    transformant son film *Brueghel, le moulin et la croix*, en installation. Intitulée « *moving
    walls* », cette installation qui voit le jour dès 2012 (soit l'année même de la sortie du
    film, comme une modalité parallèle de ce tableau vivant) consiste essentiellement en
    une juxtaposition spatiale des plans du film, autonomisés et diffusés côte à côte, sur les
    murs, au lieu qu'ils se succèdent temporellement. Majewski déconstruit donc son montage
    pour le traduire en accrochage, ou plus précisément en collage, considérant les murs de
    la galerie comme une sorte de matrice d'un split-screen géant !

Mais *Maestà* problématise et rend consciente la matérialité de n'importe quel écran, en particulier dans ses dimensions, dont on regrette toujours qu'elles ne soient assez grandes, puisque, comme le formulait Ghys ci-dessus, on n'en regarde qu'une « minuscule partie », cette petitesse nous faisant manquer les détails que regrettait Gisèle Breteau-Skira et qui font toute la fascination des tableaux vivants. Cependant, le film de Guérif nous propose bel et bien un zoom. Ou plus précisément un dé-zoom, puisque le film s'ouvre, non sur le polyptyque entier, mais sur le panneau central de la crucifixion, à la hauteur duquel l'écran s'ajuste exactement, tout en laissant apercevoir l'amorce des cases attenantes[60]. La scène se joue ainsi une première fois de manière rapprochée, avant que ne se dévoilent, « lentement, par un dé-zoom, l'ensemble des panneaux[61] », dans lesquels on verra la Passion recommencer, et se déployer entièrement, successivement, de la « case départ » (l'entrée à Jérusalem) à celle « d'arrivée » (les pèlerins d'Emmaüs) sans plus jamais changer d'échelle de plan(s) sur cet écran qui « se fait marelle ou jeu de l'oie[62] ». Ce mouvement de caméra initial est non seulement spectaculaire et « vertigineux[63] » – justifiant sa reprise dans la bande-annonce[64] –, mais il répond aussi à un désir de traduire cinématographiquement le mouvement du regard sur la peinture. Comme l'établit Guérif, la composition de Duccio « tend à nous faire entrer dans le retable par la crucifixion, avant de considérer l'ensemble ou de lire le récit détaillé image par image[65] ». Ce parcours de regard *dans, sur* et *à travers* le cadre pictural, se voit ainsi refléter dans toute la complexité d'un parcours filmique

---

60 Notons que l'affiche du film (au format traditionnellement vertical) choisit aussi de ne montrer que ce seul tableau vivant de la Crucifixion, aligné sur son encadrement et figé au moment clé.

61 Guérif Andy, cité dans le *Dossier de presse du film "Maestà"*, *op. cit.*, p. 19.

62 Aubron Hervé, « Films à mots couverts », art. cité, p. 67.

63 Effet recherché par Andy Guérif (voir le *Dossier de presse du film "Maestà"*, *op. cit.*, p. 19).

64 Notons que la bande-annonce du film (dont Guérif n'est pas signataire, créée par la production et disponible en ligne, https://www.youtube.com/watch?v=CmlsdBRrGrE, consulté le 12/11/2020) ajoute non seulement à ce dé-zoom un accompagnement musical, mais transforme aussi les cases attenantes, en les révélant simultanément réanimées, selon une formule filmique similaire à celle retenue pour le Palais des Beaux-Arts de Lille – tandis que, conformément au défi séquentiel de la version cinématographique, les autres décors sont pratiquement vides dans le dévoilement qui ouvre le film, le titre apparaissant sur le polyptyque vierge de toute figure, prêt à se peupler « case » après « case ».

65 Guérif Andy, cité dans le *Dossier de presse du film "Maestà"*, *op. cit.*, p. 19.

non pas simplement centrifuge ou centripète, mais linéarisé, sinueux, éclaté, renvoyant l'écran à ses propres incongruités et le spectateur à sa manière même de regarder, invitant son œil à parcourir « la surface du grand écran comme jamais on ne l'a fait au cinéma[66] ».

Le film ultérieur d'Andy Guérif, *Twist Again*, commence aussi par un mouvement de caméra, manifestant l'acte de (re)cadrer. L'appareil s'immobilise en atteignant le point de vue qui sera conservé fixement durant toute la suite du film, unique plan-séquence de 13 minutes. Le mouvement de caméra engage non seulement un recul, comme dans *Maestà*, mais aussi une rotation, la caméra commençant par cadrer le tableau vivant en plongée zénithale. Il s'agit à nouveau d'une cruci-fixion, mais d'un tout autre style pictural, quasiment dénué de décor, où la question de l'espace passe avant tout par la plasticité déformée des corps, le modèle étant la *Déposition de croix* du peintre maniériste Rosso Fiorentino (1521). Le film s'ouvre ainsi sur un gros plan du Crucifié en extrême plongée, et bascule lentement, en s'éloignant, pour retrouver la frontalité picturale et ajuster la hauteur du cadre sur celle du retable. Le premier « twist » de *Twist Again* concerne donc le point de vue du spectateur, en un mouvement de caméra qui, comme pour *Maestà*, met en valeur l'enjeu essentiel du film : là, la traversée des cadres, ici, le renversement du plan. En ce film, en effet, le vertical et l'horizontal sont brouillés, et déjoués par l'incliné. Les figurants vont, à nouveau, évoluer dans un espace déséquilibré et aplati, mais par un dispositif différent, défiant moins la 3D que la gravité. Si la caméra est frontale par rapport au décor, qu'elle restitue donc dans la verticalité de l'écran, en réalité tout est penché à presque 30° : la caméra plonge sur un tableau basculé en arrière, qui devient presque plateau puisque les figurants reposent plus sur la toile de fond que sur le plancher de ce Golgotha renversé. Cet écrasement des figures imprimera tous leurs mouvements et déplacements, alors même qu'ils rejoueront la descente de croix en thématisant primordialement des enjeux d'équilibre et déséquilibre, de placement et déplacement, de décrochage, de soutien, de tombé, de porté – le tout en maniant des échelles et en se mesurant à la croix. Andy Guérif trouve donc à nou-veau, avec cette « Déposition » qu'il dramatise dans sa matérialité la

---

66   Vaccaro Pierre, « *Maestà*, la Passion du Christ / Andy Guérif / 2015 », *Sacré Cinéma !*, 6 octobre
     2015, https://sacrecinema.com/2015/10/06/maesta-la-passion-du-christ-andy-guerif-2015.

plus littérale, un sujet iconographique idéal pour mettre en abyme les questions de mise en espace tout à la fois de la peinture et de sa reconstitution en tableau vivant.

Et la réflexivité du dispositif, inaugurée par le mouvement de caméra qui mime bel et bien une sorte de renversement de l'élévation de la croix, s'accroît encore par la double référence. Le tableau vivant de *Twist Again* ne s'inspire pas uniquement du retable pictural de Rosso Fiorentino, dont le format original vertical (à nouveau très grand puisqu'il mesure presque 4m de haut pour environ 2m de large) n'est pas respecté. Si le cinéaste n'a pas verticalisé son écran, s'il a étendu le champ jusqu'au bords de l'écran, adaptant l'image aux format 16/9ᵉ cinématographique, c'est qu'il a pour second modèle un écran, plus précisément un plan du film peut-être le plus célèbre pour ses tableaux vivants : *La Ricotta*, de Pier Paolo Pasolini (1963). En plus d'être un emblème de la peinture maniériste italienne dans l'histoire de l'art, la composition de la *Descente de croix* de Rosso est aussi devenue, grâce à Pasolini, un emblème du tableau vivant dans l'histoire du cinéma, et c'est ce double statut référentiel qui inspire Andy Guérif et lui permet de faire un tableau vivant « au carré », en y incluant les marges latérales de l'écran déployées par Pasolini. Cette mise en abyme « puissance deux » est annoncée dans l'intitulé *Twist Again*, expression consacrée par le titre musical de Chubby Checker, qui se réfère à la chanson de twist que Pasolini utilise comme bande originale (*Ricotta Twist* de Carlo Rustichelli) et que Guérif rejoue à la fin de son film, à titre de générique, mais qui prend aussi un sens littéral idéal dans sa réflexivité du second degré de ce « tableau vivant de tableau vivant », deux fois « re-tourné ».

ENTRE IMMOBILITÉ ET MOUVEMENT

Transformer une image picturale en image filmique consiste toutefois surtout à la réanimer. La tension entre immobilité et mouvement est au cœur même du tableau vivant, né à la scène non seulement comme un art de la reconstitution, mais aussi comme un art de la pose, du mouvement suspendu, latent, défié, à resituer dans une tradition de « manifestations dans lesquelles l'être humain maintient la pose à des fins figurales[67] ». Dans les spectacles de tableaux vivants scéniques qui existent encore aujourd'hui, en particulier *The Pageant of the Masters* de Laguna Beach en Californie, les tableaux vivants sont tenus 90 secondes chacun, en représentant un défi d'immobilisation tant pour le regard des spectateurs qui, « à l'ère d'Internet » se font surnommer « *stillness-junkies*[68] », que pour les modèles dont la pose représente une véritable performance. Cet enjeu physique est pastiché avec humour dans la série télévisée *Gilmore Girls* lorsque l'héroïne qui doit poser dans le tableau vivant final du *Festival of Living Pictures* (version fictionnelle du *Pageant of the Master*[69]), avoue horrifiée qu'elle « a bougé », qu'elle n'est « pas stable », qu'elle a des « palpitations », que ses « muscles ont fondu », que « ses os sont fragiles », qu'elle n'est qu'une « sale bougeuse[70] » ! Et si, malgré cet accès de panique, elle parvient dans un *happy end* attendu à tenir parfaitement la pose, il n'en est pas de même de la caméra, qui, nettement plus « bougeuse » que le modèle, vient frénétiquement découper le tableau vivant en un éventail de points de vue profilés, précisément, pour un public de l'époque d'internet et du *zapping* télévisé. La médiatisation filmique du tableau vivant implique de fait une complexification et une réflexivité dédoublées quant à l'« imbrication entre fixe et animé », qui réside « au cœur même du médium cinématographique[71] » et se voit plus que jamais réactivée « à l'intérieur du flux et à travers l'animation généralisée de nos médias visuels numériques[72] ».

---

67 Boucher Mélanie et Contogouris Ersy, « Introduction : Stay Still : Past, Present, and Practice of the Tableau Vivant / Introduction : Stay Still : histoire, actualité et pratique du tableau vivant », *RACAR : revue d'art canadienne / Canadian Art Review*, vol. 44, n° 2, 2019, p. 17.

68 Reed Arden, « Laguna Pageant of the Masters : A Case Study », *in Le Tableau vivant ou l'image performée, op. cit.*, p. 353, p. 350.

69 D'ailleurs, dans l'épisode, les figurants produisent un pastiche du tableau vivant de la *Cène* de Vinci qui est un incontournable du spectacle californien et qui lui ressemble tant qu'on se demande si le *Pageant* californien n'aurait pas fourni ses décors et costumes à la production…

70 Dialogues de l'épisode 7 de la 4ᵉ saison de *The Gilmore Girls* intitulé « *The festival of living art* » (Amy Sherman-Palladino, diffusé le 4 novembre 2003).

71 Guido Laurent, « Introduction. Les saccades paradoxales du nouvel inconscient optique », *in Fixe/animé. Croisements de la photographie et du cinéma au XXᵉ siècle*, sous la direction de L. Guido et O. Lugon, Lausanne, L'Âge d'Homme, 2010, p. 21.

72 Gaudreault André et Marion Philippe, *La Fin du cinéma ? Un média en crise à l'ère du numérique*, Paris, Armand Colin, 2013, p. 111.

L'animation du tableau vivant filmique se joue parfois dans une mise en mouvement du regard. Le mouvement de caméra peut en effet viser, non pas, comme chez Guérif, à manifester l'ajustement du cadrage filmique sur le point de vue pictural, mais au contraire à déjouer ce dernier, pour en briser la frontalité et la distance et *pénétrer* le tableau vivant. La caméra peut ainsi, comme les visiteurs des installations muséales de Gustav Deutsch, contempler et arpenter l'espace concrétisé du tableau, mais sans forcément que l'illusionnisme ne se défasse, au contraire : plutôt que révéler le hors-cadre, le décadrage du tableau vivant peut en déployer le hors-champ. Cette ambition de « compléter » la composition, d'offrir un nouveau point de vue sur celle-ci, et de révéler l'envers des figures habite toute la tradition scénique du tableau vivant, où l'usage s'est systématisé au XIXe siècle de faire poser les modèles sur des plateaux tournants, pour s'offrir sous toutes leurs facettes (souvent dénudées, on l'a souligné) au voyeurisme exalté des spectateurs et de leurs jumelles personnelles. C'est néanmoins au cinéma que le mouvement du regard *dans* et *autour* des tableaux vivants a pris toute son extension. En témoignent des films aussi variés que *L'Hypothèse du tableau volé* (Raoul Ruiz, 1979) ou *La Ronde de nuit* (Peter Greenaway, 2007), qui explorent cette « infiltration » de la caméra narrativement, comme une manière de découvrir les « dessous » secrets des compositions, ou comme *Passion* de Godard (1982) qui brise tous les cadres picturaux pour mettre en scène, entre les modèles, un véritable ballet de caméras qui deviennent les nouveaux héros de ces tableaux.

L'un des mouvements de caméra les plus marquants qui aient été travaillés dans un tableau vivant est peut-être celui qu'Eve Sussman réalise dans *89 Seconds at Alcazar* (2004), pièce d'art vidéo qui propose un mouvement de caméra continu (donné comme un plan-séquence) de 9 minutes 44, arpentant à 360° les *Ménines* de Vélasquez. L'espace et le hors-champ du tableau a été reconstitué à partir de multiples études de la composition, d'archives du vrai palais d'Alcazar, et de tout un travail scénographique permettant au mouvement de la Steadycam HD de la vidéaste d'être librement chorégraphié. Mais le mouvement n'est pas uniquement instillé par le cadrage. Comme le titre l'indique, le film déploie aussi la temporalité du sujet filmé, où les figurants (pris dans l'action infiniment réflexive de poser et se faire regarder de tous côtés) prennent la pose pendant 89 secondes, mais sont montrés pendant presque 10 minutes, dans tous les mouvements de préparation et de dénouement que cette pose requiert, savamment chorégraphiés en *pas de deux* avec le mouvement de caméra[73]. On a donc le même phénomène que chez Guérif (qui connaît l'œuvre de Sussman), et qui consiste à remettre en scène la suspension du mouvement, mais en la dramatisant au sein d'un « avant » et d'un « après », et au gré d'un déroulement qui problématise la gestualité même.

C'est très manifeste dans *Twist Again*, dont toute la dramaturgie est gestuelle. Comme son nom l'indique, tout passe par la torsion : la torsion de l'espace (incliné) se révèle dans la torsion des corps. Grâce à son dispositif inédit, Guérif parvient à traduire le maniérisme des corps de Rosso Fiorentino dans un maniérisme du mouvement. Son espace à la gravité bouleversée met à mal toute la gestualité des acteurs, qui évoluent (ainsi que leurs drapés) dans des mouvements déformés, étirés et déséquilibrés. Et c'est une véritable performance gestuelle à laquelle doivent se livrer les modèles, qui ont pour rôle de traverser l'entièreté du champ, et d'y réaliser tout le déroulement de la Déposition que le peintre avait suspendu. Guérif prend en réalité le contre-pied du tableau vivant de Pasolini. Dans son tableau vivant filmé de la même composition de Rosso (auquel fait explicitement référence Guérif, on l'a souligné), Pier Paolo Pasolini dramatisait l'échec de la pose, l'impossibilité des modèles à s'immobiliser. « Immobiles, immobiles » s'égosillait en vain l'assistant du réalisateur mis en abyme : « Vous ne devez pas bouger ! », « Mais restez immobile, figée, vous êtes une figure de retable, comprenez-vous[74] ? ». En imposant à ses acteurs de bouger, et de déployer tout le mouvement condensé dans la peinture, Guérif travaille au contraire le tableau vivant

---

73 Le jeu de la démultiplication des points de vue a encore été développé par Eve Sussman en 2018, lorsqu'elle transforme *89 Seconds at Alcazar* en *89 Seconds Atomized*, pour questionner l'espace et le temps du tableau vivant à partir de l'écran et de l'image numérique. Elle propose en effet de « découper », non plus par la caméra, mais par décomposition numérique, son image animée en 2000 carrés de 20 pixels sur 20 pixels, qu'elle met en vente à la pièce pour des bitcoins sur le site internet *snark.art*. Elle problématise ainsi tous les paradoxes du tableau vivant filmé, dans ses enjeux de réappropriation, de recadrage, d'immatérialisation, et de la nouvelle signification du *live* qui engage le « partage » d'une communauté de spectateurs-acheteurs (c'est à cette seule condition que le tableau vivant pourra ré-exister).

74 Il s'agit là de la traduction des répliques du film. Pour une analyse plus développée de la *Ricotta* et de ce paradoxe de la représentation filmique de la pose, on se permettra de renvoyer à notre article, « La pose au cinéma : film et tableaux en corps à corps », *in Figures de l'art*, *op. cit.*, p. 73-89.

comme une mise en mouvement – tout en cultivant sa tension avec la fixité. Ainsi des gestes maniéristes, raides et saccadés, désaxés et malaisés des figures qui demeurent hiératiques. Ainsi enfin de la pose, qui subsiste. Puisque dans un subtil chronométrage, l'instant où tous les mouvements des modèles atteignent la composition exacte de Rosso Fiorentino survient presque exactement au milieu du film[75], et donne lieu à une immobilisation silencieuse des modèles durant 10 secondes. On voit ensuite se développer « l'après » de cet instant prégnant, qui se dénoue jusqu'à la désertion du décor, la disparition du vivant.

Et dans son long métrage *Maestà*, Andy Guérif explore la mise en mouvement de l'image fixe dans chacun de ses aspects. Au sein de chaque panneau du polyptyque, la gestualité des acteurs est centrale. Non seulement parce qu'ils viennent (conformément à tous les tableaux vivants filmés par l'artiste) y prendre la pose en se figeant en silence pendant presque 10 secondes au moment de retrouver la composition picturale exacte, créant une rupture avec le déroulement de l'action qui se joue sinon dans un mouvement continu. Mais aussi parce qu'ils doivent traverser chaque « case » du polyptyque de bout en bout, en un parcours laborieux qui les fait se faufiler entre les plans impraticables, s'amonceler les uns sur les autres pour saturer l'arrière-plan, escalader les pentes trop raides, surmonter les anfractuosités trop creusées, se contorsionner pour passer les portes trop étroites, et rivaliser d'équilibre pour éviter de glisser, d'écraser son voisin ou de se cogner à l'auréole du saint d'à-côté ! À cette gestuelle burlesque s'ajoute l'effet de miniaturisation de ces « petits bonshommes » qui, « avant et après avoir pris la pose, s'ébrouent et se tassent dans un amusant et émouvant désordre », en transformant le récit sacré en « fourmilière absurde », facétieuse « halle de lilliputiens[76] ». Guérif déploie donc tout le potentiel non seulement stylistique, mais aussi comique d'une caractéristique du tableau vivant dont Arnaud Rykner a montré le potentiel érotique, et qui consiste à entraver le geste, et « corseter » les corps « par le cadre culturel aussi bien que matériel[77] » – une citation qui prend ici toute sa littéralité.

---

75 La pose s'immobilise en fait après 6 minutes 48 secondes d'un film qui dure en tout 13 minutes.

76 Toutes les citations de la phrase sont reprises à Hervé Aubron, « Films à mots couverts », art. cité, p. 67.

77 Rykner, Arnaud, « Nature pas morte, vie pas tranquille : du tableau vivant à la photographie mise en scène », *in Figures de l'art, op. cit.*, p. 34.

Mais le déploiement du mouvement dans *Maestà* se joue aussi *entre* les panneaux, dans le déplacement d'une case à l'autre de ce *split-screen* en circuit :

> Et nous voilà pris dans l'image, son mouvement, à suivre, d'une vignette à l'autre, le cheminement interne complexe, insolite, du tableau. S'enchaînent les séquences de la Passion réinterprétées successivement. Méticuleusement reconstitués, les décors, d'abord vides de personnages, un par un s'animent du brouhaha de ceux qui s'y installent, puis, miracle : arrêt sur image. Et, à nouveau, ce petit monde quitte la scène à destination de la vignette suivante. Ainsi le tableau se fait en cheminant, chaque image devenant l'acmé figée de cet ensemble dont on a sous les yeux les stases passées comme nous devinons les images à venir. Double mouvement de souvenir et de projection, où le montage en *split-screen* dialogue avec le procédé narratif du trecento, où, d'une image à l'autre, les figures du temps et de l'événement se télescopent[78].

Ce tortueux et fourmillant « cheminement » émaillé de « stases » se voit d'ailleurs sans cesse complexifié, par le jeu des ellipses, des marges et des *sauts* entre les cases, et par leur animation, non seulement successive, mais aussi parallèle et simultanée, allant jusqu'à engager un dédoublement de Jésus et des figurants (parfois au sein du même panneau[79]). La fin du film propose en outre tout un réaménagement du temps et du mouvement, puisqu'une fois que le *split-screen* a été entièrement parcouru successivement, un fondu enchaîné vient repeupler simultanément tous les décors vidés, chaque case se voyant réanimée en boucle sur un accompagnement musical qui donne à tous ces mouvements une nouvelle dimension. Et dans ce jeu de *loops*, soudain, les poses convergent, et figent le polyptyque vivant dans une suspension silencieuse spectaculaire de 17 secondes, prolongeant l'arrêt *dans* l'image en arrêt *sur* image, qui clôt ce mouvement des corps et du regard d'un arrêt filmique et d'un fondu au noir.

La problématisation de cette transition entre fixité et mouvement se pose tout autant dans les longs métrages que j'ai situés dans ce même

---

78 Feodoroff Nicolas, « *Maestà*, Andy Guérif », *Catalogue FID Marseille*, n° 26, juin 2015, p. 56.

79 Le panneau de la prière de Jésus à Gethsémané montre en effet Jésus deux fois, condensant au sein du même espace deux phases du même déroulement narratif, comme il deviendra l'usage dans la période picturale de transition du polyptyque à la pala, et qui se joue ici grâce à un effet assez spectaculaire où Jésus semble concrètement se hisser hors de son propre corps.

troisième temps du « réenchantement » du tableau vivant. De fait, l'actrice recrutée par Gustav Deutsch pour *Shirley, un voyage dans la peinture* était danseuse, et son rôle fut défini en terme de « chorégraphie », pour ce qu'on pourrait appeler une *danse de l'inertie*. Il n'y a, durant le film, aucun dialogue. Seul résonne son monologue intérieur, qui domine l'entièreté du film, et appuie le caractère silencieux, solitaire, et immobile de l'(in)action que Deutsch élabore à partir des toiles de Hopper. Le hiératisme pesant, permanent, « fond » les postures picturales dans le continuum filmique, en développant tout une narrativisation de la pose – non sans la déjouer par quelques ruptures saisissantes, comme des flashs en fondus enchaînés, ou quelques pas de charleston endiablé. Quant à *Brueghel, le moulin et la croix* de Lech Majewski, en plein milieu du film (comme pour *Twist Again*), le mouvement « s'arrête » : le personnage de Brueghel ayant subitement le pouvoir magique d'arrêter le temps et de figer le mouvement, la scène se transforme en tableau vivant tout à la fois mis *en pose* et *sur pause* au gré d'une performance tant gestuelle que numérique[80]. Par ailleurs, cette mise en suspension très brève de l'image, balayée par un travelling rapproché, est le résultat pondéré d'un projet initial nettement plus radical. Majewski avait pour première ambition de faire un film *entièrement immobile*, où le seul mouvement narratif et visuel eût été donné par la caméra (qui eût traversé toute la composition en s'approchant de chacune des cinq cents figures) et par leurs voix-off (à l'approche de la caméra, les pensées de chaque personnage eussent été rendues progressivement et successivement audibles). Arguant de la durée du film (90 min), Majewski a finalement préféré limiter le tableau vivant pour en faire le « point central du film », et « construire à gauche et à droite, comme dans un triptyque, l'*"ante-scriptum"* et le *post-scriptum*[81] ».

Le format court semble en effet permettre plus d'expérimentations du tableau vivant filmique[82]. C'est vrai dans le contexte de l'art vidéo

---

80 Notons que le tableau vivant connaît une première apparition dans une sorte de pré-générique du film, au statut réflexif passionnant, puisque Brueghel, vraie image miroir du réalisateur, y prend un rôle explicite de metteur en scène en venant arranger les costumes des modèles, qui exhibent l'acte de prendre la pose et non de lui donner un (non-)mouvement fictionnel.

81 Lech Majewski interviewé dans le documentaire *Venise, Vienne et les Symboles* (Pierre Crézé et Philippe Piazzo, 2012).

82 C'est l'une des causes de l'omniprésence du motif dans le cinéma des premiers temps, voir mon ouvrage, *L'Origine picturale du cinéma : les films des premiers temps ou l'esthétique des tableaux vivants*, Paris, AFRHC, 2022 (à paraître).

contemporain, dont les pièces dédiées au motif jouent invariablement sur cette ambivalence d'un « temps suspendu » qui « ne l'est pas vraiment[83] ». Que l'on pense aux tableaux vivants de Bill Viola ou de Cristina Lucas, qui se distinguent comme des œuvres primordiales dans l'expérimentation artistique du ralenti. Que l'on songe à l'artiste Adad Hannah qui traque une sorte de latence et de résistance du mouvement en ses tableaux vivants vidéo. Si ceux-ci « semblent » d'abord immobiles, ils révèlent à « une lecture plus attentive » le jeu permanent des frémissements infimes, qui parcourent les modèles et leurs regardeurs, dans des œuvres « à la fois fixes et en mouvement[84] ». Que l'on considère enfin Claudie Gagnon, qui a trouvé dans le tableau vivant la manière la plus littérale de *bousculer* l'art pour le rendre vivant, grouillant, désopilant, en y exploitant tout le « registre des associations liant l'immobilité au mouvement – immobilité la plus complète, mouvements impromptus, cycliques ou alternant avec les pauses[85] ».

Mais la prégnance du tableau vivant dans les formats filmiques courts est tout aussi vraie dans le champ populaire des clips musicaux et publicitaires. Ce jeu de réanimation a pu y prendre un tour sensuel, comme dans le clip publicitaire de l'exposition *Masculin/Masculin* du Musée d'Orsay (Tito Gonzalez Garcia, 2013), ou bouleversant, comme dans le clip musical de *Mona Lisa Smile* par will.i.am (Michael Jurkovac, 2016). Ode à l'art et aux nouvelles technologies, les tableaux vivants de ce clip (qui ont requis plus de trois ans de travail) atteignent un entre-deux exceptionnel entre le filmique et le pictural : travaillés numériquement dans un illusionnisme éblouissant, les tableaux possèdent une texture craquelée qui aplatit les corps et dulcifie leurs mouvements. Tandis que la caméra est elle-même prise dans des travellings légers, voire imperceptibles, tous les modèles tiennent la pose, mais la brisent pour chanter (les acteurs principaux étant will.i.am lui-même et sa co-interprète Nicole Scherzinger) ou pour regarder le spectateur droit dans les yeux. Car le message de ces tableaux vivants est retentissant… Dans cette galerie d'un « Louvre imaginaire », la *Joconde*, le *Napoléon* de David, la *Jeune fille à la perle* de Vermeer, le Christ et les saints

---

83 Boucher Mélanie, « Facteurs d'inquiétante étrangeté dans les tableaux vivants de l'art contemporain. L'apport du récit littéraire », *RACAR : revue d'art canadienne / Canadian Art Review, op. cit.*, p. 197.

84 *Adad Hannah : Peinture de genre comme figure de « Still »*, sous la direction d'E. Desjardins, Saint-Jérôme, Musée d'art contemporain des Laurentides, 2010, p. 5.

85 Boucher Mélanie, « Facteurs d'inquiétante étrangeté… », art. cité, p. 197.

du Polyptique Peruzzi (fig. 7-8), et presque toutes les figures de ces toiles emblématiques sont réactualisées par des modèles qui ne sont pas Blancs. Les codes qui fondent nos représentations de la beauté se voient dénoncés dans leur manque de diversité, et pleinement mouvementés. Will.i.am nous « ouvre les yeux », pour renouveler, à tous niveaux (technique, esthétique, sociopolitique, épistémologique) notre vision de l'art – et le met en abyme avec la tête coupée et « will.i.am-isée[86] » de saint Jean-Baptiste par Solario. Dans un geste qui marque le point de rupture musical aussi bien que visuel du clip, le saint martyr ouvre subitement les yeux dans un regard-caméra *stupéfiant*. Tous les tableaux se figent alors, tandis que l'espace muséal s'anime de « regardeurs » délégués – qui, eux aussi, ont la peau noire, et cristallisent toute la revendication de diversification et de démocratisation de l'art.

Cependant, c'est sûrement le ton humoristique qui caractérise le plus nettement les tableaux vivants des vidéos commerciales, et leurs mouvements paradoxaux. Le clip de *70 Million* par Hold Your Horses (David Freymond, 2010) en est exemplaire. Comme dans le clip de will.i.am, la pose n'est troublée que pour chanter. Mais en plus des chanteurs, nombreux, les figurants incluent les musiciens… et leurs instruments ! Dans leur *Maestà*, reprise, non à Duccio, mais à Cimabue, le petit Jésus s'époumone dans une trompette ; la Vénus de Botticelli a troqué son geste pudique contre une guitare électrique ; la petite Ménine se trémousse avec son violon ; même le cadavre de la *Leçon d'Anatomie* pianote sur un clavier Bontempi… Ce jeu de l'incongru et de l'anachronisme se voit renchérir par un travestissement burlesque permanent, qui déjoue la solennité picturale tout en, paradoxalement, la galvanisant. Enfin, c'est sûrement avec la série télévisée d'Arte *À musée vous, à musée moi* (Fouzia Kechkech & Fabrice Maruca, 2018) – dont le générique a été créé par le réalisateur même du clip de *70 Million* ! – qu'on atteint une réflexivité comique suprême, en des tableaux vivants qui thématisent leur « arrêt dans le temps » avec l'anachronisme et l'ironie paradoxale la plus aiguisée. Que ce soit la *Joconde* qui « n'en peut plus de sourire », la « mâchoire déglinguée » par les crampes, la *Jeune fille à la perle* à qui l'on demande de changer de pose – « au bout d'un moment ! », le *Narcisse*

---

86 Notons que les tableaux se voient littéralement will.i.am-isés puisque leurs cadres révèlent en « signatures » : « Rubens.i.am », « Rembrandt.i.am », « LucasCranach.i.am », « Solario.i.am ».

de Caravage qui, pour combattre le vieillissement, tente d'obtenir un rendez-vous de chirurgie esthétique « depuis 1598 », ou le couple du tableau *Dans la serre* qui se dispute ainsi :

> – On fait quoi, on bouge ?
> – Non ! On bouge surtout pas ! On pose pour Édouard Manet, je te rappelle.
> – Mais, allô quoi ? Le tableau est fini depuis 1879, chérie ! C'était un rapide, Manet, je te rappelle. Les consignes d'Édouard, c'était : « Parlez, riez, remuez, vous ne serez vrais qu'en demeurant vivants[87] ! ».

Fouzia Kechkech accomplit ici littéralement les vœux du peintre impressionniste. Elle revivifie les toiles, non seulement par la parodie, mais aussi par un travail esthétique qui use de tous les ressorts de la mise en scène et du numérique au profit d'une reconstitution et d'une réanimation visuelle ahurissante. Déjouant donc avec jubilation les codes artistiques mêmes qu'ils cultivent, ces tableaux vivants filmés prouvent combien la démarche de Guérif s'inscrit dans un mouvement global de « réenchantement » par le tableau vivant, où le rire va de pair avec l'admiration, où les paradoxes se nourrissent l'un l'autre, en particulier cette « soudaine convergence des deux catégories de l'image fixe et de l'image animée[88] ».

Fɪɢ. 7 – Giotto di Bondone, *Polyptique Peruzzi*, 1318-1322, tempera sur bois, 105,7 × 250,2 cm, North Carolina Museum of Art, Raleigh.

---

87 Répliques de l'épisode « Dans la serre – Allez chérie ! » (*À musée vous, à musée moi*, Fouzia Kechkech et Fabrice Maruca, 2017), disponible sur https://www.youtube.com/watch?v=JckyA01pKEU, consulté le 12/11/2020.
88 Guido Laurent et Lugon Olivier, « Introduction », *in Fixe/animé...*, *op. cit.*, p. 11.

FIG. 8 – *Mona Lisa Smile* par will.i.am (Michael Jurkovac, 2016), capture d'écran 00:01:57.

ENTRE CATHÉDRALE ET ÉCRAN GLOBAL

Le tableau vivant est reconnu comme une matrice de « représentations paradoxales, instables, difficiles à classer » qui magnifient « l'opposition entre profane et sacré, présence et absence, indice et symbole[89] », dont « l'esthétique opère », selon Carole Halimi, dans l'« espace de ce qui est "entre" », dans « cette intermédialité[90] ». Ce jeu d'entre-deux est encore démultiplié dans le cas des tableaux vivants filmés, où le médium cinématographique complexifie encore le rapport aux corps, à l'espace, au temps et à l'image. Or, comme j'espère l'avoir montré, le motif tel qu'élaboré par Andy Guérif se situe au cœur même de ces tensions, dont il fait son enjeu esthétique même, en explorant et conciliant admiration et dérision, incarnation et sublimation, 2D et

89 Rykner Arnaud, « De la Croix à la scène, disposer du sacré », *Bulletin du Centre de recherche français à Jérusalem*, n° 24, 2013, http://bcrfj.revues.org/69982013, §. 24.
90 Halimi Carole, « Tableau vivant et postmodernité : quelles affinités ? », *RACAR : revue d'art canadienne/Canadian Art Review, op. cit.*, p. 19.

3D, cadre et écran, pose et mouvement. Et si certains commentateurs ont « rêvé » que le film s'évadât des musées et des salles de cinéma, et fût projeté dans les rues ou les gares pour ressusciter des « moments de communion esthétique dans l'espace public[91] », ce retable filmique marque bien une sorte d'accomplissement de la comparaison induite dès 1934 par Panofsky entre le cinéma et l'art des cathédrales[92] et opère dans ce *déplacement* du musée au cinéma une démocratisation culturelle qui a pu être vue comme un « remariage » historique entre l'image et ses destinataires :

> Délogé de cathédrales en chapelles, le retable échouera finalement au musée (en 1878), consumant le divorce art/public que chapeautent les dieux du patrimoine – et que seul le cinéma, en spectacle de masse, serait virtuellement capable de conjurer. Aussi, Duccio en salle, c'est le fantasme d'une filiation retrouvée : accrocher cette peinture – populaire – au portique du cinéma, c'est un peu lui offrir un baroud d'honneur devant les descendants de son public d'origine[93].

Et si Dénouette termine sur une note mineure en se demandant si le public viendra, le contexte filmique large auquel cette étude m'a permis de rattacher les œuvres d'Andy Guérif montre combien le tableau vivant n'est pas le propre de l'art contemporain, mais reconduit actuellement son « double destin » ancestral, à la fois « aristocratique et populaire[94] ». En ayant pour principe même de s'approprier l'art, le tableau vivant s'étend, on l'a vu, de la production artistique officielle à toute la sphère télévisuelle et internet, aux vidéos amateures, aux clips, aux pubs, aux séries, autrement dit à tous les produits filmiques emblématiques de la culture de masse contemporaine. Depuis le confinement, les tableaux vivants ont même été créés et diffusés pour s'exposer sur les « murs » les plus populaires du XXIe siècle : ceux de Facebook, Twitter et Instagram, « frontispices » virtuels de nos « musées » personnels.

À l'ère de « l'écran global[95] », et à l'aune des multiples expérimentations filmiques étudiées ici, le succès et le développement du

---

91   Ghys Clément, « Andy Guérif, sept ans de Passion », art. cité.
92   Panofsky Erwin, *La Perspective comme forme symbolique*, *op. cit.*, p. 58-59.
93   Dénouette Adrien, « Remariage », art. cité.
94   Vouilloux Bernard, « Le tableau vivant, entre genre et dispositif », *op. cit.*, p. 93.
95   Lipovetsky Gilles et Serroy Jean, *L'Écran global : culture-médias et cinéma à l'âge hypermoderne*, Paris, Seuil, 2007.

tableau vivant montrent combien celui-ci « réenchante » les images. Cette pratique que Bernard Vouilloux a renommée « l'art du dispositif » permet, de fait, dans ses formes les plus contemporaines, et tout particulièrement à l'écran, de « *réfléchir*, de manière constitutive, la problématique du dispositif[96] ». Le mot ne prend que plus de sens au cinéma, qui a pour principe de « rassembler » et « reformuler » les autres dispositifs, en « restructur[ant] l'ensemble du champ de la représentation[97] ». Ágnes Pethő postule même que le tableau vivant filmé, quel qu'il soit, ne raconte, essentiellement, qu'une seule histoire :

> L'image animée, hybride, postcinématique, devient une plateforme unique pour la fusion entre le sublime artifice de la peinture, la tangibilité des corps en mouvement, saignants et sensibles, et l'émerveillement technique du cinéma numérique, où le tableau vivant filmique accomplit effectivement le « récit » fondamental de l'image en tant que médium – tel que décrit par Hans Belting –, celui des corps pris dans le processus de devenir des images, et des images devenant des corps[98].

Aussi le tableau vivant, et d'autant plus dans le jeu de sa reconfiguration filmique, devient-il un lieu de questionnement même de l'art, de son statut, de ses fonctions et de son appropriation, et permet-il « de travailler les représentations, les apparences, les images et les imaginaires », non seulement sur un « mode critique[99] » comme le dit Halimi, mais aussi sur un mode joueur, exalté, engagé, parodique… Considérer le tableau vivant sur l'« écran global » contemporain, c'est traverser avec lui toutes les frontières, et explorer sa « proximité dérangeante avec les mauvais genres, les styles compromis, le mauvais goût, le kitsch[100] », qui s'avère si fondamentalement enrichissante. Ce n'est qu'à cette échelle globale, intermédiale, fondamentale que le tableau vivant révèle son

---

96 Vouilloux Bernard, « Le tableau vivant, entre genre et dispositif », art. cité, p. 95.

97 Albera François et Tortajada Maria, « L'*Épistémè* "1900" », *in* Le *Cinématographe, nouvelle technologie du* XXe *siècle / The Cinema, A New Technology for the 20th Century*, sous la direction d'A. Gaudreault, C. Russell et P. Véronneau, Lausnne, Payot, 2004, p. 46.

98 Ágnes Pethő, « The Vertigo of the Single Image : From the Classic Narrative "Glitch" to the Post-Cinematic Adaptations of Paintings », *Acta Universitatis Sapientiae, Film and Media Studies*, n° 6, 2013, p. 82 – je traduis.

99 Halimi Carole, « Le tableau vivant contemporain : Une performance aux frontières de la représentation », *in Le Tableau vivant ou l'image performée, op. cit.*, p. 340.

100 *Ibid.*, p. 19.

véritable pouvoir de *réenchantement*, combinant à la réflexivité critique et ironique, la créativité, l'admiration et l'audace nécessaire à un art renouvelé.

Valentine ROBERT

DE L'IMPRIMÉ ÉPHÉMÈRE AU TABLEAU VIVANT, UN ACTE D'IMAGE

L'affiche et les cartes à jouer dans les films muets (1899-1906)

> Ce qui a passé par un art et en a conservé la marque ne peut plus entrer dans un autre.
> Robert BRESSON[1]

Dans les premiers films muets français, l'affiche et la carte à jouer, qui sont des éphémères imprimés[2], font du tableau vivant un élément figural récurrent. L'interpénétration de trois faits culturels permet d'introduire l'histoire de celui-ci. Le tableau vivant dont la généalogie est ancienne, hante au XIXᵉ siècle la photographie et les spectacles avant d'être projeté sur les écrans. Le début du XXᵉ siècle, se caractérise aussi par de nouveaux objets associés à de nouvelles pratiques du regard[3] (panoramas, vitrines, musées, gravures...). Parmi ceux-ci, l'art de l'affiche ou de la carte trouve ses lettres de noblesse parmi les éphémères. Enfin, le tableau vivant associé à l'affiche ou aux cartes s'estime au regard de l'évolution du cinématographe qui, autour de 1910, oppose l'autonomisation des images et le développement de leur continuité. L'apophtegme bressonien pourrait donc être infirmé : non seulement rien n'est marqué à jamais par un art, mais il peut s'avérer intéressant de le faire « passer » par un autre.

---

1 Bresson Robert, *Notes sur le cinématographe*, Paris, Gallimard, 1975, p. 44. L'auteur évoque les rapports entre le théâtre et le cinématographe.
2 Sur cette notion, voir *Les éphémères et l'image (XVI-XXIᵉ siècles)*, sous la direction d'O. Belin, F. Ferran, B. Tillier, Paris, Éditions de la Maison des Sciences de l'Homme, à paraître.
3 Hamon Philippe, *Imageries, littérature et image au XIXᵉ siècle*, Paris, José Corti, 2001.

Image fixe et mobile à la fois, le tableau vivant est lié à l'éphémère. Prendre pour modèle une œuvre et la reproduire à travers une ou plusieurs personnes vivantes, n'est-ce pas dévoiler un agencement précaire par rapport au modèle initial ? En cet acte d'image, l'œuvre produit une double impression ambivalente, entre le passage et la suspension du temps, le mouvement et l'immobilité.

C'est pourquoi nous nous demanderons comment et avec quelle portée figurale les affiches ou les cartes, conçues comme des tableaux vivants, jouent *de* et *avec* la nature et les propriétés de l'image. L'analyse s'appuiera sur le concept d'acte d'image (« *Bildakt* ») de Bredekamp[4], qui détermine la puissance d'apparition dont est capable l'image, et sur une distinction essentielle dans la pensée husserlienne des images[5].

Nous examinerons d'abord comment l'affiche et la carte, en devenant des tableaux vivants, mettent en œuvre une poétique de l'attraction. Nous verrons ensuite comment ce type de tableau vivant interroge la notion de « représentation ».

UNE POÉTIQUE DE LA DISJONCTION ET DE L'ATTRACTION

L'arrangement d'une ou de différentes personnes vivantes qui reproduisent une composition (reconnue comme un art plus ou moins populaire) connaît sur les écrans un nouvel élan dès les premiers temps du cinéma, en particulier avec l'usage des affiches ou des cartes à jouer. Cette spectacularité est préparée par le rapprochement effectué entre le tableau et le tableau vivant. Dans *Le Portrait mystérieux* (Méliès, 1899), Méliès s'adresse aux spectateurs du film (comme dans un trompe-l'œil de performativité) pour leur présenter le cadre d'un tableau de grande taille, posé au centre d'un espace qui rappelle la scène d'un illusionniste. L'un de ses gestes de prestidigitateur fait apparaître son double dans l'espace du cadre. Il s'ensuit un échange

---

4   Bredekamp Horst, *Théorie de l'acte d'image*, trad. Fr. Joly, Paris, La Découverte, 2015.
5   Husserl Edmund, *Phantasia, conscience d'image, souvenir*, trad. R. Kassis et J.-Fr. Pestureau, Grenoble, Éditions Jérôme Millon, 2002.

comique puisque chacun se moque de son double. Méliès joue ainsi de la série culturelle[6] des tableaux. En effet, un premier décor peint, qui comprenait plusieurs tableaux en hauteur dans un intérieur bourgeois, avait été enroulé au profit d'un décor extérieur, composé notamment d'une partie d'un château. Dans ce cadre dont Méliès souligne l'artifice, lors de l'apparition du double, ce dernier demeure immobile pendant plusieurs secondes, tel un tableau vivant. Puis Méliès met de nouveau en valeur l'artifice du dispositif lors de l'échange mutuel des moqueries, en faisant du tableau une sorte de miroir au reflet décalé dans le temps. Le cinéaste produit donc un tableau vivant et sa parodie, pour indiquer les potentialités du spectacle cinématographique par le truchement du dédoublement de son personnage. Le cinéma devient une attraction qui permet « d'assister à des démonstrations de machines plutôt qu'à des films[7] ». Il est vrai que la cinématographie-attraction[8] intègre des séries culturelles dont dépendent ses usages ; ainsi, cette nouvelle machine produit un numéro ou un sketch de magie et une forme de prestidigitation[9].

L'affiche et la carte, lorsque leur chair de papier est tendue vers le tableau vivant, offrent de nouvelles formes de spectacularité dont on trouve un usage récurrent dans les scènes à trucs. Ainsi, le joueur illusionniste des *Métamorphoses du roi de Pic* (Velle, 1903) fait peu à peu grandir la carte du personnage éponyme qui finit par incarner un roi à la taille réelle, puis il joue avec ce dernier après avoir passé sa main sur son épaule, ce qui signale son caractère tridimensionnel. Le film varie la dimension de l'acteur dans le cadre alors que la naturalité des figures en pied est une règle importante. Velle s'amuse de cette règle, assurant néanmoins un trompe-l'œil puisqu'en « sortant » de l'image de la carte, et par la mise en mouvement du tableau vivant, l'acteur prend chair à une taille « naturelle ». Certes, les deux personnages du film sont coupés à mi-corps et la représentation filmique perd la présence des acteurs. Mais, paradoxalement, cette défection corporelle permet, écrit

---

6   Cette notion est développée notamment par André Gaudreault, *Cinéma et attraction. Pour une nouvelle histoire du cinématographe*, Paris, CNRS Éditions, 2008, p. 113-116.

7   Gunning Tom, « Le Cinéma d'attraction : le film des premiers temps, son spectateur, et l'avant-garde », *1895. Mille huit cent quatre-vingt-quinze*, trad. Fr. Le Gac, n° 50, 2006, p. 55-65.

8   Gaudreault André, *Cinéma et attraction, op. cit.*, p. 86.

9   *Ibid.*, p. 81.

Metz[10], une plus grande impression de réalité de la fiction. Puis, après leur dispute, l'illusionniste rétablit la forme initiale de la carte. Le film combine les trucs qui sollicitent le *stop-motion* et le tableau vivant : le spectateur et l'illusionniste, en effet, observent l'apparition de la vie à partir de la carte à travers un homme qui demeure immobile pendant plusieurs secondes. Celui-ci garde d'abord la pose initiée par la carte. Celle-ci trouve donc une nouvelle aura à partir du tableau vivant qui semble naître du papier cartonné puisque cette composition peut être reconnue comme artistique. Le tableau vivant donne ses lettres de noblesse à un objet qui tend à se banaliser et que le film vivifie, notamment à travers des adresses lancées vers le spectateur du film (fig. 1). Ce tableau vivant met ainsi en relief sa valeur emblématique de simulacre car il est un exercice d'imitation, une représentation de représentation, un jeu sur la citation et l'artifice, qui actualise l'idée que toute image est une image d'image.

FIG. 1 – Gaston Velle, *Les Métamorphoses du roi de Pic*, Fondation Jérôme Seydoux-Pathé, 1903.

Le principe d'un dispositif magique est repris dans *Les Cartes vivantes* (Méliès, 1905). Un magicien y fait d'abord apparaître des cartes à la taille de plus en plus imposante avant qu'il ne les lance contre une surface blanche verticale, qui les affiche en servant d'écran placé en hauteur. Puis une reine de cœur devient humaine et descend les marches vers le magicien qui l'embrasse, avant qu'elle ne remonte sur la petite estrade et ne redevienne de papier grâce à un nouveau fondu enchaîné. Le film

---

10   Metz Christian, « À propos de l'impression de réalité au cinéma », *in Essais sur la signi-fication au cinéma*, t. I, Paris, Klincksieck, 1968, p. 19.

montre que toute figure de carte peut prendre vie avant que le statique ne reprenne le dessus : la réversibilité souligne le caractère éphémère du mouvement d'image vers le mobile ou l'immobile. Le tableau vivant donne lieu à une « vivification de l'image[11] » ou conduit à sa propre réification. Sa figuration est perceptible lorsque la reine Judith prend de nouveau la pose, avant que le fondu ne lui fasse céder la place à son double cartonné. Cette pose, en effet, dure plusieurs secondes. Elle instaure une pause dans un contexte qui rappelle le théâtre filmé, notamment marqué par les feintes apostrophes au public (orales ou gestuelles) qui préparent et facilitent l'escamotage[12]. Ainsi, le film situe le tableau vivant sur le seuil[13] qui sépare et unit l'image immobile (de la carte) et l'image mobile (du cinématographe). Le tableau vivant, intermédial, contribue à organiser la rencontre entre deux arts[14]. Ainsi, avec le tableau vivant, l'immobilité et la mobilité sont des perspectives poreuses. En ce sens, il représente une position intermédiaire, une sorte de tiers pictural, situé entre la mobilité de l'image cinématographique et l'immobilité filmée des affiches ou des cartes (« à l'instar de la barre oblique qui séparerait les deux[15] »). C'est sur le seuil que constitue le tableau vivant que l'artefact de l'œuvre, fût-elle une affiche ou une carte, devient pour le spectateur « un vis-à-vis animé[16] » qui peut agir sur celui qui regarde, comme le suggèrent *Le Portrait mystérieux* et *Les Cartes vivantes*. Jouer ainsi avec la matière cinématographique à travers les tableaux vivants souligne que les images sont agissantes.

---

11 Bredekamp Horst, *Théorie de l'acte d'image, op. cit.*, p. 45.

12 Un arrêt de caméra provoque une saute, due à l'écart entre les bouts de pellicule – les deux moments de la prise de vue ultérieurement collés. Une différence de position des acteurs est alors perceptible. De plus, la collure entre deux plans, toujours réalisée au même endroit chez Méliès, provoque un liseré blanc en haut de la pellicule. L'enjeu de ces gestes est donc de diriger l'attention du spectateur loin du liseré : comme le magicien affiche ostensiblement ces gestes, le réflexe du spectateur est de chercher ce qu'il y a à cacher en eux. Voir Jacques Malthête, « Le collage magique chez Edison et Méliès avant 1901 », *CinémAction* : « Du trucage aux effets spéciaux », sous la direction de R. Hamus-Vallée, nº 102, 2002, p. 96-109.

13 Koering Jérémie, « Sur le seuil. Tableau vivant et cinéma », *in Le Tableau vivant ou l'image performée*, sous la direction de J. Ramos, Paris, Mare & Martin / INHA, 2014, p. 302-318.

14 Mello Marie-Hélène, « Le tableau vivant d'après Raoul Ruiz. Une esthétique de l'"inter-image" », *in La Circulation des images. Médiation des cultures*, sous la direction de R. Bégin, M. Dussault, E. Dyotte, Paris, L'Harmattan, 2006, p. 139-151.

15 Louvel Liliane, *Le Tiers pictural. Pour une critique intermédiale*, Rennes, Presses Universitaires de Rennes, 2010, p. 260.

16 Bredekamp Horst, *Théorie de l'acte d'image, op. cit.*, p. 113.

Fig. 2 – Gaston Velle, *La Valise de Barnum*, Fondation Jérôme Seydoux-Pathé, 1904.

Fig. 3 – Gaston Velle, *La Valise de Barnum*, Fondation Jérôme Seydoux-Pathé, 1904.

Cette position particulière du tableau vivant dans le cinématographe en fait un acte d'image. Selon Bredekamp, le concept d'acte d'image permet de déterminer la puissance d'apparition « dont est capable l'image, ce pouvoir qui lui permet, dans la contemplation ou l'effleurement, de *passer de la latence à l'influence visible sur la sensation, la pensée et l'action*[17] ». Observons la copie en version allemande de *La Valise de Barnum* (Velle, 1904), qui se nomme significativement *Die Lebenden Tableaux*. Barnum déploie des affiches sur la surface d'un cadre central, qui évoquent des

---

17   *Ibid.*, p. 44. Nous soulignons.

attractions des années 1890 à 1900. Puis elles mutent en tableaux vivants, afin de promouvoir la spatialisation de l'image. Cette scène à trucs fait en effet exécuter à des affiches les exercices qu'elles annonçaient lorsqu'elles étaient fixes : dans l'encadrement central, un peu en profondeur, derrière une affiche que Barnum arrachera après le numéro, se tient un personnage de music-hall. Comme un illusionniste, le maître de cérémonie fait quelques passes afin de rendre moins perceptible le passage de la surface immobile à sa version mobile. Une première affiche se transforme en tableau vivant : celui de *Rosita, la femme à barbe* dure près de cinq secondes avant que l'imprésario ne fasse un signe au personnage qui se lève et se présente. Six tableaux vivants naissent des affiches. Dans celui de *Champion Robinson*, le porteur de poids soulève un pseudo canon (fig. 2) avec lequel il tire vers les spectateurs (fig. 3). Alors que les trucs scéniques étaient souvent soulignés par un coup de pistolet qui redoublait l'effet magique d'un choc sonore, le film se tourne vers la synesthésie (*voir* fait presque *entendre*) pour jouer de la mutité des images ou susciter le bruitage lors de la projection. L'espace du tableau vivant établit un lien imaginaire entre l'espace filmé et celui des spectateurs, parce que ce cinéma d'attraction, caractérisé par l'exhibitionnisme[18], à peine narratif, vise à susciter l'étonnement et le choc[19].

À cette fin, lorsque le figement se change en mouvement, le cinématographe donne au temps long du tableau vivant liminaire une sorte de choc ultérieur, à l'instar de l'appareil photographique qui confère à « l'instant une sorte de choc posthume[20] ». L'affiche pénètre le film, importée depuis son extérieur, puis elle prend son mouvement depuis son intérieur. L'instauration du spectacle est donc aussi celle du cinématographe. Pendant que le plan de l'affiche, dénué de profondeur, prend du volume à partir du tableau vivant, le spectateur assiste à la naissance de la photogénie (« l'image en tant que "majorée" par le mouvement[21] »).

18   Gunning Tom, « The Cinema of Attractions. Early Film, Its Spectator and the Avant-Garde », *in Early Cinema. Space, Frame, Narrative*, sous la direction de T. Elsaesser, London, BFI, 1990, p. 57.

19   Sur le passage de l'héritage illusionniste à la magie moderne, on peut lire Frédéric Tabet, « Les Velle, professeurs itinérants », *in Le Cinématographe des magiciens : 1896-1906, un cycle magique*, Rennes, Presses Universitaires de Rennes, 2018, p. 273-300.

20   « Sur quelques thèmes baudelairiens », *in* Benjamin Walter, *Œuvres*, III, trad. M. de Gandillac, Paris, Gallimard, « Folio essais », 2000, p. 360.

21   Deleuze Gilles, *Cinéma*, t. 1 : *L'Image-mouvement*, Paris, Minuit, 1983, p. 65. Deleuze se réfère à Jean Epstein, *Écrits sur le cinéma*, t. 1 : *1921-1947*, Paris, Seghers, 1974, p. 137-138.

Dans le même temps, l'instauration du tableau vivant induit aussi celle du regard qui est porté sur lui. Du fait de la présentation du dispositif, la re-présentation ne vaut plus tellement pour sa capacité de substitution, mais pour son intensité propre qui vient « constituer le sujet regardant comme effet de cette présentation, le constituer précisément comme regard[22] ». Ainsi, du mouvement vers sa suspension au sein de l'affiche, ou inversement, c'est toujours une pratique du regard qui est mise en branle puisque « percevoir signifie immobiliser[23] ». La perception spectatorielle devient un élément clef, comme c'est le cas, d'ailleurs, pour tous les spectacles d'illusion. La vision paraît renouvelée, modifiée, voire libérée. C'est là reconnaître dans le tableau vivant « sa nature scénographique de *dispositif de regard*[24] ». L'attraction procède donc ici d'« un véritable petit piège perceptif, dont la finalité ne serait autre que d'arrêter l'attention, de river le regard, de l'accaparer, fût-ce provisoirement en une structure de fascination et de leurre[25] ». Par le *stop-motion* ou le fondu enchaîné, l'écran nous fascine en transformant le papier en la chair d'un tableau vivant.

LES DEUX CORPS DES AFFICHES ET DES CARTES

Pour préciser les enjeux du tableau vivant élaboré à partir de l'affiche ou des cartes, rappelons que les plans, avant 1908-1910, étaient désignés comme des « tableaux[26] ». Ceux-ci, conçus comme autonomes, produisaient un « style non-continu[27] ». Le plan, entendu comme une unité expressive, semble alors répondre à une logique « centripète » de l'image[28]. Les liens

22   Marin Louis, *Des pouvoirs de l'image. Gloses*, Paris, Seuil, 1993, p. 12.

23   Bergson Henri, *Matière et mémoire*, Paris, Puf, 1990, p. 233.

24   Robert Valentine, « Le tableau vivant chez Raoul Ruiz : l'extension de la perception », *Décadrages*, n° 15, 2009, p. 42. L'auteure souligne.

25   Belloï Livio, *Le Regard retourné. Aspects du cinéma des premiers temps*, Québec/Paris, Nota Bene / Méridiens Klincksieck, 2001, p. 80-81.

26   Giraud Jean, *Le Lexique français du cinéma : des origines à 1930*, Paris, CNRS, 1958, p. 195.

27   Gunning Tom, « The Non-Continuous Style of Early Films », *in Cinema 1900-1906 : An Analytical Study*, sous la direction de R. Holman, Bruxelles, FIAF, 1982, p. 219-230.

28   Bazin André, « Peinture et cinéma », *in Qu'est-ce que le cinéma*, vol. II, Paris, Cerf, 1959, p. 127-132.

entre les plans consistaient en des instructions de lecture fournies lors de la projection par un conférencier-bonimenteur[29] ou par les connaissances antérieures du spectateur[30].

Par rapport à la question de la linéarité du montage ultérieur, le tableau vivant possède une énergie centripète. La composition de l'image, symétrique et centrée sur un cadre, accentue le caractère centripète de l'attraction. D'ailleurs, le dispositif de présentation du tableau vivant, utilisé dans *Le Portrait mystérieux* ou *La Valise de Barnum*, rappelle par sa centralité un autre type d'« écran » (on le nommait ainsi) qui servait encore de cache-feu, au début du XXe siècle, et dont le centre pouvait recevoir une vignette (une reproduction de peinture, une imagerie sentimentale, une vue enluminée, des jeux de cartes[31]). Outre que ces films situent ainsi l'affiche ou la carte entre la sphère privée et le domaine public, l'intimité et le spectacle, ils prolongent une série culturelle qui avait toujours du succès dans les intérieurs bourgeois au sein desquels les regards pouvaient se porter vers les images proposées par le cache-feu. Le tableau vivant s'intégre aussi dans la série culturelle des effigies qui prennent corps[32], dans celle de la statue qui s'anime[33] ou dans celle du transformisme[34].

Cependant, cette puissance centripète livre une profondeur nouvelle à la planéité, par le jeu de la profondeur de l'image auquel nous convie

---

29   Gaudreault André, « Le retour du [bonimenteur] refoulé… », *Iris*, n° 22 : « Le bonimenteur de vues animées », 1997, p. 17-28 ; Lacasse Germain, *Le Bonimenteur de vues animées*, Québec-Paris, Nota Bene-Méridiens Klincksieck, 2000.

30   Comme c'est le cas, par exemple, avec l'histoire biblique, en particulier celle du Nouveau Testament, supposée connue du spectateur des *passions*, genre à l'origine du cinéma pluriponctuel, dès 1897.

31   Grand-Carteret John, *Vieux papiers, vieilles images, cartons d'un collectionneur*, Paris, [s.e.], 1896, p. 288-289.

32   Dans *L'Auberge du bon repos* (Méliès, 1903), une petite trappe s'ouvre dans un portrait peint, qui permet à un acteur de souffler une bougie. Le montage substitue à la figure un personnage réel qui prend ensuite une pause figée pour être remplacé par la peinture. Le gag est recommencé avec un porte-manteau qui se métamorphose en homme avant de redevenir l'objet initial.

33   Dans *La Statue animée* (Méliès, 1903), le tableau vivant est particulièrement long. On trouve déjà des traces de ce paradigme au début des années 1830, avec Pixerécourt, auteur de mélodrames et de féeries. Voir Patrick Désile, « Un long voyage à travers l'impossible. Les trucs dans le théâtre du XIXe siècle et dans l'œuvre de Georges Méliès », *in Méliès, carrefour des attractions*, sous la direction d'A. Gaudreault et L. Le Forestier, Rennes, Presses Universitaires de Rennes, 2014, p. 107-116, ici p. 109.

34   Dans *Le Roi du maquillage* (Méliès, 1904), le dessinateur change de visage peu à peu, à six reprises, en prenant toujours la pause, tel un tableau vivant, sur lequel se fond son image changée.

La Valise de Barnum. En effet, à travers et derrière un cadre (qui participe à créer le trompe-l'œil d'un pseudo affichage), des acteurs semblent surgir des affiches. En accord avec les distinctions posées par Husserl[35], trois strates sont à l'œuvre. Les éphémères s'appréhendent alors comme *Bildding* (l'affiche dans sa matérialité), comme *Bildobjekt* (ce qui apparaît peint ou imprimé) et comme *Bildsujet* (le sujet de l'image, qui semble prendre chair depuis le papier). Le tableau vivant que nous voyons naître combine ces éléments : son immobilité vivante, en incarnant le *sujet-image*, est à la fois la trace de la *chose-image* liminaire et de l'*objet-image* imprimé sur l'affiche.

Puis, autour des années 1910, les plans sont peu à peu perçus comme des images qui se continuent les unes les autres, dans une polarisation « centrifuge[36] » qui contribue à agencer le récit. Dès lors, deux phénomènes opèrent. Certes, on recense de nombreuses « tentatives d'annulation de l'autonomie des plans[37] ». Mais le tableau vivant peut sembler réaffirmer leur autonomie[38]. Ainsi, cette modalité établit une tension nouvelle.

Cette tension est sensible lorsque le tableau vivant évoque l'effet du « *Film to life* » (un protagoniste sort d'un écran et rejoint la diégèse). Dans *Les Affiches en goguette* (Méliès, 1906), celles-ci laissent place à des personnages qui s'animent successivemment. En une évocation sage de la dimension licencieuse du tableau vivant, un homme fait la cour à la jeune fille d'une affiche, qui le repousse, aidée par les protagonistes des autres affiches. Les tableaux vivants émergent seulement lors de leur première apparition. En effet, lorsque la femme séduisante prend son mouvement, les autres demeurent d'abord immobiles en formant un cadre autour d'elle. *Les Affiches en goguette* fait ainsi retrouver quatre axes[39] du tableau vivant : *reproduire* (la reproduction intermédiale des tableaux

---

35   Husserl Edmund, *Phantasia, conscience d'image, souvenir*, éd. citée, p. 63-64 et p. 71-73.

36   Suivant l'autre binôme de la dichotomie proposée par André Bazin, « Peinture et cinéma », *in Qu'esct-ce que le cinéma, op. cit.*, p. 128 et discutée dans la note 5.

37   Gaudreault André, *Du littéraire au filmique. Système du récit*, Paris, Armand Colin, 1999, p. 53.

38   Robert Valentine, « Quand le film raconte l'image. Variations cinématographiques autour de *La Cène* de Léonard de Vinci », *Cahiers de Narratologie*, n° 16 : « Images et récits : les limites du récit », 2009. http://journals.openedition.org/narratologie/956 ; DOI : https://doi.org/10.4000/narratologie.956.

39   Valentine Robert, *L'Origine picturale du cinéma. Le tableau vivant, une esthétique du film des premiers temps*, thèse dirigée par François Albera, soutenue en 2016 ; « Le tableau vivant ou l'origine de l'"art"cinématographique », *in Le Tableau vivant ou l'image performée, op. cit.*, p. 263-282.

vivants en fait des exercices de style, qui expérimentent des moyens de l'image filmique); *réincarner* (la mise en chair du pictural interroge le statut de ces images qui semblent plus originales que l'original); *réanimer* (le cinéma met en mouvement l'imprimé, en expérimentant le spectre de la temporalité cinématographique); enfin *recadrer* (le tableau vivant cristallise une image filmique tabulaire, offrant une résistance au montage linéaire). *Les Affiches en goguette* se situe dans un entre-deux. D'un côté, la logique centripète est flagrante (le film se ramène au décor initial). D'un autre côté, la perspective centrifuge est embryonnaire (les affiches accouchent de personnages qui prennent la fuite). Dans ce contexte centripète, le tableau vivant sert donc une logique quelque peu centrifuge. Le mouvement s'inversera : dans les films contemporains, où domine la logique centrifuge, le motif du tableau vivant est actualisé pour briser la linéarité narrative du montage et souligner la puissance centripète de l'image.

Par conséquent, les tableaux vivants dans les films, en suggérant qu'une affiche ou une carte ressemble à une image mobile, assument une double fonction et une double fiction. D'une part, ils deviennent « signifiants » du cinéma des premiers temps selon une relation du type indiciaire (le tableau vivant les rend mobiles parce que la technique du cinéma induit cette mobilité par le filmage image par image). D'autre part, devenue tableau vivant, l'affiche ou la carte paraît « ressemblante » avec le film selon une modalité qui fait de la ressemblance une qualité interne au matériau de l'éphémère (qualité secrète, discrète, mais que le cinématographe *révèle*, dans tous les sens du terme). L'affiche ou la carte, quoique rigide, semble être potentiellement une image mobile *et* vivante. Le tableau vivant traduit le fait que l'éphémère au cinéma peut exprimer une « immobilité vive[40] ».

De fait, les personnages tirent leur chair de l'affiche ou de la carte, comme après y avoir été épinglés tels des insectes qui renaissent de leur appât. À la suite de cette mise en mouvement, l'affiche et la carte apparaissent rétrospectivement comme une liminaire pose plastique : une sorte de tableau vivant de papier près de prendre corps. Cette pratique spécifique, qui fait de l'affiche ou de la carte une *potentia* du tableau vivant (et inversement), induit une *présentation* et une *représentation* de

---

40 Barthes Roland, *La Chambre claire. Note sur la photographie*, Paris, Cahiers du Cinéma / Gallimard / Seuil, 1980, p. 81.

l'acte d'image, plutôt qu'une simple représentation de quelque réalité. Cette *potentia* rappelle le « tiers pictural[41] » qui éclaire la façon dont, chez le spectateur, se manifeste l'image mobile suggérée par une première image figée, en même temps que ce phénomène s'appréhende en termes d'avènement et d'affect : l'image est ici un évènement d'expression et de réception. La dynamique du tiers pictural est

> mouvement, énergie qui entraine une perturbation, un surplus de sens et d'affect, une rêverie qui danse entre les deux. Ni l'un ni l'autre, il est l'un et l'autre en tours et retours de l'image. Il s'agit vraiment d'une modalité qui est de l'ordre du vivant, du mouvement, du désir, de l'expérience ressentie, de l'événement au sens de ce qui advient : une opération aussi, une performance[42].

Dès *Les Affiches en goguette*, les tableaux vivants apparaissent donc comme un art de la gestation puisque leur durée se situe entre cinq, dix, quinze ou vingt secondes : ce sont là autant de « pouvoirs de l'image entre les possibilités de son apparition et les effets de sa manifestation[43] ». Ainsi se joue la temporalité paradoxale du tableau vivant. Si ce dernier est un exercice d'immobilité, le tableau devient enfin « vivant » lorsqu'il insuffle une infime part de mouvement dans la pose – cette pause imparfaite du mouvement, qui constitue à la fois un enrayage et un embrayage temporels. Avec sa caméra à manivelle, Méliès pense ses vues animées en termes de suspens, d'arrêt et de continuité, de pose, de pause et d'élan, en mettant à profit l'interstice temporel qui sépare deux images, ce qui fait des tableaux vivants des images manipulables.

Se jouent ainsi deux corps de l'affiche ou des cartes. En effet, d'un côté, la mise en mouvement de leur contenu les fait disparaître en tant que telles. Mais, d'un autre côté, ces funérailles de l'image consacrent l'affiche ou la carte comme un moyen de faire naître à l'écran des personnages vivants. Certes, une *prise* d'image semble toujours signifier la mise à mort de la liberté du mouvement (une nouvelle projection d'un film y montre toujours les mêmes mouvements). Mais qu'une affiche ou une carte deviennent un tableau vivant rappelle la puissance de la mise en mouvement de l'image,

---

41   Nous examinons le tiers pictural comme un entre-deux vibrant entre le mobile et l'immobile des images. Nous ne nous situons donc pas entre le texte et l'image, mais nous reprenons à Louvel le caractère intermédial de la notion (Louvel Liliane, *Le Tiers pictural, op. cit.*).

42   *Ibid.*, p. 260.

43   Marin Louis, « L'être de l'image et son efficace », *in Des pouvoirs de l'image, op. cit.*, p. 18.

telle la fiction ludique de quelque souveraineté *post mortem*. La présentation à l'écran de l'affiche ou de la carte, qui mue en tableau vivant, ressortit à un interrègne cérémoniel de l'image : elle constitue la période qui précéde le couronnement de l'image comme *emprise* du mobile jusque dans l'immobile. Un tel usage de l'affiche ou de la carte semble rappeler que l'image – comme l'*imago* autrefois – joue un rôle métonymique en étant considérée comme une partie du corps vivant[44]. Ainsi, l'image mise en mouvement par le tableau vivant signale la spécificité que le cinématographe entend revendiquer. Cet usage du tableau vivant célèbre les puissances de la technologie à capter le mouvement ou son arrêt, et la fidélité de leur restitution dans les scènes à trucs, bien au-delà de la question du scénario[45]. Le film apparaît comme un feuilleté d'images, qui joue avec les niveaux fictionnels, en exploitant la réserve en puissance en toute œuvre, à travers les transformations, substitutions et successions qui s'incarnent dans le tableau vivant érigé en motif (puisque ce dernier n'est pas le sujet, « c'est ce qui *meut* le tableau[46] »). Ainsi, le mouvement et le déploiement en profondeur sont pressentis par le spectateur comme l'« *horizon interne*[47] » de l'affiche ou de la carte au cinéma, au point que la structure d'horizon de toute surface plane y apparaît comme un élan possible hors de celle-ci.

La naissance de tableaux vivants à partir d'éphémères imprimés est d'abord liée à la double qualité qui leur est attribuée : le cinéma trouve dans les uns et les autres une aura artistique *et* populaire (on croise le tableau vivant au cirque ou dans les fêtes foraines). Outre leurs potentialités descriptives ou narratives, les tableaux vivants donnent une puissance figurale au cinéma d'attraction. Le tableau vivant peut ainsi être considéré comme un « dispositif du spectaculaire » (car « ce sont les attractions filmées qui doivent attirer le public[48] ») et comme

---

44 Dupont Florence, « L'autre corps de l'empereur-dieu », *in Corps des dieux*, sous la direction de C. Malamoud et J.-P. Vernant, Paris, Gallimard, 1986, p. 240-241.

45 « Quant au scénario, à la "fable", au "conte", je m'en occupais en dernier. Je puis affirmer que le scénario ainsi fait n'avait *aucune importance*, puisque je n'avais pour but que de l'utiliser comme "prétexte" à "mise en scène", à "trucs", ou à tableaux d'un joli effet » (Méliès Georges, « Importance du scénario » [1932], cité par Sadoul Georges, *Georges Méliès*, Paris, Seghers, 1961 p. 118).

46 Escoubas Éliane, *Imago Mundi. Topologie de l'art*, Paris, Galilée, 1986, p. 164.

47 Husserl Edmund, *Expérience et Jugement*, Paris, Puf, 1970, p. 40.

48 Kessler Frank, « La cinématographie comme dispositif (du) spectaculaire », *Cinémas*, 14 (1), automne 2003, p. 21-34, ici p. 31.

un dispositif spectaculaire (puisque « c'est la capacité de la machine de prendre et de reproduire du mouvement qui prédomine[49] »). La fête du regard que constitue le tableau vivant devient ainsi une cérémonie ludique à travers laquelle on aime admirer la qualité de l'imitation et ce, d'autant plus que le passage de l'imprimé au tableau vivant (et vice-versa) est un *truc* dont il possède deux caractèristiques : il est instantané et partiellement indéchiffrable[50]. Certes, il s'agit de réduire la visualité de la technique en insistant sur l'effet, pour créer le sentiment d'un « effet sans cause », base de « l'effet spécial[51] ». Mais coller ensemble deux formes semblables[52] ne va pas sans duplicité entre ce que le spectateur voit et ce qu'il sait, entre le truqué et le non-truqué. Dans le trucage, quelque chose est caché (le spectateur est étonné) et quelque chose s'affiche (les pouvoirs du cinéma sont crédités de cette surprise des sens)[53].

Le tableau vivant est alors un jeu avec la nature de l'image ciné-matographique qui est à la fois reproductible et éphémère, une figure figurée et une figure en acte : une *figure figurante*. Cette interaction entre le mouvement et le statique souligne la circulation du temps puisque le truc à arrêt (pour les substitutions, en particulier) demande géné-ralement l'immobilisation temporaire des acteurs. Le tableau vivant rappelle que les acteurs sont soumis aux interruptions de la prise de vues. Réciproquement, la caméra s'affranchit du déroulement temporel

---

49 *Ibid.*, p. 21.
50 « Le mot [truc] semble seulement donner l'idée d'un procédé mécanique par lequel on opère, au théâtre, l'apparition, la disparition, la modification ou la transformation d'un individu ou d'un objet quelconque, sans que le spectateur, surpris par la rapidité de l'opération, puisse se rendre compte des moyens employés pour l'obtenir » (Pougin Arthur, *Dictionnaire historique et pittoresque du théâtre et des arts qui s'y rattachent*, Paris, Firmin-Didot, 1885, p. 748).
51 Hamus-Vallée Réjane, *Les Effets spéciaux*, Paris, Cahiers du cinéma / CNDP, « Les petits cahiers », 2004.
52 Le *morphing*, à partir des années 1990, transformera une forme en une autre, si elles sont déjà proches l'une de l'autre. Voir Réjane Hamus-Vallée, « Le *morphing* », *in Cinéma et dernières technologies*, sous la direction de F. Beau, P. Dubois et G. Leblanc, Bruxelles/Paris, de Boeck / INA, « Arts et cinéma », 1998, p. 207-223.
53 « Rien n'est plus éloigné de Méliès que ce trucage diégétisé qu'Hollywood mettra en œuvre par la suite ». Jost François, « Le rêve de Méliès », *in Georges Méliès, l'illusionniste fin de siècle ?*, sous la direction de J. Malthête et M. Marie, Paris, Colloque de Cerisy / Presses de la Sorbonne Nouvelle, 1997, p. 249. Voir aussi Christian Metz, « Trucage et cinéma », *in Essais sur la signification au cinéma*, t. II, Paris, Klincksieck, 1972, p. 181 ; Tom Gunning, « Attractions, truquages et photogénie : l'explosion du présent dans les films à truc fran-çais produits entre 1896 et 1907 », *in Les vingt premières années du cinéma français*, sous la direction de J.-A. Gili, M. Lagny, M. Marie et V. Pinel, Paris, Association française de recherche sur l'histoire du cinéma / Presses de la Sorbonne Nouvelle, 1996, p. 185.

continu de la scène tournée. Les films s'ouvrent ainsi à une poétique ambivalente. Les affiches ou les cartes, en effet, en ce qu'elles autorisent une mise en branle d'un tableau qui prend vie, n'apparaissent pas dans les films comme de simples surfaces. En incarnant des effets de montage (par un arrêt de caméra avec aboutage ou par un fondu enchaîné), qui introduisent des impressions de volume, cette morphologie iconique de la contiguïté déploie une spectacularité nouvelle.

Cette spectacularité est peut-être une façon de compenser une perte : d'une part, le manque de sensibilité de la pellicule oblige à éclairer en plein jour, ce qui empêche le subtil jeu d'éclairage théâtral d'un tableau vivant ; d'autre part, en passant par la pellicule, le tableau vivant change de cadre[54] ; enfin, les prises de vues aplatissent en deux dimensions la réalité tridimensionnelle (or, le passage de l'imprimé à la chair donne l'impression d'amoindrir cet effet).

Ainsi, au-delà du « fregolisme méliésien[55] », le tableau vivant ressortit à une image relationnelle et ce, dans un sens multiple. Certes, il est un point de passage entre les arts[56], entre le mobile et l'immobile, entre le plan et le profond. Le cinématographe, en mettant en jeu la carte, l'affiche et le tableau vivant, assure ainsi une efficace intermédialité référentielle[57]. Mais cette dialectique, qui résulte de l'association du film et de l'éphémère imprimé, n'est pas sans rappeler aussi la « masse vivante » que Mauss évoquait à propos de la magie[58]. Aborder le tableau vivant

---

54   Ainsi, « le format du cadre théâtral du Robert-Houdin est plus ou moins de 1.83:1, proportion qu'on pouvait modifier avec le manteau d'Arlequin. Le ratio Edison de la pellicule du *Voyage dans la Lune* (1902) est de 1.33:1, soit un cadre plus carré » (Sirois-Trahan Jean-Pierre, « La scène réfractée au travers de la lentille de Georges Méliès », *in Méliès, carrefour des attractions, op. cit.*, p. 189-199, ici p. 194).

55   Tabet Frédéric, *Le Cinématographe des magiciens : 1896-1906, un cycle magique*, Rennes, Presses Universitaires de Rennes, 2018, p. 236-243.

56   Y compris avec le théâtre puisque, dans la ligne des préceptes de Diderot, des pièces faisaient autrefois culminer leur action par l'immobilisation des acteurs dans la disposition exacte de célèbres tableaux peints.

57   « Toute nouvelle technique, avant de devenir média à part entière, doit faire ses preuves de capacité – elle doit se montrer compatible avec les médias existants, c'est-à-dire capable de citer dans leur intégralité les textes véhiculés par d'autres médias, ceux-là mêmes qu'elle cherche à remplacer » (Altman Rick, « Technologie et textualité de l'intermédialité », *Sociétés & Représentations*, n° 9, avril 2000, p. 18).

58   « La magie est une masse vivante, informe, inorganique, dont les parties composantes n'ont ni place, ni fonction fixes. On les voit même se confondre » (Mauss Marcel, Hubert Henri, « Esquisse d'une théorie de la magie » [1902-1903], *in* Marcel Mauss, *Sociologie et anthropologie*, Paris, Puf, 1950, p. 81).

qui s'extrait de sa gangue immobile est « un événement magique[59] » qui permet donc de mieux saisir les mutations du régime scopique et de contribuer à construire une histoire du regard, qui insiste, d'une part, sur la pérennité du paradigme de la chambre noire au XIXe siècle et, d'autre part, sur la part hallucinatoire[60] qui définit aussi le *Trick film*[61] et la réalité filmique caractérisée par une « écriture magique[62] ».

Sylvain LOUET

---

59 En effet, « l'arrêt de caméra des vues animées méliésiennes provoque une sorte de mouve-ment, mais un mouvement d'un niveau supérieur, un événement magique (substitution, apparition ou disparition), au lieu d'un mouvement qui devait n'être que "prosaïque" » (Caroline Chik, « Méliès, photographie et arrêt de caméra », *in Méliès, carrefour des attrac-tions, op. cit.*, p. 236).

60 Milner Max, *La Fantasmagorie. Essai sur l'optique fantastique*, Paris, Puf, 1982 ; *Les Arts de l'hallucination. Littérature, arts visuels et pré-cinéma au XIXe siècle*, sous la direction de D. Pesenti Campagnoni et P. Tortonese Paris, Presses de la Sorbonne Nouvelle, 2001.

61 Solomon Matthew, « Up-to-Date Magic : Theatrical Conjuring and the Trick Film », *Theatre Journal*, vol. 58, n° 4, décembre 2006, p. 595-615.

62 Tabet Frédéric, « Méliès et les artistes magiciens, éléments de lecture d'une écriture magique virtuose », *in Méliès, carrefour des attractions, op. cit.*, p. 87-95.

LE PEUPLE COMME TABLEAU VIVANT

Il Quarto Stato/Novecento

Les critiques de cinéma parlent volontiers de « fresques » pour qualifier des films historiques ambitieux, d'une durée souvent conséquente, qui tentent par la fiction d'embrasser une période de temps très longue. L'expression est assurément distinctive ; il s'agit de louer tout à la fois la grandeur et la folie de ces auteurs, nécessairement peu nombreux, pour qui l'histoire ne saurait être abordée que dans la démesure. L'imaginaire pictural vient alors nourrir cette entreprise de distinction, car la fresque n'est pas n'importe quelle image peinte, mais celle qui vient orner les murs les plus vastes ou les réalisations architecturales les plus audacieuses.

Novecento (1976) de Bernardo Bertolucci appartient assurément à cette catégorie. Pendant près de 5h20, le film retrace le destin social et politique de l'Italie sur près de cinquante ans, de la modernisation du travail agricole au début du XXᵉ siècle à la fin de la Seconde Guerre mondiale. Bien que situé dans une région précise (l'Émilie-Romagne) et centré sur un petit nombre de personnages principaux, le récit de *Novecento* se veut emblématique des troubles qui agitent l'Italie dans la première moitié du XXᵉ siècle. Il était donc inévitable que le film devienne une « fresque » – tant pour les critiques italiens que français ou anglophones.

Or justement, *Novecento* ne fait pas mystère de son inspiration picturale. Plutôt qu'une fresque, c'est un tableau qui sert de support à l'affiche du film et au générique d'ouverture : *Il Quarto Stato* (*Le Quart-État*, 1901) de Giuseppe Pellizza da Volpedo. Œuvre emblématique du socialisme humaniste italien, le tableau s'inscrit aisément dans l'idéologie défendue par le film. Mais certains éléments peuvent nous inviter à y chercher une filiation d'ordre esthétique. Ainsi, la photographie de *Novecento* (que l'on doit à Vittorio Storaro) se distingue par sa clarté opalescente, et par une colorimétrie centrée sur des tons allant de l'ocre au gris verdâtre, qui ne sont pas sans rappeler le travail pointilliste de Pellizza. Jusque dans la

teinte de l'image – dont on sait qu'il s'agit d'un élément crucial dans
un film historique –, le film de Bertolucci semble chercher à redonner
vie aux prolétaires du *Quart-État*.

Notons également que l'apparition du tableau ne se fait pas à proprement parler dans le film, mais dans ses marges : le générique, lieu
par excellence du *paratexte* filmique. L'image se tient sur le seuil de la
fiction, ni dedans ni dehors. Elle *passe* dans le film plutôt qu'elle ne
s'y situe. Le générique se clôt sur une dédicace en italien (alors que le
film est tourné en anglais), adressée par l'auteur aux citoyens d'Émilie
pour leur « contribution inestimable » à la réussite du film. D'emblée,
Bertolucci profite donc de ce moment liminaire pour s'adresser aux anonymes, dont il salue l'importance tandis qu'à l'écran la toile de Pellizza
redouble leur présence sensible. On peut légitimement supposer que ces
deux éléments concourent à formuler le programme esthétique et politique de *Novecento* : *donner forme* au peuple tel qu'il prend naissance dans
l'imaginaire du début du XXe siècle, par l'intermédiaire de la peinture.

S'appuyant sur le travail de Julia Kristeva, Luc Vancheri rappelle que
toute relation d'intertextualité entre cinéma et peinture peut être appréhendée de deux manières : selon une logique de l'imitation, ou selon une
« économie de la survivance[1] ». Le terme choisi indique que ce qui passe
de la toile dans le film, ce ne sont pas seulement des formes ou des motifs,
mais des *forces*, des problèmes figuratifs et politiques. Il s'agirait donc
moins dans *Novecento* de reproduire les figures peintes par Pellizza que de
les faire revivre, ou de montrer que leur force vitale ne s'est jamais tarie.
Si le film est un « tableau vivant », ce sera au double sens de ce dernier
terme : un tableau animé, et un tableau manifestant sa profonde *actualité*.

L'exploration des liens qui se tissent entre *Novecento* et *Il Quarto Stato*
me conduira à interroger la notion même de « tableau vivant ». En effet,
le tableau de Pellizza se présente comme un cas limite : « les traits des
protagonistes sont à peine esquissés, comme si leur propre caractère
émergeait à peine de l'indistincté de la foule », au point que les adver-
saires de Pellizza y verront parfois un « troupeau » plutôt qu'un collectif
en lutte pour ses droits[2]. Aucun personnage, aucune figure historique

---

1   Vancheri Luc, *Cinéma et peinture. Passages, partages, présences*, Paris, Armand Colin, 2007,
     p. 26-27.
2   Lussana Fiamma, « Famiglia rurale e "Sistema integrato". Un modello di umanesimo
     sociale (1880-1910) », *Studi Storici*, vol. 43, n° 1, 2002, p. 267.

ou mythologique n'impose sa préséance ; même les deux hommes et la femme situés au premier plan ne parviennent pas à éclipser la foule en tant que réel « sujet » du tableau. *Il Quarto Stato* ne se prête pas aisément à l'exercice du tableau vivant, souvent conditionné par la présence d'un référent emblématique que le film pourrait s'employer à imiter. Si l'analyse se préoccupera volontiers de traquer les signes de la présence du tableau dans le film, elle devra donc également se résoudre à envisager une filiation plus théorique entre les deux œuvres. Au fond, ce n'est peut-être pas tant au tableau de Pellizza qu'il s'agit pour Bertolucci de « donner vie », mais au peuple lui-même, en tant que figure indissociablement esthétique et politique.

L'IMAGINAIRE DU SIÈCLE

Que cherche Bertolucci dans *Il Quarto Stato* ? La réponse à cette question est moins évidente qu'il n'y paraît si l'on se souvient qu'un tableau n'est jamais seulement une œuvre d'art, mais aussi un fait social et culturel. L'image d'origine se présente à l'écran accompagnée des discours, interprétations, reprises qui s'y sont greffés *a posteriori*.

Quoiqu'encore peu connu à l'international avant la sortie de *Novecento*, *Il Quarto Stato* n'a pas attendu 1976 pour se frayer un chemin dans la culture italienne. On y trouve déjà des références implicites dans des œuvres antérieures, comme le film *Caccia tragica* (*Chasse tragique*, Giuseppe De Santis, 1947), qui en reprend la composition pour figurer l'unité du peuple face au défi de la reconstruction italienne à la chute du régime fasciste[3], ou le tableau *Occupazione delle terre incolte in Sicilia* (*Occupation des terres non cultivées en Sicile*, Renato Guttuso, 1949), qui « semble annoncer l'émergence de la classe paysanne en tant qu'acteur déterminant du récit national[4] ». Toujours dans l'après-guerre, la référence nourrit aussi des productions extérieures au champ de l'art, comme cette publicité

---

3   Pucci Lara, « "Terra Italia" : The Peasant Subject as Site of National and Socialist Identities in the Work of Renato Guttuso and Giuseppe De Santis », *Journal of the Warburg and Courtauld Institutes*, n° 71, 2008, p. 321-322.
4   *Ibid.*, p. 333. Sauf mention contraire, c'est moi qui traduis.

pour le lancement de la Fiat 500 représentant une famille satisfaite de son achat devant une foule indistincte de travailleurs automobiles[5]. Ce retournement consumériste d'une icône communiste témoigne paradoxalement du succès de l'iconographie populaire inventée par Pellizza. Au fond, il est indifférent de savoir si ces exemples se réfèrent explicitement à *Il Quarto Stato*. Il est certain que ce n'est pas le tableau lui-même qui informe ces images, mais la « structure symbolique » sur laquelle il repose, et qui s'avère « capable de représenter, au sein de traditions politiques opposées, le "corps politique" dans son ensemble[6] ».

Le succès de *Novecento* et la redécouverte du tableau qui en découle confirment cette hypothèse. *Il Quarto Stato* se retrouve alors à nourrir les projets politiques les plus divers. Trois ans après la sortie du film, le Parti Socialiste italien s'inspire de la figure féminine peinte par Pellizza pour des publications militantes et des affiches destinées à promouvoir une politique d'émancipation des femmes[7]. Mais pendant les élections législatives de 2001, un nouveau renversement s'opère : c'est désormais le parti Forza Italia, mené par Silvio Berlusconi, qui s'inspire de Pellizza dans ses supports de communication. La jeune mère de *Il Quarto Stato*, active et dynamique, devient un symbole de la « bonne » femme italienne, docile et dévouée à ses enfants[8]. Plus récemment, l'affiche de *Tutta la vita davanti* (*Toute la vie devant soi*, Paolo Virzì, 2008) en a également offert une version plus neutre, dans laquelle la référence ne porte pas de signification politique nettement identifiable.

Pour retrouver la charge révolutionnaire du tableau, il semble nécessaire de revenir au tableau lui-même. C'est ce qui nous est proposé dans *Novecento*. Face aux reprises et réinterprétations qui jalonnent l'histoire de l'œuvre, Bertolucci fait le choix de commencer par l'image d'origine, comme s'il cherchait à freiner la prolifération des signifiants secondaires. Sa propre lecture ne viendra qu'ensuite, dans un rapport de filiation inévitable. Le tableau est premier, littéralement – dans l'ordre historique, mais

---

5   Scrivano Paolo, « Signs of Americanization in Italian Domestic Life : Italy's Postwar Conversion to Consumerism », *Journal of Contemporary History*, vol. 40, n° 2, 2005, p. 338-339.

6   Nani Michele, Ellena Liliana et Scavino Marco, *Il « Quarto Stato » di Pellizza da Volpedo tra cultura e politica. Un'immagine e la sua fortuna*, Turin, Angolo Manzoni, 2002, p. 78.

7   *Ibid.*, p. 79.

8   Cheles Luciano, « L'image au pouvoir. Les portraits de Berlusconi », *Vingtième Siècle. Revue d'histoire*, n° 80, 2003, p. 119.

aussi dans l'ordre diégétique, puisqu'il occupe la totalité du générique d'ouverture. On peut voir dans ce choix une tentative pour endiguer les lectures déformantes, et retrouver le lien originel unissant les *formes* picturales aux *forces* politiques défendues par le peintre.

Le générique produit immédiatement une association sémantique entre une image, celle des prolétaires du *Quart-État*, et un titre, *Novecento*. Il convient alors de se souvenir que le titre choisi par le distributeur français, *1900*, est très éloigné de la version originale, qui se traduirait littéralement par « vingtième siècle ». C'est bien ce dernier qui est l'objet du film, bien qu'il ne soit question que de sa première moitié. Dès le générique, Bertolucci institue le tableau comme lieu de conservation de l'esprit de tout un siècle, et de l'imaginaire politique qui lui est associé – un imaginaire qui englobe à la fois la constitution du prolétariat en tant que classe, l'essor du syndicalisme ouvrier et l'unité dans la lutte antifasciste.

Vingt ans après *Novecento*, c'est encore *Il Quarto Stato* qui se trouvera reproduit en couverture de l'étude classique de Donald Sassoon, *One Hundred Years of Socialism*, dont l'ambition sera justement de faire le bilan du XXᵉ siècle du point de vue des mouvements ouvriers européens[9]. S'y trouve confirmée l'hypothèse d'une solidarité originelle entre le passage au XXᵉ siècle et la sédimentation du peuple en tant qu'idée politique. Le philologue italien Carlo Ossola l'a élégamment résumé :

> Aucune idée, aucune vision historique, aucun mot collectif n'a travaillé à fond et séduit le XXᵉ siècle en Europe plus que celui de *peuple* : espoir et avatar, lieu d'énergie et de futur ou bien réceptacle de bêtise et de malheur, drapeau et revenant, *semen salutis* ou *massa perditionis*, ce mot de *peuple* a interrogé les historiens, les hommes politiques, les prêtres de toute religion, les artistes, les médias[10].

L'association avec Pellizza n'avait pourtant rien d'évident *a priori*, puisque si le tableau est bel et bien achevé en 1901, son titre définitif renvoie à un imaginaire historique plus ancien. Il évoque le Tiers-État de la Révolution française, cette fraction de la population qui est à la fois « tout » et « rien[11] », auquel on aurait ajouté une quatrième division

9   Sassoon Donald, *One Hundred Years of Socialism : The West European Left in the Twentieth Century*, Londres, Tauris, 1996.
10 Ossola Carlo, *L'Avenir de nos origines. Le Copiste et le Prophète*, trad. Nadine Le Lirzin, Grenoble, Éditions Jérôme Millon, 2004, p. 259.
11 Sieyès Emmanuel-Joseph, *Qu'est-ce que le Tiers-État ?*, texte de la 3ᵉ édition (orthographe modernisée), Paris, Éditions du Boucher, 2002 [1789], p. 1.

subalterne : le *Lumpenproletariat* de Marx et Engels, qu'à la même période on traduit tantôt par la « canaille », comme dans l'édition française de 1901 du *Manifeste communiste*[12], tantôt littéralement, comme Jaurès, par le « prolétariat en haillons[13] ». L'expression même de « Quart-État » désigne une classe dont l'émergence est le résultat d'un processus historique long et complexe, qui va des États généraux de 1789 (où l'on voit déjà apparaître un « quart-état[14] ») aux grandes grèves ouvrières qui secouent l'Europe de la fin du XIXᵉ siècle. Les prolétaires de Pellizza sont donc à la fois héritiers du XIXᵉ siècle et porteurs d'une puissance d'agir qui conditionne la naissance du XXᵉ siècle. Le réemploi du tableau par Bertolucci donne raison au peintre sur ce second point. Et l'association d'*Il Quarto Stato* avec l'imaginaire du XXᵉ siècle a fait date, puisque le tableau est aujourd'hui exposé au Museo del Novecento de Milan, ouvert en 2010.

Le XXᵉ siècle, dans *Novecento*, a une date de naissance précise : non pas le 1ᵉʳ janvier, comme on pourrait l'attendre, mais le 27. Il s'agit en fait du jour de la mort de Giuseppe Verdi, comme l'annonce au début du film un personnage nommé Rigoletto – ce qui nous permet d'identifier la date exacte, là où le film indique simplement « molti anni prima » (« bien des années plus tôt »). La référence revient fréquemment chez Bertolucci : *Prima della Rivoluzione* (*Avant la révolution*, 1964) se refermait déjà sur une représentation de *Macbeth* au Teatro Regio de Parme, tandis que l'intrigue de *Strategia del ragno* (*La Stratégie de l'araignée*, 1970) tournait autour d'une représentation de *Rigoletto*. Si Bertolucci est si attaché à ce compositeur, c'est pour la position ambiguë qu'il occupe dans la culture populaire italienne : « Verdi, qui à la fin du XIXᵉ siècle représentait l'esprit de la révolution, incarne aujourd'hui l'esprit de la bourgeoisie[15] », affirme-t-il dans un entretien en 1968. Le même *Macbeth* peut être lu comme un hymne à la liberté des peuples ou comme l'emblème du conformisme esthétique de la classe dominante, selon

---

12 Marx Karl et Engels Friedrich, *Le Manifeste communiste*, trad. Charles Andler, Paris, Société nouvelle de librairie et d'édition, 1901 [1848], p. 38.

13 Jaurès Jean, *Histoire socialiste : 1789-1900*, vol. I, Paris, Jules Rouff, 1901, p. 116.

14 Courvoisier Claude, « Le quart-état dans les cahiers de doléances », *in Démocratie et pauvreté. Du quatrième ordre au Quart Monde*, sous la direction de J.-Cl. Caillaux et L. Join-Lambert, Paris, Quart Monde / Albin Michel, 1991, p. 128-139.

15 Bertolucci Bernardo, *« Before the Revolution*, Parma, Poetry and Ideology »* [1968], *Interviews*, sous la direction de F. S. Gerard, T. J. Kline et B. H. Sklarew, Jackson, University Press of Mississippi, 2000, p. 36.

qu'il est donné à Florence à la veille des révolutions de 1848 (pour la première) ou joué dans ce « temple bourgeois grandiose et ridicule[16] » qu'est devenu l'Opéra de Parme dans les années 1960.

Le récit de *Novecento* se situe quelque part entre ces deux certitudes. C'est pourquoi il a besoin du tableau de Pellizza : ces figures prolétaires venues d'un siècle pour marcher sur le suivant imposent l'idée d'un changement d'ère. Elles replacent le scénario figuratif du film dans le cadre, plus vaste, d'un scénario politique.

EXALTER LA PUISSANCE SENSIBLE DES ANONYMES

Commençons par noter que, si *Il Quarto Stato* se présente explicitement à l'écran en tant que tableau, son titre et le nom de son auteur ne sont pas mentionnés. En dehors du savoir préalable du spectateur, rien ne permet de l'identifier clairement. À l'évidence de l'intertextualité s'ajoute donc un relatif effacement de la référence.

Ce n'est donc pas à un jeu de piste que nous sommes conviés, mais à une expérience sensible : il s'agira de contempler des visages, des postures, et dans un second temps seulement, de chercher à en identifier les incarnations. Pour l'instant, nous sommes face au tableau comme face à un égal : les 50 premières secondes nous placent en vis-à-vis du prolétaire central (dont les traits rappellent étrangement ceux de Verdi), saisi en gros plan, son regard tranquille plongé dans le nôtre. Puis, littéralement, le tableau prend vie une première fois, grâce à un long travelling arrière qui révèle progressivement les deux autres personnages centraux, puis la foule en arrière-plan.

On peut interpréter ce mouvement de deux manières différentes. Métaphoriquement, d'abord, comme une manière de passer du singulier (le visage) au collectif (la masse). Ce processus d'abstraction progressive nous rappelle que le travail de Pellizza était déjà passé par les mêmes étapes : les premières esquisses de ce qui deviendra *Il Quarto Stato*, peintes dix ans plus tôt, montrent un écart beaucoup plus prononcé entre les trois personnages centraux et la masse totalement indistincte qui s'avance

---

16 *Ibid.*

derrière eux (*Ambasciatori della fame*, Les Ambassadeurs de la faim, 1891-
1892). Le peintre réalise ensuite *La Fiumana* (1895-1897), titre dont la
traduction se trouverait quelque part à l'intersection du « fleuve » (*fiume*),
du « torrent » (*fiumana*) et de l'« humain » (*umana*). La puissance de la
foule en marche est alors rendue par une métaphore littéraire, dont on
trouve d'autres occurrences à la même période, notamment chez Zola ou
Verga[17]. La composition annonce l'œuvre finale, mais s'en distingue par
le halo de lumière qui entoure le groupe au premier plan. La différence
de traitement entre les deux groupes se poursuit dans les silhouettes
sans visage de *Il cammino dei lavoratori* (Le Chemin des travailleurs, 1898-
1899), avant de disparaître seulement dans la version définitive, lorsque
Pellizza abandonne l'imaginaire des puissances naturelles au profit d'une
dénomination sociologique et politique (*Il Quarto Stato*)[18]. Cette évolution
témoigne d'une croyance dans un progrès conjoint de l'esthétique et
de la politique, comme en témoigne une lettre envoyée par le peintre à
l'un de ses collaborateurs, où il affirme que « l'art de l'avenir sera celui
qui sera capable de montrer la bonté et la dignité de la foule[19] » : c'est
bien cette dernière qui donne l'horizon de son travail, et prend corps
au fil des ans en tant que sujet collectif. En reculant sa caméra pour
dévoiler progressivement le tableau complet, Bertolucci donne à voir
les étapes de la création même de l'œuvre – si ce n'est les étapes réelles
(nous ne voyons rien des travaux préparatoires), du moins les étapes du
raisonnement qui a permis d'aboutir à ce résultat.

    Le travelling peut également être lu comme la marque d'un style
qui tend vers la démesure, puisque la zone visible du tableau ne cesse
de s'agrandir durant tout le temps du générique, sans que l'on puisse
prévoir l'ampleur totale du mouvement. Là encore, l'esprit de Pellizza
n'est pas loin. Les étapes successives de l'œuvre témoignent en effet
des ambitions du peintre : des premières versions de *Ambasciatori della
fame*, dont la largeur n'excède pas une cinquantaine de centimètres,
aux tableaux monumentaux que sont *La Fiumana* et surtout *Il Quarto
Stato* (respectivement 255 x 438 et 283 x 550 cm), c'est une quête de
la grandeur du peuple qui trouve à s'incarner sur la toile. À l'heure où

---

17   Malvano Laura, « De "la fiumana dell'Umanità assetata di giustizia" à la foule consensuelle
    du fascisme : à propos de la représentation de la foule en peinture », *Laboratoire italien.
    Politique et société*, n° 4, 2003, p. 104-105.
18   Ossola Carlo, *L'Avenir de nos origines*, op. cit., p. 265.
19   Cité *in* Aurora Scotti, *Il quarto stato*, Milan, Mazzotta, 1976, p. 105.

d'autres théorisent l'irrationalité intrinsèque des comportements de groupe[20], Pellizza s'intéresse d'abord à la puissance sensible du peuple, qu'il cherche à exalter par des œuvres aux dimensions considérables. Ce goût pour la monumentalité est évidemment partagé par Bertolucci, auteur d'un film de 5h20 couvrant un demi-siècle d'histoire. Reste à savoir comment matérialiser cette masse monumentale sur un écran de cinéma, dont la taille est fixe et prédéfinie. Cette fonction est prise en charge par le travelling arrière, qui semble vouloir repousser toujours plus loin les limites du cadre, et permet à l'image de s'excéder elle-même.

UN PARTAGE INÉGAL DU DROIT À LA PICTURALITÉ

Novecento repose sur une structure duelle. Divisé en deux parties, le récit met en scène deux protagonistes masculins, Olmo (Gérard Depardieu) et Alfredo (Robert De Niro), que l'on suivra de l'enfance à l'âge adulte. Les deux hommes sont à la fois des figures contraires et des doubles l'un de l'autre : ils sont nés le même jour, grandissent ensemble, au même endroit, mais le premier est fils de paysan tandis que le second est le fils du patron. L'un des enjeux du film est de suivre l'évolution de leur relation au travers des luttes sociales et politiques (grèves, révoltes paysannes, opposition aux milices fascistes).

La critique a parfois pointé du doigt la structure du film, jugée simpliste et manichéenne[21]. Il est vrai que l'amitié rendue impossible par les conflits de classe peut sembler un thème banal. L'auteur, quant à lui, préfère évacuer la lecture dialectique au profit d'une lecture d'inspiration psychanalytique, où le paysan et le propriétaire seraient des doubles qui se protègent mutuellement de la mort[22]. Je noterai pour ma part que le conflit de classe n'est pas seulement une donnée narrative, mais se décline

---

20 Le Bon Gustave, *Psychologie des foules*, Paris, JDH, 2019 [1895].
21 Lenne Gérard, « *1900* », *Écran*, n° 51, octobre 1976, p. 51 ; Toubiana Serge, « Le ballon rouge », *Cahiers du cinéma*, n° 270, octobre 1976, p. 58-60 ; Tessier Max, « *1900* », *Écran*, n° 54, janvier 1977, p. 61.
22 « Si l'un des deux meurt, l'autre reste » (Bertolucci Bernardo et Sabbadini Andrea, « Psychoanalysis : The 11th Muse (A Conversation) », *Psychoanalytic Inquiry*, vol. 27, n° 4, 2007, p. 393).

également sur son versant esthétique et pictural. En effet, *Il Quarto Stato* n'est pas le seul tableau présent dans le film. On en compte des dizaines d'autres, parfois célèbres, comme cette reproduction de *La Naissance de Vénus* de Botticelli qui orne les murs de l'un des bâtiments du corps de ferme, parfois anonymes ou fictifs, comme cette toile d'un « jeune peintre allemand » que commentent longuement l'oncle d'Alfredo et sa future épouse Ada (Dominique Sanda). Les appartements des patrons sont couverts de toiles, au point qu'il ne serait pas pertinent de toutes les analyser ; leur omniprésence laisse entendre qu'elles sont avant tout des attributs de classe, signes du « bon goût » des occupants.

Il y a donc *deux régimes de présence* de la peinture dans *Novecento* : d'un côté, un envahissement intradiégétique, les lieux de fiction dévolus à la classe dominante se couvrant de références picturales plus ou moins explicites ; de l'autre, une reconduction aux marges du récit, dans le paratexte. La fracture sociale se double d'une fracture esthétique, qui partage inéquitablement le droit d'accès des individus à la sphère de l'art. Le partage ne se fait d'ailleurs pas sans violence. Ainsi, dès le prologue du film, un jeune garçon pointe un fusil sur Alfredo, mais son tir est finalement dévié et la balle touche le tableau accroché au-dessus de la tête du *padrone*. À défaut de détruire le maître, il est possible de détruire les images qui matérialisent dans l'ordre sensible sa domination.

Ce constat nous ramène à la question de ce que l'on appelle « tableau vivant » au cinéma. Si l'on entend par là un plan ou une série de plans modelés d'après la composition d'un tableau préexistant, force est d'admettre que la peinture se trouve alors dans une paradoxale relation de présence-absence par rapport au film. Indispensable à la formation des images et déterminante quant à leur forme accomplie, elle n'en est pas moins invisible en tant que telle. Du « tableau vivant », au fond, le tableau est nécessairement absent. On comprend alors pourquoi *Il Quarto Stato* se voit rejeté en marge du récit : s'il veut s'incarner ensuite dans le peuple filmé par Bertolucci, il doit impérativement se tenir à l'écart de l'univers diégétique. Son éviction en tant que tableau est la condition de son efficacité en tant que tableau vivant.

Le paradoxe est d'autant plus lisible qu'il se nourrit de l'opposition entre les deux états du pictural dans le filmique. Si le souvenir des prolétaires peints par Pellizza peut trouver à s'incarner dans les prolétaires filmés par Bertolucci, c'est parce que cette présence spectrale est leur seule porte d'entrée vers la sphère esthétique. À chaque esthétique sa politique : les uns vivent au contact des images de l'art dans la mesure où ils les *possèdent*, répétant en cela la pratique des bourgeois de Parme allant écouter les opéras de Verdi sans en saisir la portée révolutionnaire ; les autres, privés de ce rapport à la possession, ne peuvent que *revivre* ce qui a été peint par d'autres. C'est là la clé d'un rapport au passé qui prend corps dans des manières de faire et des manières d'être plutôt que dans des noms et des objets. La discontinuité entre le référent et sa réactualisation, présente dans toute relation d'intertextualité, est alors fortement atténuée. Bertolucci l'a bien compris : si le peuple cinématographique doit être pensé à l'aune de la peinture, il ne peut l'être que sous la forme d'un tableau vivant, seul dispositif capable de tisser entre les deux images un lien de profonde continuité historique et esthétique.

À LA RECHERCHE DES GESTES

Reste à comprendre en détails comment s'opère le passage de la toile à sa version « vivante ». Il ne suffit pas d'affirmer que c'est le même peuple qui est convoqué dans les deux œuvres pour sa puissance d'apparaître. Encore faut-il identifier les formes ou les gestes par lesquels quelque chose d'une figure picturale peut passer dans le film.

Il Quarto Stato met en scène plusieurs gestes caractéristiques, qui pourraient faire l'objet d'une mise en mouvement. Le plus singulier est probablement la posture de la jeune femme, à droite, seule parmi les trois protagonistes à se tourner vers ses camarades plutôt que vers le spectateur. Au croisement de l'iconographie maternelle chrétienne ou humaniste (l'enfant qu'elle tient contre sa poitrine) et d'une figure de femme forte et active (sa main gauche tendue vers l'extérieur qui semble tout à la fois solliciter, implorer et raconter)[23], son existence plastique fait assurément événement dans le tableau. Curieusement, il semble pourtant qu'elle n'ait pas inspiré Bertolucci, et un examen systématique

---

23   Nani Michele, Ellena Liliana et Scavino Marco, *Il « Quarto Stato » di Pellizza da Volpedo tra cultura e politica, op. cit.*, p. 80.

de sa filmographie révélerait probablement un écart important entre le soin apporté aux personnages masculins et féminins.

Autre geste, celui, plein de désinvolture, du prolétaire central dont la main gauche s'enfonce discrètement dans sa poche, tandis que la droite jette son paletot derrière son épaule. La posture exprime bien toute la tranquillité et la détermination des paysans, engagés dans une lutte dont ils savent qu'elle finira par être gagnée, tôt ou tard. À la 26ᵉ minute, un personnage rejoue nettement cette posture, dans le placement des mains (la droite montant vers le visage, la gauche négligemment lâchée contre la hanche) ainsi que la démarche paisible qui l'accompagne – elle-même accentuée par le cadrage de Bertolucci, qui cherche la frontalité. À quelques pas, le patron s'affaire sur un tracteur, enthousiaste. C'est la raison d'être du retour à Pellizza : en rejouant la marche inflexible des personnages du tableau, le paysan affirme qu'il ne prendra pas part à cette entreprise de modernisation qui risquerait de faire disparaître son propre emploi.

Toutefois, si la démarche générale semble inspirée de la toile, les attributs subissent une légère altération. Ainsi, la main active ne tient pas de manteau mais se porte vers l'oreille pour y trouver une cigarette : il manque le vêtement, déterminant dans le tableau de Pellizza. En effet, la désinvolture avec laquelle l'homme tient sa veste a ceci d'intéressant qu'elle correspond à une rupture dans l'ordre des moyens et des fins : les mains, déliées de leur fonction productive, se trouvent disposées dans un but purement esthétique, de sorte que l'homme ne peut plus être assimilé à sa force de travail. Le vêtement sur l'épaule revient même pour deux des trois figures centrales de la toile (les deux hommes). La formule picturale est donc en même temps une *formule politique*, qui brise l'adéquation souhaitée par le capitalisme entre la main de l'ouvrier et son activité laborieuse, et redéploie la main selon des coordonnées qui échappe à la logique productive. Elle devient alors un *geste*, au sens défini par Agamben : un genre d'action qui « rompt la fausse alternative entre fins et moyens qui paralyse la morale, et présente des moyens qui se soustraient *comme tels* au règne des moyens sans pour autant devenir des fins[24] ».

Il ne semble pas déraisonnable de chercher à retrouver ce geste chez Bertolucci, dans la mesure où *Novecento* est justement travaillé de part en part par la question de l'habillement. À plusieurs reprises

---

24 Agamben Giorgio, « Notes sur le geste », trad. D. Loayza, *Trafic*, n° 1, 1991, p. 35.

les personnages s'interrogent ou s'extasient sur des vêtements – soit qu'ils soient particulièrement élégants (fourrures, robes de soirée), soit qu'ils signalent un processus de transmission symbolique (le manteau du *padrone* passant du père au fils, ou celui qu'on offre à Olmo pour son départ en exil dans la dernière partie du film). Bien entendu, cela rejoint les exigences de production propres au film historique, qui se distingue en général par le soin apporté à la confection des costumes. Mais il ne s'agit pas seulement d'une concession au cahier des charges hollywoodien. Les vêtements sont systématiquement objet d'attention, souvent de la part des personnages eux-mêmes.

Le geste du déshabillage, en particulier, est central dans le film. Il vient accomplir dans l'ordre figuratif la condition sociale des prolétaires – les « socialistes avec des trous dans leurs poches », comme ils sont désignés à plusieurs reprises. Dans la première partie du récit, lors du conflit qui oppose paysans et patrons, un vieil homme hurle des imprécations à l'adresse des maîtres en ôtant un à un tous ses vêtements, tout en avançant vers eux d'une démarche étrangement modérée. Parmi ceux qui le suivent, on distingue Olmo, portant un long manteau noir sur son épaule à la manière des protagonistes d'*Il Quarto Stato* – sa présence rappelle que ce geste violent de déshabillage volontaire trouve son origine dans la détermination tranquille des prolétaires en marche vers l'avenir. Plus tard, à la fin du film, une femme déchire sa chemise pour offrir sa poitrine aux balles de la milice fasciste, dans un geste de défi à l'issue fatale. Ces gestes n'ont pas tous le même but, mais ils témoignent d'une même modalité d'action : arracher ses propres vêtements pour exposer son dénuement, l'absence de valeur de sa propre vie, et réclamer justice. C'est également un acte politique performatif : celui qui se déshabille sans y avoir été invité, et sans raison particulière, prouve sa propre liberté en l'exerçant. Les hommes peints par Pellizza ne disaient pas autre chose : nous faisons ce que nous voulons de nos mains, de nos vêtements, de nos corps. D'une image à l'autre, c'est la même capacité à performer la liberté qui prend forme.

On peut aller plus loin dans l'analyse. Vers le début de la deuxième partie du film, un jeune garçon est violé et tué par Attila, le contremaître fasciste. Son cadavre sera retrouvé dans une cabane de stockage au milieu des bois, et Olmo puis un vagabond seront tour à tour accusés du meurtre. La séquence s'ouvre sur le jeune homme croisant Ada à cheval dans les bois, alors qu'il est en train d'attraper des oiseaux au filet. Au cours de la conversation, il jette le sac contenant les oiseaux derrière son épaule, produisant une nouvelle réactivation des figures d'*Il Quarto Stato*. L'accessoire a changé, mais le *geste* se répète à l'identique – d'autant que, même si l'on sait qu'il s'agit d'oiseaux, nous n'en aurons jamais la preuve, c'est-à-dire l'image. Visuellement, Olmo ne tient pas un sac d'oiseaux, mais seulement un sac, et peut-être même moins qu'un sac : un tissu, tout au plus, puisqu'il n'est jamais ouvert, et donc jamais attesté dans sa qualité de contenant. Il le garde sur l'épaule pendant toute la séquence, jusqu'à la découverte du cadavre et l'échauffourée qui s'ensuit.

Ici, Bertolucci choisit de dissocier le geste pictural de son *attribut* – et donc, de la « signification conventionnelle » à laquelle une analyse pré-iconologique pourrait être tentée de l'associer[25]. C'est donc la texture sensible des objets plutôt que leur signification sociale ou symbolique qui assure la circulation entre les images présentes et passées. Mais pour que le tableau soit réellement vivant, il manque encore une circulation des formes. Or, il faut attendre la fin de la séquence pour retrouver la frontalité caractéristique du tableau de Pellizza, lorsque Olmo monte sur le toit de la cave, puis à nouveau lorsqu'il tente de traverser la foule qui le tient pour criminel. Entretemps, il aura lâché puis repris son sac sur l'épaule, comme pour souligner à nouveau le lien de parenté qui l'unit aux prolétaires du tableau, et accepter leur héritage. L'identification est alors complète ; sa justification n'est plus seulement structurelle et narrative (comme dans les lectures qui font d'Alfredo et Olmo les emblèmes respectifs de la bourgeoisie possédante et du prolétariat), mais plastique et politique. Le jeune homme ne peut incarner pleinement le bas peuple qu'au moment précis où il est condamné pour un meurtre qu'il n'a pas commis, car c'est le destin du peuple que d'être toujours coupable – si ce n'est d'un crime réel, du moins coupable d'exister. L'équivalence figurative vient donc sceller le destin du personnage, ou plutôt du groupe dont il porte la voix, et qui, au contraire de lui, ne sera jamais totalement acquitté.

Je notais plus haut une dissociation entre le geste et l'attribut. La suite de la séquence montre que la dialectique peut également fonctionner dans l'autre sens, et l'attribut se charger du souvenir du geste. Ainsi,

---

25   Didi-Huberman Georges, *Devant le temps. Histoire de l'art et anachronisme des images*, Paris, Minuit, 2000, p. 12.

après qu'Olmo a été molesté par les « chemises noires », le sac d'oiseaux reste posé au centre de l'assemblée, comme la pièce à conviction d'une enquête davantage politique que policière. Le morceau de tissu devient, par métonymie, image du coupable et de la culpabilité : il garde la trace de son infamie sociale.

LE PEUPLE FACE À LUI-MÊME

Comme le montrent les analyses ci-dessus, le tableau vivant composé par Bertolucci tend à s'émanciper de l'unité spatiale qui caractérise la peinture. Ressaisi par les moyens du cinéma, le tableau se retrouve éclaté au montage : l'image de référence n'est donnée initialement que pour mieux être redéployée dans le temps long du film, de sorte que les personnages prennent bel et bien vie, mais pas tous au même moment.

Il resterait à comprendre comment la *masse* peinte par Pellizza peut trouver à s'incarner dans des corps filmiques. Au fond, le problème du film pourrait être celui-ci : comment passer de la figure singulière incarnée par Depardieu au sujet collectif que sa présence même (en tant que personnage et en tant qu'acteur célèbre) contribue à éclipser ? Ou, pour le dire dans les termes d'*Il Quarto Stato* : comment passer, sans pour autant quitter la logique du tableau vivant, du premier plan à l'arrière-plan ?

La réponse devra composer avec l'apparente incompatibilité du récit et du tableau vivant. Ce dernier, comme le notait Pascal Bonitzer, ne va jamais de soi au cinéma : « mouvement immobile », il constitue nécessairement « un temps d'arrêt dans le mouvement du film », et donc un désaveu de son rythme narratif[26]. La difficulté est exacerbée par la réalisation de Bertolucci. J'ai noté plus haut que l'un des traits caractéristiques de la composition d'*Il Quarto Stato* était la frontalité. Or, *Novecento* est filmé dans un style très dynamique, présentant un pourcentage important de plans en mouvements, des travellings virtuoses, et de longs panoramiques chargés de magnifier le paysage. L'angle de

---

26 Bonitzer Pascal, *Peinture et cinéma. Décadrages*, Paris, Éditions de l'Étoile, 1995 [1987], p. 31.

prise de vue ne cesse de varier, ce qui interdit de fait toute représentation strictement frontale. La difficulté est contenue dans l'idée même
de tableau vivant, puisque si le tableau et l'écran de cinéma sont tous
deux des surfaces bidimensionnelles se donnant pour des images en
trois dimensions, l'une présente l'illusion d'un espace parcourable[27]
tandis que l'autre cantonne notre regard à un point. Pour faire passer
quelque chose du pictural dans le filmique, certains auteurs cherchent
alors à reproduire le point de vue contraint du spectateur de peinture en
limitant le tableau vivant à un plan fixe, comme Buñuel lorsqu'il donne
à rejouer la *Cène* de Léonard de Vinci aux clochards de *Viridiana* (1961).
D'autres, au contraire, prennent le parti de remettre en mouvement
l'espace pictural, comme Godard dans *Passion* (1982), où les tableaux
sont « vivants » mais quasiment immobiles, et où la caméra se plaît à
serpenter au milieu des corps. Bertolucci va encore plus loin : la caméra
est toujours en mouvement, et les personnages aussi, de sorte que le
corps ne se trouve pas explicitement en situation de « faire tableau[28] ».

Il y a bien des scènes de foules dans *Novecento*. Les paysans sommant
leur patron de les payer au juste prix, les femmes assises en signe de
protestation, la procession de deuil pour les victimes de l'incendie de
la maison du peuple par les « chemises noires », les résistants prêts à
mourir sous les balles fascistes : tous ont en commun de faire front, de
laisser voir un peuple uni où la communauté prime sur l'individu. Mais
ces masses ne consentent que très exceptionnellement à l'immobilité,
et lorsqu'elles le font, la caméra empêche qu'elle se fige dans l'unicité
d'une composition d'inspiration picturale.

À première vue, on pourrait croire que cela va contre le projet d'un
passage des figures de la peinture vers le cinéma. Ce serait oublier
que, dans un tableau vivant, ce n'est pas seulement le film qui met en
mouvement la toile, mais aussi le contraire : le tableau *sollicite* sa propre
mise en mouvement. Et s'il y a tant de manières différentes de penser
le tableau vivant, c'est parce que toutes les images fixes ne contiennent
pas la même charge dynamique ; il en est qui réclament le mouvement
de manière plus impérieuse que d'autres. Il faut alors se souvenir que le

27   Gaudin Antoine, *L'Espace cinématographique. Esthétique et dramaturgie*, Paris, Armand
     Colin, 2015, p. 58.
28   Vouilloux Bernard, *Le Tableau vivant. Phryné, l'orateur et le peintre*, Paris, Flammarion,
     2002, p. 31.

tableau de Pellizza présentait déjà une marche en avant, virtuelle certes, mais déjà en germes dans les gestes et les postures. Une fois incarnées à l'écran, ces figures peintes n'auraient pu accepter de l'être par des corps statiques, fût-ce par un hommage rendu à la peinture. Dans son journal, Pellizza lui-même déclarait tendre pour sa *Fiumana* vers une représentation « grandiose » de la foule, dont la forme idéale serait « un mouvement de la matière[29] ». La formule date de décembre 1896, soit un an après la date de naissance officielle du cinématographe Lumière, et il semble que Pellizza ait déjà *besoin* d'un art du mouvement pour que s'accomplisse le destin politique de la peinture. *Novecento* s'appuie sur cette solidarité originelle entre le prolétariat en lutte et le cinéma pour offrir l'image d'un peuple enfin libre de réaliser ses envies de mouvement.

Quel était l'objectif de la frontalité chez Pellizza ? Figurer la marche en avant du prolétariat comme inexorable, bien sûr, mais peut-être aussi s'adresser directement au spectateur, d'égal à égal – c'est-à-dire, au fond, mettre le peuple face à lui-même. Cette entreprise trouve un écho dans la dernière heure de *Novecento*. C'est d'abord Alfredo qui est écarté du récit, à mesure qu'il perd de son pouvoir au profit des fascistes, puis Olmo, dont le destin singulier risquerait de faire de l'ombre au sujet collectif naissant. Ada subit ensuite le même sort, dans une scène étonnante où elle s'apprête à faire ses adieux à sa servante, avant que la caméra ne recule pour ne laisser exister que cette dernière, filmée au miroir comme si elle s'embrassait elle-même. Quelques minutes plus tard, l'accueil d'un nouveau groupe de travailleurs sans terres donne l'occasion à Bertolucci de présenter, non plus une masse unie (comme chez Pellizza), mais deux, qui se fondent progressivement l'une dans l'autre. La figure du double, auparavant réservée au couple Alfredo/Olmo, se trouve alors généralisée à tous les prolétaires du film, sur le plan figuratif et non plus seulement narratif. Ainsi, ce n'est pas seulement le tableau de Pellizza qui prend vie, mais aussi son public – initialement virtuel, ici incarné dans des corps visibles.

Il faudra attendre la mort du dernier ennemi, Attila, tué d'un coup de pistolet tenu par une main hors-champ (une exécution qui se donne comme expression de la volonté collective), pour que réapparaisse Olmo, littéralement dans le plan suivant, puis Alfredo. La puissance d'agir du groupe ayant été actée, l'intrigue affective qui lie les deux hommes peut alors être résolue.

---

29 Cité dans Scotti Aurora, *Il quarto stato, op. cit.*, p. 53.

Il Quarto Stato inscrivait dans ses formes sa propre tension vers le mouvement, sous forme d'une demande adressée au spectateur (frontalité, regard caméra). Il s'agissait tout à la fois d'explorer le potentiel dynamique et politique de la peinture, et de refuser la picturalité *au nom* de la politique. *Novecento*, quant à lui, propose une autre manière de conserver l'énergie du tableau tout en excédant sa picturalité. Il redéploie la spatialité du tableau dans le temps du montage, et invente une modalité du tableau vivant proprement filmique, où chaque figure suit son propre chemin vers l'incarnation. Ainsi, le tableau devient véritablement *vivant* : plutôt que de se conformer à une composition préalablement décidée, il s'appuie sur l'image d'origine pour inventer une autre manière de vivre.

Quelques années plus tard, dans *Passion*, Godard dressera un parallèle implacable entre le statut de cinéaste et celui de patron. C'est à dessein qu'il choisira de mettre en scène le tournage de tableaux vivants : l'action de disposer des acteurs de sorte qu'ils reproduisent la composition d'une image préexistante est toujours en même temps une démonstration de force, une prise de pouvoir de l'artiste sur des corps dont il achète la disponibilité. Godard ira jusqu'à tisser un lien entre deux formes d'immobilité, l'une picturale (les femmes tordues de douleur peintes par Delacroix dans son *Entrée des Croisés à Constantinople*), l'autre politique (« l'immobilité d'une ouvrière figée par la fatigue[30] »). Le tableau vivant serait le stade suprême de la division capitaliste du travail de création.

Novecento contourne habilement cette menace. Le peuple filmé par Bertolucci rejoue bel et bien un peuple pictural, mais il le fait en refusant de se plier à la logique de l'imitation ou de la reproduction. En faisant cela, il donne l'illusion de n'avoir pas été mis en scène par la volonté supérieure d'un artiste, de tracer son chemin librement vers la visibilité. Le peuple de *Novecento* est un peuple qui *ne tient pas en place*, littéralement. « Le peuple représenté », écrivait Jacques Rancière, « c'est un cadre où l'on est enfermé à beaucoup[31] » : formule lucide, qui dit tout à la fois la puissance d'apparaître fournie par le cadre et la matérialité des limites

30   Godard Jean-Luc, « *Passion* : introduction à un scénario », *in Jean-Luc Godard par Jean-Luc Godard*, sous la direction d'A. Bergala, vol. 1 [1981], Paris, Cahiers du cinéma, 1998 [1995], p. 494.
31   Rancière Jacques, « Un enfant se tue », dans *Courts voyages au pays du peuple*, Paris, Seuil, 1990 [1986], p. 146.

qu'il impose aux corps. Le film de Bertolucci prend le contrepied de cette approche. Il nous invite à imaginer ce que serait un tableau vivant sans cadre – vivant *parce que* sans cadre.

Raphaël JAUDON

SCÈNES

QUAND LA VOIX ANIME LE CORPS FIGÉ

Défaire le tableau vivant avec Godard et Beckett

> Se faire un corps voué à autre chose
> qu'à la domination.
> Jacques RANCIÈRE[1]

> Faire comme un corps doué de désespoir.
> Samuel BECKETT[2]

Les discours sur l'art cherchent souvent à décrire la vie paradoxale qui anime l'œuvre d'art et sa perception. C'est par exemple le « mouvement sans déplacement, par vibration et rayonnement[3] » dont parle Maurice Merleau-Ponty chez Klee, Matisse, Rodin, Cézanne. Du moindre frémissement à l'explosion imminente, la peinture implique le corps tout entier dans une expérience qui est aussi *temporelle*. Un tableau de peinture à l'huile ou acrylique, matériellement fixe, sera paradoxalement perçu suivant un dynamisme virtuel : celui du tracé, du corps représenté sur le point de prolonger son mouvement, ou même de la « poussée rythmique de l'espace » par exemple sur une pomme de Cézanne[4]. La modernité en peinture a exprimé cette puissance « vivante », quasi-fantastique, d'un « mouvoir qu'elle ne contient pas[5] », jusqu'à perdre l'ordonnancement classique du tableau : quand le matériau et les éléments du support remontent dans l'épaisseur et à la

---

1   Rancière Jacques, *Le Spectateur émancipé*, Paris, La Fabrique, 2008, p. 69.
2   Beckett Samuel, *L'Innommable*, Paris, Minuit, 2008 [1953], p. 208.
3   Merleau-Ponty Maurice, *L'Œil et l'Esprit*, Paris, Gallimard, « Folio », 1964, p. 77.
4   Picasso Pablo cité par Gilot Françoise et Lake Carlton, *Vivre avec Picasso*, Paris, Calmann-Lévy, 1965, p. 73.
5   Merleau-Ponty Maurice, *L'Œil et l'Esprit*, *op. cit.*, p. 77.

surface de ce que l'œuvre représente encore, présente, voire dissémine hors de son cadre habituel.

Or le paradoxe s'inverse avec le tableau vivant. Dans cette pratique photographique, théâtrale et cinématographique, le dynamisme naturel des corps vivants, même résiduel (qui conduit par exemple un figurant de *La Ricotta* de Pasolini à gâcher le tableau vivant en se grattant le nez), est justement interrompu. Corps remuant nécessairement immobilisé, le tableau vivant n'est vivant qu'à la condition expresse de *bouger le moins possible*, contre son penchant naturel. Le « mouvement sans déplacement » de la peinture devient idéalement une immobilité contre-nature, difficile à tenir. Surtout si le tableau vivant est mis à l'épreuve d'une voix ou d'un regard qui lui tourne autour, au théâtre ou au cinéma.

Parmi les voix qui ont accompagné le tableau vivant, le XIXᵉ siècle a d'abord fait entendre celle de l'admiration dans les salons aristocratiques (pour sa valeur *esthétique*) ou celle de la réprobation (pour sa valeur *esthésique*) liée à l'exhibition obscène des corps dénudés dans les théâtres de boulevard ou les baraques de fêtes foraines – qui deviendront d'ailleurs les premières salles de cinéma[6]. Le tableau vivant au XXᵉ siècle, quant à lui, a plutôt fait retentir autour de lui le silence tragique d'un *devenir-objet* des sujets, pris au piège d'une déshumanisation dans le travail ou dans la guerre. Si ce voyeurisme pré-cinématographique au XIXᵉ siècle et cet art de la catastrophe au XXᵉ siècle ont fait du tableau vivant l'enjeu d'une chosification perverse du sujet, ne nous reste-t-il pas à interroger ce qui le fait justement échouer à devenir une chose, une œuvre s'inscrivant dans un genre, et donc une nouvelle catégorie pour l'histoire de l'art ? Cela reviendrait à surprendre le désir qui anime encore le tableau vivant, aussi paradoxal et déstabilisant que la vibration dont parlait Merleau-Ponty en peinture.

Au théâtre et au cinéma, il arrive que l'apparition du tableau vivant appelle notre attention sur le rapport entre le corps exposé au regard et une voix aux effets incertains : cherche-t-elle à confirmer sa nature d'objet pour un regard, ou à le remettre en mouvement comme sujet d'un désir, même énigmatique. Samuel Beckett et Jean-Luc Godard

---

6   Voir Bernard Vouilloux, *Le Tableau vivant. Phryné, l'orateur et le peintre*, Paris, Flammarion, « Idées et Recherches », 2002 ; Kirsten Gram Holmström, *Monodrama, Attitudes, Tableaux Vivants. Studies on some Trends of Theatrical Fashion* [1770-1815], Stockholm, Almqvist & Wiksell, 1967.

ont joué de toutes les ambivalences du tableau vivant dans ce rapport à la voix, en particulier dans la pièce *Pas* (1978[7]) et le film *Passion* (1982). Le tableau vivant s'y défait par moments. D'abord figé, il surprend par l'apparition d'un mot ou d'un geste inattendu, au point d'en faire l'enjeu d'une expérience de lecture renouvelée : comment le sujet de la pose retrouve ou non sa capacité à habiter un corps, et à l'*animer* au sens étymologique du mot – investi d'un souffle, d'une émotion et d'une sensibilité, en particulier au moment de prendre la parole.

CHEZ GODARD : « POURQUOI M'AVOIR ABANDONNÉ ? »

Dans *Passion* (1982) de Jean-Luc Godard, une mise en abyme volontairement instable montre le tournage d'un film en Suisse, où un réalisateur polonais cherche à construire un musée imaginaire vivant, composé de grandes toiles de maîtres. Cette tentative, d'abord vouée à l'échec, consiste à jouer avec l'éclairage, la circulation de la caméra parmi les figurants, l'effet de la musique et son emportement lyrique. Le tableau vivant apparaît donc dans la continuité de l'histoire au lieu de l'interrompre, et la surprise naît plutôt quand le spectateur l'aperçoit en dehors du tournage, dans un autre travail en cours : celui de l'usine et de la lutte ouvrière contemporaine.

Art et politique sont donc à nouveau réunis chez Godard. Déjà en 1968, le montage alterné de *One plus one* rapprochait les Rolling Stones et les Black Panthers, répétant gestes et paroles dans une commune préparation de deux œuvres encore inachevées : l'album *Beggars Banquet* et la révolution. Dans *Passion*, le thème du travail est central mais du point de vue de la création autant que de l'aliénation. Le travail est avant tout imposé, mais aussi refusé, voire suspendu, par exemple dans le loisir amoureux ou le moment de réflexion politique en commun. Ou bien s'agit-il, comme on l'entend fugitivement dans le film, d'une logique commune qui amène les travailleurs en grève et les amoureux à « faire une déclaration ». Le travail de l'art, de la politique, mais aussi de l'amour, traverse donc tout le film. Si l'élévation vers le sublime

---

7   1974 pour la version anglaise : *Footfalls*.

persiste dans la mise en musique des tableaux vivants ou du paysage ensoleillé, le film insiste avant tout sur la difficulté laborieuse et prosaïque à *faire entendre sa voix* : dans le travail pour dire les mots du désir amoureux qui tardent à être prononcés, comme dans le désir de réinventer le travail, à l'usine ou au cinéma.

La mise en scène étonnamment minutieuse des tableaux vivants est celle d'une histoire sélective de la peinture. Entre érotisme et politique, les reproductions de tableaux de Delacroix, Ingres, Goya, Le Gréco, Rembrandt, accompagnées par le *Concerto pour la main gauche* de Ravel ou le *Requiem* de Mozart, le sont aussi par une série de voix au statut incertain : à commencer par celle du réalisateur Jerzy luttant avec ses modèles, ses techniciens, et surtout son producteur. Dès le début du film, ses injonctions à « laisser tomber » parce que la lumière ne convient pas se mêlent progressivement aux voix des ouvriers en réunion, et surtout à la voix bégayante d'Isabelle, tout juste licenciée de son usine.

Au milieu d'un film lui-même en train de se déliter, l'actualité politique surgit furtivement. Le film est censé avoir lieu en décembre 1981, peu après la création du syndicat Solidarność en 1980, la grève générale en Pologne et la loi martiale déclarée le 13 décembre 1981 par le général Wojciech Jaruzelski. L'histoire brûlante se mêle ici, dans une parabole complexe, à un improbable triangle amoureux qui est aussi un triangle politique : entre Jerzy (Radziwilowicz) le réalisateur venu de Pologne, Hannah (Schygulla), la propriétaire allemande de l'hôtel et maîtresse du patron d'usine, et Isabelle (Huppert), la jeune ouvrière licenciée, prête à se battre pour sa prime et de meilleures conditions de travail pour ceux qui restent.

Concernant les grandes œuvres du passé comme les luttes fragiles du présent, en Suisse ou en Pologne, la première question concerne donc l'origine de ces voix et leur rapport plus ou moins adéquat avec ce que montrent les images des corps immobiles, ouvriers ou figurants. Peu après la première mise en scène de la *Ronde de nuit* de Rembrandt dans le film de Jerzy, l'ouvrière Isabelle apparaît immobile dans la pénombre, rappelant l'éclairage à la bougie des tableaux de Georges de La Tour. Le peintre Bernard Dufour, appelé par Godard pendant la préparation du film, indique que *Le Nouveau-Né* (1648) devait justement apparaître comme l'un des tableaux vivants du film : avec le « recueillement émerveillé » d'une « jeune femme portant son bébé emmailloté sur les genoux », « éclairée par une femme plus âgée qui masque une bougie dans sa main gauche[8] ».

Cette rémanence filmique d'une œuvre picturale finalement abandonnée se retrouve, par contagion du souvenir pictural, dans le monde des ouvriers, concentrés et attentifs aux paroles des autres pendant leur réunion syndicale. Or le corps baigné dans la pénombre produit non seulement une équivoque visuelle, susceptible d'éveiller la culture artistique du spectateur, mais empêche surtout de savoir qui parle. Dans la confusion des voix sans locuteurs synchrones, l'image du locuteur, le son de sa voix et le contenu de sa parole correspondent rarement. Isabelle, l'héroïne véritable du film, est en fait l'un des deux tableaux vivants à prendre la parole, avec un figurant qui, le temps d'une bagarre hors tournage avec le réalisateur, provoque malgré lui l'apparition tout en tension de *La Lutte de Jacob avec l'Ange* (1861) de Delacroix : « Doucement ! – Non, pas doucement ! ».

C'est que prendre la parole suppose une résistance, voire une lutte avec celui qui est prêt à faire du sujet l'objet de sa jouissance, et même si les rapports se compliquent entre exploités et exploiteurs : entre le réalisateur et l'ouvrière par exemple, au croisement des mondes de l'art et du travail.

PENSIF DANS L'AGITATION
(GODARD ET RANCIÈRE)

En contrepoint des tableaux vivants de Jerzy, les ouvriers tiennent une réunion et dialoguent entre eux. Leurs propres réflexions s'associent à des références plus spécifiquement godardiennes : *La Nuit des prolétaires* de Jacques Rancière (publiée en 1981, l'année même du tournage de *Passion*) citée au moment de la pénombre évoquant La Tour, la situation en Pologne et le syndicat chrétien Solidarność en écho au thème du pardon (« Dieu te pardonne ») et à la citation christique d'Isabelle à sa machine : « Pourquoi m'avoir abandonné ? ».

---

8   Dufour Bernard, « Les peintures et Godard », *Art Press*, hors-série n°4, « Spécial Godard », décembre 1984, p. 59.

Plutôt que l'énoncé clair d'une seule position idéologique ou tendance affective, Godard préfère donc une certaine cacophonie. Le désenchantement politique s'allie au désir de révolte, pendant cette « nuit des prolétaires » où les ouvriers pensent leur condition en dehors du temps de travail, comme dans le livre de Rancière. On entend ainsi quelques témoignages d'ouvrières en voix *off* : il y est question, sur le mode documentaire, de la difficulté de rester immobile à sa machine, « penchée en avant, plutôt courbée, avec la chaise très en arrière, [...] 9 heures par jour, pour faire 2000 pièces », tandis qu'une autre ouvrière décrit la délicatesse de ses gestes, incompatible avec une prime à la productivité. De même, Isabelle se méfie de la duplicité du patron : « S'il me donne 20 000 francs, il se remboursera sur vos salaires ». Dans tous les cas, la désynchronisation entre la bande-son et l'image ombreuse des ouvriers empêche de savoir si la parole est en voie de désappropriation ou de reconquête. Cette indécision rappelle ainsi la situation politique du début des années 1980, entre l'affirmation menacée des luttes démocratiques à l'Est et l'affaiblissement des luttes collectives à l'Ouest.

Qu'il soit ouvrier en réunion ou figurant à peine habillé d'un voile baroque, le sujet immobile fait donc face à l'adversité d'un Autre, d'ailleurs aussi empêché que lui, mais dont l'empêchement rejaillit sur tous : du patron joué par Michel Piccoli, qui n'en finit plus d'éternuer aux visages de tout le monde, au réalisateur insatisfait, imposant un geste ou son abandon à des figurants souvent en retrait. Ainsi, la figurante sourde et muette jouée par Myriem Roussel n'entend plus les ordres de Jerzy au moment de faire la planche dans un petit bassin. Si la nudité du corps féminin est l'objet du voyeurisme godardien ailleurs interdit – qui prolonge la jouissance de circuler *dans* la peinture, à défaut de montrer l'érotisme en acte –, elle est aussi une autre modalité de la résistance pensive et autonome du tableau vivant, s'évadant temporairement dans une attente absorbée et pensive.

Deux issues s'ouvrent en effet au corps immobile pour s'animer d'une vie non prévue pour lui : s'agiter avec les autres ou devenir pensif, fuir vers l'extérieur ou se retirer en soi-même. Quand il ne désorganise pas le bel agencement par une fuite, comme les personnages de *La Prise de Constantinople* de Delacroix ou Isabelle poursuivie par la police dans l'usine, le figurant est sur la réserve. Mais cette *réserve* est à entendre dans un double sens, appartenant d'ailleurs au vocabulaire pictural (les réserves de blanc dans les tableaux de Cézanne) : comme *ressource virtuelle* de gestes et surtout de paroles imprévisibles, et comme *mise en retrait* de l'organisation générale, celle de la composition esthétique et de la vie sociale, d'où appréhender d'autant mieux la logique à l'œuvre.

On retrouve ici deux sens possibles, esthétique et politique, de la pensivité selon Jacques Rancière, que cite Godard. Dans le cadre de ce qu'il nomme le « régime esthétique » de l'art, reconsidérant les ruptures esthétiques de la modernité, « l'image pensive » produit d'abord une complication du statut générique de l'œuvre où elle intervient. Produisant des moments de « suspen[sion] de la logique narrative au profit d'une logique expressive indéterminée[9] », cette image d'un être ou d'une chose silencieuse interroge sa présence et ses conditions d'apparition : est pensive moins la figure représentée (il peut s'agir d'un nuage de poussière ou de la moire tendue d'une ombrelle chez Flaubert), que sa *résistance* mutique à l'enchaînement narratif comme au cloisonnement des arts, dans « un jeu d'échanges » chaque fois nouveau « entre les pouvoirs de médiums différents[10] ». Avec les romans de Flaubert et leurs épiphanies banales, les photographies de Walker Evans, d'ailleurs inspiré par un mur de ferme de *Madame Bovary*, ou dans les *Histoire(s) du cinéma* de Godard mêlant peinture et vidéo, cette présence silencieuse peut donc avoir une valeur picturale dans le roman ou le cinéma, et romanesque dans la photographie. L'image pensive retient toutefois une partie du sens de son apparition et oblige à repenser notre capacité à lire : entre détermination (y compris du contexte historique et social) et indétermination, d'un médium à l'autre, au risque de perdre le fil.

Dans *Passion*, l'écart entre le cinéma et la peinture se referme parfois sur le lyrisme du tableau vivant réussi par Jerzy-Godard, mais pour ouvrir de nouveaux écarts : entre amour et politique, entre « art et non-art » dirait Rancière. Ouvriers et figurants échangent ainsi leurs postures dans autant d'images pensives à interroger, dans une commune réserve, rétive à la voix de l'Autre qui voudrait les objectiver. Dans les archives ouvrières du XIXe siècle, Jacques Rancière a d'ailleurs repéré un autre type de pensivité, simplement définie comme *l'expérience* de ne rien faire malgré les conditions imposées. En plus de la rédaction d'écrits politiques et poétiques dans des moments repris au temps volé

---

9   Rancière Jacques, *Le Spectateur émancipé, op. cit.*, p. 130.
10   *Ibid.*, p. 133.

de l'exploitation, *La Nuit des Prolétaires* témoigne de moments suspendus pendant la journée de travail elle-même, le temps d'une simple rêverie. Le menuisier et poète Louis Gabriel Gauny donne par exemple à lire sa contemplation solitaire et pensive d'un jardin par la fenêtre de son atelier[11] ou de la maison où il pose le parquet[12]. Son existence devient « suspensive[13] », non dans l'angoisse psychotique de ne plus se reconnaître (autre expérience exclue *a priori*), mais dans l'appropriation d'un temps où se réinventer à travers le regard, la posture et les mots de ceux qui se tiennent de l'autre côté du « partage du sensible ».

La pensivité n'est plus seulement ce processus de complication générique de l'œuvre d'art laissant ouverte la marge d'une appropriation par d'autres gestes et d'autres lectures, artistiques ou non artistiques. Expérience à la limite de toute volonté politique, elle relève donc d'un micro-sabotage du dispositif social. D'aucuns le jugeraient trop fade à l'aune d'un activisme militant, autrement volontariste et stratégique. C'est que cette expérience relève justement de pratiques peu visibles, nuancées, improvisées, à peine conscientes pour celui qui la ressent et la met en œuvre. C'est cet indécidable battement entre passivité et activité, sensibilité et passage à l'acte (dans le seul fait d'être rétif à toute action) qui fait justement sa puissance politique, rappelant le fonctionnement esthétique de l'image pensive, et son interruption subversive des habitudes de lecture[14].

Une fois la complication apprivoisée, le spectateur de *Passion* part donc en quête de ces moments où le calme apparent des personnages pensifs n'est qu'une arme discrète de résistance, une réserve pour prendre des forces, une évasion sur place. Son attention est alors autant cinématographique que picturale, musicale ou romanesque à un instant privilégié ; mais l'image pensive nous entraîne aussi à ces métamorphoses de la lecture.

---

11 Rancière Jacques, *La Nuit des prolétaires. Archives du rêve ouvrier*, Paris, Fayard, « Pluriel », 2013 [1981], p. 75.

12 « Ce qui est au cœur de cette description, c'est une disjonction entre l'activité des bras et celle du regard qui soustrait le menuisier à cette double dépendance » (Rancière Jacques, *Le Spectateur émancipé, op. cit.*, p. 68). Rancière fait référence à un texte publié dans *Le Tocsin des travailleurs* (1848).

13 Rancière Jacques, *Aux bords du politique*, Paris, Gallimard, « Folio essais », 2004, p. 190.

14 « Parler d'image pensive, [...] c'est parler d'une zone d'indétermination entre pensée et non-pensée, entre activité et passivité, mais aussi entre art et non-art ». Ou encore : « La pensivité de la photographie [...] pourrait être caractérisée comme effet de la circulation entre le sujet, le photographe et nous, de l'intentionnel et de l'inintentionnel, du su et du non su, de l'exprimé et de l'inexprimé, du présent et du passé » (Rancière Jacques, *Le Spectateur émancipé, op. cit.*, p. 115 et p. 122).

Il s'agit finalement chaque fois pour Godard de produire l'effet d'un dégagement : dégager une solitude au milieu de la désorganisation des corps et des signes, un équilibre inattendu au milieu d'un chaos multi-directionnel, affectif et politique : ni les sujets amoureux, ni les sujets en lutte, ni d'ailleurs la lumière, « ne vont » bien, ni ne savent « où aller » dans ce film, comme le dit encore le réalisateur. C'est alors que nous arrive très faiblement, derrière le bruit des machines, la citation déjà évoquée du Christ sur la Croix que prononce au tout début le personnage d'Isabelle, pour la dernière fois à sa machine : « Mon Dieu. Pourquoi m'avoir abandonné ? ». Ici, l'attention du spectateur sera d'autant plus aiguisée qu'il recevra peu à voir et à entendre. L'attention au détail pictural est d'ailleurs un modèle explicite : « Faites comme Rembrandt, observez les traits humains attentivement, longuement, aux lèvres et dans les yeux ». Le plan d'Isabelle vue de dos, laissant deviner son profil, apparaît quand s'interrompt brusquement cette phrase, dans l'une de ces prolongations infimes du son d'un plan dans le plan suivant : celui du visage soudainement accroché par une parole étrangère à son travail. « Aux lèvres et dans les yeux » : les yeux sont invisibles ici, mais les joues et la mâchoire remuent légèrement pour prononcer les mots du découragement, premier effort de formulation de la situation réelle, avant de gagner l'énergie d'une résistance. Ce détour par une citation des Évangiles surprend d'autant plus le dispositif, cinématographique et professionnel, mais la citation qui suit, toujours en *voix off*, concerne justement cette solidarité du crucifié et de la licenciée : « Une image n'est pas forte parce qu'elle est brutale ou fantastique mais parce que la solidarité des idées est lointaine et juste » (d'après Pierre Reverdy[15]). Dans cette « solidarité » lointaine résonne virtuellement Solidarność (Solidarité), la parole de la Passion christique et le sentiment d'abandon d'Isabelle. C'est donc dans l'appropriation d'une autre parole comme dans la coprésence problématique d'autres histoires que nous découvrons la capacité du personnage à parler pour soi, indépendamment des monologues respectifs du patron et du réalisateur.

La prise de parole d'Isabelle fait donc événement en créant une rupture de ton avec les revendications concrètes des autres ouvrières (« plus de

---

15   Godard substitue « la solidarité » à « l'association » dans le poème « L'Image » de Reverdy :
      « Une image n'est pas forte parce qu'elle est *brutale* ou *fantastique* – mais parce que
      l'association des idées est lointaine et juste » (« L'Image », revue *Nord-Sud*, n° 13, mars
      1918, repris dans *Le Gant de crin*, Paris, Flammarion, 1968, p. 30).

blouses, de papier toilette, de viande »). Peu audible, prononcée au bord des lèvres par celle qui vient d'apprendre son licenciement, la phrase semble à peine lui appartenir, avec le tact d'un fantôme qui donnerait subrepticement sa voix à une vivante en sursis. L'étrangeté de cette voix blanche exprime la violence de l'affect à la limite de toute capacité d'expression. Elle contraste enfin avec l'indifférence du créateur, sur le point d'abandonner sa créature à elle-même. En retrait de la violence, qui est aussi celle de l'œuvre en train de se faire, le tableau vivant cherche donc à fuir en prenant pensivement la parole. Et c'est aussi pour exiger un nouveau travail du spectateur : entre mise en disponibilité à ce qui survient, recherche vigilante, capture et montage – ou abandon si les signes passent trop vite. Réinventer sa capacité à lire, c'est donc expérimenter un parcours entre des signes hétérogènes et dynamiques, à commencer par la parole qui anime, contre toute attente, le tableau vivant au travail.

CHEZ BECKETT : LE SABOTAGE PAR LA PÉNOMBRE

Une femme dans l'ombre parle ou écoute. Cette incertitude mobilise l'attention du spectateur tout au long de la pièce *Pas*, avec ce discret sabotage énonciatif dont l'outil est la pénombre : la voix provient-elle du corps visible, éclairé par une lumière faible qui efface presque son visage, ou du fond invisible de la scène ? S'agit-il d'une voix *off*, hallucinée comme dans *Eh Joe* (1965), enregistrée hors scène, ou bien de la voix *hors champ* d'une femme invisible mais présente dans l'ombre ? Dans ce retour aux conditions élémentaires du théâtre, on rencontre ainsi le cinéma, quitte à contredire Deleuze qui pensait impossible au théâtre la disjonction voix-image, nécessairement cinématographique[16]. Cette possible inadéquation entre ce que le spectateur voit et entend rend indécise l'origine énonciative de la voix en compliquant la définition esthétique du genre et du médium comme l'identification du

---

16 Voir Gilles Deleuze, « Qu'est-ce qu'un acte de création ? », conférence donnée à la Fémis le 17 mars 1987, reprise dans *Deux régimes de fous : textes et entretiens 1975-1995*, Paris, Minuit, 2003, p. 297.

sujet d'énonciation. Entre théâtre et cinéma, cette transdisciplinarité surprenante naît donc d'une quasi-disparition de l'œuvre, et non de sa seule désorganisation. C'est aussi que la « fin » en question n'est peut-être pas dénuée d'une énigmatique capacité à recommencer, ailleurs et avec d'autres moyens : il existe ainsi une captation vidéo qui rend la mise en scène de Beckett avec Billie Whitelaw en 1976 particulièrement sombre et indécidable.

Si le tableau vivant se tenait au bord de la dispersion chez Godard, il se tient donc à la limite de la dissipation dans *Pas*, se confondant avec la pièce elle-même : le tableau, survivance d'une *Marie de l'Annonciation* (1473) d'Antonello de Messine, n'est plus qu'une lueur sur le point de disparaître. Son minimalisme brutalement mélancolique suppose même un doute autrement radical quant aux capacités de l'art à rendre visible et audible un quelconque sujet.

Le personnage de May, une femme en haillons gris presque invisible, se tient donc debout face au public, ou de profil quand elle marche le long d'un segment divisé en huit pas qui évoquent les douze stations de la Passion du Christ. La plus grande banalité (elle fait les cent pas) se confond avec l'énigme de ce corps abandonné à une voix maternelle au ton fantomatique : « Je t'ai eue tard. Dans ma vie. Pardonne-moi[17] ». Distinguant à peine sa voix de celle de sa mère, May prendra plus tard la parole à travers cette possession endeuillée qui rend toute identification instable : de la mère à la fille, comme de la mère au fils christique, « image fusionnée du Christ et de la Vierge[18] ». May décrira ainsi une femme errante ou statique comme elle : « Certaines nuits elle se figeait, comme quelqu'un glacé par un frisson de l'esprit, et restait privée de mouvements jusqu'à ce qu'il revienne[19] ». Dans une ultime complication des rôles, on entend enfin, dans sa voix, le dialogue difficile d'une Madame Winter et de sa fille Amy, anagramme de May.

La confusion était chez Godard la conséquence d'une *ellipse*, à la fois par l'accélération des phrases morcelées et par le mouvement elliptique du corps fuyant, d'où se dégageait par moments un tableau vivant pensif.

---

17 Beckett Samuel, *Pas*, Paris, Minuit, 1978, p. 9-10.
18 Au sujet de *Mal vu Mal dit*, voir Évelyne Grossman, *L'Esthétique de Beckett*, Paris, SEDES, 1998, p. 116.
19 Beckett Samuel, *Pas*, *op. cit.*, p. 13.

La confusion concerne plutôt ici la tentative impossible de prendre la parole en son nom propre, sur fond de l'aliénation d'un sujet considéré parfois là aussi comme un simple objet. Quand le témoin maternel provoque ainsi le regard du spectateur, c'est sur un mode voyeuriste désignant son objet à son complice supposé, le spectateur, avec une ironie étonnamment cruelle face à cette femme en lambeaux qui n'est peut-être qu'elle-même :

> J'arrive et je me... poste [...]
>   Voyez comme elle se tient, le visage au mur. Cette fixité ! Cette impassibilité apparente ! [...]
>   Mais admirons son port, en silence. *(Fin de la deuxième longueur.)* Avec quel chic le demi-tour ! *(Avec la troisième longueur, synchrone avec les pas.)* Sept huit neuf et hop[20] !

Peu avant, May proposait ses soins à sa mère âgée et malade (« Veux-tu que je te change de côté, [...] que j'humecte tes pauvres lèvres[21] »), même s'il est toujours « encore trop tôt » dans ce temps fantomatique hors de ses gonds. Cette complication de l'avant et de l'après, de l'enfance et de la vieillesse, concerne aussi la voix et le silence : la fille est peut-être sourde puisqu'« il [lui] faut la chute de pas » et que le « mouvement ne suffit pas » comme elle le répète énigmatiquement à sa mère, qui ne comprend pas.

Malgré les apparences, et parmi d'autres identités possibles, May est donc une enfant qui apprend à parler et à marcher. N'est-elle pas aussi une allégorie vivante de l'expérience picturale ? Condamnée à partager ce mutisme avec le spectateur qui entend pourtant son langage intérieur, soit ici la *vibration* sonore – pour reprendre le terme de Merleau-Ponty – de ses pas et de ses mots nimbés de silence, comme l'écho du « bref son de cloche » qui inaugure et clôt la pièce. Malgré la noirceur de mort et d'oubli qui envahit la scène, l'expression d'un désir de vivre résiste donc au bord du silence, entre le signifiant sonore d'une voix sans source évidente et le signifié résiduel d'une parole à peine compréhensible.

May et sa mère communiquent en fait aux frontières du sommeil : « Il n'est pas de sommeil si profond qu'il m'empêche de t'entendre[22] »

---

20 *Ibid.*, p. 11.
21 *Ibid.*, p. 9.
22 *Ibid.*, p. 8.

dit la voix maternelle. Comme elle, le spectateur est voué au « demi qui-vive[23] » dont parlait Winnie dans *Oh les beaux jours*, cet autre tableau vivant. Dans un état brumeux, hypnagogique (peu avant le sommeil) ou hypnopompique (peu avant le réveil), le demi-ensommeillé rejoint ici une expérience primordiale de l'enfance dont May est l'image si paradoxale, à la fois enfant, adulte, et fantôme sans âge. Comme l'ont remarqué psychiatres et psychanalystes, l'enfant qui s'endort se parle parfois à lui-même au mode de l'impératif[24]. Ces bribes répétées de la voix d'un « Autre » fantasmatique correspondent aux traces de l'assimilation de l'impératif parental, où Freud entend se former le Surmoi et avec lui le conflit psychique inconscient qui constituera le sujet. L'imitation de cette voix impérative inaugure selon certains l'apprentissage même de la parole, par la fonction d'interpellation rejouée dans un dialogue intérieur – si tant est que cette intériorité subjective soit déjà constituée. En se parlant à soi-même avec la voix de l'Autre, l'enfant, comme l'ensommeillé, remettent en jeu l'expérience d'*être adressé* mais en y ménageant la possibilité d'une réponse. Être adressé, c'est donc à la fois être agressé, mais aussi être en relation si un jeu de question-réponse s'instaure, où *tenir* ainsi sa position, et son propre dire. Parce que ce monologue au-dehors est devenu dialogue au-dedans, même contradictoire, l'enfant s'invente une intériorité conflictuelle face à cette voix impérative qui l'objectivait, ou le fixait comme interlocuteur muet dans l'espace mental de l'Autre.

De ce point de vue, May est donc piégée physiquement et psychiquement sur cette scène mentale, entre l'aliénation au monologue de l'Autre qui l'objective et l'impossible expression d'une parole propre. Une question apparaissait cependant déjà dans *Oh les beaux jours* : « C'est moi que tu vises, [...] ou c'est autre chose[25] ? ». Winnie pouvait encore adresser à l'autre son besoin d'être adressée, y compris face à la main tendue de son mari Willie. Autrement dit : vises-tu le revolver posé là devant moi pour t'en servir, ou vises-tu amoureusement mon visage pour lui donner une caresse ? Cette ambivalence poussée à l'extrême caractérise l'expérience d'être adressé : agression ou amour ? annulation ou don ? solitude renforcée ou compagnie ? Dans tous les cas, cette indécision

---

23   Beckett Samuel, *Oh les beaux jours*, Paris, Minuit, 2006 [1963], p. 36.
24   Voir Darian Leader, « La voix en tant qu'objet psychanalytique », *in Savoirs et clinique* n° 7, Toulouse, Eres, 2006, p. 151-161 et Jacques Lacan, *L'Angoisse*, Paris, Seuil, 2004.
25   Beckett Samuel, *Oh les beaux* jours, *op. cit.*, p. 75.

vaut « mieux » qu'une absence d'adresse pure et simple, synonyme de l'angoisse la plus grande : ce silence de l'autre qui oblige à parler « dans le désert, chose que [Winnie n'a] jamais pu supporter[26] ».

C'est ici que se tiennent le plus souvent les personnages immobiles de Beckett, expérimentant un dialogue plutôt que rien, au risque (pas si grave ?) du malentendu : « Rien à faire[27] » se dit à lui-même Estragon fixé sur son rocher, parce qu'il ne réussit pas à retirer sa chaussure au tout début d'*En attendant Godot*, bientôt contredit avec tact par Vladimir qui parle, lui, de reprendre le « combat » de l'existence en général. C'est que Vladimir y croit encore, non seulement à l'existence, mais à la possibilité de jouer au dialogue, en jouant avec les mots. C'est l'énigmatique dédramatisation qui traverse toute l'œuvre de Beckett : il n'y a pas de rapport (sexuel ou autre) entre les sujets, et des sujets à eux-mêmes, et pourtant cela continue à *jouer*, entre eux et en eux, par le langage.

Le jeu sur les mots permet donc au tableau vivant de supposer l'existence d'un destinataire, en mettant en suspens l'adresse agressive le temps d'un poème ou d'un mot d'esprit. Le titre lui-même, *Pas*, est un premier jeu poétique envoyé au spectateur. Il réunit le positif et le négatif, la fin et le début, le premier pas d'un enfant qui apprend à marcher et le premier babillement, d'une négation adressée à l'Autre. Il s'agira bien pour cette femme à l'identité incertaine d'adresser un premier mot, mais aussi de retrouver le *plaisir* de sa profération poétique.

Le poème apparaît alors en exception des mots gelés du discours pervers – de l'ordre imposé, du geste calculé, des pas comptabilisés – qui piègent May, « pris[e] dans le dehors / Tel Bocca dans la glace[28] ». Ces mots paralysants semblent même accompagner sa disparition dans une glace ou une pénombre de plus en plus épaisse, qui enrobe May, la dépossède de tout, y compris de l'espace mental où elle se tient. La seule réponse, naïve, enfantine, d'évidence : trouver une issue, interrompre la voix perverse avec une autre voix, même depuis son émission elle-même. Seule une certaine modalité du langage, désirant sa propre beauté, semble ainsi échapper au « semblant » où tout est sur le point de se confondre, au moment de formuler l'inframince persistance du sujet : « Un blême fouillis de haillons gris blanc. Voyez-le passer. Voyez-la passer devant

26   *Ibid.*, p. 27.
27   Beckett Samuel, *En attendant Godot* [1952], Paris, Minuit, 2009, p. 9.
28   Poème de 1976 dans *Poèmes*, Paris, Minuit, 2002, p. 25.

le candélabre, comme ses flammes, leur clarté, telle la lune que voile une vapeur[29] ». Le frémissement sonore de cette bribe de poème évoque l'imperceptible verlainien (« le *bleu fouillis* des claires étoiles » dans son « Art poétique ») ou la cadence du « Balcon » de Baudelaire, bien assombri (« et les soirs au balcon, *voilés de vapeur rose* »). À cet instant, le moindre phonème compte : de « Voyez-le » à « voyez-la », l'objet du voyeurisme devient sujet, même si May parle d'elle-même à la troisième personne.

Dans la confusion des identités, un désir de jouer s'exprime donc dans l'épaisseur des mots, un peu moins piégeuse pour l'occasion. Troublant l'horreur pensive du tableau vivant, ce désir de sublimation dont témoigne cette trace poétique bute pourtant sur la disparition en cours de l'œuvre, comme sur la nécessité de dire la précarité la plus violente, et non son esthétisation éthérée dans l'éternité du poème. Faisons de cette pièce une performance, et la voix poétique qui anime le tableau vivant est alors un don *in extremis* au spectateur qui fait face à une œuvre en train de perdre son titre, en même temps que son contenu : la pièce (ne) s'appelle *Pas*. Ou bien est-ce une ruse comme celle d'Ulysse, qui se faisait appeler Personne face au cyclope aveuglé par lui, cet autre spectateur n'y voyant plus rien. La résurgence imprévue d'une trace de vie et de désir, un souffle (« fouillis ») à peine suggéré, vaut sans doute mieux que toute œuvre, dont personne ne croira d'ailleurs à l'existence réelle (tels les autres cyclopes, puisque « Personne » n'est passé par là). Bien loin d'ici, trop furtive pour être réifiée en idéal objet d'art, *Pas* s'identifie à un tableau vivant qui n'apparaît que pour mettre en jeu sa propre disparition. C'est qu'il s'agit aussi, et pas seulement pour le pire, d'inscrire ce tableau vivant dans le Temps, et de laisser la chance au poème d'apparaître comme une exception à la morosité du dispositif, produisant un don d'énergie depuis sa disparition même.

On aura donc rencontré deux combats où le tableau vivant joue le rôle d'une interface entre la perversion du dehors et ce qui résiste de l'intérieur : May ou Winnie en quête d'une trace de vie, y compris hors d'elles-mêmes (« il faut que ça bouge, quelque chose, dans le monde, moi c'est fini[30] »), et l'ouvrière godardienne, en lutte pour elle-même comme pour les autres. Le corps figé s'anime en formulant non pas une

---

29   Beckett Samuel, *Pas, op. cit.*, p. 14.
30   Beckett Samuel, *Oh les beaux jours, op. cit.*, p. 72.

parole propre, claire et distincte, mais une bribe de lyrisme inattendu. Ce lyrisme, concentré, détonant comme un événement discret mais décisif, interfère dans la scénographie perverse qui fixait le sujet dans le monologue de l'Autre. Le tableau vivant adresse donc au spectateur, son double pensif et incertain, un fragment de jouissance comme on passe un relais : profération d'un mot d'autant plus « vivant » et désirant, qu'il vient d'un autre langage ou d'un autre siècle, quand « ce qui m'est le plus intime, est justement ce que je suis contraint de ne pouvoir reconnaître qu'au dehors[31] ». En murmurant dans l'ombre ou en bégayant, leur désir de continuer produit ces légers déraillements où l'impuissance devient capacité retrouvée, l'abandon, continuation, et l'impasse, possibilité de s'animer à nouveau.

Ménager cette possibilité dans un film ou dans une pièce, c'est donner à entendre d'étranges modèles, inimitables et tout sauf exemplaires, pour la prise de parole de celui ou celle qui se taisait. Et si le tableau vivant s'évanouit enfin, c'est pour faire l'hypothèse d'une évasion toujours possible, même sur place, adressée à tous et à personne : « Si je disais, Là il y a une issue, quelque part il y a une issue, le reste viendrait[32] ».

Guillaume GESVRET

---

31 Lacan Jacques, *D'un Autre à l'autre*, Paris, Seuil, 2006, p. 225.
32 Beckett Samuel, *Textes pour rien*, Paris, Minuit, 2013 [1958], p. 175.

EXPLORATION D'UN TABLEAU VIVANT PAR UN MONOLOGUE SUR SCÈNE

« X in the river » dans Un mage en été

À l'origine de cette réflexion, un doute : peut-on parler de tableau vivant lorsque sur scène un comédien seul produit, par sa parole et par sa gestuelle uniquement, des images ?

Le texte est d'Olivier Cadiot, le comédien est Laurent Poitrenaux, et la mise en scène de Ludovic Lagarde. Il y a bien, à un moment, une envolée d'images visibles projetées dans la captation d'une représentation qu'on peut voir sur Viméo[1], mais celles qui m'intéressent ici sont les images verbales et gestuelles – tel est le mystère – que produit le comédien. Et tout particulièrement la première image, la seule peut-être à constituer véritablement un tableau vivant, celui d'une photographie de Nan Goldin, « Sharon in the river, Eagles Mere, PA, 1995 ».

Est-ce en raison de ce syntagme bizarre, des « images gestuelles », que l'idée de tableau vivant affleure ? Si l'on peut chercher chez Bernard Vouilloux ce qui peut faire tableau vivant, il faudra voir chez Arnaud Rykner comment le corps du comédien devient support – ou faut-il dire espace ? – de projection (si cette notion est maintenue). Les huit premières minutes du spectacle dressent en effet la photographie comme espace même de l'action, mais il faudra voir en quels termes, et quelle sorte d'action. Enfin on cherchera ce que nous dit du tableau vivant l'exploration qu'en fait le personnage.

Il faut noter d'emblée que cette mise en scène de 2010 ne recourt pas, comme tant d'autres pièces contemporaines, aux écrans de projection sur le plateau : les images, et en particulier la photo de Nan Goldin est tout entière remise à la parole et au geste du comédien : tableau vivant ?

---

1   Cadiot Olivier, Lagarde Ludovic, Poitrenaux Laurent, production La Comédie de Reims-CDN / coproduction Festival d'Avignon, IRCAM / Les Spectacles vivants-Centre Pompidou, Centre dramatique national Orléans, pour le festival d'Avignon 2010. Captation en ligne : *A magus in summer*, https://vimeo.com/87492440.

TABLEAU VIVANT FLUIDE

La pantomime du mage, dans la pièce, ne consiste certes pas vraiment à imiter des images, mais comme dans le récit poétique du livre[2], à les *produire*, « comme ça » (la formule est récurrente). À la première personne, le mage donne le ton : « Allez... Fermons les yeux. Je vois... une photo en couleur ». Celui qui se présente ainsi, délibérément, en tant que médium, est seul au centre de la scène, dans un espace obscur sans décor ni accessoire ; un double éclairage latéral renforce la perception qu'on a de ses gestes avec les ombres portées sur son costume blanc : veston sans manches sur chemise ton sur ton, bras longs, mains portées vers l'avant comme au-dessus d'une boule de cristal invisible – ou bien peut-être un clavier d'ordinateur dématérialisé. Il se tient ainsi debout, quasiment immobile.

La description de l'image qu'il effectue est assez précise pour qu'on reconnaisse « *Sharon in the river.* Eagles Mere, PA, 1995 » de Nan Goldin, photo en couleur d'une femme au milieu d'une rivière, dans l'eau jusqu'à la taille, les cheveux mouillés, les bras repliés devant la poitrine (« elle se prend toute seule dans les bras »). Il la nomme : « *X in the river* ». Toutefois on ne peut pas dire jusqu'ici qu'il l'imite : il la verbalise, il la convoque, il la décrit, il dit la voir. Mais un glissement s'opère par l'évocation des sensations générées par l'image : « Cette image réussit à traduire ce que ressentirait n'importe qui planté au beau milieu de l'eau d'un coup de baguette. Clic clac. Allez, je m'arrête » (02 : 06). L'empathie synesthésique transporte moins la situation – de l'image décrite au corps sur scène que l'on voit – qu'elle ne semble littéralement la diffuser. L'efficacité de cette propagation de la sensation en appelle dans le texte dit à deux suspens instantanés d'ordre différent, le coup de baguette magique et le déclencheur photographique (« clic clac »). Relevée du miroir de l'appareil Reflex presque simultanée, sitôt après, l'abattement de la baguette. Le comédien n'a pourtant presque pas bougé, pas physiquement prétendu le moindre geste de ces deux manipulations : ni pseudo appareil à l'œil, ni magistrale toquée de la baguette. Les impulsions souples des deux mains devant lui accompagnent

---

2   Cadiot Olivier, *Un mage en été*, Paris, POL, 2010.

seulement, sobrement, les métaphores de la transformation instantanée. « Elle se prend toute seule dans les bras et instantanément elle ne pense à rien. Ah! une idée subite. Je deviens une statue. Comme ça ». Dans un geste un peu ample sur le côté, il revient de face fermer les bras sur son torse (02 : 33) : « Je fais barrage. Ça s'organise autour. Des filaments doux. Des chaînes de molécules froides en fouet [...] ». Son regard, yeux fermés, balaie doucement, autour de lui dorénavant, l'eau invisible qui circule de part et d'autre de sa taille.

Tableau vivant ? Il va le tenir un peu plus de deux longues minutes, et le reprendra parfois, pas très souvent, durant l'heure et demie du spectacle. On devrait peut-être dire plutôt imitation vague, parce que le corps qui tient en effet la pose prescrite par la référence n'est pourtant pas figé : ni statue, ni cliché. Le mouvement souple de sa tête accompagne l'onde qu'il décrit : l'image formée par la description verbale obtient une présence hallucinante par l'effet vague de la (demi-)immersion jouée par la tête. Le corps du comédien imite ainsi à la fois l'image, par sa pose, et l'effet qu'elle produit, par le mouvement de sa tête.

Ce qui fait tableau vivant aussi, c'est ce geste préalable à la pose, comme s'il nous la découvrait en la découvrant : la pose est par ce mouvement introduite, à défaut d'être parfaitement conservée dans sa fixité. Le fait de s'écarter légèrement (du buste seulement) pour revenir de face relève de cette préparation propre au tableau vivant qu'observe Bernard Vouilloux dans ses occurrences au cinéma : « très souvent, c'est la révélation, le dévoilement de l'effet en lequel il consiste : le rideau de scène, en un *gestus* dramatique, s'ouvre sur le tableau qui s'est préparé derrière lui[3] ». Si la dramatisation du geste est bien présente, l'énergie du passage de seuil évidente, le geste est cependant remarquable par sa fluidité : on passe en souplesse du spectacle de l'image à son incarnation.

Le tableau vivant au théâtre « tend à "vectoriser" le regard. Il est une façon d'obliger acteurs et spectateurs à s'arrêter sur *ce qu'il faut voir*[4] », écrit Arnaud Rykner. Si ce dernier évoque plus loin une dimension ostensive du tableau vivant, force est de constater ici la banalité de la pose : tellement loin du *numen* du tableau historique, de l'instant fécond ou décisif

---

3   Vouilloux Bernard, « Le tableau vivant, entre genre et dispositif », *in Entre code et corps, Tableau vivant et photographie mise en scène*, sous la direction de Ch. Buignet et A. Rykner, *Figures de l'art*, n° 22, 2012, p. 95.

4   Rykner Arnaud, « Nature pas morte, vie pas tranquille : du tableau vivant à la photographie mise en scène », *in ibid.*, p. 31.

qui suspend l'action au moment précis de la modification d'une logique narrative : Sharon, immobile, debout, ne fait que tremper dans l'eau ! De plus, en cela tout à fait contraire au mutisme soudain du tableau vivant au théâtre ou au cinéma, le comédien qui tient vaguement la pose se caractérise par sa loquacité. C'est précisément cette durée longue du monologue à propos de la photo, alors même qu'il performe l'attitude arrêtée du personnage, qui emphatise l'image et fait de cette attitude souple tout le long conservée la « vivante imitation[5] » de la photographie.

Par ailleurs, le cadre du tableau vivant semble manquer ici. Arnaud Rykner[6] signale que dans la tradition du xixe des cadres matériels étaient installés sur scène, découpant le tableau avec netteté. S'il est un aspect important de l'art photographique, c'est bien le cadre et l'opération de cadrage qui découpe et compose l'image[7]. Or ici, justement, les bords autour du mage sont absolument flous : l'obscurité seule centre le personnage sur scène. Et d'ailleurs l'angle de vue de la photo de Nan Goldin n'est pas du tout respecté : impossible au théâtre, de fait, de traduire cette plongée sur Sharon au milieu de l'eau. Mais précisément cet angle de vue de la photo, et l'étroitesse de son cadrage qui ne permettait de voir que l'eau dans laquelle trempe la femme, se trouvent rejoués en quelque sorte par cette imitation vague dont on parlait plus haut : fluidité des mouvements, sensation de l'onde. L'absence de cadre matériel sur scène renvoie on ne peut mieux à l'effet produit par les choix photographiques qu'avait faits Nan Goldin pour présenter son sujet figé dans la rivière.

La fluidité du milieu contamine le sujet, qui se révèle moins fixe que prévu sous le regard du personnage qui le décrit et le performe :

> Ah je voudrais être à sa place. [...] Elle a l'air bien, là. Tellement bien qu'elle en oublie son corps. [...] Elle est enfin quelqu'un. Unisexe dans la force de l'âge. Une femme devenue homme. À force. Ou l'inverse. (03 : 08-03 : 37)

L'hypothèse de la versatilité du genre de la personne dans l'eau, cette ambiguïté nouvelle, accompagne la progression du regard porté sur l'image qui découvre de nouveaux détails et s'interroge. En même temps, la modification de la légende, « X *in the river* », avait dérobé

---

5   Selon l'expression de Goethe, rapportée par Arnaud Rykner, *ibid.*, p. 28.

6   *Ibid.*, p. 31.

7   Voir Philippe Dubois, *L'Acte photographique*, Paris, Nathan, 1990.

l'assignation de genre produite par le prénom Sharon. Remplacé par X, c'est pourtant bien lui, le prénom, qui faisait commencer la description par l'identification d'une femme : « Une femme. Un homme ? non. Une femme ». L'équivoque libérée par la modification de la légende de la photo permet aussi d'avancer la porosité entre le corps du comédien et celui de la personne dans l'eau : « à force », ils se mêlent, échangent leur genre. L'ellipse qui suit « à force » renferme peut-être malicieusement tous les discours sociaux du monde sur le genre, mais peut surtout aussi bien s'entendre comme « à force de regarder » qu'« à force de per-former ». Cette perméabilité de l'image qu'intensifie cette indifférence originale entre spectacle (à distance) et incarnation (du dedans), c'est bien la caractéristique du tableau vivant : « le tableau vivant [...] n'est là que pour être littéralement traversé par le corps », écrit Arnaud Rykner[8]. La grande originalité de celui-ci tient, de surcroît, au récit au présent de son expérience vécue et commentée à la première personne : la traversée, outre l'effet ressenti de l'eau, émeut ou mobilise même la référence, cette sorte de statue plantée dans l'image fixe.

Le statut de l'image fixe aussi bien s'en trouve changé, tant l'image, sous le regard, suite au « je vois » liminaire, lance son aventure propre – leur aventure, à l'image et au regard –, avec ce lot de projections, de sensations qui passent et activent, animent, aussi bien, finalement, celui qui regarde que la figure réifiée dans la photo. (Et parce que c'est une photo et non une image peinte ou dessinée, il faudrait dire : réactivent, réaniment). Dès lors le tableau vivant pourrait, dans sa formule, signifier cet échange qui a lieu quand regard et image fixe s'animent récipro-quement. Le mage sur scène ne ferait ainsi que raconter et jouer ce qui se passe dans le regard photographique, le flux qui les rapproche et qui génère l'espace intermédiaire où ils se rencontrent. Le tableau vivant figurerait, d'une certaine manière ici représentée, ce lieu de passage, de réflexivité immédiate, décidément merleau-pontyen[9].

---

8 Rykner Arnaud, « Nature pas morte, vie pas tranquille : du tableau vivant à la photo-graphie mise en scène », art. cité, p. 35.

9 « L'eau elle-même, la puissance aqueuse, l'élément sirupeux et miroitant, je ne peux pas dire qu'elle soit dans l'espace : elle n'est pas ailleurs, mais elle n'est pas dans la piscine. Elle l'habite, elle s'y matérialise, elle n'y est pas contenue, et si je lève les yeux vers l'écran des cyprès où joue le réseau des reflets, je ne puis contester que l'eau le visite aussi, ou du moins y envoie son essence active et vivante. C'est cette animation interne, ce rayonnement du visible que le peintre cherche sous les noms de profondeur, d'espace,

ÉPUISEMENT DU TABLEAU VIVANT

Surtout ce tableau vivant liminaire sert non seulement de point de départ mais aussi de structure, à proprement parler de cadre, à la pièce. À la description et performance de la photographie vont succéder les possibilités ouvertes par l'investissement dans l'image et son investigation. Il n'y a et il n'y aura qu'un seul tableau vivant dans la pièce[10] : « *X in the river* », du début à la fin, mais ce dernier est perforé par des effets d'intermédialité et exploré sous tous les angles de vue qu'il peut susciter chez le mage.

D'abord, l'évocation des analogies, inévitables effets d'intericonicité que génère une image regardée :

> On dirait un charpentier faisant disparaître de son torse la sueur et la sciure. Un conquistador fait sa pause déjeuner. Saint Sébastien, tranquille, avant les flèches. On dirait un hongre, une jument avec ses cheveux de crin. Un cheval de bois. Une statue de chair. On dirait toujours autre chose, c'est drôle (04 : 05-04 : 30).

Vertige du « musée imaginaire[11] » et de la convocation intermédiale qui vient situer « *X in the river* » dans une lignée, ou plutôt dans un flux de souvenirs d'autres images, qui seront gestuellement seulement esquissées. Le mage se détache en effet par le mouvement de son buste et de ses bras de la vague pose liminaire qu'il avait tenue deux minutes entières. L'accumulation des comparaisons mixe des références de tous ordres, comme compilées : images d'enfance, catéchisme et manège, jusqu'à la « statue de chair » qui, en chiasme avec le « cheval de bois », clôt l'énumération impossible des images gelées qu'engendre « *X in the river* ».

Dans ce mixage, à l'échelle même de la phrase, la rencontre abrupte dans la proposition simple du conquistador et de la pause déjeuner

---

de couleur » (Merleau-Ponty Maurice, *L'Œil et l'Esprit*, Paris, Gallimard, « Folio essais », 1964, p. 70-71).

10   Il y a en réalité quelques ruptures (« Excusez-moi, là. J'ai une nouvelle vision » : 26:20), davantage marquées dans le spectacle que dans le texte publié chez POL, mais on revient toujours à la femme et la rivière.

11   Malraux André, *Le Musée imaginaire*, Genève, Skira, 1947.

fait crépiter l'image forte telle qu'elle est définie par Reverdy[12]. Le
conquistador lève en effet tout un imaginaire de galions, d'aventures,
de nouveaux mondes, de barbiche à la Cervantès et de casque clinquant,
lors même que la pause déjeuner évoque la médiocrité du quotidien
d'un salariat contemporain. Le déterminant indéfini « un » introduit
les images en tant que telles : surgies brusquement dans leur intégralité, extraites de logiques narratives dont on n'a pas le premier mot, à
la façon d'un clic à l'écran, ou puisqu'il le prétend à d'autres moments,
d'une vision soudaine du médium. L'évocation du Saint-Sébastien est
tout à fait différente : le nom du saint est lié à son martyre, une pose
très spécifique devenue iconique par sa répétition dans l'iconographie
religieuse – et kitch. L'altération faite à l'icône n'est pas mineure ici qui
le saisit « avant » le supplice : comment pourrait-on le reconnaître sans
les mains liées dans son dos au poteau qui l'entrave, sans les flèches
qui le percent ? Cet « avant » le rend tout à fait méconnaissable, anonyme, ordinaire, et le rapproche de fait de X avec ses bras repliés sur
sa poitrine, comme n'importe qui pourrait en être rapproché. L'adjectif
« tranquille » en incise achève d'aplatir le grand registre avancé pour
le rendre quelconque.

La référence, si elle ne sert en rien, donc, la crédibilité d'une analogie
légitime, a une autre fonction. Arnaud Rykner signale la visée didactique
du tableau vivant à l'époque du développement du genre au théâtre :

> On voit que la fonction du tableau est double : il vise d'une part à désigner
> ce que le public doit garder comme image forte de la pièce, d'autre part à
> l'inciter à puiser dans un fonds iconographique commun[13].

« Saint-Sébastien [...] avant les flèches » convoque et retourne, de la
même manière que le conquistador à la pause déjeuner, l'iconographie de la
haute culture pour en faire du banal. Si l'ironie est plaisante, non loin des
assemblages postmodernistes qui montent ensemble tympans grecs et têtes

---

12   L'image selon Reverdy « est une création pure de l'esprit. Elle ne peut naître d'une
     comparaison mais de deux réalités plus ou moins éloignées. Plus les rapports des deux
     réalités rapprochées seront lointains et justes, plus l'image sera forte – plus elle aura de
     puissance émotive et de réalité poétique. [...] Une image n'est pas forte parce qu'elle
     est *brutale* ou *fantastique* – mais parce que l'association des idées est lointaine et juste »
     (Reverdy Pierre, *Nord-Sud*, mars 1918, Paris, Jean-Michel Place, 1980).
13   Rykner Arnaud, « Nature pas morte, vie pas tranquille : du tableau vivant à la photo-
     graphie mise en scène », art. cité, p. 31.

de Mickey[14], on constate en tout cas l'actualité flagrante d'une conception de la culture visuelle contemporaine. A. Rykner écrit encore : « Il est clair qu'une fonction didactique (qui allie effet pathétique et fait de culture) préside au développement d'un genre qui fait du théâtre une succursale du musée[15] ». À l'effet pathétique près (le mage tendant plutôt à nous faire sourire), le tableau vivant contemporain ratifie de même la culture visuelle propre à son époque, caractérisée par un déversement continu et mélangé d'images vernaculaires précipitées parmi celles de la haute culture.

D'ailleurs, où situer la photo de Nan Goldin, référence fondatrice de la pièce, parmi ces classes sociales de la culture ? L'artiste américaine vend cher depuis une vingtaine d'années, mais la culture photographique relève encore, on le sait, moins d'une culture des beaux-arts que des pratiques communes (Baudelaire disait – dirait encore sans doute aujourd'hui – « vulgaires[16] », et Bourdieu parlait cent ans plus tard encore d'« un art moyen[17] »). Performer le Saint-Sébastien des peintres, *pendant* les flèches, eût été s'intégrer dans une culture mieux bourgeoise et installée, sans doute, que de référer à l'œuvre d'une artiste photographe.

Faut-il rappeler de plus que la photographie a précisément été le médium responsable historique de cette prolifération des images ? Walter Benjamin en a notoirement traité les conséquences quant à la reproductibilité technique des œuvres d'art ; et avant lui Barbey d'Aurevilly fustigeait en aristocrate le pullulement démocratique des portraits :

> […] jamais pluie de grenouilles véritables ou de crapauds réels n'égala en nombre les photographies de ces grenouilles humaines ou de ces crapauds humains qui grouillent présentement aux vitrines des marchands […][18].

Depuis le XIXe siècle, les vitrines sont devenues des écrans, et la pluie de photographies s'est muée en un flux continu sur le web 2.0 : une

---

14   *Learning from Las Vegas*, sous la direction de R. Venturi, D. Scott Brown, S. Izenour, Cambridge, MIT Press, 1976.

15   *Ibid.*

16   Baudelaire Charles, *Salon de 1859. Le public moderne et la photographie*, in *Baudelaire critique d'art*, Paris, Gallimard, « Folio », 1992.

17   Bourdieu Pierre et alii, *Un art moyen. Essai sur les usages sociaux de la photographie*, Paris, Minuit, « Sens commun », 1965.

18   Benjamin Walter, « L'œuvre d'art à l'ère de la reproductibilité mécanique », *in Œuvres*, t. 3, éd. et trad. de M. Gandillac, R. Roschlitz et P. Rusch, Paris, Gallimard, « Folio », 2000 [1936] ; Barbey d'Aurevilly. *Cent manières d'être ridicule* [1867], éd. de J.-M. Parisis, Paris, Flammarion, « Garnier Flammarion », 2015, n.p.

rivière exactement poursuit la métaphore élémentaire de Barbey à l'ère numérique. L'outil de circulation ultra-rapide des images permet leurs offres comme leurs demandes instantanées, et fluides.

De X ou de l'image (car le pronom féminin est équivoque, autant qu'on est forcé de confondre dans le tableau vivant le corps du mage et l'image qu'il performe), le mage constate : « Elle est toute simple et elle me complique la vie. [...] Elle se multiplie. Elle envoie des signaux. Elle ouvre des boîtes à l'infini » (04 : 35). *Pop up* incontrôlés ? À la virtualité du conditionnel d'« on dirait » paraît répondre la génération automatique des images virtuelles à l'écran. C'est littéralement l'exponentielle de l'image qui est décrite ici :

> subst., *une exponentielle,* dont l'image, notée a^x, tend rapidement vers l'infini à raison de légères variations de la variable x. La fonction exponentielle décrit un certain nombre de processus physiques, biologiques et économiques[19].

On commence à voir clairement, encore d'autre manière, la pertinence de la substitution de X au prénom de Sharon : elle autorise en effet ce traitement mathématique en inconnue et favorise une conception de l'image, prise ici à la lettre, qui fait d'elle un processus, une dynamique de variations réglée. Deleuze n'est pas loin, de fait, et on le trouvera précisément cité plus loin. Mais déjà, si l'image de référence est conçue comme relation dynamique, en même temps que comme variable, X *in the river* complique sérieusement la question déjà délicate du tableau vivant. Comment en effet, dans ce flux de sensations (le froid, le chaud, les bruits, les couleurs et leurs nuances abondent dans le discours du mage), ces variations infinies, conserver quelque chose qui s'apparente encore à l'immobilité propre au tableau vivant ?

---

19 https://www.cnrtl.fr/definition/academie9/exponentiel, consulté le 12/11/2020.

TABLEAU VIVANT DYNAMIQUE,
« À LA FOIS IMMOBILE ET RAPIDE » (05 : 40)

« Elle fait bloc et l'eau file comme ça autour » (04 : 40). Avec l'intertexte deleuzien qui court dans *Un mage en été*, le mot « bloc » est une déflagration : c'est en effet la définition de l'œuvre d'art dans *Qu'est-ce que la philosophie ?* que le philosophe a signé avec Félix Guattari. L'œuvre d'art est « un bloc visuel et sonore » : « L'art conserve, et c'est la seule chose qui se conserve. [...] Ce qui se conserve, la chose ou l'œuvre d'art, est *un bloc de sensations, c'est-à-dire un composé de percepts et d'affects*[20] ».

Dans *Logique de la sensation*, pour parler de Francis Bacon, Deleuze avait défini la Figure (celle introduite par Cézanne) comme

> [...] la forme sensible rapportée à la sensation. [...] à la fois je *deviens* dans la sensation et quelque chose *arrive* par la sensation, l'un par l'autre, l'un dans l'autre. Et à la limite, c'est le même corps qui la donne et qui la reçoit, qui est à la fois objet et sujet. Moi spectateur, je n'éprouve la sensation qu'en entrant dans le tableau, en accédant à l'unité du sentant et du senti[21].

On avait déjà reconnu la phénoménologie merleau-pontyenne dans la description, plus haut, du regard photographique, mais la sensation deleuzienne précise la dynamique réciproque en même temps que le bloc que constitue X ou l'œuvre d'art dans le tableau vivant liminaire. X et l'eau font bloc, tous deux donnés à la fois comme immobiles et dynamiques : « J'aime reconstituer le mouvement de l'eau. C'est à la fois immobile et rapide. Ah je sais très bien imiter qui je veux quand ça me chante » (05 : 28) et « Notre baigneuse est toujours là, en plein courant [...] toujours immobile » (05 : 40). La satisfaction déclarée à « imiter qui je veux quand ça me chante » répète en outre plaisamment le fameux chiasme du sentant et du senti merleau-pontyen comme compétence du mage, tout en mettant l'accent sur la dimension sonore du spectacle[22]. Pour que tableau vivant il y ait, donc, le mage sait imiter

---

20   Deleuze Gilles et Guattari Félix, *Qu'est-ce que la philosophie ?*, Paris, Minuit, « Critique », 1991, p. 154.

21   Deleuze Gilles, *Francis Bacon. Logique de la sensation*, Paris, Seuil, 1981, p. 39-40.

22   Outre la musique et certains bruits parfois, la voix de Laurent Poitreneaux est modifiée pour faire entendre celle d'un autre personnage qu'il imite : villageoise anonyme ou plus

aussi bien X que l'eau, le bloc à la fois immobile et rapide que l'image photographique constitue.

AUTOMATIQUE

Quant à « entrer dans le tableau », c'est bien le programme : « Allez je la rejoins » (06 : 30) ; « On peut se balader dans l'image sans effort. C'est presque machinal » (08 : 00). Mais ce programme a été introduit par une nouvelle référence deleuzienne, cette fois aux travaux du philosophe sur le cinéma, c'est-à-dire l'image-mouvement, et à cette « subjectivité automatique de la caméra » qu'il emprunte à Epstein[23].

Parmi les exemples qu'il donnait de tableaux vivants au cinéma, Bernard Vouilloux cite de fait l'effet possible d'un mouvement de caméra, « susceptible d'être obtenu avec les plans tournants qui enveloppent dans un mouvement giratoire des personnages immobiles comme dans *L'Année dernière à Marienbad* (1961)[24] ».

Cette interaction du mouvement de la caméra et des figurants figés ne fonctionne en réalité que dans la mesure où le mage circule et se faufile, comme une caméra, à l'intérieur de l'image, mais celle-ci est désertée : poissons, flore, faune, l'image est devenue un paysage. Parce que le mage lui-même s'est transformé : « je suis un poisson en tenue de camouflage » (06 : 40). Est-ce qu'un paysage vu par un poisson, paysage dans lequel ce poisson se trouve, peut encore être considéré comme un tableau vivant ? Bernard Vouilloux statue clairement sur la condition absolue de la présence d'une figure humaine en scène de genre ou en tableau d'histoire pour faire tableau vivant ; mais si l'animal représenté est incontestablement ce sujet humain de l'image – dans un

---

loin Adorno ou Nietzsche. Là encore, il y a trouble avec ce recouvrement imparfait d'une voix fictive par l'autre qui l'imite et s'en trouve (techniquement, de manière patente) modifiée. Il serait trop long d'ajouter cet aspect à notre analyse ; notons cependant que du texte publié en livre à celui de la pièce, la dimension sonore a été largement augmentée : bien des références visuelles se sont muées en évocations du son. Et le mage découvre que X est, plutôt que physicienne, chanteuse...

23   Deleuze Gilles, cours du 30 octobre 1984-4, accessible en ligne : http://www2.univ-paris8. fr/deleuze/article.php3?id_article=6, consulté le 12/11/2020.

24   Vouilloux Bernard, « Le tableau vivant, entre genre et dispositif », art. cité, p. 94.

devenir-animal que Deleuze encore reconnaîtrait ? Et si « la caméra, c'est la subjectivité automatique » ?

Les métamorphoses du mage sont multiples et fluides, changement de couleur, de forme, de matière : le tableau vivant dans lequel il a plongé est on ne peut plus vivant… Mais c'est le caractère automatique, « machinal » dit-il, de cette transformation, dès qu'il a plongé dans le tableau (la photographie), qui interroge. La transition est immédiate :

> Vous me direz, mais être réduit à l'état d'automate, c'est bon ça ? Évidemment que c'est bon, évidemment que c'est bon. Mais pourquoi c'est bon ? Pourquoi c'est notre rêve à tous ? Ça a toujours été le rêve : un automate qui crie. Pourquoi ? En quoi c'est le rêve ça ? (05 : 25)

Malgré la suppression de l'adjectif « spirituel », si important dans le concept d'«automate spirituel» dans les deux ouvrages de Deleuze sur le cinéma (et l'éviction plus inoffensive de la référence à Bazin), on reconnaît le texte, cité mot pour mot, du cours du 30 octobre 1984[25] dans lequel Deleuze expliquait que

> ce qui fonde la rencontre de l'image cinématographique et de la pensée, c'est l'automatisme de l'image cinématographique. […] Le mouvement de l'image cinématographique est un auto-mouvement. Auto-mouvement, elle se meut d'elle-même par elle-même, c'est ça que j'appelle le caractère automatique de l'image cinématographique. Or c'est en tant qu'image automatique que l'image cinématographique sollicite l'image de la pensée[26].

Dès lors, il apparaît qu'on n'a pas quitté le tableau vivant, mais qu'un nouveau registre sémiotique, celui du cinéma, confère à ce dernier une toute autre allure : mobile, auto-mobile. Le mage se déplace (sans jamais quitter sa place centrale sur scène) dans l'espace du tableau, et les deux (si tant est que cette dissociation soit maintenue dans le sentant-senti) s'en voient mécaniquement transformés.

25	Deleuze dit : « Automate spirituel, automate spirituel, alors c'est ça, le cinéma ne serait pas seulement l'image automatique, il serait le corrélat de l'image automatique et de l'image de la pensée, c'est à dire la corrélation de l'image automatique et de l'automate spirituel qui lui correspond. Vous me direz : mais être réduit à l'état d'automate spirituel, c'est bon ça ? Évidemment que c'est bon, évidemment que c'est bon. Mais pourquoi que c'est bon, ça a été notre rêve à tous, du moins notre rêve de la pensée, c'est ça que Duhamel ne savait pas, ça [a] toujours été le rêve de la pensée. Un automate qui crie. Pourquoi ? C'est ça qu'il faut voir maintenant, en quoi c'est le rêve de la pensée, ça ? » (cours du 30 octobre 1984).

26	Ibid.

Tableau vivant limite, donc, au sens où justement ce dernier rend ses limites perméables : le cadre de la photo est franchi, l'immobilité de son sujet démentie par la sensation. Pourtant, sur scène, se maintient tout au long de la pièce quelque chose de fixe qui contribue de manière fondamentale à cet effet de tableau vivant. C'est le corps du comédien, sa centralité invariable sur le plateau, l'économie extrême de sa gestuelle, et ses yeux fermés.

ANTI-THÉÂTRALITÉ

En effet, l'attitude du mage et ce, jusque dans le discours qu'il tient (et performe), est à l'évidence « un moyen de neutraliser, voire de nier, la présence du spectateur pour que puisse s'établir la fiction qu'il n'y a, en face du tableau, personne[27] ». L'absorbement, théorisé par Michael Fried comme stratégie de l'anti-théâtralité de la peinture moderne, se trouve parfaitement illustré par l'activité solitaire du voyant sur scène, concentré sur sa pratique, qui est la vision. L'absorbement condense et referme le tableau, lui qui sur la scène n'a pas de cadre visible. Cette solitude du sujet (on parle donc ici aussi bien du mage que de Sharon : on parle de X), cette autonomie liée au monologue, sont d'autant plus prégnantes que le mage n'a de cesse de s'enchanter de ses aptitudes : « mon doigt ouvre des paroles. Si c'est ça, être voyant, c'est bien » (08 : 30) ; « je peux mélanger mes images préférées à celles de tous, c'est merveilleux » (12 : 10), etc. De sorte que même le pronom pluriel « nous » qu'il utilise parfois (« Essayons ») ne semble pas tant nous inclure que recouvrir le pluriel rhétorique d'une démonstration magistrale (tous les essais seront des succès) ; et l'interlocution qui en appelle au « vous » comme aux formes interrogatives accentue certes la dimension spectaculaire, mais avec ce monologue qui commence les yeux fermés, le mage nous ignore, l'artifice clôt le tableau : image *per se*[28].

---

27 Fried Michael, *La Place du spectateur. Esthétique et origines de la peinture moderne*, Paris, Gallimard, 1990, p. 20.

28 Mais là encore, il s'agit d'une dynamique : le mage sort parfois du tableau pour nous parler et y retourne : « allez ».

L'injonction première, « Allez. Fermons les yeux », forme cette clôture au visible qui dresse le cadre de l'image autour de lui, le plaçant au centre, comme il l'est effectivement sur la scène. Si une caractéristique du tableau vivant au théâtre est selon Arnaud Rykner « une façon d'échapper au supposé "propre" du théâtre [...] », on observe d'emblée cette rupture ici, qui déconfine l'espace scénique visible pour l'étendre à l'espace mental, proprement visionnaire, du personnage central, tout en le clôturant : seule sa vision sera donnée. Focalisation interne sur image intériorisée, pas d'extérieur, et ce malgré tous les mouvements décrits par la suite : déplacements analogiques, fuites par la légende[29], métamorphose réciproque de X et conséquemment de leurs paysages, assomption de soi finale du mage nageant dans la rivière... Tous ces mouvements sont souplement esquissés par les gestes du mage, tantôt minimes mouvements de caméra, tantôt amples mouvements du sujet transformé en poisson ou en moissonneur, chutant d'un séquoia géant ou imitant Adorno imaginant Nietzsche jouant au golf...

Cette gigantesque virtualité, jubilatoire, demeure close sur elle-même, conservant toujours, de près ou de loin, exactement comme le comédien sa place centrale, jamais quittée au sol au-delà de vingt, peut-être trente centimètres, son attache au tableau vivant liminaire. Cette attache tient ainsi parce qu'elle est physique en plus d'être verbale : c'est juste une expansion, une fuite dans tous les sens du bloc liminaire.

Dans cette conception-là de l'image, deleuzienne, le tableau vivant ne peut être pris que dans un jeu de forces. C'est d'ailleurs ce sur quoi s'accordent les théoriciens de manière générale[30], qui voient dans les tensions que le tableau vivant met en œuvre le fait même de son charme. L'originalité de celui-ci semble tenir, on l'a vu, à la liquidation littérale de la référence, par les flots d'images gelées et mélangées. Ceux-ci, plutôt qu'ils n'animent seulement l'image fixe, révèlent en réalité son fonctionnement dynamique, sa nature hybride et mouvante.

---

29   Le texte aussi joue d'effets d'analogie, exploitant aussi la légende complète de la photo-graphie « *Sharon in the river*, Eagles Mere, PA, 1995 ». J'ai décrit ces déplacements liés à la recherche par mots-clés (le web croisant associations d'idées du registre de la psycha-nalyse dans cette exploitation des signifiants), dans « Démontages de l'e-mage (Olivier Cadiot) », dans la revue *Textimage* (dir. Olivier Leplatre), accessible en ligne : http:// revue-textimage.com/conferencier/06_montage_demontage_remontage/guilbard1.html

30   Bernard Vouilloux et Arnaud Rykner, en tout cas, qui nous ont guidée tout au long de cette analyse.

La liquidation vaut pour la nature de l'image envisagée d'un point de vue phénoménologique (« j'ai le corps de mes idées, je les mime, je les anime, je les envisage » : 32:00), mais aussi d'un point de vue sociologique avec le fonds iconographique commun convoqué qui balaie les échelles réifiées de la haute et de la basse culture, en montage fluide visé par un travelling (« je me compresse, je me décompresse » : 37:20).

Ce tableau vivant semble enfin remarquable, surtout, en ce que sa verbalisation qui accompagne ou dicte la performance, manœuvre comme par dilatation, par augmentation, l'image référente, comme le mage dit avoir « agrandi [s]on cerveau à la taille de [s]a chambre » (36:30). La photographie de Nan Goldin, « *Sharon in the river* », s'étend ainsi, dans le temps et l'espace du spectacle, sous toutes ses coutures, développant les figures comme les sensations qu'elle génère. Ce n'est pas la moindre des tensions que provoque ce savoir-faire, le déferlement cliché des images contemporaines ne s'effectue ainsi que par le texte dit par le corps : images jamais visibles, toutes poétiques, avec un corps sur scène presque immobile pour les dire et les faire. Sans écran accessoire pour produire l'épiphanie référentielle, c'est le *texte vif* qui fait le tableau vivant, le développe en le condensant, et le définit très normalement comme image plate reprise en volume. Après Deleuze et ses images automatiques, l'abondant vocabulaire optique et de technologie numérique qui travaille tout le texte permet peut-être de préciser finalement le format singulier de ce théâtre essentiellement littéraire qui permet l'image réalisée aussi bien que visitée sur scène : un tableau vivant augmenté.

Anne-Cécile GUILBARD

LE VOILE TOMBÉ

Sculptures vivantes dans les cinémas indiens

> Lorsqu'elle consentait à donner une représentation, elle se munissait de deux ou trois shalls de cachemire, d'une urne, d'une cassolette, d'une lyre, d'un tambour de basque. Avec ce léger bagage et dans son costume classique [une tunique blanche ceinte autour de la taille], elle s'établissait au milieu d'un salon. Elle jetait sur sa tête un shall qui, traînant jusqu'à terre, la couvrait entièrement, et ainsi cachée se drapait des autres. Puis elle le relevait subitement, quelques fois elle s'en débarrassait tout à fait, d'autres fois, à moitié enlevé, il entrait comme draperie dans le modèle qu'elle représentait. Mais toujours elle montrait la statue la plus admirablement composée[1].

Les attitudes de Lady Hamilton (fin XVIIIe) ainsi racontées par la Comtesse de Boigne procèdent d'un dévoilement. D'une masse surgit et se déploie la forme. L'exposition du corps semble en outre suivre un principe d'intermittence avec le battement entre apparition et disparition rythmé par le *shall* l'enveloppant / la révélant[2]. Cette intermittence est à la base de la mécanique du cinéma et d'une prédilection pour le jeu du montré/caché dans la mise en scène comme dans les plis et replis du montage. J'aimerais ici repartir de ce mode singulier d'exposition de sculptures vivantes proposé par Lady Hamilton et interroger sa réinterprétation par les formes filmiques, analyser la différence et les interactions entre les « formes immobiles et les formes mobiles » qui fondent la composition en cinéma selon la terminologie d'un des premiers théoriciens, Victor O. Freeburg dans *The Art of Photoplay Making* (1918).

---

1   Comtesse de Boigne, *Mémoires...*, éd. J-Cl. Berchet, Paris, Mercure de France, 1986, t. 1, p. 91-92, citée par Bernard Vouilloux (*Le Tableau vivant. Phryné, l'orateur et le peintre*, Paris, Flammarion, 2002, p. 17).

2   B. Vouilloux cite via Hugo (*Choses vues. Souvenirs, journaux, cahiers*, éd. H. Juin, Paris, Gallimard, « Folio », 1997, p. 391) un autre exemple d'intermittence avec « un double dispositif de rotation linéaire des tableaux se succédant les uns aux autres par composition, décomposition et recomposition des groupes » (Vouilloux Bernard, *Le Tableau vivant. Phryné, l'orateur et le peintre, op. cit.*, p. 30)

On pourrait penser à première vue que la composition cinématographique n'est concernée que par les formes mobiles. Ce n'est pas le cas. Quelques tests révéleront vite à chacun d'entre nous que dans bon nombre d'actions, réelles ou cinématographiées, il y a un moment, plus qu'un mouvement, qui impressionne l'œil et reste en mémoire. Dans de telles actions, l'esprit retient toujours un instant statique, ou un tableau, plutôt que les mouvements qui nous y conduisent ou nous en éloignent[3].

Si ce « tableau » n'est pas à confondre avec le tableau vivant dont la pratique est contemporaine du théoricien comme l'a rappelé Marion Polirsztok dans la préface de sa traduction[4], l'effet-tableau ou « moment » repéré par l'œil du spectateur est aussi décisif pour le spectateur des attitudes ou de la tradition des « tableaux mis en action » et « tableaux fugitifs[5] ». On retiendra de Freeburg que le spectateur du film ne cesse d'*accommoder* entre perception des formes mobiles et immobiles. Cette tension est d'autant plus exacerbée quand le film même joue sur la dualité fixe/animé que ce soit par la mise en scène ou certaines formes de montage comme l'insert qui rompt brièvement la dynamique.

Le jeu du « shall » de Lady Hamilton invite à suivre les reprises de ce geste du dévoilement qui traverse les âges et les cultures et semble fonder le dispositif du tableau vivant notamment avec la révélation par Hypéride de la nudité de Phryné devant l'Aéropage, « scène première » sur laquelle il faut toujours revenir selon Bernard Vouilloux[6]. J'aimerais ici ouvrir le contexte de cette reprise, en passant du dévoilement de la courtisane grecque qui vivait au IVe siècle avant Jésus-Christ à celui d'une courtisane d'un Empereur moghol à la fin du XVe siècle mise en scène dans le film hindi de Kamuddin Asif, *Mughal-e-Azam* (1960), et plus largement en considérant un mode de représentation qui a large-ment nourri l'histoire et la théorie de l'art occidental avec les formes de l'immobilité dans les pratiques théâtrales, chorégraphiques et filmiques proprement indiennes.

3   Freeburg Victor Oscar, *L'Art de faire des films*, trad. fr. M. Polirsztok, Paris, Garnier-Flammarion, 2021, p. 80. Voir *The Art of the Photoplay Making*, New York, The MacMillan Company, 1918, p. 12. (https://archive.org/details/artofphotoplayma00freerich/page/n7/mode/2up).

4   Polirsztok Marion, préface à la traduction de Freeburg, *L'Art de faire des films, op. cit.*

5   Vouilloux Bernard, *Le Tableau vivant. Phryné, l'orateur et le peintre, op. cit.*, p. 15.

6   *Ibid.*, p. 280.

Mughal-e-Azam : Une statue dissimulée par un rideau de perles a été exposée sur une terrasse du palais de l'empereur Akbar, au point de symétrie des colonnes et arcs de l'architecture qui forment un écrin. Son dévoilement fait l'objet de toute une mise en scène : d'une part, elle est un présent pour le prince Salim revenant du champ de bataille, d'autre part, elle devient l'enjeu d'une rivalité entre les courtisanes. Le moment de son apparition est retardé et attise l'impatience du spectateur à découvrir l'œuvre du sculpteur qui a déclaré relever le défi de créer une statue qui fascinera le prince. L'assemblée est réunie devant la scène-terrasse, Akbar et Salim entrent pour assister à sa découverte. Alors, Bahar, l'intrigante du palais, présente un arc au prince et annonce : « On raconte des histoires de statues dévoilées en tirant une flèche... ». L'empereur, appréciant le challenge, demande à son fils si « les histoires sont faites pour devenir vraies ». Salim s'exécute. La musique dramatise le champ-contrechamp entre l'archer et sa cible jusqu'au moment où le fil est rompu et le rideau de perles tombe pour révéler la statue d'une jeune femme. Sous l'enveloppe nacrée des perles apparaît une « chair de marbre » (Zola). Un voile sur sa tête recouvre ses épaules, le drapé se mêlant aux plis de sa jupe. Tandis que Salim reste stupéfait, l'Empereur « immobile d'admiration[7] » déclare dans le silence de l'assemblée : « Un ange descendu du ciel taillé dans le marbre ». Une mélodie rompt le silence et la statue l'immobilité du plan en saluant l'empereur et en lui répondant : « Pas un ange mais un être humain ». Moment de bascule entre la femme statufiée et la statue vivante. Le spectateur savait que le sculpteur n'avait pas eu le temps de terminer son œuvre pour le retour du prince et avait demandé à son modèle d'en être la doublure. L'appréciation d'Akbar confondant la chair et le marbre réactive pour moi

> l'histoire de Phryné [qui] est une histoire de types, de moules, de matrices. [...] [Son] nom est lié aux œuvres qui imitent exactement un modèle unique[8] [...] Phryné serait le nom laissé à ce fonctionnement des corps, à leur mise en forme, à cette trans-figuration du modèle en image comme à un certain mode, pour le corps vivant, de faire tableau[9].

---

7   Lucien, *Imagines*, 1, cité par Bernard Vouilloux, *ibid.*, p. 11.
8   « Elle passait pour avoir servi de modèles à deux des œuvres des plus célèbres de l'Antiquité, *l'Aphrodite de Cnide* sculptée par Praxitèle et *l'Aphrodite Anadyomène* peinte par Apelle » (*ibid.*, p. 13).
9   *Ibid.*, p. 12 et p. 15.

Plus généralement, cette ambiguïté visuelle renvoie au

> soupçon d'une toujours possible double nature des choses derrière leur appa-
> rence, [au] sentiment de la présence, dans ce que nous rencontrons, de son
> contraire. Sous le vivant, le mort, sous le mort le vivant, sous le végétal
> l'animal, sous le minéral l'humain ou le vivant, sous la nature les dieux, sous
> le mouvement l'inertie, sous le calme la tempête, sous ce qui est rassurant la
> menace, sous la quiétude du familier l'inquiétant[10].

Le trouble entre l'artefact et la vie a d'ailleurs animé une séquence
précédente de *Mughal-e-Azam* au moment de la commande de l'œuvre
pour le prince dans l'atelier du sculpteur. Celui-ci y déclarait que ses
œuvres disent la vérité, c'est pourquoi les empereurs et les princes ne
peuvent les apprécier. Désignant un haut-relief où Akbar sur sa monture
se détache au-dessus du champ de bataille, il ajoutait : « Le sang versé
de tant d'innocents pour la victoire d'un seul homme ». Il s'engageait
ensuite à réaliser « une sculpture sans pareille devant laquelle un soldat
déposerait ses armes, un empereur sa couronne et un homme son cœur ».
La vérité politique se double, avec la sculpture vivante, de la vérité du
procédé de fabrication ou « soupçon qu'elle aurait été obtenue non par
report mais par moulage[11] ». D'ailleurs, le gros plan sur le visage du
jeune modèle laisse apparaître les aspérités du plâtre qu'Akbar a pris
pour du marbre, comme pour révéler une étape intermédiaire du processus, troublant la distinction entre le modèle et l'artefact. L'échange
entre Akbar et la jeune femme se clôt encore sur cette ambiguïté de la
vérité, sur la double apparence des choses qui va nourrir toute la fiction :

> AKBAR. – Comment as-tu pu rester immobile alors que la flèche te visait ?
> LA STATUE. – Je voulais savoir si les histoires peuvent devenir vraies.
> AKBAR, *séduit.* – Qu'elle compte parmi les courtisanes du palais et porte le
> nom d'Anarkali.
> SALIM *ajoute.* – et qu'elle danse demain…

Ce devenir dansé de la sculpture vivante a aussi été relevé dans
l'histoire des attitudes de Lady Hamilton notamment avec l'appellation
« "danse du shall" dans la *Valérie* de Mme Krüdener[12] ». Pendant toute
la scène de *Mughal-e-Azam*, le corps-statue quasi immobile, si ce n'est

---

10   Curnier Jean-Paul, *Philosopher à l'arc*, Cirey-sur-Blaise, Châtelet-Voltaire, 2013, p. 38-39.
11   Vouilloux Bernard, *Le Tableau vivant. Phryné, l'orateur et le peintre, op. cit.*, p. 13.
12   *Ibid.*, p. 18.

un léger signe de main et un déhanché, a gardé le regard baissé – en signe de respect pour l'Empereur et son fils, mais aussi pour retarder encore l'animation du corps qui va faire l'objet d'une nouvelle mise en scène dans la séquence suivante jouant sur la tension entre formes immobiles et mobiles.

> Si nous convenons de moments picturaux importants au cours de la projection de mouvements sur l'écran, il est évident que l'arrangement des lignes, des formes, des tons et des textures qui s'impriment sur nos yeux à ces moments précis sont des compositions de formes immobiles. Nous devons par conséquent étudier et appliquer les principes éternels de la peinture, de la sculpture et de l'architecture[13].

Comme lors de la présentation de la statue, la première séquence musicale mettant en scène Anarkali l'inscrit comme le motif central d'une composition ornementale, ici d'un jardin agrémenté de jets d'eau et de colonnades où se déploieront symétriquement des formes circulaires et des diagonales. L'ouverture repart donc de l'immobilité en présentant la danseuse voilée assise sur le décor en rosace du sol et son « corps de ballet », dix jeunes femmes disposées tout autour d'un bassin à l'arrière-plan et immobilisées dans une pose donnant l'impression que leur danse est saisie comme un instantané photographique. L'envol de la voix de la courtisane[14] dans les aigus suspend les danseuses et l'assemblée à son souffle. Ce moment de dilatation est rythmé par la succession de trois plans sur les principaux spectateurs de la performance : Akbar, l'impératrice Jodhaa et Salim. Le dernier plan sur le prince regardant l'objet de son désir va comme mettre en action le « tableau ». Le contrechamp sur Anarkali achève le dévoilement longtemps retardé : elle soulève son voile d'organza pour découvrir son visage et enfin son regard, échangé avec Salim sur une moue badine. Le gros plan se clôt sur le détail du buste de la danseuse se relevant et sortant du champ comme d'une chrysalide. L'animation du corps parfait son incarnation qui se manifeste aussi dans les matières et les sons. Dans la copie colorisée du film le plus souvent visible aujourd'hui, Anarkali passe de la blancheur du marbre simulé à la chair fardée et aux chatoiements de ses

---

13   Freeburg Victor Osacar, *L'Art de faire des films*, *op. cit.*, p. 82 (p. 33 dans l'édition originale).
14   Madhubala est doublée par la chanteuse Lata Mangeshkar qui donne sa voix à nombre de corps d'actrices indiennes dans les séquences musicales depuis soixante ans.

vêtements. Même dans la version originale[15], où ces deux séquences sont en noir-et-blanc[16], la matité et la sobriété de la sculpture laissent place au scintillement de la danseuse embijoutée parée d'une robe richement brodée. Par ailleurs, si la parole avait donné vie à la statue, ici la retenue et la timidité de la jeune femme sont oubliées avec ce corps chantant et résonnant des clochettes portées aux chevilles comme des bracelets aux poignets. L'entrée des instruments et surtout du tabla impulse le rythme lent d'une marche dont le corps de ballet imite le balancement dans un premier temps en restant sur place et qu'Anarkali performera les bras relevés au-dessus de la tête comme si elle portait une cruche et se rendait à la rivière, dans une image mythologique immédiatement reconnaissable : Radha portant de l'eau. La première phrase de la chanson (*Mohe panghat pe Nadhal ched gayo re… / Nadhal (Krishna) badine avec moi sur les bords de la rivière*) confirme l'identification d'autant que la suite des paroles renvoie au geste de Krishna dévoilant Radha. Il semble que l'on pouvait donc déjà apparenter Salim à Krishna[17] et rapprocher par ricochet Anarkali de Radha. Pourtant la statue comme la danseuse sont plus proches par les vêtements d'une autre figure féminine, de la mythologie perse cette fois, celle contant l'histoire de l'amour entre Laila et Majnun, resté secret car interdit par le père du jeune homme comme Akbar refusera l'union entre Salim et Anarkali. Le film d'Asif ne cesse d'ailleurs d'entrelacer les références hindoues et musulmanes, complexifiant ainsi le jeu de leur reconnaissance.

Rappelons que ces effets de variations et reprises sont essentiels au dispositif du tableau vivant comme à celui du film indien qu'il faut particulièrement analyser par rapport au champ visuel décloisonnant les médiums (peinture, théâtre, cinéma, art de bazar[18]) et les hiérar-

---

15 Consultable sur l'archive en ligne indiancine.ma (https://indiancine.ma/JPO/player/00:34:56.694)

16 La séquence musicale décisive narrativement « *Pyar Kiya To Darna Kya* » ayant été tournée en Eastman color donnera au personnage d'Anarkali toute la puissance de son émancipation au sein de la cour.

17 Voir Iris Bhaskar et Richard Allen, *Islamic Culture of Bombay Cinema*, New Delhi, Tulika Books, 2009, p. 141.

18 Le bazar, lieu commercial vernaculaire, est reconnu comme un creuset dans le façonnage des images indiennes, fixes comme en mouvement. Voir Amandine D'Azevedo, *Mythes, films, bazar. Formes transversales des cinémas indiens*, Milan, Mimesis, « Formes filmiques », 2018.

chies (imageries populaires, œuvres artistiques) suivant la méthodologie d'Amandine D'Azevedo dans *Mythes, films, bazar.* Cette prédilection pour les jeux d'échos, de citations et de migrations se manifeste autant dans les références mythologiques qu'interfilmiques. Comme l'ont relevé Iris Bhaskar et Richard Allen : « L'élégance des mouvements de la danse Kathak et le raffinement des formes géométriques du jardin d'eau moghol incarnent la danse des *gopis* sur les rives sacrées de la Yamuna[19] ». Le corps de la danseuse fait image à plusieurs reprises selon les codes de *l'abhinaya* ou danse narrative dans l'art chorégraphique indien. Ainsi le nom chanté de Krishna est synchronisé avec la posture mimant le jeune dieu jouant de la flûte qui fonctionne comme un marqueur pour le spectateur familier des arts visuels indiens comme des arts performatifs (sculpture, peinture, théâtre, danse, cinéma). Même si la danseuse ne tient pas la pose, le spectateur reconnaît et différencie ce « moment » (Freeburg), cet instantané comme un tableau qui renvoie à des images fixes et fixées dans la mémoire collective. Il faut ici rappeler avec A. D'Azevedo le rôle clé de Raja Ravi Varma, peintre de la fin du XIXe qui occupe une

> position de pivot entre deux univers : le choix d'un médium étranger et occidental – la peinture à l'huile et le style naturaliste – pour représenter la mythologie indienne. [...] Il est le premier à représenter les dieux sous la forme humaine et émotive qu'ils prennent dans les films mythologiques, et ces derniers ne se lasseront pas de reprendre les postures et les ornements décoratifs proposés dans la peinture du maître. [...] C'est aussi lui qui a bouleversé l'accès du public aux œuvres en ouvrant une presse d'imprimerie et inspiré toute la période du muet au cinéma[20].

Ainsi les premiers films mythologiques mettant en scène Krishna sont ponctués de plans qui reprennent les postures et l'immobilité des chromolithographies popularisées dans toute l'Inde et vulgarisées dans les objets d'échanges commerciaux (calendriers, publicités, emballages divers comme les boîtes d'allumettes), comme dans *Muralivala* (Baburao Painter, 1927) un plan sur le jeune Krishna jouant de sa flûte, un autre où il est aux côtés de Radha, enfin celui où il domine le démon Kaliya[21].

---

19   *Ibid.*, p. 142.
20   *Ibid.*, p. 87 et 94.
21   Voir la conférence d'Amandine D'Azevedo, « Épopées, mythes et peintures », 29 mars 2019 à la Fondation Pathé-Seydoux, Paris et tous les passages consacrés aux images de bazar dans son livre.

Ces reprises sont des formes immobiles singulières, si bien que la suspension du mouvement pour l'ouverture de la séquence musicale *Mohe panghat pe Nadhal* peut aussi être rattachée aux « *tableaux vivants* religieux présentés au public pour *Janamashtami,* la fête célébrant l'anniversaire de la naissance de Krishna [heureuse coïncidence avec le film puisque Anarkali danse justement pour cette fête], à Yol et Palampur, dans la vallée de Kangra[22] » et plus généralement la tradition des *jhankis* dans de nombreuses régions de l'Inde et en de nombreuses occasions (comme Holi la fête religieuse des couleurs avec les *holi-jhankis*).

> Le terme hindi *jhanki* signifie littéralement « aperçu » ou « coup d'œil » et dans un second sens « représentation public d'idoles figurant des dieux richement décorés » ou « tableau », ce dernier se réfère aux *tableaux vivants,* c'est-à-dire aux images vivantes. Le terme est employé pour les images de divinités hindoues et de scènes mythologiques autant que de représentations d'événements historiques qui sont performées par des êtres vivants supposées rester immobiles[23].

Si dans la tradition occidentale il semble que l'enjeu soit moins l'identification que le plaisir esthétique, les *jhankis* complexifient la question du tableau vivant en lui donnant une dimension religieuse qui invite à la dévotion. D'un côté, Vouilloux souligne qu'en général pour le tableau vivant, « la référence picturale qu'il véhicule y forme moins une fin en soi (sur le mode de la devinette : c'est qui ?) qu'un condiment destiné à relever la délectation (sur le mode de l'admiration : c'est beau !) d'un moment plastique, d'un instant prégnant pittoresque, fait à peindre ou digne de l'être[24] ». De l'autre, la reconnaissance des figures mythologiques indiennes est déterminante dans le comportement des spectateurs et des dévots comme le rappelle A. D'Azevedo à partir des travaux d'Anuradha Kapur :

> Les *jhāmkis* sont très populaires dans les représentations de *Raslīlā* et les *Rāmlīlā.* Ils sont vécus comme des tentatives de geler une signification importante pour permettre aux spectateurs d'y regarder à deux fois. Les *jhāmkis* se détachent

---

22 Luchesi Brigitte, « Jhanki : ritual visualization of Hindu deities in Himachal », *in Marg. A Magazine of the Arts,* déc. 1, 2011 (je traduis) : https://www.thefreelibrary.com/ Jhanki%3A+ritual+visualization+of+Hindu+deities+in+Himachal+Pradesh.-a0278175041, consulté le le 28 mai 2020.

23 *Ibid.*

24 Vouilloux Bernard, *Le Tableau vivant. Phryné, l'orateur et le peintre, op. cit.,* p. 19.

du récit continu et réaliste pour s'avancer vers une représentation iconique. Un acteur, exposé ainsi, établit une forme de relation directe et frontale avec le spectateur, ce que font les représentations iconiques des portraits divins[25]. » Anuradha Kapur parle du théâtre parsi, qui se déroule sur plusieurs jours, et qui est l'un des « cousins » reconnus du cinéma populaire indien[26] : le drame est entrecoupé de danses et de chants, les héros sont archétypaux. La singularité vient lorsque les acteurs se figent, dans une frontalité analysée plus loin, afin de rejoindre l'iconographie d'une image fixe. Pendant que les acteurs demeurent immobiles, les dévots viennent les honorer. Mais cette immobilité ne permet qu'un « aperçu », un coup d'œil rapide avant que le spectacle ne reprenne. [...] Une tension et une attention toutes particulières sont portées à ce que les acteurs qui incarnent les dieux soient hiératiques et figés le plus possible dans leurs postures[27].

On retrouve aussi la pratique des *jhankis* en dehors de la scène ou de l'écran, témoignant de la puissance de migration de ces images vivantes. Brigitte Luchesi rapporte :

> Dans les régions du Sud de l'Himachal Pradesh, par exemple, en plusieurs occasions des *jhankis* (ou *jhapans*, comme on les appelle dans cette zone) sont montrés dans un contexte non théâtral. La forme la plus répandue est la représentation de divinités par des enfants pendant les *jagratas*, les rituels d'adoration de la Déesse durant toute la nuit. [...] Par exemple, une jeune fille immobile à cheval sur un lion, performé par une autre personne, est introduite. Les vêtements et la posture jouent sans ambiguïté sur la personnification de la Déesse[28].

Cette image de Durga, comme celles de Radha et Krishna ont largement été reprises en transformant la matière du vivant par le maquillage qui semble *désanimer* les visages et les corps des performeurs.

> Comme des statues de métal, de pierre ou de bois, c'est-à-dire absolument immobiles et silencieux. Les enfants ne se préparent pas eux-mêmes comme pour les représentations théâtrales. Etendus sur le sol comme des mannequins ou des sculptures inachevées, ils semblent être un matériau brut dans les

---

25 Kapur Anuradha, « The Representation of Gods and Heroes in the Parsi Mythological Drama of the Early Twentieth Century », *in Representing Hinduism. The Construction of Religious Traditions and National Identity*, sous la direction de V. Dalmia et H. Von Stietencron, Delhi, Sage, 1995, p. 409. Cité et traduit par A. D'Azevedo, p. 25.

26 Ici Amandine D'Azevedo renvoie à Somnath Gupt, *The Parsi Theatre : Its Origins and Development*, Calcutta, Seagull, 2005.

27 D'Azevedo Amandine, *Mythes, films, bazar. Formes transversales des cinémas indiens, op. cit.*

28 Luchesi Brigitte, « Jhanki : ritual visualization of Hindu deities in Himachal », art. cité.

mains de leurs aînés qui peuvent être comparés à des créateurs d'images ou à des peintres. [...] Ils sont enduits d'une couche de pâte colorée ou d'une poudre appliquée sur le visage. [...] Une fois sèche, les yeux et la bouche sont soulignés, le front et les joues ornementés. Une fois le visage peint, les bras et les jambes peuvent aussi être colorés [de bleu par exemple pour Krishna] et les enfants sont ensuite costumés, des ailes ou des couronnes fixées pour parfaire la ressemblance avec l'image divine[29].

Ce différentiel de matière est aussi rejoué par le cinéma comme pour donner à voir la production du tableau vivant (comme nous l'avons rappelé pour la blancheur d'Anarkali et y reviendrons dans les deux autres exemples de sculpture vivante) et le devenir iconique des figures qui perdent la singularité des traits humains tout en renforçant l'ambiguïté du rapport figure/fond. Comme y a insisté Kapur,

> le corps est celui d'un être humain, bien sûr, mais le visage est d'un type sans aucune particularité individuelle. Ces images sont axiomatiquement immobiles. C'est cette immobilité qui leur donne leur atemporalité – les emporte hors du temps. En outre, l'espace qui les entoure n'est pas un site, c'est un emplacement, puisque le premier implique le mouvement des événements, le changement, la durée. Les icônes sont disposées et leur positionnement fait s'évanouir les notions de temps et d'espace[30].

Le tableau vivant comme la sculpture vivante semblent procéder à un décollement de la figure vis à vis du fond et à une interrogation de l'espace et du temps. Or, le cinéma a procédé, avec souvent bien des raffinements, à la visualisation de cette production ou déconstruction de l'image et à la révélation de l'ambiguïté du rapport figure/fond. C'est le cas dans un second exemple de sculpture vivante qui joue par ailleurs sur les deux niveaux de reconnaissance (références mythologiques/citations et migrations interfilmiques[31]...). Ainsi la séquence de *Dhoom 2* (Sanjay Gadhvi, 2006) dans laquelle le héros, un voleur international, dérobe un diamant dans une salle de musée, peut être vue comme un écho à *Mughal-e-Azam*. Sur le côté droit de la rotonde au centre de laquelle se trouve le joyau convoité, un haut-relief de style grec dissimule le

---

29 *Ibid.*

30 Kapur, « The Representation of Gods and Heroes in the Parsi Mythological Drama of the Early Twentieth Century », art. cité, p. 93 (je traduis).

31 Outre le principe de reconnaissance relevé dans la pratique du tableau et de la sculpture vivants, notons que la prédilection pour les jeux d'échos et les reprises est caractéristiques des cinémas indiens puisant dans les films américains, russes, chinois, japonais...

voleur que l'on a vu lors d'une brève scène préparer son camouflage en s'enduisant le corps de peinture blanche. Par son geste, il désigne au spectateur la présence d'une « image performée[32] » et l'invite au jeu de la reconnaissance d'autant que la facture de l'ensemble du haut-relief ne cache pas son statut de copie de plâtre récente. Ce musée de Mumbai inventé de toute pièce par le film[33] ouvre la question de la copie, des reprises d'images avec, accrochés aux cimaises, des tableaux imitant les impressionnistes ou une grande fresque historique... Déjà avec ces reproductions, l'identification de telle ou telle œuvre n'est pas visée (comme pour le tableau vivant ou les attitudes), il s'agit plutôt d'assurer un effet de reconnaissance d'œuvres européennes sans périodicité. Quant au haut-relief, comme les petites statues disposées sur des socles, il me permet d'insister sur le flou de la référence. Déjà la Comtesse de Boigne le soulignait à propos des attitudes de Lady Hamilton : « C'est ainsi qu'elle s'inspirait des statues antiques et que, sans les copier servilement, elle les rappelait aux imaginations poétiques des Italiens par une espèce d'improvisation en action[34] ». Avec B. Vouilloux, nous pouvons aussi aller plus loin en rappelant le processus de stéréotypage qui caractérise la sculpture grecque : « La Grèce a fixé le canon de la beauté via la statuaire et la peinture. La duplication frénétique de ces types figuratifs a engendré un vocabulaire de formes plastiques stéréotypées[35] ». La vingtaine de modèles sculptés pour la séquence de *Dhoom 2*, masculins pour la plupart, témoigne de cette redondance. Les visages semblent se répéter avec pour variation une légère différence d'orientation (de profil ou de trois quarts) ou ce que l'on serait tenté de désigner comme des postiches (une barbe pour l'un, des cheveux plus longs pour l'autre). Les drapés des vêtements sont aussi répliqués d'une figure à l'autre sur plusieurs groupes donnant l'impression de voir le même modèle dont on aurait saisi diverses phases de mouvement notamment autour du corps de l'acteur dissimulé dans cet ensemble. Cette impression d'animation

---

32 Voir *Tableau vivant ou l'image performée*, sous la direction de J. Ramos, Paris, Mare & Martin/ INHA, 2014.

33 Pour plus de détails sur ce musée inventé par le cinéma, voir mon article « Au voleur. Une histoire de camouflage (*Dhoom 2*, Sanjay Gadhvi) », *in Muséoscopies. Fictions du musée au cinéma*, sous la direction de J. Jibokji, B. Le Maître, N. Pernac, J. Verraes, Nanterre, Presses universitaires de Paris Nanterre, 2018, p. 249-264.

34 Comtesse de Boigne, *Mémoires...*, *op. cit.*, p. 91-92, citée par Bernard Vouilloux, *in Le Tableau vivant. Phryné, l'orateur et le peintre*, *op. cit.*, p. 17.

35 *Ibid.*, p. 12.

est soutenue par un effet de dévoilement progressif de gauche à droite jusqu'au personnage-clé : les drapés occultant les corps des premières figures s'allègent et semblent glisser pour révéler le torse nu. Un détail anecdotique mérite ici d'être rappelé : la physionomie et la musculature de l'acteur Hrithik Roshan ont souvent été comparées par ses fans à une statue de dieu grec dans l'esprit du stéréotypage.

Le film va procéder à une modification du rapport figure/fond, passant du corps camouflé à son détachement par un mouvement de caméra qui embrasse la grande salle du musée jusqu'à la frise puis se rapproche de l'acteur pour le cadrer en gros plan. Le point de bascule où le vivant surgit de son apparence de pierre est signalé par un motif musical et par l'ouverture des yeux, presque adressée au spectateur mais qui évite la frontalité. Le geste du camouflage participe directement de « l'image performée » ou d'un « faire image » proposé par le philosophe Jean-Paul Curnier à la suite de sa réflexion sur cet art de la dissimulation puisque « se dissimuler et dissimuler son but en même temps invite par la même occasion à une sorte d'excédent ludique, de surcroît artistique [...] comme s'il appelait une beauté du geste qui fait qu'une ruse n'est pas un abus de confiance, ni une vilenie, mais un art toujours imprévisible et inventif[36] ». Ce que le film ne cesse de travailler d'une séquence de vol à l'autre.

Les deux gestes du camouflage et de la sculpture vivante sont encore associés dans un dernier exemple avec le monument agencé comme une pyramide humaine dans *Thugs of Hindustan* (Vijay Krishna Acharya, 2018). L'action se déroule à la fin du XVIIIe siècle dans l'Hindoustan sous la domination de la Compagnie des Indes orientales. Dans un port, on achève le chargement d'un bateau britannique lorsque des informations sont demandées sur un imposant paquetage qui ne peut trouver place dans la cargaison. La bâche est découverte et révèle une sculpture monumentale représentant des guerriers armés figés en plein mouvement ou prêts à l'action dont certains sont montés sur des chevaux. Parmi les signes distinctifs : tous portent un turban. La caméra détaille l'édifice dont le chargement est justifié par le porteur comme étant un présent offert au gouverneur. L'orage gronde tandis que le navire appareille. L'énergie de la pluie apporte reviviscence à cet agencement de corps en le lavant

---

36 Curnier Jean-Paul, *Philosopher à l'arc, op. cit.*, p. 100.

de son enveloppe imitant le bronze, en diluant la matière qui semblait suspendre le mouvement des corps. L'animation de la sculpture se fait comme à rebours, en repassant par l'étape d'une esquisse de glaise[37]. Le climax est aussi souligné par un motif musical et un événement déjà mis en scène dans *Mughal-e-Azam* et *Dhoom 2* : le surgissement du regard, cette fois dans une frontalité que les cinémas indiens réservent souvent à l'apparition de la star qui semble directement s'adresser aux spectateurs, ici Amitabh Bachchan. Dans ce film, la reconnaissance n'est pas celle d'une figure divine et l'échange de regard ne relève pas du *darshan* (regard auspicieux échangé entre le dévot et la divinité) comme dans les *jhankis*. Ce guerrier appartient à une mythologie récente et complexe et témoigne d'un transfert sur la star de cinéma du *darshan* religieux comme l'a développé Amandine D'Azevedo : « Si le terme de *darshan* a aussi trouvé sa place au cinéma, c'est qu'il est couramment employé concernant les acteurs : aller voir tel ou tel film revient à "saisir le *darshan*" de telle ou telle star de cinéma, dans un glissement linguistique révélateur. La beauté, la luminosité de la star que l'on vient voir est aussi à saisir dans ce rapport d'une bénédiction réciproque[38] ». Après ce face-à-face, un mouvement de caméra circulaire révèle derrière le corps de celui que l'on reconnaît comme étant Khudabaksh – celui qui a sauvé,

---

37   Le spectateur a encore en tête le début du film où la jeune princesse Zafira façonne avec de la terre une réplique du royaume de son père et de deux figurines, à l'image de son parrain Khudabaksh et d'elle-même, celle-ci portant les stigmates de son jeune âge (une dent en moins).

38   D'Azevedo Amandine, *Mythes, films, bazar. Formes transversales des cinémas indiens, op. cit.*, p. 60. Ajoutons aussi que le spectateur de la star Amitabh Bachchan peut reconnaître dans cette statufication, une reprise d'une séquence de *Coolie* (Manmohan Desai, Prayag Raj, 1983). Dans ce film, il incarne à nouveau la figure du jeune homme en colère en jouant un porteur à la gare de Mumbai, qui devient le leader de ceux qui restent en bas de l'échelle sociale. Il entraîne les autres coolies dans la grève. Dans une séquence, dont l'enjeu est moins la revendication politique que la romance, il prend la pose sur le piédestal d'une statue à son effigie : un porteur chargé de nombreux bagages. S'étant fait passer pour mort, il espère pousser la jeune femme qu'il convoite à avouer son amour lorsqu'elle vient se recueillir au pied de la statue sous une pluie battante. Iqbal tient opportunément un parapluie pour le préserver du changement d'état que celle-ci pourrait opérer, l'intrigue amoureuse préférant jouer sur le pouvoir de l'amour pour ramener une personne à la vie. Le moment où la jeune femme trompée découvre la sculpture est différé à plusieurs reprises grâce au complice d'Iqbal qui camoufle la voix de l'amoureux réagissant aux confidences de Julie en lui faisant croire que c'est lui qui parle et non la statue. Cette imposture étant devenue intenable avec la pluie battante modifiant l'aspect de ses cheveux et vêtements, Iqbal saute de son piédestal pour échanger directement avec elle.

au début du film, la toute jeune princesse de la mort après l'assassinat de ses parents par le gouverneur – la même Zafira dix ans plus tard. C'est elle qui de son arc ouvre les hostilités et donne à la sculpture la puissance d'un « cheval de Troie » en s'emparant du navire de la flotte anglaise. Les deux gestes performatifs du camouflage et de la sculpture vivante sont ici presque confondus d'autant que l'examen de cet artefact nous permet d'insister sur le caractère subversif de la sculpture vivante dans les cinémas indiens.

Dans *Mughal-e-Azam*, une simple esclave entre à la cour de l'empereur et l'amour du prince Salim lui permettra de prétendre au trône. Dans *Dhoom 2*, le voleur Aryan dérobe dans un musée d'œuvres occidentales un diamant que l'on peut reconnaître comme un symbole dans les relations indo-britanniques. On pense évidemment à une réappropriation du Koh-i-noor, saisi au milieu du XIXᵉ siècle par la Compagnie des Indes au Maharadjah Dalip Singh et offert à la Reine Victoria. Ce diamant orne la couronne que le voleur dérobe au début du film. Le même acteur Hrithik Roshan sera d'ailleurs mis en scène dans *Bang Bang* (S. Anand, 2014) pour le vol du Koh-i-noor. Dans *Thugs of Hindustan*, le titre même du film et la sculpture participent à une réécriture de l'histoire coloniale avec ce monument fictif érigé à la mémoire d'une résistance armée face à la Compagnie des Indes orientales.

L'image des *thugs* fabriquée par le film se fait contre celle inventée par les cinémas britanniques et américains de *Gunga Din* (G. Stevens, 1939) à *Indiana Jones et le Temple maudit* (S. Spielberg, 1984) en passant par *La Croisée des destins* de G. Cukor (1956). Comme l'a justifié Kim Wagner, le terme *thug* trouve ses racines dans la langue :

> le sens littéral du mot *thug – thag* en hindi, *thak* en marathi, *sthaga* en sanskrit – est un tricheur ou un escroc. Le terme a été traduit dans les premiers travaux anglais sur les langues indiennes par malfaiteur, bandit, canaille (dictionnaire Gilchrist en 1787), et par imposteur et arnaqueur (Drummond, 1808). La forme hindi du mot *thaga* a été reprise dans un texte du XIIᵉ par *thaka* qui était utilisé dans d'autres textes pour *dhurta* signifiant scélérat ou imposteur[39].

En revanche, le concept de *Thuggie* a été largement inventé par les Anglais et a perduré dans la littérature et le cinéma comme y insiste

---

39   Voir Kim Wagner, *Thuggee : Banditry and the British in Early Nineteenth century India*, Cambridge Imperial and Post-Colonial Studies, Palgrave McMillan, 2007, p. 25.

S. Subrahmanyam[40]. Les *thugs* y sont décrits et représentés comme des bandits de grand chemin, dépouilleurs, meurtriers (étrangleurs) et fanatiques adorateurs de la déesse Kali figée dans sa représentation de vengeresse sanguinaire[41]. Notons que l'iconographie de la déesse par les films occidentaux reprend presque trait pour trait celle fixée par Raja Ravi Varma et largement diffusée par les chromolithographies. Dans un jeu de champ-contrechamp entre les films, le film hindi répond aux films occidentaux en nuançant l'image des *thugs* forgée par les Britanniques. Dans cette dynamique de réplique, *l'autre* répond à l'image qui a été donnée de lui-même[42]. Si le film d'Acharya réactive cette image fabriquée de voleurs assassins portant un turban et étranglant avec un foulard, il en efface la « fraternité religieuse[43] » et le fanatisme. Il en souligne aussi l'art de la ruse avec le personnage fourbe de Firangi (Amir Khan) abusant la confiance des maharadjas comme du gouverneur de la Compagnie pour finalement servir la cause des hommes de Khudabaksh. Le spectateur du film de 2018 reconnaît l'iconographie des *thugs* inventée par l'histoire coloniale mais aussi tout un réseau de références, notamment à la saga *Pirates des caraïbes*. Dans la scène du monument, il y a bien sûr l'enjeu de la prise d'un bateau ennemi mais surtout un renvoi à l'état fossile des corps comme celui du père de Will Turner qui au fil de la saga est immobilisé et fixé à la coque du bateau comme les coquillages qui gagne son enveloppe corporelle mais qui s'anime à l'appel de son nom (le moment le plus frappant est dans l'épisode 4, *La Fontaine de jouvence*, Rob Marshall, 2014).

De ces quelques moments de sculpture vivante dont les enjeux narratifs peuvent sembler à première vue fort différents d'un film à l'autre, on retient des effets plastiques partagés : dévoilement, maquillage/moulage des corps désanimés suivi d'une libération du mouvement par l'échange de regard et la mise en action (parfois la transformation

---

40 Subrahmanyam Sanjay, *Leçons indiennes. Itinéraires d'un historien (Delhi-Lisbonne-Paris-Los Angeles)* [2013], trad. fr. J. Dalarun, Paris, Alma, 2015, p. 111-132.
41 Voir Satadru Sen cité par S. Subrahmanyam, *ibid.*, p. 127-128.
42 Je renvoie ici aux travaux du groupe de recherche Exotismes en champ-contrechamp, création, réception et circulation des figures de l'altérité dans le cinéma de fiction que je coordonne avec Amandine D'Azevedo (Montpellier 3), Anne Kerlan (CNRS) et Marion Polirsztok (Rennes 2) : https://exotismes.hypotheses.org/
43 Voir Hiralal Gupta cité par S. Subrahmanyam, *Leçons indiennes. Itinéraires d'un historien (Delhi-Lisbonne-Paris-Los Angeles)*, *op. cit.*, p. 127.

à vue du changement d'état du corps statufié au corps débarrassé de sa gangue comme dans *Thugs*). Autre point commun : la sculpture vivante comme forme d'émancipation, de résistance face aux figures du pouvoir qui s'accompagne d'une transgression de l'espace – une esclave introduite dans le palais, un voleur indien dans un musée d'œuvres d'art occidental, des *thugs* sur un bateau anglais. Elle opère ainsi une modification du rapport figure/fond quand le camouflage est révélé. Ainsi Anarkali s'extrait de l'écrin de marbre pour subvertir son deve-nir ornemental de courtisane dans le palais d'Akbar (elle ne cessera de résister au cloisonnement et à la hiérarchie du lieu[44]). Aryan au contraire ne se signale pas dans le musée « en ressemblant à ce qui est déjà là » et en se faisant « passer pour quelqu'un ou quelque chose d'autre que soi[45] » (une statue grecque). Il passe à l'action en affectant aussi la temporalité : figé sur le haut relief alors que les gardes font leur ronde autour du joyau, il commande à distance un petit véhicule dissimulé sur les motifs du dallage au sol qui accède au diamant et lui substitue une image holographique. La répétitivité horlogère de la surveillance est pervertie par le suspense et les jeux de dilatation et accélération du rapt. Le monument des thugs quant à lui symbolise une victoire anticipée sur la gouvernance britannique qui exacerbe le paradoxe temporel de cette forme immobile pour le film, une forme *à rebours* mimant tout en déjouant l'intermittence cinématographique qui donne l'illusion de la recomposition du mouvement et de l'écoulement du temps. La sculpture vivante pervertissant l'image du temps par l'arrêt momentané serait ici une forme décoloniale de réécriture de l'histoire.

Térésa FAUCON

---

44   Voir l'analyse de la séquence musicale « *Pyar Kiya To Darna Kya* » pour la subversion de l'espace par la danseuse, *in* D'Azevedo Amandine, *Mythes, films, bazar. Formes transversales des cinémas indiens, op. cit.*, p. 131-132.
45   Curnier Jean-Paul, *Philosopher à l'arc, op. cit.*, p. 111.

LES PANNEAUX DE LA TAPISSERIE
LA DAME À LA LICORNE
ANIMÉS PAR GAËLLE BOURGES

Dans *À mon seul désir* (2014[1]), la chorégraphe française Gaëlle Bourges met en mouvement *La Dame à la licorne*, un ensemble de six tapisseries de la fin du XVe siècle[2]. L'œuvre est communément admise comme une allégorie des cinq sens[3], dont chacun des cinq premiers panneaux est un représentant. La sixième tenture, qui porte l'inscription « A. MON SEUL DESIR. I. », est plus mystérieuse.

Le spectacle est entièrement imaginé à partir de cette œuvre iconique. Sur le plateau, la scénographie est composée d'un grand tissu rouge qui clôture l'espace scénique, dessinant l'arrière-plan de la tapisserie, et quatre danseuses[4], qui interprètent les protagonistes de l'œuvre originale, animent peu à peu l'espace d'une lente gestuelle. Une voix *off* accompagne leurs déplacements et met en regard l'histoire de la tapisserie avec la scène vivante. Le spectateur assiste à la construction de l'image, émaillée de cinq tableaux vivants – cinq séquences arrêtées qui rejouent les cinq premiers panneaux de la tapisserie, tandis que le sixième panneau donne lieu à une danse frénétique en fin de représentation.

Les créations de Gaëlle Bourges ont pour particularité de transformer l'histoire de l'art en matière dramaturgique[5]. Elles rendent compte

---

1   Le spectacle a été créé le 2 décembre 2014 au Festival Les Inaccoutumés à la Ménagerie de Verre, à Paris. Il a ensuite été notamment représenté au Festival d'Avignon, du 14 au 21 juillet 2015.

2   *La Dame à la licorne* est conservée au musée de Cluny, à Paris, depuis 1882.

3   C'est l'historien de l'art anglais A. Fr. Kendrick qui émit le premier cette hypothèse (Kendrick Albert Frank, « Quelques remarques sur les tapisseries de *La Dame à la licorne* du musée de Cluny », *in Actes du Congrès d'histoire de l'art. Paris, 26 septembre-5 octobre 1921*, t. III, Paris, Puf, 1924, p. 662-666).

4   Carla Bottiglieri, Gaëlle Bourges, Agnès Butet et Alice Roland.

5   Les trois créations qui précèdent *À mon seul désir* et qui forment le triptyque *Vider Vénus* (2009-2013) s'attachent ainsi au rapport entre le désir, l'histoire de l'art et les nus

d'une recherche similaire à celle de l'historien de l'art, dont la substance principale est ensuite exposée pendant la représentation. Dans *À mon seul désir*, l'iconographie de la tapisserie est ainsi minutieusement décrite : le personnage central, une jeune fille richement vêtue, est toujours encadrée par un lion et une licorne et, sur le fond de la tapisserie aux « millefleurs », de nombreux autres animaux cohabitent ; des chiens, des singes, des oiseaux et, selon le décompte de la chorégraphe, trente-cinq lapins. Gaëlle Bourges s'est attachée aux symboliques qui entourent la tapisserie pour comprendre le regard porté sur l'œuvre à l'époque de sa création. Elle raconte ainsi avoir été particulièrement intriguée par la licorne, qui était l'objet de croyances surprenantes. Sa corne, qu'on pensait dotée de pouvoirs magiques, était très convoitée, mais l'animal, vif et farouche, se laissait approcher seulement par des jeunes filles vierges. Ces dernières étaient utilisées par les chasseurs pour les attirer et, si elles avaient menti sur leur état, elles étaient tuées par la licorne[6]. Dans la première allégorie de la tapisserie[7], le toucher, la jeune fille serre la corne de l'animal, ce qui signifie qu'elle est vierge. En déployant un univers fantasmagorique chargé de symboles, la tapisserie met donc en scène la chasteté de la figure féminine centrale.

À partir de ces informations objectives, Gaëlle Bourges tisse son propre regard sur l'œuvre, animé par le caractère mystérieux de deux éléments principaux : l'énigme du sixième panneau et la présence des lapins, des animaux porteurs d'une symbolique sexuelle qui étaient autrefois appelés « conil », un terme issu du latin *cuniculus* qui désignait également le sexe féminin. Le récit s'extrait peu à peu de l'histoire de l'art pour se livrer à une histoire critique dénonçant l'hypocrisie de cette injonction à la chasteté.

Sur scène, après la lente déambulation des danseuses et cinq moments de fixation qui correspondent à la reconstitution des cinq premiers panneaux, la tenture est arrachée, dévoilant la profondeur du plateau

---

féminins ; dans *La Belle indifférence* (2010), par exemple, les trois interprètes incarnent des Vénus lascives, adoptant des poses iconiques, accompagnées de la voix de Daniel Arasse commentant les célèbres tableaux de Manet et du Titien.

6   Cette légende est notamment rapportée par Michel Pastoureau, *Bestiaires du Moyen Âge*, Paris, Seuil, 2011, p. 79.

7   Plusieurs commentateurs incitent à voir les tapisseries selon une hiérarchie précise, qui correspond au système de valeurs médiéval, du sens le plus matériel au sens le plus spirituel : le toucher, le goût, l'odorat, l'ouïe, la vue. Voir par exemple Élisabeth Taburet-Delahaye, *La Dame à la licorne*, Paris, Réunion des musées nationaux, 2007. C'est également l'ordre adopté par Gaëlle Bourges.

qui, plongé dans la pénombre, semble illimité. Sur une composition musicale inspirée du morceau *The End* des Doors, une femme-licorne danse lascivement, rejointe par trente-cinq corps nus affublés de masques de lapins. L'envers de la tapisserie émerge depuis l'apparente surface : l'inscription figurant sur le sixième panneau, qui donne son titre au spectacle, est ainsi interprétée comme un éloge dissimulé de la sexualité.

La singularité du dispositif tient à la progressive apparition de l'image-référence. Les corps, mutiques, déjouent l'incarnation théâtrale en se montrant ostensiblement comme des entités artificielles : ils proposent une illustration vivante du texte de la voix *off*, sans jamais se prêter au jeu de l'illusion. Ce procédé singulier de métamorphose instaure un trouble perceptif vis-à-vis des corps, à la fois vivants et à la fois images. Puis, la soudaine percée de la tenture crée une rupture dans la représentation : elle ouvre l'espace et permet aux corps de s'extraire du cadre de la tapisserie.

Il s'agit d'interroger les effets de réception suscités par l'animation de l'image, d'une part, et par l'incarnation des figures de la tapisserie, d'autre part. À travers l'étude de cette expérience esthétique singulière, il convient de questionner le projet dramaturgique de Gaëlle Bourges et la réflexion plus large qu'il admet : comme souvent dans les créations de la chorégraphe, l'œuvre iconique est un prétexte à une introspection critique sur l'histoire des représentations.

L'ANIMATION DE LA TAPISSERIE

Au commencement de la représentation, le plateau est faiblement éclairé. On perçoit un large tissu rouge déployé horizontalement sur la totalité du plateau, qui offre une aire de jeu réduite : à vue d'œil à peine deux mètres de profondeur. Ce tissu clôt l'espace scénique et dessine le fond de la tapisserie, comme un support sur lequel des formes vont ensuite s'inscrire. Devant la tenture, quatre corps féminins nus déambulent lentement pendant que la voix *off* commence son récit :

> Dans la pénombre, on distingue quelques figures mais il faut d'abord s'habituer au noir pour arriver à voir. [...] L'espace est tellement saturé qu'on ne reconnaît

pas toutes les formes du premier coup. On devine des jeunes filles, et des animaux. Les jeunes filles sont minces [...]. Dans un premier temps, on pourrait croire qu'elles sont nues mais elles sont en fait comme les animaux : « Il n'y a pas de nudité dans la nature, l'animal n'est pas nu, parce qu'il est nu justement. » Les jeunes filles sont pareilles. Dans la nature. Elles sont calmes, leurs gestes sont larges, posés. Elles sont à la fois concentrées et absentes[8].

Le début du spectacle entremêle deux niveaux de réception, visuel et auditif, qui ne coïncident pas : la voix évoque un espace saturé, tandis que, sur le plateau, seuls quatre corps sont visibles. L'iconographie de la tapisserie se crée d'abord dans l'esprit du spectateur, en une image mentale, et ce prologue suscite ainsi une attente, un désir de voir les formes décrites s'incarner sur scène. En même temps, elle annonce que les jeunes filles sont nues ; or, cette précision ne s'applique pas aux figures de la tapisserie mais aux danseuses. Dès le départ, une dissonance s'instaure entre l'imaginaire de la tapisserie – qui ne sera jamais montrée en tant que telle – et « l'image performée[9] ».

Le récit se poursuit en voix *off* et s'attache à l'histoire de la tapisserie. Gaëlle Bourges évoque notamment son tissage, « effectué avec grand soin par les lissiers[10] ». Pendant ce temps, sur scène, les danseuses fleurissent l'arrière-plan de l'image : à l'aide de mouvements lents et synchronisés, les quatre interprètes fixent sur le grand tissu rouge plusieurs dizaines de fleurs artificielles qui font peu à peu apparaître le célèbre fond de l'œuvre originelle. L'image des danseuses exécutant des gestes méticuleux peut rappeler le travail rigoureux des lissiers évoqué par la voix *off*. Les tapisseries les plus majestueuses du Moyen Âge, destinées à couvrir les murs de nobles édifices, étaient souvent monumentales[11]. Pour réaliser de tels ouvrages, plusieurs lissiers travaillaient simultanément et tissaient, « fil après fil[12] », seulement quelques millimètres par jour. En ajoutant des fleurs sur la tenture rouge, les danseuses tissent lentement l'arrière-plan du décor, comme pour rejouer le procédé de confection des tapisseries.

---

8 Bourges Gaëlle, *À mon seul désir*, texte de la voix *off*. La citation entre guillemets est tirée du film *L'Adieu au langage* de Jean-Luc Godard (2014).

9 *Le Tableau vivant ou l'image performée*, sous la direction de J. Ramos, Paris, Mare & Martin/INHA, 2014.

10 Bourges Gaëlle, *À mon seul désir*, texte de la voix *off*.

11 Par exemple, comme l'indique le site internet du musée de Cluny, les tapisseries de *La Dame à la licorne* mesurent entre 311 et 377 centimètres de hauteur, pour une largeur comprise entre 290 et 473 centimètres.

12 Jaubert Alain, « La tapisserie : une autre forme de la peinture », *in Lumière de l'image*, Paris, Gallimard, « Folio », 2009, p. 17.

La référence est introduite par le biais de la voix *off*, stimulant l'imagination et les attentes du public. Sur le plateau, l'image vivante se dévoile immédiatement comme un artifice, voire un ouvrage nécessitant un long travail de fabrication. Peu à peu, « fil après fil », la tapisserie s'anime, retissée sous les yeux du spectateur.

INCARNATION

La tapisserie représente une flore et une faune nombreuses, qui entourent une figure féminine centrale, accompagnée d'une seconde protagoniste dans quatre des six panneaux. Or, il n'y a que quatre corps en scène, nus. Leur nudité permet de neutraliser toute interprétation : en ce début de spectacle, les danseuses ne représentent rien de plus qu'elles-mêmes, c'est-à-dire quatre corps féminins nus. Elles procèdent à des actions précises pour faire apparaître la tapisserie et restent ainsi en dehors de l'image.

Peu à peu, elles s'incorporent au fond rouge garance, en revêtant des masques à l'effigie d'animaux de la tapisserie et, pour l'une d'entre elles, en endossant le costume de la dame à la licorne. Elles se prêtent alors à un étrange jeu de métamorphoses. Pendant que le texte décrit le bestiaire, les danseuses adoptent tour à tour la démarche caractéristique d'un animal dont elles affichent la physionomie pour illustrer le texte. Par exemple, la voix *off* dit que le renard est considéré comme un animal fourbe parce qu'il ne marche qu'en zigzag[13] et, aussitôt, la femme-renard se déplace de quelques pas en zigzag. Le masque, qui peut être vu, selon les mots d'Hans Belting, comme « une métonymie de la métamorphose [...] [du] corps dans une image[14] », présente une incarnation sous sa forme la plus édulcorée ; elle est presque naïve, voire enfantine : le port du masque d'un singe suffit à créer la présence du singe. Puis, le texte décrit les caractéristiques du personnage féminin central et une des quatre danseuses se fige, immobile, le regard droit, tandis que les trois autres l'habillent avec une robe similaire à celle que porte la dame à

---

13   Pastoureau Michel, *Bestiaires du Moyen Âge*, *op. cit.*, p. 130-131.
14   Belting Hans, *Pour une anthropologie des images*, trad. de J. Torrent, Paris, Gallimard, « Le Temps des images », 2004 [2001], p. 49.

la licorne dans le panneau de *L'Ouïe* et lui attachent un collier avec un souci de fidélité aux cinq premières tapisseries dans lesquelles elle est toujours présentée ornée d'un collier voyant. Comme pour les animaux, par le simple port du costume, la danseuse devient l'image de la jeune fille. Elle se déplace ensuite sur scène. Le regard toujours fixe, le menton haut, elle longe le plateau lentement de manière parallèle à la salle, dans une démarche peu naturelle. Ce déplacement en ligne droite parallèle permet de jouer avec la représentation de la tapisserie, qui est une image en deux dimensions : elle n'a pas de « verso », elle n'est qu'une surface.

FIG. 1 – Gaëlle Bourges, *À mon seul désir*, 2014, photographie, © Danielle Voirin.

Le spectacle ne vise pas à « dramatiser » les enjeux de la tapisserie : l'image devient mouvante, mais elle reste une image, sans qu'une psychologie ou une quelconque illusion y soit intégrée. Les danseuses peuvent ainsi être assimilées à des figures. Dans le champ théâtral, la notion est introduite par Maurice Blanchot à propos des personnages de Samuel Beckett, décrits comme des « fantômes sans substance[15] ». La figure a été récemment réinvestie par Julie Sermon dans ses travaux[16].

---

15   Blanchot Maurice, *Le Livre à venir*, Paris, Gallimard, « Folio essais », 1986 [1959], p. 289.
16   Et notamment dans sa thèse de doctorat : voir Julie Sermon, *L'Effet-figure. États troublés du personnage contemporain (Jean-Luc Lagarce, Philippe Minyana, Valère Novarina, Noëlle*

Dans un article, la chercheuse rappelle que la notion a longtemps été réservée aux arts plastiques – elle y désigne la représentation d'un être humain – et qu'elle invite « à opérer un déplacement important » : « [La figure] pose la question du personnage comme entité qui s'offre à la vue, manifestation sensible, forme de représentation, avant de le considérer comme une identité substantielle[17] ». Ainsi, la déambulation lente, l'incarnation minimaliste et l'artificialité de la gestuelle participent à créer l'impression de corps vidés d'intériorité, presque mécanisés. Comme l'indiquait la voix *off* en début de représentation, les jeunes filles « sont à la fois concentrées et absentes » : l'attention est portée sur leurs déplacements, sur leurs gestuelles – lorsque les trois danseuses habillent la dame à la licorne, par exemple – et, en même temps, une absence de toute émotion est palpable dans les incarnations des animaux et de la jeune fille, comme si les corps étaient de simples surfaces sans consistance, des corps de peinture sans souffle de vie. Un trouble s'instaure alors dans la perception de cette image incarnée.

LE JEU DE L'IMMOBILITÉ

Ce trouble est accentué lors de cinq moments d'immobilisation, pendant lesquels les danseuses se figent dans des postures évoquant les cinq premiers panneaux. Ce jeu rappelle le régime de représentation du tableau vivant, mais la reproduction est cependant partielle ici, car il n'y a que quatre corps en scène pour un nombre beaucoup plus important de protagonistes sur chaque tapisserie. Gaëlle Bourges a sélectionné les gestes les plus emblématiques de chaque panneau : par exemple, dans le tableau vivant reprenant *La Vue*, la jeune fille, entourée d'un lion et d'un lapin, tend un miroir à la licorne, comme dans l'image originelle. Chaque tableau nécessite une mise en place particulière – des masques d'animaux précis, des accessoires (un panier, un tabouret, un miroir…).

Renaude), thèse de doctorat en études théâtrales, sous la direction de J.-P. Ryngaert, Université Paris 3–Sorbonne Nouvelle, 2004.

17   Sermon Julie, « Le théâtre des figures : une histoire de (la) représentation », *in Théâtre contemporain. Écriture textuelle, écriture scénique*, sous la direction de Cl. Chabot, *Théâtre/ Public*, n° 184, Gennevilliers, Théâtre de Gennevilliers, janvier 2007, p. 84.

Ces éléments sont disposés sur les côtés de la scène, à la vue du public. En montrant la fabrication de l'image, la mise en scène se dévoile de nouveau au spectateur en une artificialité ostentatoire. Un jeu d'éclairage vient envelopper et cadrer les scènes immobiles, projetant une lumière cendrée sur les corps figés. Les lumières permettent d'instaurer des jeux de contrastes, voire des moments de surprise au sein d'une représentation : ici, cette lumière blanchâtre crée comme un *flash* photographique, un instantané, comme une condensation de l'image, un *climax*. L'effet semble similaire à celui des tableaux vivants historiques, à propos desquels Carole Halimi écrit qu'ils permettaient de « laisser une trace indélébile de la représentation dans l'esprit du public[18] ». De surcroît, la lumière crée un « effet chromatique déréalisant » qui « dénie l'impression réaliste de la chair[19] ».

Dans cette première partie, la mise en scène est divisée en deux mécanismes principaux : la fabrication de l'image, à l'aide de gestuelles et de déplacements lents ; puis, la fixation des corps en cinq tableaux vivants, qui peuvent être interprétés comme les points d'aboutissement de cette construction. L'alternance de l'immobilité et du mouvement semble rejouer un des fonctionnements centraux de la pantomime, cette « peinture des mouvements[20] » appelée de ses vœux par Denis Diderot et décrite par Arnaud Rykner « moins [comme] un art du mouvement qu'un art de *l'image animée* » : la pantomime « anim[ait] ce qui se donn[ait] ailleurs comme un catalogue d'images arrêtées[21] » et le mécanisme du tableau vivant, en une cristallisation momentanée des corps, pouvait être considéré comme le « point d'orgue[22] » de celle-ci. *À mon seul désir,* par sa chorégraphie minimaliste, essentiellement gestuelle, ainsi que par son caractère silencieux – les danseuses ne prononcent aucun mot –, évoque cette forme artistique muette, contemporaine des tableaux vivants, qui peut être vue comme un procédé d'animation de l'image fixe.

---

18 Halimi Carole, « Tableau vivant et Néo-classicisme : un genre pour un style », *Travaux et Recherches de l'UMLV*, n° 10, octobre 2004, p. 96.

19 Vouilloux Bernard, *Le Tableau vivant. Phryné, l'orateur et le peintre*, Paris, Flammarion, « Champs », 2015 [2002], p. 105.

20 Diderot Denis, *Discours sur la Poésie dramatique*, « XXI. De la pantomime », *in Œuvres esthétiques*, textes établis, avec introductions, bibliographies, notes et relevés de variantes par P. Vernière, Paris, Garnier, « Classiques Garnier », 1976 [1758], p. 271.

21 Rykner Arnaud, « Pantomime et tableau vivant. Le "faire tableau" du corps muet », *in Le Tableau vivant ou l'image performée, op. cit.*, p. 156.

22 Bloc-notes parisien du *Gaulois*, 23 octobre 1894, cité par Arnaud Rykner (*ibid.*, p. 159).

FIG. 2 – Gaëlle Bourges, *À mon seul désir*, 2014, capture d'écran.

LE SIXIÈME PANNEAU

Après le dernier tableau vivant, la dame à la licorne se déshabille, enlève son collier et se met à convulser sur le sol du plateau, comme prise d'une crise épileptique. Elle arrache la toile et se mêle à la trentaine de corps-lapins, qui vont se livrer à une sorte de farandole, accompagnés d'une lumière stroboscopique et du morceau *The End* des Doors. La danse ici n'est pas particulièrement plus rapide que les gestes effectués plus tôt mais la démultiplication soudaine des corps, les lumières brutes et violentes caractéristiques des effets stroboscopiques, tout en noir et blanc, qui se substituent à l'atmosphère chaude véhiculée par le rouge de la tenture, créent une rupture brutale dans la représentation.

La déambulation devant la tenture donnait à voir des corps empêchés par l'aire de jeu réduite et contraints d'entrer dans le cadre de la tapisserie. Dans la première partie, seule la « surface » était visible, à l'exception d'une scène où la dame à la licorne dévoilait son dos dénudé au public en effectuant un lent tour sur elle-même. Son costume incomplet permettait de suggérer visuellement la thèse de Gaëlle Bourges selon laquelle la vierge ne serait vierge que de face : « Une fois au moins, il faudrait retourner l'image, voir l'envers de la vierge, voir l'envers du monde chrétien[23] ». Le passage de l'autre côté de la tenture donne un accès aux mystères cachés de l'œuvre, entrevus avec ce premier indice, et il permet aux corps de se libérer durablement de ce cadre oppressant.

La rupture d'*À mon seul désir* peut être éclairée par les couples de catégories élaborés par Heinrich Wölfflin, qui visent à rendre compte de l'évolution entre représentation classique et représentation baroque : « [l]a beauté des surfaces planes est remplacée par la beauté de la profondeur[24] ». Le baroque rompt avec les principes d'unité et d'harmonie de la peinture classique, il s'affranchit de la règle pour ouvrir l'espace en donnant à voir une forme illimitée – « cette beauté de l'infini[25] » qui introduit une forte impression de mouvement. Ici, la lenteur des déplacements des corps ne contraste pas avec ce qui précède : c'est la lumière qui vient conférer à l'espace une impression de frénésie. Notons que l'harmonie de l'art classique suscite une « atmosphère solennelle[26] », ce qui rappelle ce que la chorégraphe relève à propos de la tapisserie dans le texte de la voix *off* : « C'est l'espace vide entre les choses qui préserve leur pureté[27] ». Dans la première partie du spectacle, les corps se maintiennent espacés les uns des autres, reproduisant l'impression de solennité et de calme qui se dégage de la tapisserie ; les trente-cinq corps sont ensuite indifférenciés dans la masse qu'ils constituent. Ce sixième tableau vivant épileptique et « baroque » substitue une « tension passionnée » et des « émotions violentes[28] » à l'harmonie précédente.

À mesure que la peinture se développe, elle s'émancipe du cadre[29]. Au-delà de la question de la virginité, du contexte et de la fable de *La Dame à la licorne*, la rupture mise en scène par Gaëlle Bourges peut être interprétée comme une mise en abyme de l'évolution des représentations

---

23   Bourges Gaëlle, *À mon seul désir*, texte de la voix *off*.
24   Wölfflin Heinrich, *Principes fondamentaux de l'histoire de l'art*, traduction de l'allemand par C. et M. Raymond, Marseille, Parenthèses, « Eupalinos. Architecture et urbanisme », 2017 [1915], p. 97.
25   *Ibid.*, p. 175.
26   *Ibid.*, p. 154.
27   Bourges Gaëlle, *À mon seul désir*, texte de la voix *off*.
28   Wölfflin Heinrich, *Principes fondamentaux de l'histoire de l'art*, *op. cit.*, p. 183.
29   *Ibid.*, p. 179.

du corps, et particulièrement du corps féminin. La déambulation devant la tenture donne à voir des corps soumis à l'image, des corps contraints d'entrer dans le cadre de la tapisserie, de s'incorporer au support immatériel. La dernière séquence montre des corps qui s'échappent du cadre, qui s'émancipent de la surface pour se réapproprier leurs sensations – ou leur « *désir* ».

Ainsi, *À mon seul désir* propose une intermédialité originale, qui transpose la propriété inanimée de l'œuvre-source en une animation propre à la scène. La progressive fabrication de l'image, superposée à la lenteur, peut susciter une attente chez le spectateur, avide de voir la tapisserie. Le texte informe et oriente le regard sur l'œuvre, en s'attachant à donner des clés de compréhension au spectateur sur le contexte de la tapisserie et sur ses symboliques, tandis que l'action scénique convoque un ensemble d'images qui se superposent au récit pour l'illustrer. *La Dame à la licorne* est le socle d'un lent processus de spectacularisation presque magique : les figures figées de la tapisserie prennent vie, incarnées par les danseuses, et le spectateur est comme invité à pénétrer l'œuvre.

Si l'image se trouve vivifiée par la réalité des corps, la combinaison de la référence et de la présence conduit le vivant aux frontières de l'image en opérant une déréalisation des corps, autrement dit une « expropriation du corps par son édification imaginaire[30] » : par la référence, le corps s'abstrait de lui-même. Ce processus renvoie à cette « absence-présence[31] » caractéristique du théâtre, où l'acteur est une « interface[32] » entre le réel et la fiction mais il est accentué ici par les propriétés de l'image-source, inorganique et immatérielle, à laquelle on offre un nouveau support d'incarnation. Ces propriétés semblent comme « déteindre » sur le nouveau médium, comme si la scène était « contaminée » par les qualités de la tapisserie, par la représentation inorganique et irréelle qu'elle constitue. De surcroît, l'aire de jeu réduite, ainsi que les déplacements lents, effectués majoritairement de manière parallèle à la salle, reproduisent la bidimensionnalité de l'œuvre originelle.

---

30 Noudelmann François, *Image et absence. Essai sur le regard*, Paris, L'Harmattan, « L'Ouverture philosophique », 1998, p. 59.
31 Abirached Robert, *La Crise du personnage dans le théâtre moderne*, Paris, Gallimard, « Tel », 1994 [1978], p. 81.
32 Biet Christian et Triau Christophe, *Qu'est-ce que le théâtre ?*, Paris, Gallimard, « Folio essais », 2006, p. 443.

Le spectacle rejoue les images iconiques de l'histoire de l'art présentant des corps artificialisés, lissés, disciplinés qui véhiculent une image fantasmatique de la femme paisible et impassible. En transfigurant ces corps idéals en présences réelles sur scène, la mise en scène dévoile leur caractère factice en une incarnation irréelle, voire inquiétante. L'arrachement de la tenture est un geste sauvage, comme une pulsion, dont la dame à la licorne se saisit pour se réapproprier son corps. À travers deux images successives et opposées, Gaëlle Bourges révèle ainsi les tensions implicites qui parcourent les représentations traditionnelles de la femme, soumise au regard masculin et à la bienséance. La perfection aseptisée est détruite au profit d'une dernière image montrant des lapins qui dansent sur un air chanté par une licorne, en une explosion de sens jubilatoire.

Fig. 3 – Gaëlle Bourges, *À mon seul désir*, 2014, photographie, © Thomas Greil.

Armande Salimov

POSES

LE TABLEAU VIVANT
ET LA PHOTOGRAPHIE VICTORIENNE

LE TABLEAU VIVANT :
MÉTAMORPHOSES ET INTERMÉDIALITÉ

Le tableau vivant, photographié qui plus est, offre un cas digne d'intérêt dans le cadre de la théorie de l'intermédialité. Il correspondrait à deux des catégories proposées par Werner Wolf[1] à la suite de Irina Rajewsky[2] : la « remédiation » ou référence intermédiale et « la transposition médiale ». Cette dernière désigne l'opération d'importation d'un medium dans un autre tout en utilisant ses caractéristiques formelles[3] : il en va ainsi d'une technique comme le *chiaroscuro* de la peinture réutilisé dans d'autres arts visuels, ou de « la ligne claire » de la bande dessinée dont le concept a été récemment appliqué au cinéma[4]. Un tableau vivant combine donc à la fois l'héritage du théâtre et ses caractéristiques formelles dans un phénomène de « transposition intermédiale », avec la « référence intermédiale » lorsqu'il se fonde sur des références à d'autres arts comme la peinture, la poésie. Pour ajouter à la complexité de la classification, Bolter et Grusin[5] proposent à leur tour de parler

---

1   Wolf Werner, « Literature and Music », *Handbook of Intermediality*, sous la direction de G. Rippl, Berlin/Boston, De Gruyter, 2015.
2   Rajewsky Irina, « Intermediality, Intertextuality and Remediation : a Literary Perspective on Intermediality », *Intermédialités* 6, 2005, p. 43-64.
3   Straub Julia, « Nineteenth-century Literature and Photography », *in Handbook of Intermediality*, sous la direction de G. Rippl, Berlin/Boston, De Gruyter, 2015, p. 160 et Rajewsky Irina O., « Intermediality Intertextuality and Remediation : a Literary Perspective in Intermediality », *Intermédialités*, 6 (2005), p. 43-64.
4   Voir la thèse de David Pinho Barros, « The Clear Line in Comics and Cinema : a Transmedial Approach », Thèse soutenue le 24 juillet 2020, Université de Porto, Portugal.
5   Bolter Jay David et Grusin Richard, *Remediation : Understanding*, New Media, Cambridge, MIT Press, 1999.

de « remédiation » lorsque la photographie ou le cinéma, qui sont tous
deux des media souples effectuent une remédiation des autres arts. C'est
le cas de Peter Greenaway qui, largement, cite la peinture comme dans
Meurtre dans un jardin anglais entre autres, ou se réfère à l'architecture,
celle du visionnaire Étienne-Louis Boullée en particulier, dans *Le Ventre
de l'architecte*. La littérature et la poésie sont aussi sources d'inspiration,
comme on le verra avec les photographies de Julia Margaret Cameron
qui citent la poésie de Alfred Lord Tennyson, voire la sculpture antique
qui stimulera l'imaginaire de Lady Hamilton.

Ajoutons que pour Irina Rajewsky[6] « medial refashioning » (l'opération
de remédiation) peut avoir une portée réflexive ou métamediale. Lorsque
la photographie offre à la vue un produit unique composé de plusieurs
arts, on pourrait alors se demander s'il ne s'agit pas également de ce que
Wolf et Rajewsky ont identifié comme une « combinaison médiale »,
avec l'exemple de l'opéra, combinaison de théâtralisation, de musique
et de paroles. La combinaison de la pose théâtrale se référant à la peinture, par exemple, le tout sous l'œil de la photographie, créerait alors,
sous l'égide de ces trois arts, un *nouveau et unique produit artistique*.
On le voit, étudier l'héritage du tableau vivant et ses métamorphoses
est une entreprise qui intéresse et « inquiète[7] » la théorie intermédiale,
suggérant des interrogations fructueuses pour faire avancer la réflexion
théorique. Le défi lancé par l'utilisation extraordinairement créative et
souple de l'outil numérique ne manque pas de complexifier la chose…
La proposition de tableaux vivants « remédiant » les grandes œuvres
picturales de Rubens comme *La Descente de croix* ou de Leonard de
Vinci, *La Cène*, ou encore *La Mort de la Vierge* du Caravage, a fleuri sur
les réseaux pendant la crise sanitaire, proposant des tableaux vivants
interprétés par des acteurs en tenue de personnel médical.

Nous verrons aussi qu'un autre outil théorique sera utile pour approcher ce cas complexe de travail entre les media. Le concept de « dispositif[8] »
désigne ce qui contraint d'une manière générale les acteurs du corps

---

6   Rajewsky Irina, « Intermediality, Intertextuality and Remediation : a Literary Perspective
     on Intermediality », art. cité, p. 60-61.
7   Au sens de troubler, ne pas laisser en repos. Nous retrouverons cette notion plus loin.
8   Voir Gilles Deleuze, « Qu'est-ce qu'un dispositif ? » [1988], repris *in Deux régimes de fous.
     Textes et entretiens 1975-1995*, Paris, Minuit, 2003, p. 316 et *sq.* ; Agamben Giorgio, *Qu'est-ce
     qu'un dispositif ?*, trad. M. Rueff, Paris, Payot, Rivages poche, « Petite bibliothèque »,
     2007.

social. Dans le domaine artistique, il oblige par exemple le lecteur et le spectateur à suivre un ensemble de procédures de maniement d'objet et d'opérations de lecture. Le dispositif employé génère des interactions[9]. Dans le cas d'un spectacle, il y a interactions entre les personnages, le texte et le spectateur. Dans les arts visuels, il est le fruit de techniques, d'agencements et de procédures qui portent à la vue pour parler comme Louis Marin. Bernard Vouilloux propose la définition suivante du dispositif au sens restreint. Il désigne un « ensemble de dispositions techniques fonctionnellement déterminées [qui] soumettent [à des traitements] des flux "d'énoncés" et de "visibilités"[10] ».

D'OÙ VIENT LE TABLEAU VIVANT ?

Le terme de tableau, étymologiquement attesté autour de 1280 sous la forme *tabliau*, désignait une cible pour le javelot. Il fut ensuite utilisé pour désigner un panneau de bois servant de support à des annonces. En 1355, il désignait déjà en tant que *tabel* une œuvre picturale exécutée sur un support rigide[11]. Dès le départ donc la rigidité du support en bois semble contraire au désir d'y consigner la reproduction/représentation de la souplesse du vivant qui y laisse une trace sous le tracé. Lorsque

---

9   Ortel Philippe, « Avant-propos » *in Discours, image, dispositif*, sous la direction de Ph. Ortel, Paris, L'Harmattan, 2008, p. 6-9.

10   Vouilloux Bernard, « Le tableau vivant, entre genre et dispositif », *in Entre code et corps, Tableau vivant et photographie mise en scène*, sous la direction de Ch. Buignet et A. Rykner, *Figures de l'art*, n° 22, 2012, p. 95. Voir également : Vouilloux Bernard « La critique des dispositifs », *Critique*, 718, 2007, p. 152-168 (ou « Du dispositif », *in* Discours, image, Dispositif, *op. cit.*, p. 15-31).

11   Voir l'origine étymologique suivante : « I. A. 1. *Ca* 1280 *tabliau* "cible (pour le javelot)" (Adenet le Roi, *Cleomadés*, éd. A. Henry, 15992) ; 2. 1351 *taveliaus* "panneau de bois destiné à recevoir des annonces" (Lille, *ap.* La Fons, *Gloss. ms.*, Bibl. Amiens ds Gdf. *Compl.*) ; 1363 *tablel* (*Lettre de Remission* ds Du Cange t. 8, p. 4b, *s.v. tablettes*) ; [...] II. 2. B. 1355 *tablel* "œuvre picturale exécutée sur un support rigide" (*Arch. nat.*, KK 8, fol. 201 ds Gay) » (CNRL Centre National de Ressources texTetuelles et Lexicales de la Langue : https://www.cnrtl.fr/etymologie/tableau, consulté le 24/06/2020). À noter que la première nature morte de l'art occidental dite *Armoire au placard et aux bouteilles*, œuvre d'un anonyme, est peinte sur un panneau de bois. Elle se trouve à Colmar au musée Unterlinden. Voir mon étude *Le Tiers pictural*, Rennes, Presses Universitaires de Rennes, 2010, p. 141-158.

le tableau est ensuite qualifié de « vivant », l'oxymore passe dans la langue. Littré ne dit pas autre chose lorsqu'il note : « Tableaux vivants, groupes de personnages vivants, représentant, par leur attitude et leur costume, des tableaux plus ou moins célèbres, des sujets historiques, etc. ». Le costume métamorphose l'acteur et lui permet d'accéder à sa propre exposition, voire à son exhibition, par la pose et la fiction.

Même si d'aucuns font remonter le tableau vivant aux Mystères du Moyen-Age et aux fêtes de la Renaissance, le tableau vivant tel qu'il a été popularisé s'est essentiellement développé à partir du début du XVIIIe siècle[12]. Le terme ensuite s'appliquera par déplacement métaphorico/métonymique au théâtre et à la danse, arts qui accueillent aussi des « tableaux » avec leurs changements et leurs successions. Ils seront dits « vivants » puisqu'ils seront interprétés par des êtres humains devant un public. On pourrait alors considérer qu'il y eut au moins deux temps du tableau vivant. D'abord, celui du tableau vivant *per se*, c'est-à-dire le tableau vraiment vivant, en action, tel qu'il nous a été transmis par les témoignages, par la description littéraire, grâce à des dessins, à des gravures aussi. Le second temps du tableau est celui de son apothéose grâce à sa rencontre avec un besoin, un désir social et un medium adéquat, celui de la photographie qui fit grand usage de ses propres possibilités d'arrangements, de montages, de travestissements. Il partageait tous ces dispositifs avec son objet, auquel on peut ajouter la pose et l'arrêt sur image qui fixent l'instant et miment le mouvement comme suspendu entre deux temps. L'époque victorienne fut une époque faste s'il en est, pour le développement de ce sujet aux multiples enjeux. Quelques épigones contemporains prolongent la fascination de l'image fixe offerte à la contemplation. Il aura fallu néanmoins passer du XVIIIe siècle au XIXe siècle pour que de la représentation « vive » on accède à la représentation « fixée » comme on le dit d'un papillon sous verre. Du temps et des inventions inédites permettront de passer du mouvement éphémère sur scène ou dans les salons à la fixité de l'instant avant de redonner du mouvement au dispositif. Mais les choses sont plus compliquées, comme on le verra.

---

12   Voir Bernard Vouilloux, *Le Tableau vivant. Phryné, l'orateur et le peintre*, Paris, Flammarion, 2002.

POSES, DANSES ET TABLEAUX, UNE POÏÉTIQUE DU GESTE.
« OÙ LE VIN NE DIMINUAIT PAS BIEN
QU'ELLE PARÛT EN BOIRE[13] »

Cette citation de Goethe tirée de la description du célèbre tableau vivant dépeint dans *Les Affinités électives*, dit l'inquiétante étrangeté du verre en train d'être bu mais dont le contenu ne varie pas. Dans cette aporie temporelle du boire sans effet se dit le paradoxe du tableau vivant qui montre, dans l'immobilité, le geste qui bute contre la pose, comme la possibilité avortée des effets d'un temps qui prendrait l'être dans ses rets si… Il y a là de quoi inquiéter le spectateur face à l'effet *unheimlich*.

Le lien du tableau avec l'art du théâtre est attesté et la « mise en scène », littéralement, l'opération de disposer devant les yeux de spectateurs sur une scène, est bien un lieu à l'écart du partage ordinaire du lieu commun et destiné à être vu de loin comme de près. On lui attribue un statut supérieur (cela se voit matériellement) et isolé du public plongé dans le noir. Il y a là une valeur d'exception loin du théâtre élisabéthain donné dans les auberges où les acteurs de plain-pied avec le public y étaient mêlés voire invectivés. Au lien avec le théâtre s'ajoute celui avec la scène de foire, avec celle du théâtre ambulant qui montraient aussi des acteurs qui, tout à coup se figeaient et prenaient la pose pour que les spectateurs alléchés admirent la beauté des gestes, des costumes, de la scène, au second sens de partie d'une pièce jouée. L'art du metteur en scène pouvait aussi avoir recours à d'autres formes d'art comme la sculpture ou la peinture. On fait couramment remonter au XVIIIe siècle et aux « attitudes » de Lady Hamilton dans les années 1790, que l'on a aussi appelées ses « poses plastiques », ainsi qu'à *Pygmalion*, le « monodrame » de Jean-Jacques Rousseau et aux pantomimes, l'origine du tableau vivant. La peinture a rapidement servi de modèle et dans *Les Noces d'Arlequin* donné en 1761, mis en scène par Carlin, acteur de la Comédie italienne, les protagonistes se sont figés dans la pose des personnages de *L'Accordée de village* de Greuze (1761), tableau largement vanté par Diderot dans *La Correspondance littéraire*. L'œuvre s'accordait

---

13   Goethe Johan Wolfgang, *Les Affinités électives*, Paris, Gallimard, « Folio », 1980, p. 212-213.

avec ses propres théories et sa mise en scène au théâtre apportait[14] un
surplus d'esthétique propre à ravir le spectateur[15].

On pourrait voir dans les « poses plastiques » de Lady Hamilton une
véritable « ré-invention » et adaptation du tableau vivant. Grâce à des
dessins de Friedrich Rehberg et des gravures qui en sont issues (1794),
on peut avoir une idée de l'effet produit par Lady Hamilton exécutant
la fameuse danse du schall. Elle déployait la virtuosité de son corps en
des poses exprimant la douleur, la joie, la violence, l'effondrement, le
pathétique. Le fameux schall, sorte de longue bande d'étoffe, servait de
signifiant pour indiquer les variations d'humeur de l'actrice/danseuse/
mime ; il pouvait aussi la dissimuler, l'entourer de ses plis, s'ouvrir
brusquement et jouer le rôle de rideau de théâtre[16]. Le corps de l'actrice
était ainsi magnifié dans ses changements rapides de postures et ses
mouvements. Goethe, Mme de Staël, Mme de Boigne, Mme Vigée le
Brun ont témoigné de la force de séduction érotique de ces postures
qui ravissaient le public aristocratique de l'époque à Naples où son
ambassadeur de mari lui servait de Pygmalion. Ils et elles s'en sou-
viendront dans leurs mémoires ou dans leurs œuvres littéraires comme
Les Affinités électives pour Goethe ou Delphine pour Mme de Staël. Ces
romans contiennent les descriptions d'attitudes similaires et de personnages adoptant des poses dans des tableaux vivants[17]. Mme Vigée le
Brun peindra plusieurs portraits de Lady Hamilton dont elle fut proche
un temps. La jeune femme devait connaître une postérité esthétique
et les bonheurs de l'image animée grâce à des films qui célèbrent son

---

14 Vouilloux Bernard, Le Tableau vivant. Phryné, l'orateur et le peintre, op. cit., p. 15.

15 Ibid., p. 19.

16 Plus tard, Loïe Fuller se souviendra du rôle crucial de longs pans de tissu lors de ses danses
    où elle apparaît comme un grand papillon filmé sur scène. Là, le mouvement a pu être
    « saisi » par la caméra à ses débuts. Je reviendrai sur ce terme. Voir la Danse serpentine
    filmées en 1892. Loïe Fuller a expérimenté toutes sortes de dispositifs scéniques afin de
    mettre en valeur sa danse (miroirs, verre transparent, jeux de lumière et de couleur).
    Elle alla même jusqu'à demander à Pierre et Marie Curie de lui composer un costume
    phosphorescent, ce qu'ils refusèrent de faire, mais elle n'en n'inventa pas moins la Danse
    du radium. Loïe Fuller déposa de nombreux brevets. Pour ses portraits, voir Henri de
    Toulouse Lautrec, Loïe Fuller, lithographie 1893. Soloman Moser, La Danseuse Loïe Fuller
    (vers 1910, aquarelle). Les œuvres peintes tentent de suggérer l'envolée des voiles (des
    jupes à l'origine) dans le mouvement qui est au cœur de l'art de la danseuse. Elle ouvrit
    la voie à Isadora Duncan, sa rivale.

17 Darbellay Laurent, « De la stase au mouvement : les attitudes de Lady Hamilton », in
    Entre code et corps. Tableau vivant et photographie mise en scène, op. cit., p. 57-72.

art[18]. La technique réglant l'art hamiltonien d'inspiration largement néo-classique consistait dans la surprise et le choc de la brusque immobilisation d'un mouvement auquel le spectateur s'était laissé prendre, laissant en suspens le cours de ce mouvement, comme l'arrêt d'un souffle, suspendu entre deux, pour mieux souvent le reprendre dans un déchaînement virtuose digne d'une envolée lyrique. Pour A. Rykner, il est le contraire du *gestus* brechtien qui tendrait à fixer le corps dans un code : « le corps du tableau vivant tend [...] à échapper au *gestus* à travers lequel il paraît d'abord s'offrir – un corps qui crève ses codes et vient ainsi dire inquiéter la représentation[19] ». « Inquiéter la représentation », c'est bien ce que montre le verre qui ne se vide pas arrêté aux lèvres de la mère du tableau dépeint dans l'*ekphrasis* des *Affinités électives*.

Ainsi avant l'invention du cinéma, l'art hamiltonien inventait-il le troublant arrêt sur image. Le cinéma utilisera l'art du tableau vivant dans les scènes à peine bougées de *Barry Lyndon* (1975) qui se calquent sur les fameuses *Conversation Pieces*, art anglais du groupement de personnages assemblés dans des circonstances informelles, familiales ou amicales au XVIIIe siècle[20]. Peter Greenaway, peintre de formation, ne cessera de « remédier » la peinture en composant des groupes de personnages assemblés en véritables tableaux vivants, parfois devant les œuvres elles-mêmes en arrière-plan. Nombre de ses œuvres en témoignent comme *La Ronde de nuit, Le Cuisinier, le voleur, sa femme et son amant, Meurtre dans un jardin anglais*. La lumière, les chandelles, les décors, les costumes, les jardins, la musique recréent, comme dans *Barry Lyndon*, la lenteur du mouvement ralenti, un monde disparu réinventé sous l'œil du spectateur qui a tout loisir de goûter et de détailler la scène. En même temps, cette plongée fictive dans un espace-temps autre génère une nostalgie teintée

---

18 *Lady Hamilton*, film muet de Richard Oswald (1921), en 1941 *That Hamilton Woman*, d'Alexandre Korda avec Vivien Leigh et Laurence Olivier, et *Les Amours de Lady Hamilton*, film de Christian-Jaque (1968) avec Michèle Mercier et Richard Johnson.

19 Rykner Arnaud, « Nature morte, vie pas tranquille : du tableau vivant à la photographie mise en scène », *in Entre code et corps. Tableau vivant et photographie mise en scène, op. cit.*, p. 34.

20 On pourra consulter : Praz Mario, *Conversation Pieces. A Survey of the Informal Group Portrait in Europe and America*, The Pennsylvania State University Press, 1971 ; Retford Kate, *The Art of Domestic Life : Family Portraiture in Eighteenth-Century England*, New Haven, Yale UP, 2006 et *The Conversation Piece : Making Modern Art in Eighteenth-Century Britain*, New Haven, Yale UP, 2017 ; Shawe-Taylor Desmond, *The Conversation Piece, Scenes of Fashionable Life*, St James's Palace, Royal Collection Publications, 2009.

d'inquiétante étrangeté, en accord avec le personnage de Barry Lyndon
projeté dans un monde qui n'est pas le sien et où il compromet toute
réussite personnelle. Il est l'étranger dans le tableau « the odd one out »
selon la formule britannique si « parlante ».

La fortune de ces poses et des tableaux vivants continuera au XIXᵉ siècle et
le théâtre les utilisera en se référant largement à la peinture. En Angleterre,
avec le mélodrame également, il aura recours à ces *living pictures* qui ont
laissé les traces de leur mémoire dans la littérature. C'est le cas des romans
de George Eliot, comme *Middlemarch* ou *Daniel Deronda*, de ceux d'Edith
Wharton, comme *The House of Mirth*, et chez Oscar Wilde dans *The Picture
of Dorian Gray*. Au XXᵉ siècle, Peter Ackroyd cite les mêmes « living pictures » dans *Dan Leno and the Limehouse Golem* situé au XIXᵉ siècle. Walter
Sickert et la Camden Town School ont représenté l'ambiance de scènes
de music-hall friandes de « tableaux » également. La lumière tout à coup
braquée sur le changement de tableaux figeait les acteurs dans des poses
fragiles et souvent accompagnées de tremblements révélateurs du vivant,
au sens où dans la nouvelle de Balzac, « il y a un pied là-dessous », sous
« la muraille de peinture[21] ». La lumière constituait la condition première
de la montée à la vue, sur la scène et sous l'objectif de l'appareil photo/
graphique qui en fixe le graphe. Le geste trouvera sa théorisation avec le
gestus de Brecht, geste dramatique associé à la distanciation qui permet
d'en révéler les implications sociales ou politiques.

LA PHOTOGRAPHIE VICTORIENNE
ET L'APOTHÉOSE DU DÉGUISEMENT

L'époque victorienne fut particulièrement friande de déguisements
et de jeux de société au sein des classes aisées. Ainsi que le note Julia
Straub, « l'ère victorienne fut visuellement orientée[22] ». L'invention
de la photographie quasi-simultanément en Angleterre avec William

---

21 Balzac Honoré (de), *Le Chef d'œuvre inconnu* [1831] et Didi-Huberman Georges, *La Peinture incarnée*, Paris, Minuit, 1985.
22 Straub Julia, « Nineteenth century Literature and Photography », *in Handbook of Intermediality, op. cit.*, p. 161.

Henry Fox Talbot (le calotype en 1841)[23] et en France, avec Nicéphore Niepce et Louis Daguerre (le daguerreotype en 1839) devait permettre au tableau vivant de migrer des salons vers une sorte « d'autre scène » qui allait lui permettre de fixer le spectacle. On allait pouvoir prolonger le plaisir de la vue et le montrer à loisir en échappant à la frustration du fugitif temporaire de l'instant de l'arrangement scénique. De plus, la difficulté originelle du temps de pose infligé aux protagonistes pour éviter les flous de l'image, sauf si cela était un effet volontaire comme parfois chez Julia Margaret Cameron, impliquait la nécessité de prendre des vues à l'extérieur, plus lumineux, en construisant un décor approprié. C'est le cas d'une photographie remarquable de John Dillin Llewellyn, autre pionnier de l'art né au Pays de Galles et proche de Talbot, dans laquelle une jeune femme assise pose avec un livre ouvert sur les genoux, une longue-vue à sa gauche sur une table et un globe terrestre posé sur le sol à sa droite. Il s'agit bien d'un vrai dispositif de prise de vues, en extérieur ici, que révèle la photographie avec la découpe du décor au papier peint à rayures suggérant l'intérieur d'une maison, décor installé dans le jardin devant la maison dont on perçoit une fenêtre à l'arrière-plan. Llewelyn a choisi de dévoiler l'artifice de son travail en une photographie auto-réflexive montrant une jeune femme pensive[24]. L'une des premières photographies de Talbot, datée de 1845, *Les Vendeurs de fruits*[25], accentue aussi l'artificialité de la scène de groupe proche des *Conversation Pieces* et la rapproche des dispositifs de la peinture d'atelier encore vivace à l'époque d'avant la révolution impressionniste.

Deux notions ont été mises en avant par les recherches théoriques : celles de témoignage et d'héritage. Yannick Butel rappelle à la suite d'Agamben[26] les deux sens de témoin : *testis* désigne le tiers entre deux

---

23 Talbot fut l'auteur du premier livre illustré de photographies, *The Pencil of Nature* (*Le Crayon de la nature*), paru en 1844.
24 À noter que la jeune femme studieuse représente une rupture par rapport à la représentation conventionnelle de la femme des classes supérieures, figée dans un rôle social plus décoratif. Ici la scène semble requérir toute l'attention du modèle et constituer une sorte d'allégorie du savoir, en même temps qu'une reconnaissance de l'intelligence féminine. On pense au *Géographe* et à *L'Astronome* de Vermeer ainsi qu'à *L'Atelier du peintre*, bien sûr.
25 Bajac Quentin, *Tableaux vivants Fantaisies photographiques victoriennes (1840-1880)*, catalogue de l'exposition au musée d'Orsay, Paris, Réunion des Musées Nationaux, 1999, p. 26, ill. 1.
26 Agamben Giorgio, *Ce qui reste d'Auschwitz*, trad. P. Alferi, Paris, Payot et Rivages Poche, 2003, p. 39.

parties lors d'un procès et *superstes* la personne qui a été présente lors
d'un événement et peut rendre compte de ce qu'elle a vécu[27]. La photographie, assume bien un rôle de transmission en tant qu'intermédiaire
tiers (*testis*) entre sujet et spectateur du phénomène du tableau vivant, de
son « ça a été[28] », ainsi qu'elle atteste de la seconde présence du photographe qui témoigne (au sens de *superstes*), quoique caché, de l'expérience
vécue des sujets photographiés. Elle rend compte d'un « arrangement
esthétique[29] » lorsqu'elle ne fait que le fixer et le transmettre, elle en
est aussi très vite à l'origine, lorsqu'elle l'arrange, en crée les conditions
de possibilité, puis en hérite et le transmet. Soit donc on fait appel au
photographe pour garder le souvenir, soit il est celui qui invente le dispositif et le photographie en même temps. Yannick Butel, dans le même
article évoquant l'héritage, rappelle le rapport du regard de l'héritier
avec la photo, son égard pour elle aussi[30]. Il y a là comme une rencontre
« naturelle » entre photo et tableau vivant. Par le biais du déguisement,
de la pose et du temps de pause, de la manie de constituer des albums
(répondant au goût de la collection), se fonde comme une communauté
de moyens. Le mouvement arrêté en suspens, les « living pictures » et
les « life models » de la lanterne magique disent le rapport aux temps,
à la vie et à la mort, dans la richesse paradoxale du mouvement arrêté
de l'oxymore. On notera d'ailleurs l'obstination du langage à utiliser le
qualificatif relatif au vivant pour ces scènes qui en fixent le mouvement.

Lorsque la photographie transmet jusqu'à aujourd'hui des tableaux
vivants performés dans des salons, au cours de réunions du « beau
monde » pour se distraire, voire au sein de la famille royale elle-même,
elle prend bien alors valeur d'héritage. Les mises en scène familiales, les
distractions sociales disent le plaisir du jeu, du travestissement, de la
célébration d'un faire qui se voulait esthétique. Rendu possible grâce à
l'appareil photo qui fixait la trace, il magnifiait la scène, l'encadrait, la
prorogeait dans un futur lointain. Il y a là comme une mise en mouvement de toute une société qui donnera vie à de nombreuses scènes

---

27   Butel Yannick, « *114886* De l'égard à l'écart », *in Entre code et corps. Tableau vivant et
     photographie mise en scène, op. cit.*, p. 116, note 21.
28   Barthes Roland, *La Chambre claire. Note sur la photographie*, Paris, Cahiers du cinéma-
     Gallimard-Seuil, 1980.
29   Louvel Liliane, « Nuances du pictural », *Poétique*, n° 126, avril 2001, p. 175-189 ; *Texte/
     image, images à lire, textes à voir*, Rennes, Presses Universitaires de Rennes, 2002, p. 32-44.
30   Butel Yannick, « *114886* De l'égard à l'écart », art. cité.

empruntées à un fonds culturel commun, et qui, en retour, l'inspirera et l'enrichira. Il faut aussi noter la dimension ludique de l'utilisation de l'appareil photographique qui relaie et magnifie les scènes jouées. Lewis Carroll saura s'en divertir.

On sait combien la famille royale, en premier lieu la Reine Victoria, le prince Albert et leurs filles, pratiquera l'art du tableau vivant. Jusque bien avant dans sa vie, au-delà de la mort du Prince Consort, la reine continuera à affectionner ces divertissements, mêlant photos de famille et enjeux politiques. Gustav Mullins photographia les tableaux joués par la famille royale à Balmoral et à Osborne de 1890 à 1893. Mais dès début 1854, Roger Fenton[31], peintre de formation, avait été choisi par la reine Victoria et le prince Albert

> pour photographier leurs enfants dans une série de tableaux vivants inspirés des *Saisons* de Thomson, donnés le 10 février, jour d'anniversaire de la reine[32] [...] le rôle de Fenton semble toutefois s'être borné à enregistrer les attitudes des enfants, les tableaux comme souvent, ayant été au préalable soigneusement mis en scène. La distance séparant l'idéalisme des dessins préparatoires habituels et la réalité de l'image photographique ne dut cependant pas échapper à la reine Victoria : elle demanda que certaines images, jugées trop peu dignes de la Couronne ne soient pas diffusées. Beaucoup furent découpées, collées dans des albums et retouchées à l'aquarelle : le résultat, mêlant en un photocollage photographies et dessins, aboutissait à une réalité quelque peu idéalisée, mieux à même de satisfaire la reine[33].

Ce passage corrobore la thèse de Nancy Armstrong selon laquelle la reine manipulait les photos familiales d'Albert et d'elle-même, se plaçant ainsi au sommet d'une nouvelle iconographie sociale[34], refusant

---

31 « Roger Fenton, est le premier à avoir présenté à la Royal Academy en 1840, un tableau inspiré par Tennyson, *From Tennyson's Ballad of the May Queen* » (Bajac Quentin, *Tableaux vivants Fantaisies photographiques victoriennes (1840-1880)*, op. cit., p. 24 note 16). On sait quel succès les poèmes de Tennyson connurent donnant lieu à de nombreuses représentations photographiques, en particulier de la part de Julia Magaret Cameron, son amie et voisine dans l'île de Wight.

32 « Les tableaux représentaient la princesse Alice en Printemps, la princesse royale et le prince Arthur en Été, le prince Albert en Automne, le prince de Galles en Hiver » (*ibid.*, p. 24 note 17).

33 « Dans un des albums mentionnés, conservé dans les Archives royales de Windsor, en face des collages aquarellés par Carl Haag sont collées les photographies originales non retouchées » (*ibid.*, note 18).

34 Armstrong Nancy (*Fiction in the Age of Photography, The Legacy of British Realism*, Harvard, Harvard University Press, 1999, p. 304, note 10) se réfère à l'article de Margaret Homans,

les photographies qui ne lui convenaient pas. Bien avant l'heure, la reine donnait à l'image un pouvoir de représentation sociale, assignant au peuple une ligne de conduite à tenir. Elle inaugurait un outil de propagande pour magnifier son règne, imposer ses critères moraux, construire une déontologie qu'il convenait de respecter. Le projet politique s'incarnait dans un corps signifiant grâce à l'agencement d'un dispositif contrôlé et imposait son code de valeurs comme modèle visible affiché devant les yeux du peuple anglais. On sait quels effets restrictifs, en particulier pour les femmes, pour les pauvres (distingués entre « deserving poor », les pauvres méritants et les autres) et les peuples aux confins de l'Empire colonial, le centre étant à Londres[35], cela pendant les longues années de cette fin-de-siècle précédant la mort de la reine Victoria en 1901. Cette manie du catalogage et de la hiérarchisation des valeurs, des objets, des personnes, correspondait aussi à l'émergence de nouvelles sciences et para-sciences comme la phrénologie et la physiognomonie. Ces dernières eurent largement recours à la photographie qui permettait les inventaires de visages et répondait ainsi à la manie classificatoire du XIXe siècle.

Le goût de ces jeux de société fut également partagé par la famille de la reine en la personne du prince Alfred, duc d'Edimbourg[36] et de ses filles Alexandra, Victoria et Marie, proches des princesses royales, leurs cousines. Les deux premières figurent dans « Two's Company, Three's None » en compagnie de Mr Savile, rejouant une scène tirée d'un tableau éponyme de Marcus Stone. Deux amoureux voient leur intimité comme empêchée par une troisième personne, l'inévitable chaperon[37]. La photographie est contenue dans un album intitulé « Tableaux vivants Devonport » (vers 1892-1893), qui inclut également dix-neuf mises en

---

« Victoria's Sovereign Obedience : Portraits of the Queen as Wife and Mother », *in Victorian Literature and the Victorian Pictorial Imagination*, sous la direction de C. T. Christ et J. O. Jordan, Berkeley, Berkeley, University of California Press, 1995. Voir aussi l'ouvrage de Thomas Richards *The Commodity Culture of Victorian England : Advertising and Spectacle 1851-1914*, Stanford, Stanford University Press, 1990.

35   Ashcroft Bill, *The Empire writes back. Theory and practice in postcolonial literatures*, Londres, Routledge, 2002.

36   Le prince Alfred duc d'Edimbourg était le second fils de la reine Victoria et du Prince Albert. Il fit une carrière dans la marine puis dut succéder au Duc de Saxe-Coburg en son duché Allemagne.

37   Jacobi Carol et Kingsley Hope, *Painting with Light. Art and Photography from the Pre-Raphaelites to the Modern Age...*, Catalogue exhibition, 11 May-25 September 2016, Londres, Tate Publishing, p. 70.

scène de pièces de Shakespeare et cinq scènes inspirées d'œuvres de Marcus Stone, peintre de la Royal Academy, très populaire pour ses scènes sentimentales. À noter dans cette veine classificatoire et conservatoire, le goût pour les albums de dessins, de souvenirs, les fameux *keepsakes* importés en France et dans la littérature, et les albums de photographies. Ces derniers fournissaient ainsi comme un méta-récit des divertissements familiaux royaux et mondains que l'on pouvait regarder à loisir et qui étaient destinés à laisser une trace mémorielle aux héritiers et à la postérité. On sait aussi que les Victoriens photographiaient leurs morts et conservaient leur image dans de lourds et riches albums que l'on peut encore trouver sur les étals des brocanteurs. À noter encore des photographies identifiées comme ayant été prises par ou pour la famille royale sans nom d'auteur. Ainsi *Tableau vivant royal : Les Bourgeois de Calais* (1890-1892) qui comporte les personnages de la ville vaincue présentant les clés de la ville au roi Edouard III en un rituel de reddition à la gloire de l'Angleterre[38].

Les influences entre les arts, la circulation des images diffusées plus largement grâce à la photogravure[39], exemples de transposition et de référence intermédiales, ont joué à plein en ce qui concerne les sources d'inspiration. On peut considérer qu'un mouvement d'échanges dynamiques entre arts, histoire et tableau vivant photographié a circulé. Il allait de la littérature, de la peinture, de l'histoire vers le tableau et inversement.

QUAND L'HISTOIRE LES ARTS PLASTIQUES ET LA LITTÉRATURE INSPIRENT LE TABLEAU VIVANT PHOTOGRAPHIÉ

Le tableau vivant photographié résulte d'un double paradoxe. Il redouble le trouble de l'oxymore de la pratique du « tableau vivant »,

---

38 Bajac Quentin, *Tableaux vivants. Fantaisies photographiques victoriennes (1840-1880)*, *op. cit.*, p. 70, ill. 44.

39 Où l'on retrouve les recherches de N. Niepce et de W.H.F. Talbot qui, dès 1852, dépose un brevet d'une technique qu'il appelle alors *Photoglyphic engraving*, qu'il améliore en 1858.

combinaison de rigidité et de mouvement, puisqu'il le fige définitivement sur un support fixe de papier, entouré d'un cadre, voire inséré à l'intérieur d'un album. Cette volonté de *transfert* (le mot dit un mouvement de transport mais aussi suggère une activité de trans-faire, transfert d'une forme de spectacle relevant du spectaculaire vers un autre medium destiné à l'hypostasier) traduit le désir et la volonté des humains de perpétuer le souvenir de l'événement dont ils ont été témoins, au sens (*superstes*) de ceux qui ont assisté à la représentation. Il s'agissait aussi de partager avec d'autres des moments remarquables pour des raisons de prestige ou de valorisation sociale, voire encore de transmission familiale. Il y avait là aussi un moyen plus accessible que l'art de dessiner ou de peindre qui demande une disposition et une formation techniques plus difficiles à acquérir qu'un appareil photographique qui ne requérait pas une longue formation ou des dispositions manuelles hors de portée de ceux qui avaient les moyens de se l'offrir. Ce qui opérait déjà une sélection de fait. Il est significatif que des femmes purent s'emparer de l'outil et laisser un nom, ce qui ne fut pas le cas des autres arts dits plus nobles. Que ce soit Clementina Lady Hawarden ou Julia Margaret Cameron, elles avaient toutes deux des connaissances artistiques comme le prouve l'inspiration qu'elles puisent au fond de la peinture et de la littérature. Et l'on voit comment Julia Margaret Cameron, en tâtonnant, on le sait, puisqu'elle fut pratiquement autodidacte en la matière (même si la rencontre de John Herschel fut déterminante, dans l'île de Wight puis en Inde où elle suivit son mari), parvint à composer et à tirer ses images, parfois après de nombreuses et longues séances de poses. Étant données les contraintes du temps de pose imposées par les premiers appareils photographiques, de nombreuses épreuves successives étaient nécessaires. Ce qui donnera aussi des résultats souvent flous, avec des effets qu'elle continuera de cultiver de manière archaïsante par la suite.

La peinture préraphaélite très en vogue à l'époque offrait des scènes toutes prêtes à être réinterprétées, voire « remédiées », sous forme de tableaux vivants. La vogue de l'orientalisme, de l'époque médiévale, et le goût du déguisement, ainsi que la présence de la sculpture, fournissaient des sujets prêts à être reproduits et transférés par cette nouvelle invention technique qui chercha longtemps à être reconnue comme un art. De manière un peu surprenante, les femmes ont donc laissé une trace non négligeable dans la photographie de tableaux vivants. L'aristocrate,

Clementina Lady Hawarden, devenue membre de la London Photographic Society, a laissé un fonds considérable d'œuvres dans lesquelles elle met en scène de nombreux groupes en costumes, ses filles, ses serviteurs et elle-même. Ainsi, s'inspirant d'une gravure de John Everett Millais, *Marianna* (1857)[40], qui illustre un poème de Alfred Lord Tennyson, Clementina fait poser dans la même posture, sa fille devant le balcon ouvert de leur demeure de Kensington à Princes Gardens. Prostrées, appuyées l'une sur un banc, l'autre sur une chaise, les deux figures de Marianna sont en proie aux affres de l'amour abandonné. La lumière diffuse entre par la fenêtre et dissout la blancheur de la chemise de la jeune fille éplorée, suggérant comme le mouvement que les pleurs impriment à sa poitrine[41].

Un remarquable exemple de triple remédiation entre dessin, peinture et poésie a pour sujet le célèbre poème de Alfred Lord Tennyson : *The Lady of Shalott* qui fut l'un des thèmes favoris des peintres préraphaé-lites. On en connaît plusieurs versions comme celle de Holman Hunt, de Waterhouse, de Burne-Jones voire de Leighton. Mais c'est un dessin de John Everett Millais illustrant le poème et le triste destin de la dame d'Escalot amoureuse de Lancelot, qui inspira la non moins célèbre pho-tographie de Henry Peach Robinson. Millais est resté célèbre pour son tableau de la mort d'Ophélie, elle qui « flotte comme un grand lys ». La photographie de Robinson datée de 1860-1861 présente un cas intéres-sant puisqu'il combine trois strates de représentation et de remédiation : « The Lady of Shalott », le poème de Tennyson qui inspira le dessin de Millais, qui, à son tour inspira la photographie de Robinson. Dernier avatar, l'année 1862, elle réapparaîtra comme sujet d'un tableau de Walter Crane et avec le même titre. Trois médias donnent l'exemple de trois phases de la remédiation. En outre, cette photographie est restée célèbre comme exemple de *combination photograph or print*, moyen technique de prises multiples assemblées en montage et qui fut attaquée tout autant que Robinson et la peinture préraphaélite[42]. Néanmoins la *combination print* permettait à l'artiste de présenter des « tableaux » de plus grande envergure que celle d'un seul cliché et de proposer des scènes bucoliques

---

40 Carol Jacobi et Hope Kingsley, *Painting with Light. Art and Photography from the Pre-Raphaelites to the Modern Age, op. cit.*, p. 62, ill. 52.

41 *Ibid.*, p. 63, ill. 53.

42 Voir à ce sujet les pages 99 à 106 de Lindsay Smith, *Victorian Photography. Painting and Poetry. The Enigma of Visibility in Ruskin. Morris and the pre Raphaelites*, Cambridge, Cambridge University Press, 1995.

ou de fantaisie plus ambitieuses. Elle permettait aussi au photographe une plus grande possibilité de choix dans son arrangement esthétique éliminant ce qui pouvait nuire à l'unité de la mise en scène. Enfin, de par sa grande plasticité, le tableau vivant offre un rapport au temps différent suivant le choix du photographe comme on le verra.

Mais bien entendu, c'est Julia Margaret Cameron qui reste l'une des plus célèbres photographes qui marqua son temps par l'utilisation souvent originale de l'appareil photographique. Inspirée par les peintres préraphaélites, elle devait leur emprunter leur esthétique et leur prédilection pour un certain type de femmes, comme on le voit dans *Call I Follow, I Follow, Let Me Die* (1867), imprimé en 1870-1875[43] très inspiré du célèbre *Beata Beatrix* de Dante Gabriel Rossetti, peint entre 1864 et 1870[44] et dans *May Prinsep* (1870), dans la même pose que celle du tableau éponyme de George Watts (1867-1869), qui vivait chez Tennyson, voisin des Cameron à l'île de Wight. L'infatigable travail de Julia Margaret Cameron pour illustrer de nombreux textes, en particulier ceux de Tennyson, témoigne encore du goût de l'époque pour le sujet médiéval, en particulier dans les célèbres illustrations des *Idylles des rois*[45]. Il n'est que de regarder *The Passing of Arthur* (*So Like a Shatter'd Column Lay the King*, mai 1875)[46] ou encore *The Parting of Lancelot and Guenievre*[47], où le dispositif au sens restreint proposé par Vouilloux semble fonctionner[48]. Le dispositif, inspiré d'une gravure sur bois de Daniel Maclise de 1857, qui régit la mort d'Arthur est remarquable puisque pour suggérer le mouvement de la disposition du corps mort du roi, trois femmes sont à l'œuvre dans une

43 Carol Jacobi et Hope Kingsley, *Painting with Light. Art and Photography from the Pre-Raphaelites to the Modern Age, op. cit.*, p. 81, ill. 69.
44 *Ibid.*, p. 80, ill. 68.
45 Alfred Lord Tennyson, *Idylls of the King and Other Poems*, photographically illustrated by Julia Margaret Cameron, London, 1875. Voir la publication de l'Université de St Andrews à l'occasion de l'acquisition en 2019 de l'un des exemplaires de l'ouvrage : http://special-collections.wp.st-andrews.ac.uk/2019/03/12/pioneering-photographs-alfred-lord-tennysons-idylls-of-the-king-photographically-illustrated-by-julia-margaret-cameron-1875/ consulté le 16 juillet 2020.
46 Carol Jacobi et Hope Kingsley, *Painting with Light, Art and Photography from the Pre-Raphaelites to the Modern Age, op. cit.*, p. 65, ill. 55.
47 Bajac Quentin, *Tableaux vivants Fantaisies photographiques victoriennes (1840-1880), op. cit.*, p. 69, ill. 45.
48 Vouilloux Bernard, « Le tableau vivant, entre genre et dispositif », *in Entre code et corps, Tableau vivant et photographie mise en scène, op. cit.*, p. 95. Voir aussi Bernard Vouilloux « La critique des dispositifs », *Critique*, 718, 2007, p. 152-168 ou encore « Du dispositif », *in Discours, image, dispositif, op. cit.*, p. 15-31.

barque qui vogue sur une brume en écho aux vagues créées par le procédé de retouche du flou photographique. L'arrière-plan a été suggéré par des rideaux ; et la lune, rajoutée ensuite, cache partiellement les poutres du plafond. Néanmoins, Cameron précisa sur le cadre de la photographie, comme elle avait coutume de le faire, « *From Life* », d'après nature. Où l'on voit l'enjeu d'insister sur « la vie » à laquelle on se réfère au moment même où l'on simule la mort.

Le goût pour l'époque médiévale et le roman historique trouva également matière à satisfaction dans les œuvres de Sir Walter Scott qui ne manqua pas d'inspirer des tableaux vivants à l'œil et à l'imagination des photographes. Ce fut le cas de Sir David Wilkie, « peintre écossais de genre, qui s'était fait dans les années 1820-1830 une spécialité de la composition de tableaux vivants, tirés notamment de l'œuvre de Walter Scott[49] ». Dès 1845, les pionniers de la photographie, David Octavius Hill et Rober Adamson, photographient des groupes en costumes médiévaux[50] et *Les moines de Kennaquahair* dans un tableau d'après *L'Abbé* de Walter Scott[51]. Des œuvres signées de photographes anonymes présentent de véritables scènes, comme par exemple celle de 1863, tirée d'*Ivanhoé*, qui comporte huit personnages en costumes guerriers et nobles pourpoints en train de partager un repas dans un bois[52]. Le geste de l'un d'entre eux qui tend, comme pour porter un toast, un petit flacon vers le personnage central en armure, probablement Ivanhoé lui-même avec à sa gauche Richard Cœur de lion, suspend le mouvement. Ce dernier est également indiqué par un personnage à droite qui boit à même un quart tandis qu'un autre, assis par terre, tend son assiette vide au moine assis sur le sol, le célèbre frère Tuck, tenant un grand récipient entre ses jambes. Ici, il s'agit d'un événement en train d'avoir lieu, entraînant ainsi le spectateur dans la contemplation à loisir d'un présent du passé. Mais c'est une action future qu'une autre scène d'un autre roman de Walter Scott a choisi de représenter. Le même photographe anonyme, la même année, propose de regarder une scène du roman de chevalerie *Le Talisman*[53] : un noble personnage attablé, probablement Richard Cœur de

49   Bajac Quentin, *Tableaux vivants Fantaisies photographiques victoriennes (1840-1880)*, *op. cit.*, p. 7.
50   *Ibid.*, p. 30, ill. 5.
51   *Ibid.*, p. 29, ill. 4.
52   *Ibid.*, p. 46, ill. 20.
53   *Ibid.*, p. 47, ill. 21.

lion parti en croisade contre Soliman, est absorbé par les objets disposés sur la table tandis que son serviteur nettoie un écu à l'effigie du lion. Mais un autre personnage, vêtu à l'orientale, rampe sur le sol, couteau levé à la main, prêt à frapper le roi. Dans cette scène, l'action va avoir lieu. Le spectateur ressent comme un frisson d'angoisse en voyant la future victime désarmée et inconsciente du danger qui va surgir. C'est le temps arrêté, celui du suspens d'avant le drame, qui provoque une jouissance effarée, alors que dans l'autre scène le calme de la situation satisfaisait le temps de la contemplation.

Clementina Lady Hawarden ne dédaigne pas non plus les scènes costumées historiques lorsqu'elle compose des rencontres entre reine et chevalier, comme dans *Clementina et Isabelle costumées* 1865[54]. Ces poses statiques et comme « au présent » n'en sont pas moins frémissantes de sentiments amoureux contrariés. Satisfaisant au goût historique, Victor Prout, lui, représente *Marie reine d'Écosse, en compagnie de Rizzio* en 1865, dans une scène d'adoration amoureuse. Dans un autre tableau, qu'il intitule *Tableau vivant : la Foi, l'Espérance et la Charité*, Prout met en scène les vertus chrétiennes, si chères au monde victorien, en la personne de pures jeunes filles vêtues de blanc, figées dans une pose à la composition triangulaire. William Lake Price reconstituera, en 1855-1856, la cabane de Robinson en compagnie de Vendredi[55].

Un tableau de Charles Landseer, *The Plundering of Basing House* (1836), commémore une scène de pillage d'une maison par la soldatesque de Cromwell le 14 octobre 1645, qui saisit les biens de la maison, y compris les objets du culte catholique. Les mouvements et gestes de désespoir de la Marquise et du Marquis John Paulet, la brutalité sans vergogne sont suffisamment vivants et les mouvements finement suggérés pour que, plus tard, James Eliot s'en empare pour en faire l'objet de plusieurs dispositifs stéréoscopiques qui connurent leur heure de gloire. Le procédé consiste à prendre deux vues de la même scène et à la visionner à l'aide d'un stéréoscope, appareil qui permet une impression de profondeur et un rendu des mouvements assez saisissants. La version de 1858 de *The Plundering of Basing House : Puritan Soldiers with Prisoners* « attacked » est en noir et blanc. La même année, deux versions en couleur sont réalisées avec la précision *Bound* (« attachés »), pour l'une, et *Given water* (« on leur

---

54 *Ibid.*, p. 50-51, 52 53, ill. 24, 25, 26, 27.
55 *Ibid.*, p. 53, ill. 6.

donne de l'eau »), pour l'autre. Le stéréoscope, provoquant un effet de troisième dimension de l'image, accentuait en même temps l'impression de surgissement. Il eut ses avocats et ses détracteurs, ainsi que le note Lindsay Smith qui rappelle que, dans les années 1850 et 1860, le stéréoscope bénéficia d'un engouement extraordinaire comme instrument de culture populaire. Ce sont Charles Wheatstone dès 1832 puis surtout David Brewster en 1849 qui popularisèrent l'utilisation de l'appareil. Tous deux avaient des conceptions opposées, Wheatstone y voyant une interprétation cognitive de la vision et Brewster un phénomène de perception de la rétine. Cependant, tous deux, malgré leurs désaccords, insistaient sur l'importance du corps dans la vision[56].

L'orientalisme devait aussi suggérer de belles scènes, et l'on voit des exemples de circulation d'inter-références et inter-influences entre peintres et photographes comme c'est le cas de Frank Dillon, grand voyageur et peintre de scènes intérieures au Caire, ainsi que dans les photographies de Roger Fenton et de C. H. Clarke.

Mais c'est bien l'héritage culturel britannique qui influença les amateurs de tableaux vivants sur scène et sous l'œil du photographe. Outre Walter Scott, des scènes tirées de l'œuvre de Shakespeare ont aussi inspiré nombre de tableaux vivants. Cameron représenta l'entrevue entre le *Père Laurence et Juliette* (1865)[57]. La famille royale, elle aussi, rendit hommage au barde dans un tableau vivant royal dont le photographe est resté anonyme, avec une scène tirée du *Songe d'une nuit d'été* (1890-1892). Ils choisirent le moment du rêve de *Titania* dont la tête repose sur les genoux de Bottom muni de sa tête d'âne, dans un paysage d'arbres et de plantes exotiques[58]. Les poèmes de Tennyson, ceux de William Morris aussi, devaient fournir des sujets à ce nouvel art. Lewis Carroll, s'adonnera à la mise en scène de tableaux vivants tirés de contes pour enfants et des Saintes Écritures comme *St Georges* (figure tutélaire de la Grande-Bretagne) *et le dragon* (1874) où trois enfants jouent les rôles de la princesse, du dragon et de St Georges[59]. Carroll n'hésita pas à représenter l'invisible à l'œil puisque au moins deux de ses photographies

---

56 Voir Lindsay Smith, *op. cit.*, p. 8-9.
57 Bajac Quentin, *Tableaux vivants. Fantaisies photographiques victoriennes (1840-1880)*, *op. cit.*, p. 64, ill. 58.
58 *Ibid.*, p. 71, ill. 45.
59 *Ibid.*, p. 44, ill. 18.

présentent un rêve, comme *Le Rêve* (1860-1863) et *Mary Mac Donald rêvant de son frère et de son père* (1863)[60]. Dans les deux cas, une apparition est en surimpression sur la scène du sommeil.

Enfin, l'inspiration chrétienne sera mise à l'honneur comme dans le célèbre tableau vivant composite d'Oscar Gustav Rejlander : *The Two Ways of life*. Rejlander fait un effort pour suggérer le mouvement du vivant et impressionner le spectateur de la portée morale, religieuse et historique de son œuvre. Ce célèbre *tableau* fourmillant de personnages, est construit de manière symétrique pour démontrer, comme son nom l'indique, l'importance de faire le bon choix de vie entre la vertu et le vice. D'un côté le jeune homme entend le chant des sirènes de la dissolution, de l'autre, il prend une chaste attitude qui va le conduire du côté d'industrieuses occupations. En son temps, 1857, le tableau fit scandale non seulement parce que des femmes très dénudées s'y trouvaient (la peinture le faisait depuis longtemps mais le réalisme de la photographie rapprochait les modèles des spectateurs), mais aussi parce que, une fois encore, la technique de la photographie composite choquait les puristes de la prise de vue unique. Trente-deux négatifs ont été ici assemblés, chacun photographié individuellement. Ce qui donne un montage final d'une grande technicité. L'œuvre est une citation du célèbre tableau de Raphaël, *L'École d'Athènes*. L'effet en tout cas est saisissant et l'œil se perd dans la photographie comme il ferait devant un tableau et semble donner mouvement aux personnages. Lori Pauli rapporte que Rejlander figure au centre, jouant le sage, et à gauche, l'un des joueurs[61]. Il aurait loué les services d'une troupe d'acteurs itinérants. On voit encore là le lien entre le tableau vivant et le théâtre, Rejlander lui-même déployant ses talents de comédien qu'il mettra plus tard au service de Charles Darwin. Ce n'est pas là le moindre paradoxe du dispositif qui n'a jamais tant mérité son nom.

---

60 *Ibid.*, p. 42-43, ill. 16-17.
61 Pauli Lauri, « *Le Premier Négatif* : O. G. Rejlander et l'art de la photographie mise en scène dans la Grande-Bretagne du XIXᵉ siècle », *in Entre code et corps. Tableau vivant et photographie mise en scène, op. cit.*, p. 255.

« INQUIÉTER LA REPRÉSENTATION » :
EN-JEUX DU TABLEAU VIVANT... BIEN TROP VIVANT ?

Le tableau vivant est en effet un tableau tremblé puisque l'immobilité y est vive, c'est-à-dire toujours déjà animée d'un tremblement, celui, souvent imperceptible du vif, ne serait-ce que le tremblement du souffle. On le sait, longtemps au cinéma il fut difficile de filmer un acteur mort censé ne plus respirer. Le spectateur guettait le moindre soulèvement du thorax ou frémissement du visage. C'est ce paradoxe, de la double tentative de fixer ce qui ne l'était pas par la pose photographiée, que les tableaux réunissant plusieurs protagonistes ont tenté de réaliser, au risque, comme ce fut le cas pour Cameron, de devoir faire de nombreux clichés. Le tremblé d'un seul personnage pouvait ruiner la photographie en introduisant, justement, le bougé du vivant. Le papillon ne se laissait pas facilement épingler sur l'épreuve.

L'un des enjeux de ce nouvel iconoclasme, qui semblait vouloir à la fois magnifier mais aussi rivaliser avec la peinture voire la « détruire » comme on l'a dit du Caravage[62] répond de fait à une esthétique de l'inquiétude. Et les scènes du Caravage dans leur éclairage, les poses dramatiques, les forts contrastes entre ombre et lumière citent et échappent au théâtre dans la transgression des codes par une poétique des corps inquiétants. Et il s'agit bien, comme l'a noté A. Rykner, d'« inquiéter la représentation » lorsque, à rebours du théâtre et de l'effet d'hyper-présence, « le corps du tableau vivant tend au contraire à échapper au *gestus* à travers lequel il paraît d'abord s'offrir – un corps qui crève ses codes vient pour ainsi dire inquiéter la représentation[63] ». Le tableau vivant « ne cesse de jouer sur le passage de la frontière qu'elle [la représentation] exhibe, tirant de cette oscillation entre code et corps le plaisir qu'elle donne et le trouble qui en naît[64] ». Il ne faudrait pas en effet négliger la dimension érotique de nombre de tableaux vivants destinés à être contemplés et à émouvoir le spectateur. Ce fut le cas des poses plastiques de Lady Hamilton, de

---

62 Marin Louis, *Détruire la peinture*, Paris, Flammarion, « Champs-Flammarion », 1997, p. 11.
63 Rykner Arnaud, « Nature morte, vie pas tranquille : du tableau vivant à la photographie mise en scène », art. cité, p. 34.
64 *Ibid.*, p. 35.

certaines scènes mélodramatiques de Lady Clementina Hawarden ou
même de Cameron. Même si la chasteté semble prévaloir, c'est quand
même le corps des femmes qui est mis en scène. Edith Wharton saura
utiliser ce trouble qui inquiète la représentation et émeut le spectateur
lorsque, dans *The House of Mirth* (1905), elle dépeindra la manière dont
Lily Bart, posant en *Mrs Lloyd* d'après Reynolds (1775-1776), offre de
fait son propre portrait et tente ainsi de trouver un mari, à l'instar de
son modèle qui écrit le nom de son futur époux sur le tronc de l'arbre
contre lequel elle s'appuie. Cette œuvre d'ailleurs ne fut pas sans créer
quelques remous puisque les plis fluides de la robe légère révélaient le
bas du corps et les jambes du modèle.

On le voit, se joue là à nouveau le *paragone* d'antan, puisque la
photographie a choisi de trouver ses lettres de noblesse auprès de la
peinture, et l'école pictorialiste connut de beaux jours et... des détracteurs. La rivalité avec la peinture (ou plutôt l'émulation) comme avec
celle des préraphaélites par exemple, et avec la littérature, on l'a vu
plus haut, l'atteste, montrant autant demodèles à la fois à suivre et à
dépasser. Il s'agissait par le tableau vivant photographié de trouver une
voie moyenne, entre-deux, à la frontière entre les arts et d'affirmer une
identité propre. Une reconnaissance à revendiquer en somme en jouant
sur une ligne de crête. Alors le tableau prend une valeur heuristique, il
devient image pensive, et Cameron nous montre en effet des images à
penser dans le temps même du suspens. Il existe bien une force critique
du tableau vivant, Brecht l'avait vu et la distanciation en est l'outil, du
fait du suspens justement qui laisse du temps à la réflexion critique.
On est là dans le domaine de la réception et la phénoménologie aide
à la compréhension de ces effets de cognition à analyser à partir de la
perception du tableau et des sensations éprouvées puisque le corps
résonne de ces accents.

Le temps suspendu[65] présente un rapport *aux* temps. L'image devient
des temps : celui du présent de la contemplation et du récit intérieur qui
se développe alors dans l'esprit du spectateur, mais aussi celui du passé
reconstitué, celui de la prise de vue, et celui du futur de l'action à venir

---

65   Tisseron Serge, « Éloge de la réalité métissée. Quand le numérique révèle la photogra-
      phie à elle-même », *in Entre code et corps. Tableau vivant et photographie mise en scène, op. cit.*,
      p. 300 et Buignet Christine, « Irréels réalisés, réalités exacerbées ? La photographie mise
      en scène comme dispositif de détournement », art. cité, p. 233.

et des conséquences de la scène observée. Lorsque Cameron met en scène la mort du roi Arthur (1874), citant les vers « So Like a Shattered Column Laid the King[66] », elle montre le résultat d'une action valeureuse, la mise non au tombeau mais dans la barque par les femmes déjà en deuil et le futur de ce corps royal dans son devenir-cadavre. L'image est un passage entre ce qui a été et ce qui va être, à l'image de la barque en mouvement inexorablement entraînée par le courant de l'eau, noire comme le Styx.

Dernier enseignement du tableau vivant en son être photographique, il montre comment du point de vue cognitif, ce que Richard Wollheim a appelé le *seeing in* (voir en) et le *seeing as* (voir comme) sont deux manières différentes de percevoir le masque du personnage et l'acteur[67] : Lord Alfred Tennyson apparaît *en* « Dirty Monk » *sous* le « moine sale » comme il le nommait[68] par dérision ; la famille royale *en* bourgeois de Calais mais aussi *sous* leur déguisement. Il s'agit de voir l'un *dans* l'autre, l'un *sous* l'autre. Vision dédoublée qui s'augmente du plaisir de la reconnaissance et du jeu de l'identification. Cette « double exposition » phénoménologique, semblable au procédé photographique de superposition de prises utilisé par Lewis Carroll par exemple dans *Le Rêve*, vient inquiéter l'œil pris dans l'oscillation de l'entre-deux : Tennyson / un moine, le peintre Millais / Dante[69]. Cameron utilisera largement son environnement proche pour construire ses scènes : son mari en roi Assuérus ou en Père Laurence avec Juliette, ses filles, ses nièces, sa sœur, ses amis, comme le peintre Watts (voir *Le Baiser de la muse*, 1865) devenus personnages au-delà de *leur* temps.

Pour conclure sur le triomphe de la pose, la valeur de saisissement, l'empreinte de la nostalgie et le trouble érotique du tableau vivant, on

---

66 « Ainsi telle une colonne brisée reposait le roi ». Le fait de citer le vers montre à quel point la photographe souhaitait être au plus près du poème et de son inspiration ainsi que du statut artistique et esthétique de l'art de la poésie qui, en retour, revenait vers la photographie qu'elle valorisait.

67 Wollheim Richard, *Art and its Objects*, Cambridge, Cambridge University Press, 1980.

68 Ce portrait de Tennyson par Cameron, était le portrait qu'il préférait et surnomma « le moine sale », « Dirty Monk », au grand dam de Cameron. Mais ce portrait servit cependant de frontispice aux deux volumes des *Idylls of the King* (1859-1885), cycle de douze poèmes épiques racontant la légende du roi Arthur et de ses chevaliers, de son amour pour la reine Guenièvre et de la trahison de cette dernière éprise de Lancelot, et de sa chute. Cameron mit également en scène *Les Adieux de Lancelot et de Guenièvre* (1874) (Bajac Quentin, *Tableaux vivants. Fantaisies photographiques victoriennes (1840-1880)*, *op. cit.*, p. 99, ill. 45).

69 *Ibid.*, p. 57, ill. 51.

pourrait rapidement proposer quelques épigones plus proches de nous, ce qui permet de voir la force de survivance du dispositif du tableau vivant perpétué dans et par la photographie. David Hamilton, dans les années soixante et après, s'est inspiré du flou des photographies victoriennes à grand renfort de vaseline disposée sur l'objectif : des jeunes filles en fleurs aux longs cheveux avancent rêveuses dans des champs à la lumière dorée diffuse. Vêtues de longues chemises blanches vagues et translucides à la mode victorienne, elles jouent sur le trouble de leur jeunesse prête à être cueillie comme ces fleurs qui les couronnent. Des calendriers dits « Romantic » paraîtront encore jusque dans les années 80-90, jouant sur leur fort potentiel érotique.

Yinka Shonibare, plasticien guinéen, utilisera le tableau vivant et la référence picturale pour proposer un dispositif au contenu politique sur le colonialisme en revisitant par exemple des œuvres aussi canoniques que *Mr and Mrs Andrews*, citation et détournement à des fins critiques du tableau culte de Gainsborough. Son tableau vivant, représentant un gentleman victorien dans la série « Diary of a Victorian Dandy 0.3.00hrs » (1998), détaille une scène de débauche dans laquelle cinq hommes profitent des services de jeunes femmes sous l'œil d'un serviteur réprobateur. Ce tableau est également une citation de Hogarth et de son *Parcours du débauché*. Dans *Mr and Mrs Andrews*, tout comme dans le second tableau, les personnages principaux ont la peau noire. Le tissu africain est utilisé pour les vêtements des mannequins décapités du tableau de Gainsborough.

David Lachapelle proposera avec *Le Déluge* (2006), des scènes grandioses, saisissantes et inquiétantes, inspirées entre autres de Michel-Ange, devant lesquelles la perception est affolée par l'impression de désastre. *Le Déluge* semble faire écho aux *Two Ways of Life* de Rejlander et à la *combination picture*. Il y a bien prise de vues de séquences unifiées en laboratoire[70]. Même impression de désastre provoquée par l'inondation qui avait envahi un bassin disposé au musée de la Monnaie à Paris en 2009, lors de la rétrospective consacrée au photographe. Avec *After the Deluge : Museum*, des œuvres peintes accrochées au mur se reflétaient dans le miroir d'eau, troublant le spectateur qui s'y reflétait à son tour. Lachapelle composera, outre d'importantes œuvres provocatrices,

---

70 Voir Daniel Grojnowsky, « D'une Chapelle à l'autre. *Le Déluge* », *in Entre code et corps. Tableau vivant et photographie mise en scène, op. cit.*, p. 261-268.

nombre d'œuvres inspirées de l'histoire sainte : Cène, Déposition de croix, Déploration sur le corps du Christ, Christ couronné d'épines… Comme une resacralisation du sacré mis en question.

L'irruption d'une scène puissante livrée au regard du spectateur la contemplant à loisir, provoque le saisissement du spectateur comme « arrêté » dans le cours de sa visite et appelé par l'œuvre qui, en retour, le regarde, au sens où l'entend Georges Didi-Huberman. C'est dans le mouvement de cet échange provoqué par l'interpellation du tableau qui vient nous chercher, là où nous sommes, depuis l'épaisseur de sa création dans le passé de son dispositif, que se dit la force du tableau vivant et de sa photographie-témoin au sens où on le dit d'un relais qui nous serait passé, tantôt nostalgique, tantôt comique, voire politique et critique et de nos jours, il n'en constitue pas moins tout un pan de l'histoire du théâtre, de la peinture, de la poésie et de la photographie monumentale. Une histoire familiale, sociale aussi, voire une voie royale…

Liliane LOUVEL

SUBLIMATION NOCTURNE ET SUBLIME

Les tableaux vivants de Gregory Crewdson

Si la formule « tableaux vivants photographiques » s'applique aux images aux tons délicats de Gregory Crewdson, la référence cinématographique est également omniprésente chez lui. Ce double aspect n'est en rien contradictoire, si l'on retient la définition que Julie Ramos donne du tableau vivant comme « la reproduction, au moyen de personnes réelles mais figées, d'images tirées des arts visuels, mais aussi de récits historiques ou littéraires[1] ».

Gregory Crewdson n'aurait-il pas déplacé l'obscurité qui s'apparente au cinéma jusqu'à l'intérieur même de ses photographies et choisi de les présenter dans des dimensions aussi proches que possible d'un écran, afin que le spectateur puisse « s'immerger » dans leur contemplation ? L'emploi du verbe *immerger* renvoie aux profondeurs nocturnes dont fait état Gaston Bachelard dans *L'Eau et les Rêves*[2]. Les tonalités des images de Gregory Crewdson semblent symboliser les différentes strates de l'existence des personnages en présence. L'artiste aurait ainsi effectué une sorte de condensation du cinéma qui se traduirait par des images nocturnes en grand format (et bien sûr, cette utilisation de moyens et d'effets spécifiques propres au cinéma dans la réalisation même de la photographie). Il y aurait alors, comme une sublimation[3] de la part de l'artiste qui, ne produisant pas d'images animées (il dit trouver terrorisant qu'une caméra puisse se déplacer[4]), les condense en une seule prise, nocturne. Ses œuvres manifestent ainsi le paradigme d'une

---

1 Ramos Julie, « Affinités électives du tableau et du vivant, Une ouverture, dans les pas de Goethe », *in Le Tableau vivant ou l'image performée*, sous la direction de J. Ramos, Paris, Mare & Martin / INHA, 2014, p. 13.

2 Bachelard Gaston, *L'Eau et les Rêves*, Paris, Le Livre de Poche, 2016 [1942], p. 118-121.

3 Selon la définition de Freud qui sera détaillée par la suite, toute activité artistique découle de l'action de transformer des pulsions, ce que l'on nomme sublimation artistique.

4 Crewdson Gregory, *in* Franck-Dumas Elisabeth, « Gregory Crewdson : "Je trouve terrorisant qu'une caméra puisse se déplacer" », *Libération*, 16 septembre 2016, http://next.liberation.

photographie fixe dont la narrativité rejoint le cinéma par la suggestion d'un temps continu qui commencerait avant et s'achèverait au-delà de l'image. Comme l'observe Olivier Py :

> Sommes-nous si sûrs que l'immobilité soit l'essence même des images ? [...] On pourrait imaginer au contraire que l'imaginaire de l'image repose dans son possible mouvement, dans son désir de mouvement, que l'image est ce qui tend vers le mouvement, c'est-à-dire aspire à l'incarnation. Car ce n'est pas seulement le mouvement que l'image semble désirer mais le temps, et ce faisant elle nous rappelle toujours que l'éternité vient dans le temps et que l'inimaginable vient dans l'imaginaire[5].

Les images de Gregory Crewdson ne fixeraient pas le temps mais au contraire le déploieraient, effleurant par là-même, le mouvement. Julie Ramos souligne par ailleurs cette recommandation de « l'usage du geste suspendu condensant le "moment fécond" d'une action[6] » pour le tableau vivant du XVIIIe siècle.

Michel Poivert indique que l'image performée, qui donne à voir l'enregistrement d'une mise en scène par un photographe-réalisateur, tel Gregory Crewdson, a toujours existé en photographie[7] – on se souvient des portraits de Julia Margaret Cameron, dans des compositions oniriques évoquant tout à la fois la peinture, la littérature et le théâtre. Au sujet des relations qu'entretiennent le tableau vivant et la photographie, il écrit :

> Esthétique de l'immobilité, du silence et du « cadrage » mais aussi de la « reproduction », un tableau vivant est *déjà* une photographie. Dès lors, rien d'étonnant à ce que la photographie forme un couple presque incestueux avec le tableau vivant dès son invention dans les années 1830[8].

La photographie performée (posée et mise en scène), en filiation avec le tableau vivant, s'est encore développée depuis les années 1980, grâce à Cindy Sherman, Jeff Wall, Philip-Lorca diCorcia et bien sûr Gregory

---

fr/images/2016/09/16/gregory-crewdson-je-trouve-terrorisant-qu-une-camera-puisse-se-deplacer_1499557

5   Py Olivier, *Préface, in Le Tableau vivant ou l'image performée, op. cit.*, p. 9.
6   Ramos Julie, « Affinités électives du tableau et du vivant. Une ouverture, dans les pas de Goethe », art. cité, p. 18.
7   Poivert Michel, « Notes sur l'image performée. Paradigme réprouvé de l'histoire de la photographie ? », in *Le Tableau vivant ou l'image performée, op. cit.*, p. 220.
8   *Ibid.*

Crewdson, qui se sont attachés à composer des images de fiction faisant intervenir des personnages, nécessairement immobiles, dans un décor le plus souvent construit. Les techniques numériques, depuis les années 1990, ont également permis de perfectionner ces mondes illusoires. Si le tableau vivant est déjà une photographie, par son cadrage et l'immobilité qui le caractérise, à l'origine, il vise à rendre hommage à un personnage royal ou à reproduire une œuvre picturale[9]. La photographie performée alterne, de son côté, références picturales et cinématographiques. Elle a aussi une vocation documentaire et sociale à ceci près que son sujet est mis en scène.

Comme l'exprime le titre de la série *Beneath The Roses* (2003-2005) de Gregory Crewdson, il faut creuser sous la surface des roses pour accéder à la signification de ce qui est représenté. Chaque scène est le résultat d'un processus tant concret que diffus, qui implique des moyens techniques et artistiques ainsi que des motivations esthétiques et de contenu. On pourrait assimiler ce mécanisme à la sublimation (*sublimatio*, de *sublimare*, terme utilisé depuis le XIVe siècle[10]). La sublimation se définit originellement, comme une élévation, au sens de sublimé, de manière alchimique, et provient du latin « *sublimis* : élevé dans les airs, haut, de *sub*, et *limes*, *limus*, "qui monte en ligne oblique" (Antoine Meillet) plutôt que de *limen*[11] ». De son côté, le sublime signifie ce qui est placé très haut, dans la nature, dans les sciences, esthétiquement et moralement[12]. L'emploi du mot *sublimation* par Freud en psychanalyse, met en relation ces deux termes

> pour tenter de rendre compte, d'un point de vue économique et dynamique, de certains types d'activités soutenues par un désir qui ne vise pas, de façon manifeste, un but sexuel : création artistique, investigation intellectuelle, et en général, activités auxquelles une société donnée accorde une grande valeur[13].

L'opposition systématique du sublime au beau a été dressée par Edmund Burke (1729-1797), puis par Emmanuel Kant (1724-1804), non sans référence à la lettre-traité de Longin (Ier ou IIIe siècle) traduit par Boileau en 1664. Edmund Burke privilégie dans son approche le sublime comme

---

9   Pouy Léonard, « "Des feintes images aux choses même de la vérité". Rembrandt et l'entrée de Marie de Médicis à Amsterdam en 1638 », *ibid.*, p. 101, p. 103, p. 107, p. 117.
10   Rey Alain, *Le Grand Robert de la langue française, op. cit.*, t. VIII, Raiso-Sub, p. 999-1000.
11   *Ibid.*
12   *Ibid.*
13   *Vocabulaire de la psychanalyse*, sous la direction de J. Laplanche, J.-B. Pontalis et D. Lagache, Paris, Puf, « Quadrige », 1967, p. 465.

source de sensations. Sa recherche s'appuie sur l'obscurité, la terreur (mais la délicieuse terreur, le *delight*[14]), les couleurs et la lumière en contrepoint à l'obscurité. : « Toutes les couleurs dépendent de la lumière. Aussi doit-on d'abord examiner celle-ci, avec l'obscurité qui lui est opposée. [...]. Mais l'obscurité engendre davantage d'idées sublimes que la lumière[15] ».

Pour Kant, la voûte étoilée de la nuit d'été est un paradigme du sublime[16]. Néanmoins, il s'attache plus spécifiquement à élaborer une théorie du jugement esthétique. Si Edmund Burke conçoit la terreur comme « le principe directeur » du sublime, Kant, lui, pose qu'une tempête sur l'océan est simplement horrible et n'a rien de sublime : c'est sa représentation qui peut atteindre le sublime mais en aucun cas sa manifestation dans la nature[17]. Kant distingue la réalité de sa représentation, seule la seconde est sublime. Les photographies, comme les tableaux vivants auparavant, sont des représentations qui peuvent être soumises au jugement esthétique de chacun, provoquant ou non l'émotion du sublime. La sublimation concerne alors le processus à l'œuvre pour l'artiste, et, éventuellement, la réception du spectateur. Baldine Saint Girons exprime ainsi la complexe relation entre sublime et sublimation :

> La question est dès lors la suivante : si le sublime nous apparaît comme ce qui donne du mouvement pour aller plus loin et la sublimation comme une recréation permanente des signifiants de la perception et de l'affect, doit-on dire que la sublimation constitue l'effet ou la cause du sublime ? Ou bien nous faut-il sortir de cette alternative pour soutenir que l'opération du sublime et celle de la sublimation se recouvrent[18] ?

On tentera, à l'aune de ces questionnements, de comprendre le processus de création de Gregory Crewdson, tant concret que plus spirituel. L'atmosphère nocturne, qui particularise ses œuvres, considérée comme propice au sublime selon les textes d'Edmund Burke et Emmanuel

---

14 Burke Edmund, *Recherches Philosophiques sur l'origine de nos idées du sublime et du beau*, traduction et présentation de Baldine Saint Girons, Paris, Vrin, 2014 [1757], p. 225.

15 *Ibid.*, p. 156.

16 Kant Emmanuel, *Essai sur les maladies de la tête. Observations sur le sentiment du Beau et du Sublime*, Paris, Flammarion, « Garnier Flammarion », 1990 [1764], p. 83 ; *Critique de la faculté de juger*, Paris, Flammarion, « Garnier Flammarion », 1995 [1790], p. 253 ; *Critique de la raison pratique*, trad. F. Picavet, Paris, Puf, 1965 [1788], p. 173.

17 Kant Emmanuel, *Critique de la faculté de juger, op. cit.*, p. 227-228.

18 Saint Girons Baldine, « À quoi sert la sublimation », *Figures de la psychanalyse. Logos Ananké*, n° 7 : « L'Inconnue de la sublimation », 2002, p. 66.

Kant[19], serait intrinsèque à cette sublimation artistique, lui conférant l'élan vers le beau et peut-être le sublime.

LA SUBLIMATION COMME PROCESSUS

Sur les images de Gregory Crewdson, d'immenses cieux crépusculaires exaltent la poésie et l'ampleur du paysage du Massachussetts au Nord Est des États-Unis. Les séries *Twilight* (1998-2002), *Dream House* (2002), *Beneath the roses* (2003-2005) ont été en majorité photographiées dans cette atmosphère particulière « entre chien et loup ». Le film *Gregory Crewdson : Brief Encounters* (2012) de Ben Shapiro en témoigne précisément. Accompagné de son équipe, le photographe travaille toute la journée aux repérages, à la scénographie, au placement des éclairages, à la finalisation du décor et à la direction des comédiens. Les prises de vues ont ensuite lieu pendant cette courte période de transition entre jour et nuit appelée « heure bleue ». Les images du film permettent d'observer que les endroits choisis sont très fades eu égard à leur apparence sur les clichés de Gregory Crewdson. Celui-ci recrée plutôt qu'il n'enregistre le paysage, par le biais d'un processus photographique sophistiqué qui accentue les reliefs, les couleurs et les contrastes pour animer le ciel, la nature ou la ville. Chacune de ses vues en extérieur est composée d'une scène avec des personnages et des décors, surplombés par des cieux mouvants et en couleurs. Or, ce qui a lieu sur terre est souvent étrange, voire aberrant, alors que ce qui se joue dans les cieux évoque l'immensité de l'univers et la magie de la lumière.

Sur l'une des vues de la série *Beneath The Roses*, un « Harry's Supermarket », une construction imposante en brique, brille intensément dans l'écrin bleuté de sa façade, sous le regard contemplatif d'une jeune femme blonde qui s'apprête à décharger son caddie dans une grande automobile. Au premier plan, un trottoir et un bout de pelouse fleurie jouxtent une grande avenue. Le supermarché et son parking, sur

---

19 Burke Edmund, *Recherches Philosophiques sur l'origine de nos idées du sublime et du beau*, *op. cit.*, p. 122-124. C'est également une idée développée tout au long de l'ouvrage ; Kant Emmanuel, *Observations sur le sentiment du Beau et du Sublime*, *op. cit.*, p. 83 ; Kant Emmanuel, *Critique de la faculté de juger*, *op. cit.*, p. 288.

lequel évoluent la jeune femme et quelques consommateurs, sont situés au second plan. De part et d'autre, se dressent quelques maisons et de hauts arbres verts, séparés de la grande surface commerciale par une petite route. L'horizon au loin est verdoyant. L'espace hypétral qui domine cette scène se décline en un camaïeu de mauve, rose, bleu. Les couleurs rayonnent jusque sur terre. Elles imprègnent toute la vue, lui apportent une aura picturale qui s'oppose à l'ironie du propos. En magnifiant ce supermarché, l'auteur se moque de l'aliénation consumériste tout en posant également la question du sublime. Ce dernier se manifeste-t-il à travers l'immensité des cieux aux couleurs de nymphéas ou à travers ce supermarché scintillant ? Les cieux, particulièrement dans leurs couleurs du soir, concourent à provoquer son émotion[20]. Cependant, il semble avoir été déplacé sur le supermarché, symbole de la consommation ordinaire. Architecture lumineuse dans l'obscurité bleutée, il correspond au sublime évoqué par Edmund Burke[21].

Fig. 1 – Gregory Crewdson, *Untitled*, 2004, Digital Pigment Print, 148,6 x 227,3 cm. © Gregory Crewdson. Courtesy Gagosian.

---

20   *Ibid.*
21   Burke Edmund, *Recherches Philosophiques sur l'origine de nos idées du sublime et du beau*, *op. cit.*, p. 158.

Gregory Crewdson travaille au grand format en argentique[22]. Son appareil est posé sur un trépied et reste immobile tandis qu'il fait des centaines de prises de vues, en changeant la focale, en se concentrant sur le premier plan, le milieu ou l'arrière-plan[23]. Il recompose par la suite numériquement l'espace à partir de différentes vues prises avec des focales différentes afin d'obtenir un paysage parfait grâce à une image composite d'une profondeur de champ remarquable, comme sur les tableaux des peintres classiques. Il obtient de la sorte des vues impossibles à saisir à l'œil nu. Grâce à ce procédé, l'intérieur des maisons situées au troisième plan de cette photographie est presque distinct à travers leurs fenêtres illuminées. C'est également un des rares photographes à ne pas réaliser les prises de vue lui-même. Son rôle de metteur en scène et de concepteur des images, du scénario jusqu'à la post-production, qu'il réalise lui-même[24], l'accapare et, ajoute-t-il, ce n'est pas dans l'opération de prise de vue qu'il se trouve le meilleur[25]. Il travaille depuis 12 ans avec le chef opérateur Rick Sands[26], comme le font au cinéma réalisateur et directeur de la photographie.

Selon l'écrivain Russel Bank, Gregory Crewdson fabrique des images plutôt que des photographies[27]. Cette distinction n'est pas insignifiante, en effet, l'artiste a conçu un processus qui lui permet d'obtenir une image d'une perfection plastique qui confine à l'irréalité. Il procède comme au cinéma, avec les moyens humains et techniques de celui-ci, cependant le résultat obtenu n'est pas un film mais une série d'images ; chacune condense une narration qui semble se poursuivre hors du champ, comme s'il s'agissait de scènes arrêtées d'un film inconnu, à réinventer. Divers épisodes d'une histoire qui paraît une chronique de la vie quotidienne dans les grands espaces américains, mais dont les

---

22 Sa série *Cathedrale of the Pines* (2016) est sa première série en numérique ; à l'inverse des précédentes, elle est diurne.

23 D'après les propos de Gregory Crewdson in Franck-Dumas Elisabeth, « Gregory Crewdson : "Je trouve terrorisant qu'une caméra puisse se déplacer" », art. cité.

24 *Ibid.*

25 D'après les propos de Gregory Crewdson lors d'un entretien avec Michel Poivert au Centre Pompidou le 9 septembre 2016.

26 Rick Sands (1966), directeur de la photographie pour Gregory Crewdson, a été notamment chef opérateur sur les films *Dracula* (1992) de Francis Ford Coppola et *A.I. Artificial Intelligence* (2001) de Steven Spielberg d'après un scénario de Stanley Kubrick.

27 Banks Russel, « préface », *in Grégory Crewdson. Sous la surface des roses*, Paris, Les Éditions Textuel, 2011 [2008], p. 7.

tenants et aboutissants demeurent secrets, se déroulent sous les yeux des spectateurs. Chaque image est en elle-même un fascinant tableau et leur ensemble compose un scénario énigmatique. Cet objectif de dépassement de la fixité photographique, tout en conservant l'aspect énigmatique qui la caractérise n'évoque-t-il pas une démarche artistique ambitieuse, proche des préceptes du sublime et de l'élan induit par la sublimation ? Cette dernière, rappelons-le, est l'impulsion qui caractérise le processus de création, tandis que le sublime, serait en quelque sorte un idéal à atteindre, puisqu'il signifie ce qui est placé très haut esthétiquement et moralement[28]. Enfin, comme le souligne Baldine Saint Girons, l'un et l'autre sont intimement liés[29]. Dans son introduction au texte sur *Un souvenir d'enfance de Léonard de Vinci*, la psychanalyste Clotilde Leguil, avance une autre hypothèse de Freud :

> L'artiste, grâce à la sublimation, parvient à faire de son rêve un rêve pour les autres. [...] Avec l'œuvre s'opère alors un processus d'universalisation du rêve d'un seul, comme si la magie de l'art était de rendre possible un rêve à plusieurs[30].

L'éclairage tout en clair-obscur et coloris bleus de Gregory Crewdson n'a-t-il pas aussi la résonance du rêve ?

L'ATMOSPHÈRE NOCTURNE EN COULEUR

Les images de Gregory Crewdson mettent en lumière l'urbanisation croissante et l'aliénation de la vie moderne. Les personnages de ces scènes sont souvent songeurs et contemplatifs alors qu'ils font face à des événements qui frôlent le paranormal ou tout simplement l'absurdité. Les atmosphères nocturnes sont autant d'écrins à des lieux et à des événements, parfois banals, d'autres fois très étonnants. Il en est ainsi d'une voiture renversée et de sa conductrice ramassant ses effets éparpillés sur

---

28 Rey Alain, *Le Grand Robert de la langue française, op. cit.*, p. 999-1000.
29 Saint Girons Baldine, « À quoi sert la sublimation », art. cité, p. 66.
30 Leguil Clotilde *in* Freud Sigmund, *Un souvenir d'enfance de Léonard de Vinci*, Paris, Seuil, « Points Essais », 2011, p. 24.

la chaussée sous un ciel mouvant aux couleurs profondes bleu-mauve ; d'un homme tenant un arrosoir pris dans un faisceau géant de lumière par une très sombre nuit ; d'un homme en costume, s'abandonnant à la pluie diluvienne, alors que toutes les boutiques alentours sont illuminées ; d'un homme déterrant ou enterrant d'innombrables valises dans une forêt[31]. Ce contraste entre un environnement grandiose et des êtres aliénés reflète les observations et les préoccupations de l'artiste sur la société.

Gregory Crewdson explique que s'il n'avait pas souffert de dyslexie, il aurait aimé être psychanalyste, comme son père[32]. C'est probablement pour cette raison qu'il sonde la psyché humaine par le biais de ses images. La psychanalyse, à laquelle Gregory Crewdson emprunte la notion freudienne d'inquiétante étrangeté[33], apparaît comme une manière d'appréhender le monde. Elle a peut-être contribué à ce processus récurrent d'une narration condensée en un seul plan et comme filtrée par un voile de couleur bleu-nuit. Ce qui se trame sur les images, mais aussi supposément en dehors, confère une incomplétude aux photographies qui participe de leur mystère et de leur beauté[34] tandis que l'atmosphère nocturne, s'associant aisément aux rêves, permet la création d'une réalité alternative. Elle vient apaiser l'ironie acérée des critiques sociales de Gregory Crewdson. Plus concrètement, elle lui permet de jouer avec la richesse des sources d'éclairages. L'image *Untitled, Twilight 1998-2002*, sur laquelle une petite fille en pyjama fait face au conducteur d'un bus scolaire en pleine nuit en est un exemple. Sous un ciel indigo, à proximité d'une forêt, la façade d'une maison située au second plan de l'image se teinte d'orange sous les rayons d'une ampoule nue placée devant la porte tandis que le toit, dans la pénombre, prend une couleur bleu-acier. La porte d'entrée et la fenêtre du salon, ouvertes, permettent de distinguer mère et fille endormies sur le fauteuil et le canapé, l'écran lumineux d'une télévision ainsi que l'abat-jour d'une lampe. Au premier plan, la petite fille marche, pieds nus, sur une allée en bois, éclairée au sol par de petits spots, tandis que le chauffeur vient à sa rencontre, une torche à la main. Celle-ci produit des tracés lumineux sur le sol. L'allée

---

31   Images non titrées (*Untitled*) issues des séries citées plus haut.

32   Franck-Dumas Elisabeth, « Gregory Crewdson : "Je trouve terrorisant qu'une caméra puisse se déplacer" », art. cité.

33   Entretien entre Gregory Crewdson et Michel Poivert au Centre Pompidou le 9 septembre 2016.

34   Banks Russel, « préface », *in Grégory Crewdson. Sous la surface des roses, op. cit.*, p. 8.

conduit à un chemin de terre sur lequel stationne le bus scolaire, phares allumés, éclairé de l'intérieur et depuis le toit. L'obscurité permet à la lumière de se mouvoir au sein de la composition.

Fig. 2 – Gregory Crewdson, *Untitled*, 2002-Digital C-Print, 135,25 x 166 cm, © Gregory Crewdson. Courtesy Gagosian.

Martin Hochleitner souligne que la scénographie de la lumière sur les images de Gregory Crewdson fait référence à la tradition picturale des clairs-obscurs[35]. Néanmoins, l'artiste procède avec des moyens techniques issus de la photographie et du cinéma. Il compose l'éclairage avec Rick Sands au moment des prises de vue puis cisèle seul en post-production couleurs, densité, luminosité. Ce travail de perfectionnement n'est pas sans évoquer celui d'Edward Steichen qui, plus d'un siècle auparavant, coloriait ses tirages à la gomme bichromatée. Intensifier, ciseler la couleur est aujourd'hui envisageable grâce aux logiciels de retouche. Ils permettent des compositions d'une grande précision qui vont au-delà de ce que l'œil peut percevoir. C'est probablement pour cette raison que,

---

35 Hochleitner Martin, « On the iconography of lights in the work of Gregory Crewdson », *in Gregory Crewdson 1985-2005*, sous la direction de S. Berg, K. Siegel, M. Hochleitner, Urs Stahel, Berlin, Hatje Cantz, 2007 [2005], p. 153.

sur ces séries enregistrées en argentique, Gregory Crewdson a adopté le numérique en seconde phase de son travail. Le nocturne, issu de la nuit réelle ou du crépuscule, puis façonné en post-production, apparaît comme un support privilégié de la lumière et de sa symbolique.

Plus insidieusement, l'intensification des coloris par retouche numérique sur les tirages de Gregory Crewdson transfigure les lieux enregistrés en leur apportant plus de gaieté, une sorte d'allégresse qui accroche le regard et provoque cette rencontre mystique, évoquée par Jean-Jacques Wunenburger : « La couleur se détache de sa surface, autant que mon regard semble porté en avant du corps, les deux se rencontrant quelque part en un lieu indécis, qui n'est plus ici mais pas encore là-bas[36] ». Les couleurs de Gregory Crewdson tout à la fois assourdies par l'atmosphère nocturne, et pourtant éclatantes, dans leurs déclinaisons de bleus, mauves, roses en contraste avec des tons plus francs, jaunes, orange et rouges, attirent le regard et l'entrainent au-delà du monde présent : « [...] en voyant des apparences colorées nous sommes plutôt entraînés à leur contact, puisqu'elles provoquent immédiatement une vibration profonde de l'épaisseur de l'être[37] ».

La perception esthétique de la couleur peut se montrer bouleversante. Hugo von Hofmannsthal, par exemple, témoigne du choc (sublime) ressenti devant les couleurs de Van Gogh :

> Devrai-je alors te parler des couleurs ? Il y a un bleu incroyable et très dense, il revient tout le temps, un vert comme de l'émeraude fondue, un jaune qui tire vers l'orangé. Mais que sont les couleurs si la vie la plus intime des objets n'en jaillit pas ! Et cette vie la plus intime était là, un arbre, une pierre et un chemin creux donnaient ce qu'il avaient de plus intime, ils me le jetaient pour ainsi dire au visage [...][38].

Dotées des artifices de la lumière et des retouches numériques, apaisées par l'atmosphère nocturne, les couleurs de Gregory Crewdson transmettent une réalité alternative, qui va de concert avec la présence silencieuse des personnages. Leur rencontre pourrait provoquer ce choc esthétique appelé sublime, dont Edmund Burke souligne la

---

36 Wunenburger Jean-Jacques, *Esthétique de la transfiguration, De l'icône à l'image virtuelle*, Paris, Les éditions du Cerf, 2016, p. 159.

37 *Ibid.*, p. 163.

38 Hofmannsthal Hugo von, *Lettres du retour*, édition bilingue Français/Allemand, traduction P. Deshusses, Paris, Rivages Poche, « Petite Bibliothèque », 2011 [1907].

possible survenue grâce à la lumière, aux couleurs, à l'obscurité et à la grandeur[39].

LE SUBLIME, LES EFFETS SPÉCIAUX

Le grand format des photographies de Gregory Crewdson permet une contemplation indéniablement plus intense d'autant que l'atmosphère nocturne et ses couleurs denses retiennent plus particulièrement le regard. L'obscurité unifie la composition et permet de voir précisément ce qui est éclairé; elle met également l'observateur à distance; par des zones sombres, elle intensifie le mystère de ces récits immobiles et muets. Peut-on affirmer à ce titre que le processus artistique de Gregory Crewdson participe d'un renouveau du sublime?

Nous pouvons suivre Jean-Luc Nancy lorsqu'il différencie le beau du sublime d'une image :

> Le beau, c'est le propre de telle ou telle image, le plaisir de sa (re)présentation. Le sublime, c'est qu'il y ait de l'image, donc de la limite, à même laquelle se fait sentir l'illimitation. Ainsi, le beau et le sublime, s'ils ne sont pas identiques – bien au contraire – ont lieu *au même endroit*, et en quelque sorte l'un sur l'autre, l'un à même l'autre, et peut-être, j'y reviendrai, l'un par l'autre. Le beau et le sublime *sont* la présentation, mais de telle sorte que le beau, c'est le présenté *dans la présentation*, tandis que le sublime, c'est la présentation *dans sa motion* – qui est l'enlèvement absolu de l'illimité le long de toute limite. Le sublime n'est pas « plus grand » que le beau, il n'est pas plus élevé – il est en revanche, si j'ose dire, plus enlevé, en ce sens qu'il est lui-même l'enlèvement illimité du beau[40].

Par l'horizon nocturne, essentiellement infini, qui sert paradoxalement de cadre à certaines scènes, par les hors-champs imaginaires comme induits par les scènes, l'illimitation, soulignée par Jean-Luc Nancy, ne s'immisce-t-elle pas sur les images de Gregory Crewdson? Peut-être « cet enlèvement du beau[41] » se manifeste-t-il par le fait même que

---

39 Burke Edmund, *Recherches Philosophiques sur l'origine de nos idées du sublime et du beau*, *op. cit.*, p. 122-123, p. 142, p. 156, p. 159.
40 Nancy Jean-Luc, « L'Offrande sublime », *in Du Sublime*, Paris, Belin, 1988, p. 67.
41 *Ibid.*

l'artificialité des images est une composante de leur beauté. Edmund Burke évoquait déjà un « infini artificiel[42] ». Scott Bukataman et Kate Best conviennent l'un et l'autre, dans des essais distincts, d'un renouveau du sublime par les effets spéciaux[43]. David E. Nye précise que, plus particulièrement aux États-Unis, au cours du XXe siècle, le sublime a été étendu aux progrès techniques[44] plaçant alors la virtuosité technologique au centre de l'attention. Baldine Saint Girons montre également que dans son acceptation pure, issue des textes originels, le sublime est aussi dans les moyens qui participent de sa survenue.

> Le propre du sublime est d'abord de commander l'expérience qui le découvre. Mais s'il est principe, il est aussi effet, puisqu'il prend conscience de soi et se développe dans le processus même de la sublimation. La sublimation se révèle l'instrument de son passage, qu'elle soit esthétique, artistique ou normalisante[45].

Les images de Gregory Crewdson mettent en pleine lumière les procédés photographiques et cinématographiques au centre du sublime et de la sublimation. Le processus artistique est l'instrument de leur passage.

LA TRAGÉDIE D'UN QUOTIDIEN MOROSE, LE CORPS DE L'ACTEUR

Enfin, aussi paradoxal et anachronique que cela puisse sembler, les visions ironiques de Gregory Crewdson, focalisées sur des individus aux corps comme abîmés par une vie que l'on soupçonne trop

---

42 Burke Edmund, *Recherches Philosophiques sur l'origine de nos idées du sublime et du beau*, *op. cit.*, p. 231-232.
43 Bukataman Scott, « The Artificial Infinite : On Special Effects and the Sublime", *Matters of Gravity Special Effects and superman in the 20th Century*, Chapitre IV, Durham, Duke University Press, 2003 (http://www4.ncsu.edu/unity/users/m/morillo/public/artint.pdf, consulté le 12/11/2020) ; Best Kate, « The Magic Hour », *in TWILIGHT Photography in the Magic Hour*, sous la direction de M. Barnes et K. Best, Londres, Merell Publishers Limited in association with Victoria and Albert Museum, 2006, p. 30.
44 Nye David E., *American Technological Sublime*, Cambridge, The MIT Press, 1994, p. 59.
45 Saint Girons Baldine, *Le Sublime de l'Antiquité à nos jours*, Paris, Éditions Desjonquères, 2005, p. 178.

monotone, s'associent à la dimension morale du sublime mise en valeur par Emmanuel Kant[46]. On notera également que la mélancolie, qui imprègne ces scènes, fut longtemps synonyme de sublime dans la peinture, plus particulièrement celle du paysage[47]. Vincent Pomarède souligne qu'au XVIIIe siècle le paysage était considéré comme le reflet de l'âme du peintre, une âme nécessairement mélancolique eu égard à la théorie du sublime d'Emmanuel Kant[48]. Dans le cas des images de Gregory Crewdson, on émettra l'hypothèse que les paysages et les décors viennent prolonger l'expression des personnages. On aura également en mémoire cette recherche de vérité morale présente pour le tableau vivant du XVIIIe siècle[49], pour le portrait pictural puis photographique[50]. On conviendra d'ailleurs que ces références classiques ne font que renforcer la contemporanéité de Gregory Crewdson, au sens de Giorgio Agamben : « La contemporanéité est donc une singulière relation avec son propre temps, auquel on adhère tout en prenant ses distances ; elle est très précisément la relation au temps qui adhère à lui par le déphasage et l'anachronisme[51] ».

Les scènes domestiques de la série *Beneath The Roses* mettent en lumière des personnages aux corps marqués par la solitude, la tristesse, l'usure du temps. Le photographe rapporte que le film *Blue Velvet* (1986) de David Lynch a profondément changé sa vision artistique, tant par ses couleurs saturées que par l'exacerbation du voyeurisme et d'une Amérique inquiétante derrière sa façade lisse[52]. Michel Poivert souligne, justement, ce voyeurisme à l'œuvre pour le spectateur de l'image per-formée comme du tableau vivant. En effet, dans les deux cas, l'artiste propose une focalisation sur une scène[53].

---

46   Kant Emmanuel, *Critique de la faculté de juger, op. cit.*, p. 254, p. 257, p. 258-260, p. 285-288.
47   Pomarède Vincent, « La volupté de la mélancolie », *in Mélancolie. Génie et folie en occident*, sous la direction de J. Clair, Paris, Gallimard-Réunion des Musées Nationaux, 2005, p. 321.
48   *Ibid.*
49   Ramos Julie, « Affinités électives du tableau et du vivant. Une ouverture, dans les pas de Goethe », art. cité, p. 18.
50   Font-Réaulx Dominique de, *Peinture et Photographie. Les enjeux d'une rencontre, 1839-1914*, Paris, Flammarion, 2012, p. 143, p. 156-157.
51   Agamben Giorgio, *Qu'est-ce que le contemporain*, traduit de l'italien par M. Rovere, Paris, Rivages poche, « Petite Bibliothèque », 2008, p. 10.
52   Crewdson Grégory, *in In a Lonely Place. Grégory Crewdson*, Berlin Hatje Cantz, 2011, p. 2.
53   Poivert Michel, « Notes sur l'image performée. Paradigme réprouvé de l'histoire de la photographie ? », art. cité, p. 220.

Les mises en scènes de Gregory Crewdson représentent des lieux de vie souvent parfaits à l'intérieur desquels évoluent des individus apparemment désabusés. Gregory Crewdson parvient, malgré le silence de ses images, à transmettre leur malaise par une multitude de détails. Leurs attitudes, bien sûr, mais aussi parfois un miroitement bleu qui se réverbère sur certains, des miroirs qui reflètent des femmes, jeunes ou moins jeunes, le désordre ou au contraire un ordre maniaque, et souvent, des intérieurs d'habitations dont on comprend que les nombreuses pièces en enfilades n'abritent qu'une personne esseulée. Les éclairages artificiels et l'atmosphère nocturne dramatisent plus encore les effets engendrés par les mises en scènes.

La plupart du temps affalés sur leurs fauteuils, leurs lits ou leurs canapés mais parfois aussi, quand il s'agit de femmes seules, saisies dans l'intimité de leur salle de bain, ces individus semblent porter le poids des ans, de leurs journées de travail et d'une extrême solitude. Le rendu de Gregory Crewdson tout à la fois réaliste mais aussi pictural par son attention à la peau, aux regards et aux expressions, n'embellit pas pour autant ces individus mais les place sous une lumière paradoxale qui sublime non pas leur apparence mais ce qu'ils traversent, et éclaire d'une certaine manière leur âme. Ces individus aux prises avec une routine quotidienne désespérante sont montrés tels qu'en eux-mêmes, ou parfois même, pires qu'ils ne sont probablement, dans des situations que Gregory Crewdson a en revanche magnifiées par ses mises en scènes recherchées et ses couleurs denses.

Les situations représentées sont apparemment pénibles : des couples, âgés de vingt à soixante ans, sont allongés sur leur lit, la mine défaite ; des jeunes filles livides communiquent par miroirs interposés ; des femmes blafardes évoluent dans des intérieurs vides. Chez l'une d'entre elles, les pétales d'un rosier déterré, placé sur son lit, recouvrent le sol de sa chambre ; une autre femme sort pensivement de sa douche et répand du sang ; enfin, une troisième personne médite dans son bain sous l'éclairage blafard de sa salle de bain. La lumière artificielle et les décors aux teintes froides, bleues ou vertes, évoquent la fin de la journée mais aussi la fuite du temps. Un temps qui semble à la fois comme arrêté et voué à se répéter inlassablement.

On note que les scènes qui représentent des femmes entre deux âges, assises dans leur baignoire ou sortant de leur douche, leur reflet perceptible sur le miroir d'une salle de bain aux carrelages de couleur verte, forment comme de lointains échos à la scène bien connue de *The Shining* (1980) de Stanley Kubrick située dans la chambre 237. Cette référence en filigrane accroît leur familiarité et leur étrangeté.

La vie quotidienne de ces individus semble avoir déteint sur eux. Pire encore, certains se sont parfois même mués en éléments de décoration de leurs intérieurs. Ainsi cet homme à demi dénudé sous son peignoir, assis sur un fauteuil, tandis qu'une jeune femme – son épouse ? – est affairée à la cuisine, est comme le reflet de son téléviseur invisible sur l'image. Les rayons bleus sur le corps blême du personnage en symbolisent la présence. L'homme devient téléviseur et la récurrence nocturne de cette situation n'est pas difficile à imaginer. Cette scène absurde est comme sublimée par les halos bleus, dont Michel Pastoureau rapporte qu'ils ont habituellement des significations plus spirituelles[54] : « [...] comme l'or, le bleu est lumière, lumière divine, lumière céleste, lumière sur laquelle s'inscrit tout ce qui est créé[55] ».

Fig. 3 – Gregory Crewdson, *Untitled*, 2007-Digital Pigment Print, 148,6 x 227,3 cm © Gregory Crewdson. Courtesy Gagosian.

54 Pastoureau Michel, *Bleu. Histoire d'une couleur*, Paris, Seuil, « Points Histoire », 2000, p. 41.
55 *Ibid.*

Nul ne sait véritablement ce que pensent ou vivent les personnages aux tristes physionomies de la série *Beneath The Roses*. Les mises en scènes stimulent les spéculations mais restent énigmatiques. Comme les représente Gregory Crewdson, ces individus sont aisément imaginables pimpants le jour et désabusés la nuit. Leur vie privée est photographiée en nocturne pour signifier, peut-être, que tout à leur travail durant la journée, ils ne s'appartiennent que le soir. Cependant, même à ces heures bleues, leur existence semble faite de compromis et d'insatisfactions. Il y a bien une transformation nocturne de ces individus mais elle ne conduit pas au sublime. En revanche, ce qu'ils vivent le soir a bien été sublimé par Gregory Crewdson qui élève, par ses mises en scènes et ses couleurs, un quotidien morose au rang de tragédie.

Si l'âme des personnages représentés par Gregory Crewdson demeure insondable, le corps de chacun revêt de l'importance dans la photographie, participant de son accomplissement – ce que Michel Poivert nomme *analogon*[56] – tandis que décors, couleur, lumière accompagnent son expressivité.

> Cette équivalence du corps de l'acteur et de la photographie comme *analogon* est en soi remarquable (et *analogon* ne vaut pas alors pour transparence ou évidence mais bien équivalent), et suffit à penser l'image performée comme une sorte d'image qui serait bel et bien le point de jonction de la photographie et du théâtre sous la bannière du concept d'analogon [...][57].

Le tableau vivant repose également sur le corps de l'acteur – Goethe en a fait une démonstration sensible dans *Les Affinités électives* – accompagné d'artifices, qui ont évolué au cours des siècles. Les personnages mélancoliques qui habitent les grandes compositions de Gregory Crewdson sont comme les descendants de ces tableaux vivants d'un autre siècle.

---

56 Poivert Michel, « Notes sur l'image performée. Paradigme réprouvé de l'histoire de la photographie ? », art. cité, p. 230.
57 *Ibid.*

L'IMAGE COMME ESPACE D'ÉCLAIRAGE ÉMOTIONNEL

Une ménagère contemple une tache de sang sur un lit, difficile à discerner au premier regard, car l'attention est focalisée par un rayonnement mauve qui se répand par la fenêtre dans un recoin de la chambre en forme d'alcôve ; un homme considère, la mine défaite, l'appartement qu'il a éventuellement détruit sous l'emprise de l'alcool, à moins qu'il ne s'agisse de l'œuvre d'un ouragan tandis que des rayons lumineux descendent vers lui, incompatibles pourtant avec l'atmosphère nocturne visible depuis une fenêtre ; dans la tranquillité d'une chambre de motel assombrie par la nuit, un split-screen dans un miroir reflète une femme dénudée dans une salle de bain, le spectateur se voit alors transformé en voyeur de *Psycho* par l'entremise du photographe. Ces personnages sont anodins et si ce qu'ils vivent ne semble pas l'être pour autant, c'est grâce aux éclairages et aux mises en abyme cinématographiques qui confèrent une théâtralité particulière à ces scènes. Opère sur ces images, non pas une mise en valeur des corps, mais comme une sublimation des événements dont ceux-ci sont marqués. Il semble évident que ces situations de solitude, de frustration, d'ennui, de lassitude se perpétuent jour après jour et marquent de leur sceau l'apparence des personnages. Il y a bien lieu de saisir le passage invisible du temps mais, en exacerbant les aspects absurdes ou négatifs de l'existence qui changent le corps peu à peu. À ce titre, la seule exception dans cette galerie de portraits est une toute jeune enfant, éveillée en pleine nuit, le visage illuminé, assise au côté de sa mère, forte femme étalée sur son lit. Serait-elle l'expression de la jeunesse passée de tous ces individus, quand ceux-ci pourraient, hélas, symboliser son avenir ? L'éclairage focalisé sur son visage très pâle évoque le traitement par la lumière des portraits de Vermeer ou de Georges de La Tour et ne laisse, pour cette fois, pas place à l'humour corrosif du photographe, mais plutôt à un sentiment de nostalgie.

Gregory Crewdson fait de chacun de ses grands tirages nocturnes un espace d'éclairage émotionnel et onirique. Les individus sont suggérés dans toute leur complexité et dans la perspective de leur existence passée et future. Il transporte, par ses mises en scènes et ses couleurs, un quotidien morose et des lieux anodins aux limites du sublime tandis qu'il saisit le drame d'un temps comme arrêté et pourtant voué à se répéter inlassablement.

Le photographe ne transfigure délibérément pas les personnages de ses fictions visuelles, mais ce qu'ils vivent. C'est-à-dire un impalpable qui laisse pourtant, en surface, des marques matérielles, psychologiques et corporelles. En quelque sorte, « l'imaginaire des images[58] » de Gregory Crewdson entraîne celles-ci vers un déroulement temporel, induisant un mouvement, qui évoque le cinéma, mais aussi, les tableaux vivants, dont on sait que leur immobilité ne durait que le temps d'une pose – ce qui fait bien écho à la photographie. On affirmera alors que la sublimation prévaut sur ces grands tableaux vivants aux éclairages et couleurs plus que parfaits tandis que le sublime se profile par cette volonté de rendre sensible la fragilité humaine et ses absurdités.

Par ses mises en scènes immobiles mais hautement expressives, Gregory Crewdson, ne perpétue-t-il pas alors l'âme du tableau vivant, en ce qu'il recèle, selon Olivier Py, « des images constructives, des images qui nous construisent, des fictions constituantes, des tableaux à la perspective fertile[59] » ? Proposition qui implique également la survenue du sublime et de la sublimation, puisque l'un saisit et l'autre se révèle le processus qui le convie ou la conséquence de son passage[60].

Judith LANGENDORFF

---

58 Py Olivier, *Préface, in Le Tableau vivant ou l'image performée, op. cit.*, p. 9.
59 *Ibid.*, p. 10.
60 Saint Girons Baldine, « À quoi sert la sublimation », art. cité, p. 178.

LES MÉNINES PHOTOGRAPHIQUES
DE JOEL-PETER WITKIN

> Quels que soient les éléments de
> l'équilibre supérieur que poursuit un
> grand artiste presque toujours à son insu,
> que le mysticisme le plus épuré ou le
> sensualisme le plus violent le guide, il
> n'est un grand artiste que s'il réalise avec
> eux ces symphonies mystérieuses où la
> matière et l'âme de la vie semblent pré-
> sentes à la fois et mêlées de toute éternité
> et pour toujours.
> Elie FAURE[1]

Espagne, 1656. À la demande du roi Philippe IV, le peintre Diego Vélasquez se consacre à la réalisation d'un tableau dynastique, lequel présente l'infante Marguerite désignée par un bâton de commandement comme dépositaire de la couronne espagnole. À peine est-il envisagé que ce destin royal s'évanouit avec la naissance d'un frère, Philippe Prosper, alors digne héritier du trône. Devant répondre à ce concours de circonstance, le peintre s'ingénie à la recomposition du tableau dès lors fautif. En lieu et place du garçon au sceptre tendu se tient désormais Vélasquez lui-même, pinceau et palette à la main, instruments d'une déférence renouvelée. Aux côtés de la princesse et de ses courtisans en partie affairés, l'artiste travaille une toile qui, en plus d'être retournée, excède par sa grandeur le cadre de la représentation. L'œuvre tend irrésistiblement vers un dehors à projeter. L'attention du peintre comme celle des autres est toute tirée vers l'avant, là où se trouve l'objet de sa figuration et celui de leur contemplation. En tant que regardeurs, ce hors-champ

---

1   Faure Elie, « L'Espagne », *Histoire de l'art. L'Art moderne I*, Paris, Librairie Générale Française, « Livre de poche », 1964 [1926], p. 149.

frontal semble directement nous désigner, mais à en croire le reflet du
fameux miroir situé au fond, c'est le roi et la reine qu'il désigne par la
même occasion. Animée de révérences, de coup de pied, d'éclats argentés
et de reflet royal supposé, cette scène princière devenue scène d'atelier
défie les conventions académiques de représentation monarchique. Cette
composition du *Tableau de la famille*, connue depuis le XIXe siècle sous le
nom des *Ménines*, se donne alors définitivement pour un *capricho* cour-
tisan, un tableau fantaisiste, et tout compte fait, avant l'heure, comme
un véritable tableau vivant.

En 1987, à l'occasion d'une importante rétrospective consacrée au
travail de Joel-Peter Witkin, Alain Dupuy agissant au nom du ministère
espagnol de la Culture commande au photographe une interprétation
de ce chef-d'œuvre. Après le peintre, le photographe s'exécute à son
tour. En vue de formuler et d'organiser sa réflexion, il s'emploie à des
dessins préparatoires, dans lesquels il mentionne l'Espagne, Foucault,
Picasso et Miró à qui il souhaite rendre hommage, en sachant que les
deux premières personnalités citées ont « démocratisé[2] » chacune à
leur manière l'œuvre du grand maître espagnol. Witkin ne compte
donc pas tant reprendre *Les Ménines* de Vélasquez à proprement parler
que l'histoire des regards qui les ont traversées, c'est-à-dire comprendre
dans son entreprise photographique non pas seulement ce qu'elles sont,
mais aussi ce qu'on en a dit et ce qu'on en a fait. Qu'est-ce qui, dans
la pratique argentique et dans la modernité intellectuelle et artistique
convoquée, pourrait alors valoir comme outil signifiant propre à mettre
en évidence les structures des *Ménines* de Vélasquez ? À l'intermédialité
première que suppose l'interprétation photographique d'une peinture
succèdent chez Witkin d'autres dynamiques intermédiales : par voie de
déplacement, d'enchâssement, d'altération, de substitution, d'hybridation
ou encore de condensation, celles-ci permettent de mettre en perspective
ce qu'il en est des limites et de la porosité des régimes représentatifs
entre la peinture, la photographie, la sculpture et le théâtre. Avec le
féroce raffinement[3] qu'on lui connaît et en ne dérogeant pas à la sin-

---

2   Arasse Daniel, « Éloge paradoxal de Michel Foucault à travers "Les Ménines" », *in Histoires
     de peintures*, Paris, Gallimard, « Folio essais », 2007 [2004], p. 237.
3   Joel-Peter Witkin est effectivement connu pour produire un travail photographique
     hétéroclite qui cherche à édifier une beauté indistinctement élégante et cruelle, et cette
     dualité s'exprime tant au niveau de son traitement plastique (incisions, éraflures, valeurs
     de gris étendues, velouté des blancs, finesse du grain, etc.) qu'au niveau de ses mises

gulière vivacité de l'œuvre originelle, Witkin ne fait que l'animer de plus belle, en produisant à son tour photographiquement, son propre tableau vivant[4].

LE RAPPORT DES REGARDS :
CONFLUENCE PHOTO-PICTURALE

La démonstration de la structure rythmique des *Ménines* de Vélasquez réalisée par Foucault s'amorce avec ces trois éléments : le peintre, la toile retournée et la lumière latérale. D'après lui, c'est par « un réseau complexe d'incertitudes, d'échanges et d'esquives[5] » qu'une réciprocité est immanquablement partagée et entretenue entre le peintre et le modèle-spectateur. Le peintre en retrait de son tableau regarde en direction du regardeur, lequel se situe topologiquement à la place du modèle, de sorte que « le spectateur et le modèle inversent leur rôle à l'infini[6] ». Puisque ces derniers ne peuvent observer que l'envers de la toile sur laquelle le peintre travaille, cette toile « obstinément invisible, […] empêche que soit jamais repérable ni définitivement établi le rapport des regards[7] ». Quant à la lumière surgissant de l'embrasure de la fenêtre invisible à droite, elle réitère et conforte cette interdépendance : « […] Nous nous regardons regardés par le peintre, et rendus visibles à ses yeux par la même lumière qui nous le fait voir[8] ». Dans l'optique d'une coordination photo-picturale, Witkin reproduit cette même complicité structurelle, empreinte cependant chez lui d'une autre réalité spatiale, temporelle, figurative et matérielle.

---

en scène (compositions extrêmement soignées de pratiques jugées obscènes, de natures mortes faites de cadavres et d'immondices, etc.).

4   Witkin Joel-Peter, *Las Meninas*, 1987, tirage au gélatino-bromure d'argent avec blanchiment, virage et grattage, 71 x 71 cm, Nouveau-Mexique, Madrid, Musée national centre d'art Reina Sofia ; Vélasquez Diego, *Les Ménines*, vers 1656, huile sur toile, 320,5 x 281,5 cm, Madrid, Musée du Prado.

5   Foucault Michel, « Les suivantes », *Les Mots et les Choses*, Paris, Gallimard, « Tel », 2018 [1966], p. 20.

6   *Ibid.*, p. 21.

7   *Ibid.*

8   *Ibid.*, p. 22.

Dans son tableau vivant photographique, le peintre regarde toujours en notre direction mais semble bientôt s'effacer derrière la toile retournée puisqu'il se superpose désormais en partie à elle. De fait, étant entendu que nous sommes liés par la réciprocité des regards et que le peintre s'est rapproché à grand pas de son support, il menace de mettre celle-ci en faillite. Le champ visuel se rétrécit alors par rapport au cadre des *Ménines* de Vélasquez. Autrement dit, à mesure que le peintre regardant s'enfonce vers sa toile, le modèle-spectateur regardé s'enfonce simultanément dans l'image, expliquant ainsi la disparition partielle de la toile à gauche et celle totale de l'embrasure de la fenêtre à droite. Tributaire du principe de réciprocité, ce déplacement sagittal s'effectuant de part et d'autre du plan perpendiculaire de la surface de l'image permet à Witkin de justifier, face à l'importante grandeur de l'œuvre du peintre espagnol, le format carré et réduit de son épreuve photographique. Il articule ainsi le passage de l'espace du régime pictural à celui du régime photographique. Le pinceau, non plus suspendu en un geste arrêté au-dessus de la palette, mais la touchant désormais du bout de ses poils, témoigne de ce nouveau temps intermédiaire photo-pictural. Et tout comme sa figure griffonnée, la toile retournée et la lumière latérale font l'objet d'une manipulation physico-chimique de l'image au dessein dichotomique, visant à la fois la peinture et la photographie. Cette matérialité argentique – éraflure, noircissement, et bande d'exposition longue – reprend à son compte la dynamique structurelle de Vélasquez décrite par Foucault tout en signifiant par sa présence bipartite que Witkin n'est pas tout à fait peintre, que ce n'est pas tout à fait une toile et que ce n'est pas tout à fait la même lumière. Notons que la signature du photographe « KIN 1987 », nom tronqué et apparaissant sur la partie haute de la toile retournée, corrobore cette dualité. Witkin se trouve donc à mi-chemin entre la peinture et la photographie, cherchant le moyen de leur translation.

TRIADE WITKINIENNE

Toutefois, à cette dyade artiste/toile retournée chez Vélasquez vient s'adjoindre chez Witkin un nouvel élément. Cadré à mi-corps dans l'angle inférieur gauche de l'image, voilà qu'un homme nu, le corps en tension et les yeux tirés vers l'artiste au travail, repose sur le flanc, recueilli tel une nature morte sur un drap blanc sculptural. La masculinité de son buste fort s'étend jusque dans la musculature comprimée de ses bras, offrant cependant de ses deux mains en arcade une terminaison délicate de doigts distingués. Loin d'être hasardeuse, cette gestualité sophistiquée est d'ordre allusionnelle puisque nous reconnaissons là un des protagonistes maudits – le seul dont la blancheur du corps est si éclatante – de *La Barque de Dante*[9], un des premiers tableaux d'Eugène Delacroix réalisé en 1822. En faisant jouer de concert la performance humaine, l'accessoire, la matière argentique et le cadrage photographique, Witkin parvient à reconstituer ce détail pictural pour l'intégrer avec efficience dans la structure d'origine vélasquezienne.

Dans le tableau de Delacroix, ce corps viril fraîchement déchu éprouve par contorsions sa damnation, à demi-enfoui dans le ballotement des flots tortueux de l'Enfer. Heurté à tribord par la barque dantesque, il n'en connaîtra bientôt plus que le sillage. Witkin répond à cette figure par la dramatisation d'un corps masculin au teint d'albâtre, lequel est renversé et coupé à demi par le cadrage. Un drap, dont la blancheur et le froissement interprètent l'écume des flots, épouse la forme de son étirement ; les flots, ombrageux et agités, sont en dessous incarnés par l'émulsion brunie. L'exactitude formelle avec le tableau originel n'est pas une finalité. N'était-ce pas d'ailleurs Delacroix qui parlait d'une photographie « [...] fausse à force d'être exacte[10] » ? Le langage performatif du modèle masculin suggère un degré de théâtralité certes prononcé mais non exagéré. Aucune intensification de l'émotion du geste en effet, sa crispation corporelle se rapproche davantage de la

---

9   Delacroix Eugène, *La Barque de Dante*, 1822, huile sur toile, 189 x 242 cm, Paris, Musée du Louvre.

10   Delacroix Eugène, « Le dessin sans maître par Mme Elisabeth Cavé », *Revue des Deux Mondes*, sept. 1850, p. 1139.

statufication du corps plutôt que de sa dynamisation. Les flots photo-chimiques recrachent une écume réifiée et dissociée. Dans le tableau vivant photographique de Witkin, la question est donc moins celle du redoublement d'une image que celle de la reconduction d'une expérience du médium.

Ainsi décontextualisée, la figure de l'homme peint par Delacroix devient un matériau réemployé par Witkin car il transporte dans son nouveau contexte photographique l'identité qui lui est propre. Reconnaissable, il conserve l'intégrité de son origine tout en servant une nouvelle cause : greffé au revers du tableau et prêtant toute l'attention de ses yeux au peintre-photographe, cet homme fait de ce duo artiste/toile retournée le symbole de Dante sur sa barque. Errance voyageuse au travers des affres de l'Enfer jusqu'au calvaire du Purgatoire pour enfin atteindre l'amour au Paradis, l'histoire de Dante et de Virgile est celle de la damnation et du salut de l'homme. Une fois arrivé à l'autre rive, impossible de battre en retraite. Des petites gens jusqu'aux princes, papes et empereurs, en passant par les héros et les démons de l'Antiquité, absolument tous les êtres connus, réels ou fictifs, sont transformés en d'étranges et monstrueuses créatures, jugées pour leurs péchés dans ce terrible entonnoir que sont les neuf cercles de l'Enfer. Il se trouve que l'esprit de Witkin ainsi que ses intentions artistiques sont comparables à l'esprit du poète italien et à la description de son extraordinaire pérégrination littéraire. Opérer cette allusion au personnage de Delacroix et l'associer à la dyade artiste/toile retournée permet donc à Witkin de signifier : d'une part, qu'il s'identifie à Dante en tant que personnalité franche et fervent catholique ; d'autre part, qu'il veut amener le regardeur à éprouver visuellement le même type d'expérience chaotique, dantesque, qui rassemble en un même lieu autant de spiritualités, de personnalités, de bizarreries, réalistes ou fictionnelles. Notons que l'indétermination de la toile retournée permet de renvoyer à la pratique de la représentation de manière générale, et par conséquent, à l'ensemble de la pratique artistique de Witkin. Dans son travail, on relève effectivement des thématiques récurrentes : le Christ dont la figure est abondamment utilisée, l'informe pour ses qualités esthétiques et plastiques, les handicapés aux corps mutilés dans lesquels il voit la volonté infinie de Dieu, et l'histoire des représentations qu'il vient réviser selon de nouvelles conceptions plastiques. À l'instar de Dante, il appréhende au sein et par sa photographie des réalités diverses qu'il cherche sans souci de hiérarchie à assembler afin de créer un monde composite possible. Selon Germano Celant,

> Joel-Peter Witkin croit en la possibilité de ce retour à une unité indifférenciée par la photographie ; il aspire à l'acte suprême de régénérer une situation primordiale dans laquelle toutes les métamorphoses coexistent et où chaque transformation et chaque vision est possible, sans être inquiété par une quelconque peur ou un quelconque déni de l'énigme de la différence et de l'inconnu, du monstrueux et de l'étrange[11].

L'hétérogénéité photographique de Witkin sonne ainsi le glas du règne de la différence.

PAN DE MUR WITKINIEN

Michel Foucault, dans l'introduction de son ouvrage *Les Mots et les Choses*, après avoir évoqué la tension irrésolue du rapport des regards, entend souligner la singularité d'un cadre qui se distingue des autres par ses qualités miroitantes. En effet, parmi les quatre autres tableaux exposés au même pan de mur, seul le miroir demeure visible, les autres cadres ne donnant « guère à voir que quelques taches plus pâles à la limite d'une nuit sans profondeur[12] ». Mais pour ce qui est des deux grandes toiles de la partie haute, les examens scientifiques approfondis menés sur *Les Ménines* ont pourtant déterminé qu'il s'agissait des représentations de deux fables ovidiennes – Athéna et Arachné à gauche et Apollon et Marsyas à droite – composées et livrées par l'atelier de Rubens. Difficile cependant d'en faire l'observation à l'œil nu, encore moins pour les tableaux qui concernent la partie basse. Tels des adjuvants, ces quatre peintures endossent donc un rôle satellitaire car leur quasi-illisibilité est au service de l'éclat du miroir, lequel par effet de

---

11   Celant Germano : « *Joel-Peter Witkin believes in the possibility of this return to an undifferentiated unity through photography ; he aspires to the supreme act of regenerating a primordial situation in which all metamorphoses coexist and every transformation and vision is possible, untroubled by any fear or denial of the enigma of difference and the unknown, of the monstrous and strange* », in *Witkin*, New York, Scalo, 1995, p. 9.
12   Foucault Michel, « Les suivantes », *Les Mots et les Choses, op. cit.*, p. 22.

contraste ne peut que briller de mille feux. Ainsi dépossédées de leurs spécificités figuratives, ces toiles opaques, en apparence vides, offrent alors une occasion de remplissage que Witkin ne manque pas de saisir. Sur son propre pan de mur et selon une nouvelle disposition spatiale, le peintre-photographe conserve bien entendu la représentation du miroir mais en éteint le feu du prestige. Il vient redonner à ces quatre rectangles de nuit la force imageante qui leur avait été confisquée jusque-là, en y enchâssant désormais des reprises de vue et des détails photographiques qu'il tire des peintures des deux maîtres espagnols que sont Vélasquez et Picasso. Rigoureusement, la partie haute constitue une frise photographique d'œuvres de Vélasquez ; la partie basse comprend successivement le détail photographique du miroir, l'encadrement de la porte ouverte occupée par un homme, et la photographie d'un tableau de Picasso. Le choix de ces œuvres reproduites et leur répartition spatiale concourt à instaurer une sorte de maillage complexe de signes visuels ; les oppositions et les chevauchements engendrent une dimension discursive propre à révéler la singularité des propensions artistiques de Witkin. En effet, le peintre-photographe use des *Ménines* et des pensées qui les ont travaillées comme d'un substrat à partir duquel il peut déployer les objets de ses propres aspirations et obsessions.

SPIRITUALITÉS

À considérer ce bandeau supérieur, on retrouve sur la gauche *Les Buveurs*[13], première peinture mythologique de Vélasquez peinte vers 1628-1629 qui représente le divin Bacchus à la peau laiteuse et charnue : il tient compagnie à des paysans rompus et hilares dont il régale les palais facétieux du jus de sa précieuse vigne. C'est aussi, à en croire Elie Faure, le fruit pictural d'une potentielle influence de Rubens sur le peintre espagnol[14]. Œillade judicieuse de Witkin puisqu'il conserverait

---

13   Vélasquez Diego, *Les Buveurs*, vers 1628-1629, huile sur toile, 165 x 225 cm, Madrid, Musée du Prado.

14   « Rien en effet ne permet d'affirmer absolument, dans l'œuvre du peintre espagnol, que le contact de Rubens ait modifié sa direction d'esprit. Pourtant, il ne serait pas impossible que les fameux *Borrachos*, sur la date desquelles on hésite, fussent contemporains de la

par ce choix des *Buveurs* la dimension mythologique et l'esprit du peintre flamand qui s'y trouvaient originellement. Cette peinture célèbre la coexistence du divin et du trivial que le traitement du clair-obscur vient renforcer, et renvoie à la thématique de la jouissance dans l'ivresse.

À sa suite, le *Couronnement de la Vierge*[15] du même Vélasquez constitue le centre de cette frise. Il s'agit de son dernier tableau religieux exécuté vers 1640 à la demande de la pieuse reine Élisabeth de Bourbon. Dans une nuée agitée de chérubins et d'après une composition en forme de cœur, on voit la Vierge en majesté, recevant de la Trinité (le Christ, la colombe du Saint-Esprit et Dieu le Père) une couronne de fleurs. Le sacré s'illustre ici sous le signe de l'humilité car bien qu'on soit au royaume des cieux, l'origine humaine des personnages est mise en valeur, et la couronne, loin d'être fastueuse, a été confectionnée au moyen de la flore qu'on trouve ici-bas. Ainsi, là encore, subsiste dans cette peinture une co-présence de l'humain et du divin, du céleste et du terrestre, célébrant la dévotion et la modestie dans le contexte du culte catholique.

À droite enfin, on reconnaît *La Forge de Vulcain*[16] exécutée par Vélasquez pendant son premier voyage à Rome en 1630. Le tableau représente un frêle Apollon, la figure auréolée et adolescente, couronnée de lauriers au large feuillage. Le corps anémié perdu dans l'ampleur de sa toge, il se rend auprès de Vulcain pour lui annoncer la relation adultère que Mars entretient avec son épouse Vénus. Le dieu du feu et des forgerons, la tête emmaillotée d'un linge sale et le corps vigoureux suant au travail du fer, se fige alors dans un déhanchement crispé et nerveux, lançant de ses yeux exorbités toute la stupéfaction que peut provoquer la confession d'un tel malheur conjugal. Il n'y a pas de dieux à l'apparence plus mortelle, ni de forge à l'aspect plus ordinaire. Elie Faure écrit : « [s]a forge est une forge, ses olympiens des forgerons[17] ». Divin et prosaïque

---

visite du Flamand ou l'aient immédiatement suivie. C'est la première fois que Vélasquez traite un sujet mythologique et aborde le nu et c'est la seule fois qu'il mêle, comme Rubens, des personnages nus à des personnages habillés. C'est aussi de toutes ses toiles la plus composée, la plus touffue, la plus mouvementée » (Faure Elie, *Vélasquez*, Paris, Équateurs parallèles, 2015 [1903], p. 32-33).

15   Vélasquez Diego, *Le Couronnement de la Vierge*, 1640, huile sur toile, 176 x 124 cm, Madrid, Musée du Prado.

16   Vélasquez Diego, *La Forge de Vulcain*, 1630, huile sur toile, 223 x 290 cm, Madrid, Musée du Prado.

17   Faure Elie, « L'Espagne », *in Histoire de l'art. L'Art moderne I, op. cit.*, p. 36.

cohabitent une fois de plus dans cette dernière peinture de Vélasquez, laquelle contribue à dégager dans un traitement satirique l'idée du vice. Ces trois œuvres qui portent en elles des tensions contraires font chaque fois l'objet d'une prise de vue photographique et d'un tirage. Pour ce qui concerne les scènes mythologiques, les vues sont recadrées à hauteur de buste et tirées à moyenne échelle ; quant à la scène religieuse, la vue est rendue pratiquement en son entier, tirée à moindre échelle cependant. L'unicité picturale est donc outrepassée. Le médium photographique, à la faveur de la captation et de la reproduction, fait de la peinture une matière ductile, une entité malléable. Et en l'occurrence ici, l'instrumentalisation photographique des peintures du maître espagnol obéit à une sorte de scansion panoramique : celle-ci a pour but de composer formellement la barre transversale d'une croix dont la hauteur est façonnée par la forme rectangulaire du chambranle de la porte ouverte du dessous.

La porte s'ouvre sur un dehors étincelant. La lumière puissante qui s'en dégage produit alors un nouvel effet tableau : elle renforce l'encadrement de la porte et fait se détacher la silhouette de l'homme qui s'y tient en station verticale dans un contre-jour aveuglant. Cet homme, qui occupe la place du chambellan de la reine dans le tableau de Vélasquez, adopte la même position de trois-quarts face mais n'a plus la stature respectueuse et hiératique de Nieto. Vêtu seulement d'un pagne et d'une couronne d'épines, c'est le Christ, épaules tombantes, bras pendu, tête hirsute. De toute sa mollesse, il loge misérablement à la lisière du dedans et du dehors. Pour autant, cette modeste figure christique est nimbée de lumière éblouissante – pour ne pas dire surnaturelle. C'est donc dans une nébuleuse sacrée que baigne sa chétive condition. Ce tableau simulé reconduit à son tour ce système duel du divin et du commun, tout en traduisant par la quasi-nudité du Christ, par la couronne, instrument de la Passion, et par cette lumière miraculeuse, l'idée de l'indigence, du supplice, et finalement, celle de la résurrection.

La description de ces quatre tableaux permet de constater que Witkin continue de lier le sens à la technique, non plus au moyen de la manipulation physico-chimique[18] de l'image mais grâce à sa scénographie. Les formats photographiques allongés des *Buveurs* et de *La Forge de Vulcain*,

---

18 Éraflures, exposition longue et noircissement qu'on a vus dans les trilogies artiste / toile retournée / lumière latérale, et artiste / toile retournée / figure dantesque.

déployés de part et d'autre du *Couronnement de la Vierge,* animent une dynamique horizontale qui traduit les principes de la pensée païenne qu'ils illustrent. Les formats dressés du *Couronnement* et de la porte-tableau christique animent quant à eux une dynamique verticale qui correspond aux principes du dogme chrétien qu'ils figurent. Malgré l'antagonisme, ces deux spiritualités se partagent bel et bien l'idée commune d'un espace céleste opposé à un espace terrestre, d'où l'intersection formelle, lieu de chevauchement.

En somme, Witkin s'appuie sur la quasi-vacuité des cadres de l'arrière-plan des *Ménines* de Vélasquez pour y insérer des matériaux iconographiques dont il maîtrise parfaitement le sens et l'histoire, et à partir desquels il édifie la morphologie visuelle de l'oxymore. Profondément, pour ne pas dire religieusement animé par le domaine du double – celui *princeps* chez lui de l'esprit et de la chair –, il vise le plus souvent la réconciliation des contraires : celle du sacré et du profane, du bien et du mal, de la souffrance et du plaisir. Il affiche par là son ambition démiurgique prompte à construire et à dominer un monde polaire qu'il définit selon des règles bien à lui. Germano Celant rapporte que « l'artiste prend son rôle de créateur à l'extrême, se mettant à la place de la divinité, pour donner vie à une réalité nouvelle fondée sur la suppression des notions d'ordre et de séparation[19] ». Faut-il alors signaler qu'il n'est pas involontaire que le chambellan de la reine soit remplacé chez Witkin par le Christ, en sachant que le nom de l'*aposentador,* José Nieto Velasquez, est un homonyme de celui du peintre ?

LE REFLET DES ÉPOUX SOUVERAINS

Bien difficile de soupçonner dans le tableau vivant de Witkin la présence d'un quelconque miroir si celui des *Ménines* de Vélasquez n'avait pas connu une telle postérité. Le miroir peint, ayant fait l'objet d'une

---

19   « *The artist takes his role as creator to the extreme, putting himself in the place of the deity, to give life to a new reality grounded in the suppression of any notion of order or separation* », *in* Germano Celant, *Witkin,* New York, Scalo, 1995, p. 9 (ma traduction).

reprise de vue et d'un agrandissement, a en effet perdu la qualité de son miroitement troquée ici au profit d'une piètre qualité d'image. Notons d'ailleurs que les opérations d'enregistrement et d'agrandissement photographiques de ce détail pictural rendent possible ce qui, en peinture, ne l'était pas : octroyer à Marie-Anne d'Autriche et à Philippe IV des proportions physiques semblables à celles de Bacchus qui les surplombe. À reprendre l'analyse de Foucault sur ce fameux miroir, on ne relève aucune trace ici d'« une fine ligne blanche le doubl[ant] vers l'intérieur[20] », mais celle de deux larges bandes blanches grossières qui ne bordent même pas la totalité du pourtour. À l'inverse des autres œuvres photographiées, le miroir de Vélasquez est chez Witkin cette fois « le seul qui fonctionne en toute [mal]honnêteté et qui [ne] donne [pas bien] à voir ce qu'il doit montrer[21] ». Enclavé de la sorte à gauche, entre la sombre figure ironique du peintre-photographe et le lourd battant de la porte en bois, il n'avoisine plus le milieu de la représentation, n'occupant donc plus cette « position médiane[22] » originelle. Désormais, c'est un appareil photographique qui s'y trouve.

MIROIR PHOTOGRAPHIQUE

Installé sur le plateau d'une petite table à trépied, l'appareil photographique est surmonté d'une ampoule flash qui semble d'après sa brillance indiquer l'action d'une prise de vue. Cette opération instantanée semble se confirmer avec le halo diffus qui l'environne, bien que celui-ci soit en réalité simulé par la matière de l'image photographique et qu'il résulte d'une déformation de son émulsion au tirage. Cette nitescence argentique vient de la sorte suppléer la perte auratique qu'a subie le miroir peint de Vélasquez chez Witkin. Comme lui, l'appareil est un vecteur de visibilité en ce qu'il capte et fixe ce qui se présente devant lui. Seulement, il ne peut pas ici remplacer ce vecteur à lui seul. Car à la différence du miroir, la photographie se définit selon une logique d'après-coup. En

---

20   Foucault Michel, « Les suivantes », *Les Mots et les Choses, op. cit.*, p. 22.
21   *Ibid.*
22   *Ibid.*, p. 23.

effet, la photographie est à la fois un dispositif optique (la *camera obscura*) et un produit fini (l'image). Witkin le signale : l'appareil présenté de face est placé dans le sillage de la photographie du couple royal. Celle-ci se donne comme le résultat de la projection lumineuse des souverains qui a été acheminée par l'œil actif de l'appareil, et dont la course s'est terminée sur la paroi sensibilisée opposée pour venir faire image. Cette installation appareil/image, synthèse de l'instance photographique, vaut comme réplique performée du miroir. Foucault expliquait de ce dernier qu'il « [...] s'adresse à ce qui est invisible à la fois par la structure du tableau et par son existence comme peinture[23] ». Ici, l'appareil s'adresse à ce qui est invisible à la fois par la structure du tableau vivant et par son existence comme photographie. Le couple royal conserve ainsi sa double valeur énonciative d'objet et de sujet. D'une part, il est cet objet regardé vers lequel convergent tous les regards au-devant de la scène représentée, et dont l'image se trouve reconduite sur ce mur du fond à la faveur du prisme photographique ; d'autre part, il est ce sujet regardant appartenant à ce qui est extérieur au tableau photographique dans la mesure où il est lui-même tableau photographique.

Il en est de même pour le peintre-photographe, ce que Witkin va interpréter au moyen d'un autre élément. En effet, il nous faut remarquer dans le sens de la profondeur la présence d'un câble déclencheur relié à l'appareil photographique. Situé à équidistance du peintre-photographe et de l'image du couple royal, il laisse supposer une autorité égale et partagée sur le point de vue à l'origine de la scène représentée. Non sur celui de sa création cependant car ce fil passe bien au-devant de l'appareil, soit du côté du peintre-photographe, ce qui signifie que tout en étant compris dans le champ de la représentation, l'artiste garde la mainmise sur sa production. Le couple souverain n'exerce quant à lui qu'un droit de regard.

Ainsi, les structures imaginaire et géométrique[24] des *Ménines* de Vélasquez provoquent le phénomène de substitution entre le regard créateur et le regard régalien, décrit par Foucault, qui se constate de nouveau chez Witkin. Et il n'y a qu'à comparer le visage endommagé de ce dernier et l'image si « compromise[25] » des époux royaux pour

---

23 *Ibid.*, p. 24.
24 Formées par le miroir au caractère réfléchissant ainsi que par l'artiste au travail sur sa toile retournée.
25 Foucault Michel, « Les suivantes », *Les Mots et les Choses, op. cit.*, p. 29.

vérifier l'effectivité de ce partage : les deux tendent ostensiblement à se confondre, tant par leur proximité que par le jeu de leur équivalence formelle. Qui plus est, remarquons que, comme le peintre et son support, le boîtier photographique et l'image prestigieuse témoignent d'une dimension réflexive puisqu'ils tiennent lieu de représentation tout en renvoyant aux coulisses de la fabrique de l'image.

En définitive, le duo monarchique s'affirme autant comme sujet regardant, en tant qu'entité extérieure à la représentation, que comme objet regardé dans la structure imaginaire de la scène représentée. Quant à Witkin, il s'affirme autant comme sujet regardant dans la maîtrise de la composition sous-tendue par le fil déclencheur, qu'objet regardé en sa réalité représentée de peintre-photographe au travail. Agents du visible et de l'invisible, du dedans et du dehors, du connu et de l'inconnu, les souverains et Witkin font également l'objet d'une corruption photographique dont la matière altérée se manifeste comme l'indice de leur interchangeabilité. Et puisque la légitimité du couple royal se fonde sur le divin, Witkin dans le partage qu'il entretient avec eux bénéficie de cette suprématie.

TRIPLE FONCTIONNALITÉ DU MIROIR WITKINIEN

Foucault dégage encore trois fonctions du miroir dans son analyse, et le miroir photographique de Witkin les assume à son tour dans son propre régime de représentation.

Pour le philosophe, le miroir peint est d'abord « l'endroit » de la toile retournée « puisqu'il montre de face ce qu'elle cache par sa position[26] ». Chez Witkin, cette fonction est occupée par l'image royale reconduite par l'appareil photographique placé en son axe et présenté de face.

Le miroir peint, écrivait Foucault, entretient aussi un rapport spécifique à la fenêtre et à sa lumière : le miroir « s'oppose à la fenêtre et la renforce » en ce qu'il est, comme elle, « un lieu commun au tableau et à ce qui lui est extérieur ». Chez Witkin, malgré la disparition totale de l'embrasure de la fenêtre, subsiste pourtant le flux latéral d'une lumière

26 *Ibid.*

dont la double valeur énonciative compense et relaye cette oscillation entre un dedans et un dehors : la lumière se manifeste à la fois par sa nature représentée (son émission rend visibles les personnages de la scène), et par sa nature de représentation (sa matérialité argentique est désignée par la bande d'exposition longue). Le miroir photographique de Witkin s'oppose donc bien à cette lumière à double tranchant et la renforce. Le miroir peint de Vélasquez produisait selon Foucault « un mouvement violent, instantané, et de pure surprise », qui trace un « pointillé impérieux » et coupe « à la perpendiculaire le flux latéral de la lumière[27] ». Chez Witkin, le miroir photographique engendre quant à lui un mouvement instantané vers l'avant qui est orienté en diagonale. Il fait alors écho à l'obliquité de la lumière latérale dont il vient ainsi croiser le flux plutôt que le couper. Peut-être Witkin cherche-t-il à signifier par là le regard décalé qu'il a choisi d'adopter pour son interprétation du maître espagnol.

Enfin, Foucault opère un parallèle entre le miroir peint et le rectangle lumineux voisin, celui que dessine la porte aux battants sculptés qui s'ouvre sur les marches ascendantes d'un corridor extérieur et qu'un personnage sombre occupe dans toute l'ambiguïté de son « balancement immobile[28] ». Selon lui, cet homme, du fait de son jeu de jambes au creux de ce rectangle jaune, « entre et sort à la fois ». Il répète de fait l'oscillation intérieur/extérieur que la « dimension sagittale » du miroir peint entretient par son pouvoir de réflexion, à la seule différence cependant qu'« il est là en chair et en os ; il surgit du dehors, au seuil de l'aire représentée ; il est indubitable – non pas reflet probable mais irruption[29] ». Dans le tableau vivant de Witkin, la confrontation du miroir photographique et de la porte-tableau christique joue d'un effet similaire qui est néanmoins destiné à mettre en valeur une conception personnelle de l'artiste. Le battant de la porte, qui conserve sa boiserie entrecroisée, ne s'échappe plus vers l'extérieur de la scène représentée mais s'ouvre en celle-ci. Les marches, qui creusaient la profondeur du corridor de Vélasquez et invitaient le regard à s'y engouffrer, ne se résument plus désormais qu'à une seule montée que le Christ domine de son pied à la jambe fléchie. Il réside ainsi à l'orée d'un monde à la clarté si vive qu'elle

---

27 *Ibid.*, p. 26.
28 *Ibid.*
29 *Ibid.*

en devient opaque. La mise en scène de ce Christ limitrophe témoigne d'une oscillation, certes plus timide. Seulement cette fois, l'appareil est tout aussi incontestable que ce Christ l'avoisinant, et il partage en plus avec lui un rapport d'analogie. En effet, à bien observer l'appareil posté sur le plateau de la table basse vis-à-vis de ce Christ, il semble que cette installation photographique cherche à le personnifier : au moyen de l'ampoule flash, de la noirceur du boîtier, de la veste flanquée sur le plateau de la table dont la barre fluette se termine en trépied, l'installation imite la tête auréolée du Christ à la figure sombre dont le corps frêle n'est revêtu que d'un seul vêtement. Ils apparaissent ainsi tous deux comme la jonction indispensable, ce point d'équilibre, cet élément médian à partir duquel l'oscillation se donne pour effective et travaille l'image selon un balancement intérieur et extérieur. De cette affinité formelle et fonctionnelle, doit-on déduire que l'appareil photographique désigne une pratique sacrée et/ou que le divin s'apparente à un sombre mécanisme de lumière ? Il s'avère que ces deux approches se vérifient : pour ce qui est de la première, Witkin confiait déjà en 1976 : « Mon art est un travail sacré, car mes œuvres sont mes prières[30] ». Quant à la seconde, il se trouve que la résultante visuelle que désignent les polarités intérieur/extérieur des oscillations respectives du Christ et de l'appareil va dans ce sens. Précisément, tandis que l'intérieur est visible (l'image royale et l'atelier de l'artiste signalé par le pied gauche du Christ), l'extérieur demeure toujours invisible ou indéterminé (l'avant et le dehors du tableau vivant photographique désigné par l'appareil et le monde indéfini sur lequel s'ouvre la porte). D'un point de vue conceptuel, cette scène des *Ménines* witkinienne peut alors s'envisager comme une grande chambre noire, en ceci que la naissance de figures déterminées à l'intérieur dépend par principe d'une lumière qui est introduite par une ouverture et qui est issue d'un monde extérieur indéterminé. Et à la manière d'une chambre noire, la religion catholique postule qu'on ne peut connaître la lumière que si ténèbres il y a. En plus d'en partager les phénomènes de conception et de révélation, on peut dire que le *Credo* de cette foi chrétienne s'assimile au mécanisme d'une *camera obscura*.

Tout compte fait, Witkin use de la triple fonctionnalité du miroir peint définie par Foucault pour en perpétuer le phénomène oscillatoire

---

30   « *My art is sacred work, since what I make are my prayers* », *in* Celant Germano, *Witkin*, *op. cit.*, p. 10 (ma traduction).

et le mettre au service d'une définition de la photographie entendue tour à tour comme représentation, matière, pratique divine et métaphore figée du dogme chrétien.

L'ÂME ET L'ŒUVRE DE PICASSO

À cette porte-tableau christique, dont l'expression foucaldienne d'« aplat doré[31] » destinée à celle de Vélasquez s'accorde très justement avec le puissant effet du contre-jour qui la détermine ici, nous attribuons une nouvelle fonction : celle d'introduire subrepticement la référence, à droite plus évidente, faite à l'autre maître espagnol qu'est Picasso. En effet, dans l'imaginaire collectif, les *Ménines* appartiennent aussi à Picasso, et pour cause : le peintre en a réalisé pas moins d'une quarantaine de versions, et l'une d'entre elles[32] exécutée en grisaille présente une ouverture dont l'effet est d'une semblable intensité. Cette mise en scène christique centrale fait déjà pressentir l'art de Picasso et l'inaugure, puisqu'il va venir s'incarner pleinement sur le pan de mur à droite. Ce dernier, pratiquement inexistant chez Vélasquez, voit dorénavant son aire déployée. En effet, il y a là comme une inversion des pleins et des vides : le miroir peint de Vélasquez qui brillait solitairement sur son vaste pan de mur vit désormais, par le fourmillement des données visuelles environnantes, à l'étroit ; tandis que la partie droite, inenvisageable chez Vélasquez en ceci qu'elle était simple encoignure, donne à présent le champ libre à une peinture encadrée au triomphe solitaire. Au creux d'un cadre aux contours blancs et selon un langage plastique cubiste, cette peinture présente les détours du dos d'une femme dont la tête n'est que la somme de deux profils plus ou moins francs. En effet, son visage comme son corps résultent d'une approche planisphérique : seins et profils sont pratiquement aplanis et rejetés de chaque côté de cette ligne que forme sa posture étirée, la femme étant toute occupée à fouiller sa chevelure de ses mains. Il s'agit là d'une reproduction photographique de la *Femme nue dans un fauteuil*, portrait de Dora Maar réalisé par Picasso

---

31   Foucault Michel, « Les suivantes », *Les Mots et les Choses, op. cit.*, p. 26.
32   Picasso Pablo, *Las Meninas*, 1957, huile sur toile, 194 x 260 cm, Barcelone, Musée Picasso.

en 1941[33]. Picasso met en cause la perspective géométrique et offre par la simultanéité de cette vision ce que le regard seul ne peut pas voir. Cette réplique de Picasso apparaît ainsi comme le pendant du miroir de Vélasquez du fait de sa position privilégiée, de sa bordure blanche (cette fois complète), et de sa vue impossible soulevant la question du double. Picasso traite cette question à la manière cubiste par l'hybridation des perspectives. De plus, alors que la tête de l'infante chez Vélasquez se superposait dans le sens de la profondeur au miroir peint[34], c'est du côté droit de cette partie murale, dans l'axe de la peinture reproduite, que la tête de l'infante se place désormais, la princesse posant dorénavant sous le règne de la modernité.

Quoique paraissant dénuée de tout autre objet, cette partie droite du tableau vivant de Witkin est pourtant doublement investie par l'âme et l'œuvre de Picasso. On y voit un aplat brun dérangé dans sa tentative d'uniformité par un noir éclaté, dont les pointes aiguisées empruntent des trajectoires arbitraires. Et si l'on prend un léger recul vis-à-vis de ce mur, on constate dans son sillage la présence d'une ampoule éteinte terminée dans sa suspension par une petite forme blanche jouant des mêmes saillies. Witkin engage là un jeu de pistes mais dont les indices semés sont facilement identifiables : il s'agit d'un détail de la fameuse lumière qui s'offre, telle un œil ouvert, au-dessus de la scène impitoyable de *Guernica*[35]. Et ce n'est pas le fruit du hasard si ce jour incisif occupe cette position puisque le tableau de Vélasquez offre trois sources de lumière extérieure : elles se situent respectivement au fond de la pièce avec la porte ouverte, à l'angle droit de cette pièce qu'on aperçoit au-dessus de la duègne – celle qui nous intéresse présentement –, et enfin à l'extrémité droite de la toile où elle se déverse par l'embrasure de la fenêtre absente. La présence de la lumière de Picasso dans la construction de Witkin s'explique donc ici : elle s'est chargée de l'une des trois places qu'elle avait chez Vélasquez. Néanmoins, on hésite un temps à déterminer sa localisation exacte dans l'espace puisqu'on peine parallèlement à savoir de quoi elle est faite, tant sa blancheur est tout aussi tranchante que sa forme. Indice : l'infime trait noir que dessine la boucle en retour de sa

---

33   Picasso Pablo, *Femme nue dans un fauteuil*, 1941, huile sur toile, 92 x 65 cm, Musée de Belfort.

34   Foucault Michel, « Les suivantes », *Les Mots et les Choses, op. cit.*, p. 28.

35   Picasso Pablo, *Guernica*, 1937, huile sur toile, 349 x 777 cm, Madrid, Musée Reina Sofía.

ligne courbe supérieure vient trahir une forme en ellipse qui, en écho avec l'ampoule suspendue, désigne logiquement un abat-jour circulaire. On suppose donc que Witkin a découpé et disposé les aiguillons picassiens le long de sa circonférence, collage qu'il a ensuite homogénéisé à l'aide d'une ampoule apparemment si puissante que sa réalité matérielle s'est évanouie dans la force de son rayonnement. Cette installation lumineuse au-dessous de l'ampoule éteinte suspendue recompose donc l'œil électrique de *Guernica*. Mais la large ombre portée qu'elle semble projeter n'en est pas véritablement une puisque c'est un noir de peinture, lequel fait donc seulement figure d'ombre portée. De la sorte, la réalité ontologique de la lumière picassienne est adroitement signalée : elle n'est autrement faite que de peinture. Witkin paraît exprimer ainsi au figuré combien Picasso a apporté un éclairage pictural important au tableau de Vélasquez. Il mobilise par-là la mémoire des quarante-quatre études que Picasso a consacrées à ce dernier, et par lesquelles il a cherché à épuiser le sujet des *Ménines*, renouvelant la perception plastique qu'on en avait.

Toutefois, on ne peut s'empêcher d'éprouver l'ambiguïté formelle de cette installation lumineuse. D'une clarté déchirante, elle entend radicalement faire jouer sa plasticité. Du fait de sa blancheur, on a l'impression que c'est un tout homogène alors que c'est un abat-jour auréolé de découpes disparates. Cette illusion fait alors envisager son ombre portée comme étant l'œuvre d'une autre source lumineuse : l'éclairage général de la scène photographiée. Witkin peut donc tirer profit de cette installation lumineuse équivoque pour insinuer l'idée que c'est désormais la photographie qui éclaire la lumière picassienne, et par extension, sa peinture. En ce sens, Picasso n'a plus seul l'autorité interprétative des *Ménines*, Witkin vient photographiquement les éclairer d'un jour nouveau.

Cette lumière à double entente est donc opératoire, en ceci qu'elle permet à Witkin de prendre en charge la notoriété de l'interprétation de Picasso, en la continuant pour l'infléchir dans le sens photographique. Picasso demeure, et Witkin affleure dans cette tradition du commentaire des *Ménines*. La photographie witkinienne s'inscrit ainsi dans la continuité de l'histoire de la peinture.

LES MÉNINES CONDENSÉES

Cette partie droite est le lieu d'une autre confection manuelle avec ce curieux personnage à la tête cyclopéenne dont la bouche exagérée délivre dans son braillement une langue onduleuse éléphantesque, le reste de son corps informe s'hypertrophiant de deux sortes de bras ondoyants insensés. Cette figure aux étranges flexuosités a été fabriquéee à partir de *Femme et chien devant la lune*[36], estampe en couleur de Joan Miró faite au pochoir en 1935. Witkin semble ne jamais oublier la technique d'où il tire ses citations ou allusions artistiques. De la découpe dont résulte la technique du pochoir, il poursuit ici le geste en détachant ce personnage onirique de son fond originel pour le dresser fièrement et explicitement dans l'espace de la scène photographiée. De fait, le peintre-photographe a procédé à une artificialisation ingénieuse de l'image : en l'incarnant sous la forme d'un panneau isolé, cette curieuse figure embrasse désormais le régime sculptural tout en conservant sa platitude initiale d'estampe. Il faut dire que l'extravagance de sa taille démesurée ne peut que rehausser la fantaisie plastique de son expression. Witkin ne s'est pas pour autant efforcé de la recopier avec la plus grande exactitude. C'est une version remaniée, contemporaine. Si l'essentiel de la femme est là, elle est pourtant amputée de son chien, ablation nécessaire au respect et à l'équilibre de la structure vélasquezienne. Le chien imprimé a été transposé dans la réalité photographique de Witkin afin de jouer le rôle du chien pictural de Vélasquez ; l'artificialisation de l'image de Miró se double alors d'une naturalisation partielle de celle-ci. Résolument en chair et en os, l'animal bascule donc dans la vie, sans grande vitalité cependant. Entièrement affalé, reposant de toute sa pesanteur sur son flanc gauche, il n'incarne en rien la noblesse canine de son ancêtre espagnol assoupi. Pour autant, son extrême relâchement n'affecte pas l'importance de son rôle puisqu'il préserve la même fonction que celle confiée au chien de Vélasquez par Foucault :

> Pure réciprocité que manifeste le miroir regardant et regardé, et dont les
> deux moments sont dénoués aux deux angles du tableau : à gauche la toile

---

36   Miró Joan, *Femme et chien devant la lune*, 1936, pochoir sur papier vélin, 50 x 45 cm, tiré à soixante exemplaires (coll. privées).

retournée, par laquelle le point extérieur devient pur spectacle ; à droite le chien allongé, seul élément du tableau qui ne regarde ni ne bouge, parce qu'il n'est fait [...] que pour être un objet à regarder[37].

Le chien de Witkin dort lui aussi, il ne nous regarde pas. Il conserve l'immobilisme et la cécité qui fait de lui un objet à regarder. Sa pose oblongue résonne avec celle du damné, lequel demeure un regardant.

De plus, le soleil électrique de Picasso semble en apparence être accolé à la langue serpentine de la femme agitée. La contamination de ces deux éléments s'orchestre grâce à leur superposition dans le sens de la profondeur spatiale, et cet angle de vue est trompeur. En regard de la lune, sous laquelle le personnage de Miró hurle, vient désormais s'inscrire ce soleil, un double astral qui se propose ainsi comme l'indice d'une énigme à résoudre. Qu'est-ce donc que ce personnage qui, occupant toute la partie droite de l'image, profite à la fois du jour et de la nuit, et qui, à l'instar de l'aspective[38] antique égyptienne, offre du même coup profil et œil franc ? Le groupe des serviteurs bien sûr, suivantes, courtisans et nains, que ce monstre parvient à condenser à lui seul. Baignant entre deux eaux, ni tout à fait figurative ni tout à fait abstraite, c'est aussi précisément grâce à cette indétermination que la figure de Miró s'appréhende comme un être asexué, rendant cette indifférence essentielle à l'efficience de sa condensation.

À la faveur de cette hybridation métonymique, Witkin a donc trouvé le moyen d'incarner le dispositif en doublet dont parle Foucault[39] : la conjugaison du détail solaire picassien et du panneau dysmorphique et lunaire de Miró restitue, dans l'unité fraternelle de sa forme, le profil et le regard direct que chaque couple de personnages du tableau de Vélasquez composait dans la force de son clair-obscur.

---

37   Foucault Michel, « Les suivantes », *Les Mots et les Choses, op. cit.*, p. 29.
38   L'aspective est une notion qui a été élaborée par l'égyptologue allemande Emma Brunner-Traut pour désigner le mode de représentation de l'art égyptien qui associe plusieurs points de vue et/ou regroupe plusieurs moments d'un même récit dans une image unique (opposé à la vision perspective mise au point par les Grecs). Voir Emma Brunner-Traut, « Epilogue : Aspective », postface à Schäfer Heinrich, *in Principles of Egyptian Art*, Oxford, Griffith Institute, 1974 [1919], p. 421-448.
39   Foucault Michel, « Les suivantes », *Les Mots et les Choses, op. cit.*, p. 27-28.

L'INFANTE AUX MOIGNONS

Le dénouement du tableau vivant de Witkin s'opère enfin avec l'infante qui, placée dans le sillage du tableau de Picasso et assistée par une forme démesurément étrange, trouve sa nature pour le moins changée. À l'ingénuité de la princesse de Vélasquez se substitue désormais l'impertinence d'une jeune fille estropiée. Jambes à demi-coupées, moignons enrubannés : si l'infirmité de l'infante de Witkin, paraît *a priori* bien éloignée de l'intégrité de l'originelle, elle est pourtant terriblement pertinente quant à la condition princière de cette dernière. En la campant au sommet d'une cage en ferraille à roulettes exploitée en guise de fauteuil roulant, Witkin fait d'une pierre deux coups : il feint une réponse matérielle à son besoin de mobilité, tout en renvoyant dans le même temps à cet élément de costume féminin d'origine espagnole qu'est le vertugadin. En dépit des apparences, les deux infantes partagent en effet le poids d'un double handicap : physique et de mœurs. En raison de son incapacité à se mouvoir seule – si ce n'est par la force de ses bras –, la princesse de Witkin mutilée, ainsi tributaire d'autrui, subit paradoxalement et inexorablement une forme d'exclusion du champ social. La princesse de Vélasquez est quant à elle assujettie au port de cet instrument pénible et contraignant qu'est le vertugadin car il a pour fonction d'orchestrer le prestige de la parure et par extension celui de l'étiquette. Dérobée habituellement au regard, cette geôle structurée expose finalement ce que nous ne sommes pas censés voir : les dessous de l'histoire féminine de la cour espagnole, soit les arcanes de la fabrique d'une image, faisant ainsi écho, *in fine*, au dispositif représentatif singulier de Vélasquez repris par Witkin.

L'expression métallique de ce galbe architectural, qui rappelle la prison dans laquelle l'infante espagnole est captive, montre aussi par l'arrangement concentrique des clous à longue tête situés sur la plateforme inférieure qu'elle est un écueil mortel dans lequel la princesse witkinienne ne doit pas tomber, ce que cette dernière évite avec grandeur. Bien loin d'en être prisonnière, elle domine cette cage et l'instrumentalise pour en faire son promontoire. Au diable la bienséance, la robe ne se porte plus, on s'assoit dessus. Witkin érige là au centre de sa composition une princesse émancipée qui prend littéralement la main sur ses envies et ses croyances : à son chien docile elle peut d'une main encordée demander de la conduire là où elle veut ; de son autre main, elle tient nonchalamment ce qui semble être une mantille[40] dont elle ne s'impose pas la coiffe. Sur le modèle de l'infante espagnole, sa tête comme sa poitrine restent garnies d'un arrangement de fleurs. Sorte d'orchidée noire et peut-être glycine courant le long des cheveux, cette nouvelle composition florale diffuse étrangement au cou de cette princesse un parfum pernicieux qui s'accorde avec son regard voilé un brin narquois. Le bandeau noir ajouré, en participant à l'expression de sa mesquinerie – non sans un certain érotisme d'ailleurs –, revêt surtout une double fonction : d'une part, il dissimule mais en partie seulement, et d'autre part, il est le lieu d'une traversée – du regard, en l'occurrence. À son tour, cet accessoire symbolise donc le système représentatif des *Ménines*, lequel ouvre son champ secret d'atelier à la spéculation des regards en brouillant la ligne de partage ontologique entre le réel et la fiction.

L'infante de Witkin semble donc faire à elle seule l'économie du dispositif de Vélasquez, mais elle est aussi une citation interne à l'œuvre de Witkin. En effet, elle décline les caractéristiques d'un autre personnage de l'œuvre du photographe, également yeux bandés, pratiquement cul-de-jatte et surélevé. On reconnaît *Woman on a table*[41] dont la photographie a été réalisée la même année en 1987. Cette autre femme au corps diminué pose nue sur la table à trépied qui nous est familière, le regard hermétiquement couvert par un bandeau-masque qui seconde son regard empêché en lui octroyant une nouvelle paire d'yeux. Le masque, omniprésent chez Witkin, a pour fonction de documenter la duplicité de l'être[42]. Witkin tire donc de la condition princière de l'infante Marguerite le moyen de s'auto-citer et de véhiculer ses propres obsessions : la féminité, l'altération du corps et l'altérité de l'esprit.

Le corps qui fuit à droite et la tête qui s'offre de front, la princesse de Witkin a résolument pris un nouveau cap. Outrageusement dominatrice, elle n'entend plus observer les règles de la bienséance à laquelle

---

40 La mantille, longue écharpe en dentelle utilisée comme couvre-chef par les femmes catholiques à la messe, fait son apparition dans les tableaux de Vélasquez. Son usage s'est en effet développé aux XVIᵉ et XVIIᵉ siècles en Espagne.

41 Witkin Joel-Peter, *Woman on a table*, 1987, tirage au gélatino-bromure d'argent sur papier baryté, 74 x 73 cm, Nouveau-Mexique.

42 Celant Germano, *Witkin, op. cit.*, p. 17.

la soumettait initialement son rang. Avec toute l'impudeur qui est la
sienne, elle conteste son retrait et vient désormais s'aligner à hauteur
de la toile retournée, siégeant ainsi irrévérencieusement sur les confins
de l'aire représentée et celle en devenir de représentation. Par son corps
engagé, elle est le cœur d'une nouvelle oscillation esthétique et politique ;
par son corps mutilé, elle se donne comme le symbole de l'organicité
vivante et défectueuse de l'image witkinienne. Cette nouvelle infante
est le lieu de la confluence de la peinture et de la photographie, les deux
régimes se confrontant et se confondant à l'envi.

Telle une pâte qu'on se plaît allègrement à pétrir et à modeler puis
remodeler indéfiniment, les peintures convoquées ici se trouvent profondément remaniées. C'est une révision qui, loin de vouloir nier leur
intégrité auctoriale, cherche à faire dialoguer leurs spécificités. Du fait
de la particularité de sa construction, la constellation intermédiale des
Ménines de Witkin a tout à voir avec la pensée mythique définie par
Lévi-Strauss. Germano Celant écrit à ce propos :

> À travers ces visions de déviation et de montage, Witkin définit un mouvement
> oblique et imprévu qui se rapproche de la pensée mythique : « le propre de la
> pensée mythique, comme du bricolage sur le plan pratique, est d'élaborer des
> ensembles structurés, non pas directement avec d'autres ensembles structurés,
> mais en utilisant des résidus et des débris d'événements : *"odds and ends"*,
> dirait l'anglais, ou, en français, des bribes et des morceaux, témoins fossiles
> de l'histoire d'un individu ou d'une société[43] ».

Tirées, animées, artificialisées, pour être enchâssées, performées
ou théâtralisées : chaque fois ces peintures ou détails de peinture sont
articulés à la logique interne d'une autre ou de plusieurs autres, créant
ainsi des niveaux fictionnels anachroniques enchevêtrés à partir desquels
Witkin forme une contexture photographique indifférenciée et cohérente.
    Le tableau vivant *Las Meninas* de Witkin constitue pour ainsi dire
la synthèse photographique du processus historique, critique, spirituel

---

43   Ma traduction. « *Through these visions of deviation and montage, Witkin defines an oblique,*
     unforeseen movement that comes close to mythic thought : "The characteristic of mythic thought, like
     that of bricolage on the practical level, is that it elaborates structured wholes, not directly with other
     structured wholes, but by using the remains and fragments of events : odds and ends, or des 'brides
     et des morceaux', as they say in French, fossils bearing witness to the story of an individual or a
     society" », in Celant Germano, *Witkin, op. cit.*, p. 22, citant Claude Lévi-Strauss, *La Pensée*
     sauvage, Paris, Plon, 1962, p. 32.

et imaginatif auquel se prête toujours le photographe. Il se formule ici comme une sorte de texte visuel complexe qui joue de significations conscientes et inconscientes. Il rejoint en cela la scénographie baroque typique du XVIIᵉ siècle, prouvant que Witkin est bien plus proche de Vélasquez qu'on ne pourrait le croire (les deux artistes partagent d'ailleurs une affection particulière pour le traitement plastique des personnages marginaux). En outre, la manipulation physico-chimique du régime argentique suppose une gestualité dans l'atelier qui s'apparente à celle du peintre. Et en se faisant si tactile, la photographie witkinienne trahit une dimension épidermique : elle donne à penser l'image comme un corps dont on sait que la peau n'est qu'une pellicule organique gardant l'intérieur à l'abri de l'extérieur, une matérialité incarnant donc le seuil communiquant entre l'inconnu et le manifeste. Cette dualité est chère au photographe et correspond à la problématique essentielle des *Ménines* dans son oscillation entre visibilité et invisibilité. Par le concours croisé des objets de la représentation et de la matière argentique qui échafaudent et pensent les dénotations et connotations picturales dans et par l'image, le tableau vivant de Witkin offre, *in fine*, les conditions d'une véritable herméneutique photographique de la peinture.

Mathilde BRUNET

NOTES VAGABONDES
SUR LE « PORTRAIT VIVANT »

PRÉAMBULE

Dans une récente « installation » présentée en Suisse à la fondation Beyeler[1], Wim Wenders propose un court-métrage en 3D intitulé *Two Or Three Things I Know About Edward Hopper*. L'extrait en forme de bande annonce, disponible en ligne, souligne les enjeux principaux du projet : mettre en jeu quelques tableaux de Hopper, non pour le simple plaisir de la reconstitution mais pour les explorer, les comprendre, et ce en pénétrant dans le tableau, du moins tel que transposé à l'image. On y voit ainsi le cinéaste au travail s'immiscer dans la scène, venir rejoindre les personnages ou la pièce vide, et observer. Tenter de voir ce que le personnage peut lui-même regarder par-delà la fenêtre, épouser son regard et, peut-être, chercher à en déchiffrer l'énigme ; scruter le rectangle de lumière au sol, dans la chambre (et même y poser le pied avec circonspection, comme dans une matière inconnue) ; déambuler dans le paysage recréé selon le cadrage emprunté à Hopper – et jouer de l'évanescence, de l'apparition puis de la disparition des corps, des personnages comme de Wenders lui-même, parfois l'appareil photo à la main. Il y a là comme la mise en scène d'une herméneutique du tableau vivant : faire vivre le tableau par l'image animée (fût-ce pour la conduire à l'immobilisme), c'est ici chercher à y entrer, à en pénétrer une part du mystère, à plonger derrière le miroir, ou du moins à s'immiscer dans sa matière même. Rendre le tableau vivant, en l'occurrence par le cinéma, c'est bien plus que prendre une pose ou mimer une gestuelle et s'immobiliser : c'est tenter de percevoir, mais comme de l'intérieur

---

1 Fondation Beyeler, « Edward Hopper », 26 janvier-26 juillet 2020.

et non du seul regard de spectateur, à partir des indices offerts par la toile, quelque chose de l'amont et de l'aval de la scène. Ce n'est pas le tableau qu'il s'agit de rendre vivant : c'est avec l'esprit du peintre, ou peut-être de ses personnages, ses projections possibles, qu'on voudrait communiquer. Et le tableau vivant n'est plus la fin mais un moyen. Une source de connaissance, en somme, comme un truchement pour communiquer avec l'œuvre peinte, ou encore avec le monde mais à partir d'elle, à partir du type de regard qu'elle induit, qu'elle propose, que son cadre permet et même nécessite. Telle expérience est peut-être offerte au spectateur, fût-ce partiellement ; elle paraît surtout éminemment intime, engageant d'abord le cinéaste et son désir, sa pulsion d'entrer dans le tableau – seul, évidemment. Et il n'est pas certain que le spectateur soit plutôt invité à faire cette expérience sensible, en 3D, qu'à observer ce dispositif auquel se plaît Wenders ; et plus encore à l'observer, lui, en train de s'y confronter[2].

L'ENFANT RUBICOND

L'on s'intéressera ici non principalement à la peinture d'histoire, dont Bernard Vouilloux rappelle qu'elle est liée au tableau vivant à ses débuts, au milieu du XVIIIe siècle[3], mais au portrait. Certes, le critique remarque que, « dans la mesure où [le tableau vivant] en appelle nécessairement à des figurants, les genres picturaux qu'il actualise sont les deux genres à plusieurs figures traditionnellement distingués dans la hiérarchie académique des genres, soit, en suivant l'échelle ascendante, la scène de genre, le tableau d'histoire, l'allégorie ». Et il ajoute : « on remarquera que le portrait, genre à figure en principe unique, se prête mal au tableau vivant » ; les exemples, dit-il, en sont rares, « ce qu'explique non tant l'absence d'action que la difficulté de reproduire

---

2   Le *Shirley, un voyage dans la peinture d'Edward Hopper* (2014) de Gustav Deutsch, composé de treize scènes transposant des toiles de Hopper, n'obéit pas du tout aux mêmes principes et se donne plutôt comme visée d'élaborer du narratif à partir de ces plans-séquences.

3   Voir par exemple « Le geste dans le tableau vivant. Des arts de la scène à la photographie », *in Le Tableau vivant ou l'image performée*, sous la direction de J. Ramos, Paris, Mare & Martin / INHA, 2014, p. 157.

la ressemblance qui fait l'essentiel du portrait[4] ». Une telle observation, on le voit, part du présupposé, d'une immédiate évidence, que le portrait repose sur la figure, donc sur la question d'une ressemblance qu'il s'agirait de convoquer, d'une façon ou d'une autre, pour constituer un portrait vivant. Il semble cependant qu'il y ait des cas, peut-être assez rares, où cette approche trouve certaines limites.

Remontons à l'époque de la mode anglaise du portrait recourant à la procédure du tableau vivant. Et arrêtons-nous sur deux œuvres de Joshua Reynolds. Son *Mrs. Musters as Hebe* (1785, Kenwood House, Londres) joue d'une forme d'allégorie et ne peut être tenu pour un tableau vivant qu'à l'aune de son référent mythologique. Il requiert de ses regardeurs qu'ils connaissent bien la mythologie grecque (pour Hébé) et peut-être aussi Guido Reni (pour la pose du personnage principal), faute de quoi ils ne sauraient y identifier un tableau vivant. De fait, une telle procédure suppose, on l'a assez dit[5], des compétences particulières et le plaisir qui en découle participe sans nul doute de cette maîtrise de savoirs qui distingue une élite cultivée. Il en va autrement pour le *Master Crewe, en Henry VIII* (vers 1775, collection particulière, en dépôt à la Tate Britain depuis 2009, Londres) tant la référence est célèbre, à savoir le portrait d'Henri VIII par Holbein, détruit mais néanmoins bien connu par le biais de copies et gravures. En l'occurrence, le tableau vivant est pleinement assumé, il s'affiche même, pourrait-on dire : on est vraiment dans le goût aristocratique du déguisement[6], ici appliqué à un enfant de trois ans – notons d'ailleurs que le tableau, loin de constituer un simple divertissement à vocation exclusivement familiale, fut exposé à la Royal Academy en 1776 et rapporta nombre de louanges à son auteur.

---

4   Vouilloux Bernard, « Le tableau vivant, entre genre et dispositif », dans *Entre code et corps. Tableau vivant et photographie mise en scène*, sous la direction de Ch. Buignet et A. Rykner, *Figures de l'art*, n° 22, 2012, p. 95-96.

5   Voir notamment Bernard Vouilloux : « pour que le tableau vivant produise son effet, il faut que l'œuvre soit reconnaissable, le plaisir de l'identification se combinant avec la délectation esthétique » (« Le tableau vivant, entre genre et dispositif », *ibid.*, p. 93).

6   En Angleterre, le goût pour le portrait déguisé connaîtra encore une véritable vogue, socialement élargie, au milieu du XIXᵉ siècle (voir Quentin Bajac, *Tableaux vivants. Fantaisies photographies victoriennes (1840-1880)*, Paris, RMN, 1999, en particulier p. 13). Pour le « double destin, aristocratique *et* populaire » du tableau vivant, voir la forte mise au point de Bernard Vouilloux dans « Le tableau vivant, entre genre et dispositif », art. cité, p. 93.

Deux remarques s'imposent. En premier lieu, le fait que le sujet du portrait, John Crewe, était assurément trop jeune pour comprendre tout à fait ce qui se jouait dans cette mascarade, ce jeu de rôle conduisant un bambin à prendre la pose pour mimer un tableau célèbre ; en d'autres termes, le sujet était ici proprement manipulé par des adultes, le peintre et ses parents, pour jouer quelque chose dont l'enjeu ne pouvait que lui échapper. Il était comme une marionnette, à qui l'on a fait endosser le costume et la pose d'un roi d'un autre âge. Par ailleurs, le portrait vivant ne consiste évidemment pas ici à chercher la ressemblance des corps : il s'appuie uniquement sur la similitude du costume et de l'attitude. Autrement dit, il s'agit pour le peintre de faire endosser à un sujet, quel qu'il soit ou quasiment, un ensemble de signes, attitudes et accessoires, qui vont dire la référence à Henry VIII tel que dépeint par Holbein. Le portrait vivant à cet égard n'est peut-être possible que parce que la référence est un portrait officiel, ou du moins il en devient beaucoup plus aisément réalisable. C'est que dans un portrait officiel, il s'agit peut-être de représenter les traits de la personne dépeinte, mais il s'agit plus encore de signifier son pouvoir, son statut ; un portrait officiel ne se réduit en aucune façon au corps du sujet : il a d'abord pour vocation d'exalter les signes de ce par quoi il est plus qu'un corps[7].

Ce portrait, pour plaisant qu'il fût, n'engageait donc pas seulement l'image d'un tendre jeune homme de haute naissance : il jouait de la représentation d'un roi, et l'un des plus importants de l'histoire de l'Angleterre. Or il y a dans cette procédure ce qui, en d'autres circonstances, relèverait du crime de lèse-majesté, quelque chose de carnavalesque qui ne se réduit nullement à une pratique seulement mondaine et de divertissement frivole. Un observateur aussi avisé qu'Horace Walpole ne manque d'ailleurs pas de le relever : « Is there not humour and satire in Sir Joshua's reducing Holbeins's swaggering and colossal haughtiness of Henry VIII to the boyish jolity of Master Crewe[8] ? ». L'élaboration du

---

7   Sur ce point, voir notamment Louis Marin, *Des pouvoirs de l'image* (Paris, Seuil, 1993), en particulier « Le portrait-du-roi en auteur », p. 159-168), et d'abord *Le Portrait du roi* : « L'"effet de portrait", l'effet de représentation, *fait le roi*, en ce sens que tout le monde croit que le roi et l'homme ne font qu'un, ou que le portrait du roi est seulement l'image du roi. Personne ne sait qu'à l'inverse le roi est seulement son image et que, derrière ou au-delà du portrait, il n'y a pas le roi, mais un homme » (Paris, Minuit, 1981, p. 267).

8   « N'y a-t-il pas humour et satire dans la manière dont Sir Joshua [Reynolds] réduit les fanfaronnades de Holbein et la colossale arrogance d'Henry VIII à la joliesse enfantine de Maître Crewe ? ».

portrait du jeune noble par le biais du tableau vivant ne répond pas au seul objectif de satisfaire les heureux parents du dépeint : il constitue un trait d'humour dont le caractère satirique (à double visée : le peintre de référence, Holbein, et surtout Henry VIII) ne saurait échapper, même s'il ne constitue sans doute pas l'enjeu premier du tableau. On est ainsi très loin de procédures de tableau vivant dont l'objectif affiché (et parfois unique) s'avère la réussite de la « copie » de la référence, comme ce fut souvent le cas dans la société mondaine anglaise de la fin du XVIIIe siècle ou, plus tard, dans la meilleure société française du Second Empire ou encore dans des cadres socialement moins élevés. Ou plutôt : cette réussite est une telle évidence (ce qui vaut éloge de Joshua Reynolds) qu'on peut finalement percevoir la dimension héroï-comique d'un tel portrait, qui dénonce quelque chose des représentations officielles d'un autre temps.

Reynolds revendique la référence exhibée par la pose, la silhouette, le noble vêtement, la dague, les bas et la posture des jambes. Mais il substitue à l'attitude hautaine, autoritaire, voire martiale, d'Henry VIII le visage rubicond et souriant d'un garçonnet tout à sa naïveté, et qui plus est entouré de deux jeunes chiens – qui ne renvoient aucunement au tableau de Holbein. S'ils peuvent convoquer indirectement la référence à d'autres portraits officiels où un puissant seigneur est escorté d'un solide chien de chasse, ces deux chiots soulignent surtout la distorsion : l'un, de dos, manifeste son désintérêt pour ce qui est en train de se jouer et se retourne pour observer nonchalamment peintre et spectateurs, l'autre renifle les bas du garçon comme pour dire que ce costume n'est pas celui qu'il porte d'ordinaire – ce que paraît confirmer la veste verte négligemment posée sur un tabouret à proximité du tout jeune homme. En d'autres termes, Reynolds s'amuse à souligner et la référence et son caractère proprement déplacé.

Insistons cependant sur cette évidence : qui ne connaîtrait pas le référent holbeinien se trouverait incapable de percevoir cette œuvre pour ce qu'elle est, un tableau vivant. Autrement dit, il faut la maîtrise de la référence pour qu'on oublie le sujet présumé véritable (le portrait du tout jeune homme) au profit de la visée réelle du tableau : rejouer d'une manière particulière, décalée, grinçante, le portrait d'Henry VIII. Le tableau vivant, quelque forme qu'il prenne, n'a de sens que par rapport à une référence (picturale ou littéraire, si l'on songe notamment aux photographies par lesquelles Julia Margaret Cameron donne corps aux représentations littéraires médiévisantes de Tennyson), qu'il actualise. Ce faisant, notons-le encore, la hiérarchie des genres picturaux traditionnels peut se trouver mise à mal : en l'occurrence, le portrait officiel d'un roi sert de matrice dans laquelle se glisse un tout jeune homme, et ce pour un portrait familial, supposément intime et sans enjeu politique immédiat.

Bien entendu, l'on pourrait considérer que la dimension satirique perçue dans le portrait de John Crewe par Walpole tient au regard de ce dernier et qu'il faut se garder de la prendre trop au sérieux (d'autant qu'on peut tout aussi bien renverser l'argument et considérer que faire endosser les habits d'un roi au garçonnet, c'est également lui promettre symboliquement un avenir digne de sa naissance). On en conviendrait volontiers, n'était le fameux dessin de William Makepeace Thackeray diffusé dans son livre *The Paris Sketch Book* (*Album parisien*) en 1840 et consacré à la représentation de Louis XIV. Thackeray s'appuie, on le sait, sur le portrait réalisé par Hyacinthe Rigaud en 1701 et il démonte la machine de la représentation en décomposant l'image en trois temps : « Rex », le costume ; « Ludovicus », le corps du vieux Louis accablé par le poids des ans ; « Ludovicus Rex », le roi en gloire, dans cette gloire factice que lui confèrent habits réendossés et décorum. Voilà qui porte à inverser les choses. Car que serait le portrait d'un enfant revêtu des habits majestueux de Louis XIV tel que peint par Rigaud ? Exactement ce qu'est John Crewe posant en Henry VIII : un portrait vivant. Sauf que, à suivre l'analyse, simple et magnifique, de Thackeray, ce fin connaisseur des habitudes mondaines françaises comme anglaises mais aussi des enjeux politiques afférents, le roi dépeint par Rigaud ou Holbein est figé dans un apparat qui dit son statut, qui le fait pleinement être monarque et explicite la nature exacte de son pouvoir (voir Pascal en ses *Pensées*[9]…).

Par conséquent, le portrait du roi en gloire, c'est tout le contraire du tableau vivant : c'est figer le corps du roi dans une représentation

---

9   Voir les citations que donne L. Marin dans *Le Portrait du roi*, notamment p. 266-269, mais aussi ce fragment des *Pensées* (Sellier 59 / Lafuma 25 / Brunschvicg 308) : « La coutume de voir les rois accompagnés de gardes, de tambours, d'officiers et de toutes les choses qui ploient la machine vers le respect et la terreur font que leur visage, quand il est quelquefois seul et sans ces accompagnements, imprime dans leurs sujets le respect et la terreur parce qu'on ne sépare point dans la pensée leur personne d'avec leur suite qu'on y voit d'ordinaire jointe. Et le monde qui ne sait pas que cet effet vient de cette coutume croit qu'il vient d'une force naturelle. Et de là viennent ces mots : *Le caractère de la divinité est empreint sur son visage*, etc. ».

qui le masque, qui, loin de le montrer tel qu'il est en tant qu'homme, le cache pour mieux faire apparaître l'essence non de son être mais de son pouvoir. Et c'est pourquoi, comme l'avait compris Louis XIV lui-même, on peut remplacer les entrées royales, ces moments de haute exaltation monarchique où le pouvoir se confirme, se refonde par la seule présence du roi en son corps vivant déambulant au travers de rues transformées pour l'occasion en espace du triomphe symbolique, on peut leur substituer, donc, une représentation figée du prince, en l'occurrence des statues équestres – qui suffisent à assurer la « présence » du Roi, en l'absence de son corps[10].

Au reste, on se souvient qu'à la suite de la mort du roi de France, et ce de Charles VI en 1422 à Henri IV en 1610, une effigie à son image était réalisée qui continuait à régner jusqu'à l'intronisation officielle de son successeur en la basilique de Saint-Denis et le fameux « Le roi est mort, vive le roi ! », nouvelle incarnation « réelle » de la monarchie selon la théorie du double corps du roi[11]. En l'occurrence, l'image vivante est un mannequin, auquel on rend tous les honneurs, selon le protocole quotidien traditionnel, dus à son rang. Si l'on préfère, c'est dire que dans le portrait de Rigaud, ce n'est pas Louis qu'on voit, c'est le roi ; et l'effigie autrefois élaborée pour le temps de préparation des obsèques officielles n'en était à cet égard qu'un avatar. On croyait pouvoir affirmer que c'est le corps suspendu, mimant une pose figée dans les mémoires – qu'il s'agisse de Louis XIV enrigaudisé, de Robert de Niro (« *You talkin' to me ?* ») ou d'un couple enamouré, sinon embrumé (« T'as de beaux yeux tu sais... ») – qui fait le tableau vivant, mais c'est un peu plus compliqué.

En fait, le portrait vivant nous paraît d'abord supposer une reproduction, ou une reproductibilité d'éléments qui, pour être suffisamment prégnants dans une mémoire collective (fût-elle celle d'une seule classe sociale ou d'une élite de la culture, car combien de paysans du fin fond de l'Angleterre maîtrisaient la référence à Holbein à l'époque de Reynolds ?), s'avèrent identifiables par un spectateur dès lors qu'ils sont correctement mimés et reproduits. Et ce, qu'il s'agisse d'éléments

---

10   Là encore, renvoyons à L. Marin (voir note 7), en particulier aux *Pouvoirs de l'image*.
11   Voir Ernst Kantorowicz, *Les Deux Corps du roi*, Paris, Gallimard, 1989 [1957] et, pour la France plus précisément, Giesey Ralph, *Le Roi ne meurt jamais*, Paris, Flammarion, 1987 [1960].

visuels, comme le dispositif d'un tableau et d'abord les signes du pouvoir, ou d'une combinaison d'éléments empruntés à différents sens (un
regard frontal puis de profil et en coin, plutôt interrogatif ou menaçant, et un accent américain doivent suffire pour identifier la référence
au « *You talkin' to me ?* » de *Taxi driver* (1976) sans qu'il soit besoin
d'un corps de jeune homme mince ni d'une veste de treillis et encore
moins d'une arme à feu). Cependant, autant il est clair que le portrait
de *Master Crewe* constitue une œuvre (picturale), autant il ne viendrait
à personne l'idée de qualifier d'artiste l'individu qui se plaît, en son
miroir, à jouer à Travis Bickle-Robert De Niro. D'abord parce que
l'œuvre cinématographique ne saurait se réduire à une mimique, un
jeu de scène, un accent et quelques membres de phrase, et que mimer
cette scène (qui elle-même, notons-le, recourt au miroir) n'est qu'une
manière d'y faire allusion, de la convoquer à son esprit, non de la remettre
en jeu – et encore moins de la fixer dans l'immobilité à laquelle doit
atteindre la peinture vivante. Pour cette dernière, il faut un dispositif,
et un dispositif identifiable, qui ne relève pas du narratif lorsqu'il s'agit
d'un portrait – et il faut donc de nouveau repasser par la question des
genres. Pour revenir à la peinture, faut-il considérer qu'une scène mimée
pourrait faire œuvre, comme ont semblé le considérer le Rijksmuseum
d'Amsterdam ou le Getty Museum de Los Angeles en ces temps de
confinement où, désœuvrés, d'aucuns se plaisaient à se déguiser et à
reproduire qui *La Jeune Fille à la perle* de Vermeer, qui *Les Raboteurs
de parquet* de Caillebotte[12] ? En observant quelques-uns des résultats
issus de cette pratique, on y trouvera surtout la mesure des écarts entre
l'œuvre picturale, son mystère, son effet propre, et ces poses adoptées
pour y renvoyer : à nos yeux, elles y réfèrent, offrent parfois quelque
chose qui relève effectivement du tableau vivant, mais pas davantage.

Quoi qu'il en soit, la pratique du portrait vivant peut effectivement
avoir une visée ludique, et à l'occasion aimablement (ou non) parodique.
Croquer la poire, au dessert ou au crayon, pour le Charles Philipon de

---

12   Sur cette pratique, « virale » en ce printemps 2020, voir l'article de Laurent Carpentier
      dans *Le Monde* en date du mardi 20 avril 2020, p. 22 – et un certain nombre de résultats
      sur ce site : https://www.instagram.com/explore/tags/gettymuseumchallenge/?utm_
      source=ig_embed (consulté le 12/11/2020). Le Getty Museum vient d'ailleurs de publier
      un livre autour des « meilleures » réalisations issues de ce *challenge* : http://news.getty.
      edu/getty-publications-announces-new-book-celebrating-creativity-and-joy-sparked-by-
      getty-museum-challengewith-all-profits-going-to-charity.htm.

1831 et des années qui suivent, ce n'est pas qu'un amusement frivole, et Louis-Philippe en convenait volontiers, qui s'irritait des silhouettes de poire réalisées au pochoir sur les murs de Paris par de futurs Gavroche. Les fameuses « poires » de Philipon ne pourraient-elles être tenues pour un portrait vivant, certes satirique, de Louis-Philippe ? Même s'il n'y a pas de référence littéraire ou picturale, beaucoup reconnurent le roi dans ces poires dessinées (c'est même ce que la justice reprocha au dessinateur !), tout se passant comme si c'était quelque chose de l'image officielle du souverain qui était là remise en jeu. On gagnerait peut-être, dans l'étude du tableau vivant au XIXe siècle, à observer aussi les proximités que cette pratique put entretenir avec la caricature – et le développement de la lithographie[13], donc d'une culture visuelle largement partagée, cette fois.

HENRY PRUDHOMME OU JOSEPH MONNIER ?

Mais quittons un embonpoint pour un autre : venons-en au cas d'Henry (ou Henri) Monnier, qui permet de croiser une pratique encore différente. D'abord reconnu comme caricaturiste, il inventa le personnage de M. Prudhomme, qui allait devenir l'une des figures parodiques les plus fortes du bourgeois français au milieu du XIXe siècle et au-delà – sans M. Prudhomme, Flaubert n'aurait peut-être pas été tout à fait Flaubert, et ce bien avant même l'entreprise *Bouvard et Pécuchet*. Dès 1830, le personnage apparaît dans les *Scènes populaires dessinées à la plume, ornées d'un portrait de M. Prud'homme et d'un fac-similé de sa signature*[14] (vrai succès de librairie à l'époque !) puis dans des pièces de théâtre, dans des récits et de pseudo-mémoires, et ce jusqu'en 1870 sur la scène du théâtre de l'Ambigu. Surtout, Monnier construit parallèlement une image du personnage (présente dès les *Scènes populaires*, escortée et supposément authentifiée d'une signature en forme de palette de peintre), largement diffusée par la presse et la lithographie, d'autant que Daumier en donna lui-même plusieurs versions de 1852 à 1866 – d'autres que son créateur

---

13   Nous nous permettons sur ce point de renvoyer à notre *Petite histoire de la caricature de presse en 40 images*, Paris, Gallimard, « Folioplus classiques », 2015.
14   Paris, U. Canel, 1830.

pouvaient se l'approprier et la reprendre parce que les contours du type étaient construits et désormais reconnus du plus grand nombre. De fait, M. Prudhomme n'était pas qu'un type caractérisé par un discours convenu, émaillé d'évidences enchaînées et de vérités plus ou moins rationnelles et, partant, éternelles : il était une silhouette, librement inspirée du physique de son géniteur, un avatar louis-philippard bon enfant composé de quelques traits caractéristiques qu'un Daumier pouvait donc décliner à sa manière. Enfin, Monnier consacra une partie de son énergie à incarner personnellement le personnage sur scène à plusieurs reprises, et semble-t-il avec un fort succès, de sorte que dans l'esprit du public, M. Prudhomme et Monnier ne faisaient véritablement qu'un – raccourci évidemment contestable... pourtant sans doute délibérément entretenu par l'auteur en personne, garant par son incarnation théâtrale des traits physiques du personnage.

Mais lorsqu'il fut question d'intégrer le bon Henri Monnier dans la *Galerie contemporaine littéraire, artistique*, puis dans l'*Album de la Galerie contemporaine*[15], aux côtés de Baudelaire (le fameux cliché de Carjat !), de Théodore de Banville, de Louis Blanc ou encore de Denfert-Rochereau, c'est M. Joseph Prudhomme qui fut photographié par Carjat, entendons : Henri Monnier endossant, volontairement à n'en pas douter, par le costume et par la pose, le personnage de Prudhomme auquel le public avait fini par l'identifier. Reprenons... Monnier crée en 1830 un personnage auquel il donne d'emblée un visage dessiné et une signature, s'inspirant d'après son biographe d'un vieux général en retraite observé au *Café des cruches*, rue Saint-Louis près du Théâtre-Français, « raide, dogmatique, tranchant, grand amateur de métaphores, trouvant toujours que tout allait mal » – modèle d'un personnage dans lequel Balzac se plaira à reconnaître « l'illustre type des bourgeois de Paris ». Au fil des années,

---

15   Vaste entreprise éditoriale menée de 1876 à 1884 par Ludovic Baschet, qui compte plus de 240 biographies et plus de 400 photographies publiées (avec notamment des contributions de Nadar et de Carjat) ; les pages consacrées à Monnier seront reprises dans l'*Album de la Galerie contemporaine*, offert aux abonnés de la *Revue illustrée* en 1888 et qui se compose de 12 biographies empruntées à la *Galerie contemporaine*. René Delorme, auteur de la biographie consacrée à Monnier, note à propos du caricaturiste vieilli : « Physiquement, M. Henri Monnier était un bon vieillard ; son front large, ses joues glabres, sa cravate roulée à l'ancienne mode, ses lunettes faisaient de lui le portrait frappant du type auquel il doit sa gloire. Il s'était incarné en quelque sorte dans sa principale création. Il était devenu M. Prudhomme. Inutile d'ajouter qu'il n'en avait que les apparences, et que derrière les verres de ses lunettes pétillait toujours l'œil du philosophe railleur ».

à partir d'une matrice qui est essentiellement textuelle, il creuse et fixe le personnage, par le dessin et la gravure, par la scène aussi, offrant ainsi un double tableau vivant de ce Prudhomme imaginaire, « incarné » par l'image puis au théâtre (et de manière évidemment appuyée, sinon carica-turale) par Monnier en personne. Notons ici que ce personnage récurrent, remis en jeu au fil des ans et par le biais de plusieurs médiums, finit par exister au-delà (ou en deçà !) de toute mise en situation spécifique, de sorte que l'on glisse progressivement du *tableau* au *portrait* vivant – tel un Charlot plus tard, le personnage « existe » du fait de sa seule présence, si l'on peut dire, réduit qu'il est à un costume, une mimique et une pose ; sa mise en œuvre dans une action, à la scène ou par la plume, est devenue secondaire. Pour parachever la chose, lorsqu'il est question de photographier Monnier pour la postérité, c'est sous l'habit du personnage qu'il se présente, en offrant pour toujours un portrait vivant inaltérable. La présence, dans les mêmes volumes, de portraits photographiques de poètes ou d'hommes politiques ne fait que renforcer l'ambiguïté car eux ne jouent pas un rôle, sinon qu'ils se montrent en exhibant une part de ce qui justifie leur présence dans le livre, qui en arborant ses médailles (Denfert-Rochereau), qui en prenant la pose de l'homme de lettres (le romancier Octave Feuillet) ou l'air pénétré du penseur (Arsène Houssaye). Monnier, lui, se présente *en* Joseph Prudhomme, comme s'il se réduisait au personnage – et la pose même est théâtralisée, regard vague, bouche entrouverte, mains ouvertes et tenant pour l'une un boîtier vide, pied droit prêt à basculer vers l'extérieur, cheveux ébouriffés et col de che-mise démesuré et remonté : c'est un costume de scène. Le corps d'Henri Monnier, photographié par Carjat n'est-il pas supposé « authentifier » Prudhomme au même titre que sa prétendue signature dans les *Scènes populaires* ? Tout se passe comme si le portrait vivant avait ici pris tout l'espace, comme si la personne même de l'acteur-auteur-caricaturiste se résorbait, disparaissait sous l'habit du personnage – d'ailleurs passé à la postérité davantage que son auteur même...

En l'occurrence, le tableau vivant, porté par l'effet de présence suscité par le mode de réception de la photographie, paraît fonder comme une représentation définitive du personnage, autorisée à sa manière par le médium photographique – le vrai, si l'on peut dire, c'est en l'espèce le tableau vivant *photographique* qui le donne. Dans les albums cités plus haut, il ne fait pas de doute que la présence de ce Monnier/Prudhomme aux côtés d'écrivains ou d'hommes politiques amplifie l'ambiguïté – et conduit à interroger les effets de la représentation, bien au-delà du cas particulier du caricaturiste. Il est tout aussi certain qu'en l'espèce, les référents textuels, iconographiques et théâtraux qui autorisent à considérer cette image comme un portrait vivant sont voués à l'éphémère, remettant ainsi en cause le mode de réception exact de la photographie quelques années plus tard. Qui aujourd'hui croise ce portrait doit considérer qu'il s'agit là d'un vieil excentrique, sans percevoir l'arrière-plan, théâtral notamment, donc sans pouvoir en mesurer l'enjeu exact. Alors que pour Monnier, cette photographie devait être l'occasion de remettre en jeu le personnage incarné sur scène, croqué par le dessin, construit par les mots. Dans un tel cas, le sujet qu'est Monnier devient figurant d'une scène à rejouer et son corps garant, en quelque sorte, des traits de M. Prudhomme – et donc de son existence. Le portrait vivant *photographique* concourt alors à la pérennité du *type* (Balzac l'avait dit, on l'a vu plus haut) – qu'on pourra remettre en jeu autant que durera sa perception comme type, et sur la base de l'allure, du costume et de la pose plutôt que par référence aux traits du visage, ce qui rendrait la procédure de portrait vivant évidemment autrement plus aléatoire.

Du reste, lorsqu'une adaptation des *Misérables* est jouée au théâtre à Paris en 1878 (en premier lieu à Bruxelles en 1863), l'un des clous du spectacle, c'est l'incarnation de Cosette, et c'est bien la jeune actrice, Cécile Daubray, qui est photographiée portant son seau trop lourd dans la forêt nocturne, exhibant la mine défaite de l'enfant en souffrance avec sa robe de souillon et son regard perdu : c'est le type qu'on identifie en même temps qu'on le conforte, qu'on l'actualise, et pour toujours pourrait-on dire. Car dès lors, du fait du succès du roman mais aussi des représentations figurées, tôt données, des protagonistes (d'abord par la gravure et l'illustration du livre), ces derniers existent dans l'imaginaire partagé ; et lorsqu'on se rend au théâtre pour voir mise en jeu une histoire que l'on connaît déjà, on s'y rend surtout pour *rencontrer* Cosette ou Jean Valjean, pour les *reconnaître* sur scène, pour vérifier, en somme, qu'on sait qui ils sont et qu'on va les « identifier ». Dans un tel cas, l'adaptation pour la scène est l'élaboration d'une suite de tableaux vivants (en gros, les grandes scènes inévitables du roman : le vol des chandeliers, la mort de Jean Valjean etc., car c'est bien ainsi que Charles Hugo a conçu le spectacle avec Paul Meurice) qui amène les spectateurs à se confronter aux portraits vivants des protagonistes. Et la photographie (par Carjat) de Cécile Daubray *incarnant* Cosette devient le portrait vivant qui donne corps définitivement au personnage romanesque dans l'imaginaire du public. Le dessinateur Cham confirme à sa manière ce qui s'était joué là. Lorsqu'il donne en effet au *Charivari* (du 7 avril 1878) un dessin saluant la prestation de la jeune actrice dans le rôle, il l'escorte d'une légende qui dit clairement l'ambiguïté et son effet : « Depuis l'immense succès de Cosette dans *Les Misérables*, toutes les petites filles veulent se promener avec des seaux d'eau[16]. » Sauf que derrière le « succès de Cosette », c'est bien le succès de Cécile Daubray qu'il faut comprendre… Le portrait vivant actualisé sur scène puis fixé par l'image photographique, profitant de l'effet illusionniste de cette dernière, s'est comme substitué, aux yeux des lecteurs-spectateurs-regardeurs, au personnage littéraire. À l'ère de la photographie, le portrait vivant n'est plus, ou plus seulement, une pratique picturale consistant à rejouer un dispositif de représentation référant à telle toile illustre : il donne corps, et un corps supposément authentifié par l'image photographique, à un type dont le premier médium fut le dessin ou le texte.

OPHÉLIE À BRUGES, DORIAN À LONDRES

Pour des raisons bien différentes, le symbolisme et l'esprit fin-de-siècle constitueront, nous semble-t-il, un moment particulier du tableau vivant, travaillé au-delà de toute limite – y compris en recourant au fantastique. Il n'est que de considérer le frontispice de *Bruges-la-morte* (1892) de Rodenbach, dû à Fernand Khnopff, qui inscrit tout le roman dans l'ombre portée d'une Ophélie shakespearienne revisitée par Millais – et la fiction, comme l'on sait, repose sur la rencontre d'une femme perçue par le héros comme le « portrait vivant » de sa défunte épouse :

---

16 Pour toutes les références afférentes à cette adaptation du roman, nous nous permettons de renvoyer à notre « *Les Misérables*, la scène et l'image », *in* Hugo Victor, *Les Misérables*, édition établie par H. Scepi avec la collaboration de D. Moncond'huy, Paris, Nrf-Gallimard, « Bibliothèque de la Pléiade », 2018, p. 1699-1700 notamment.

cette Jane Scott ne pourra, pour finir, qu'être étranglée en recourant à la chevelure même de la défunte, comme s'il fallait que cette dernière soit impliquée dans la disparition de ce double. Limites, donc, qui semblent prendre l'expression au pied de la lettre, jusques et y compris pour faire de la toile peinte une matière vivante dans *Le Portrait de Dorian Gray* (1890) d'Oscar Wilde. Jouer au tableau vivant, c'est toujours le remettre en jeu, redonner un semblant de « vie » au tableau. Chez Wilde, ce n'est ni une métaphore ni un faux semblant : le recours au fantastique aidant, c'est le portrait lui-même qui vit, qui enregistre, avec les marques du mal, la vie du héros, tandis que les traits du corps de celui-ci échappent au temps. Le portrait vivant, en l'occurrence, n'est ni mime, ni recomposition, ni remise en jeu : il est le double inversé où le vrai s'incarne, où le mal se fait chair, tandis que le corps réel n'est plus qu'un simulacre. Ici règne une forme d'inversion qui se traduira, dans l'adaptation cinématographique d'Albert Lewin en 1945, par le recours à la couleur (alors encore assez nouvelle dans le cinéma commercial, ce qui rendait l'effet d'autant plus inattendu et donc saisissant) pour le seul tableau alors que le noir et blanc est d'usage pour toute la trame narrative, et un noir et blanc qui, pour dépeindre Londres, se souvient des choix de lumière d'un film comme *Docteur Jekyll et M. Hyde* de Victor Fleming (1941).

Au reste, lorsque Yinka Shonibare, en 2001, réalise une série de douze photographies intitulée *Dorian Gray*[17], c'est évidemment dans l'esprit militant qui est le sien et pour affirmer une identité par le truchement d'une inscription dans un tableau vivant où sa seule présence physique vaut revendication. Le tableau vivant prend ici la forme d'une série photographique, inaugurée par un portrait dessiné de l'artiste devenu personnage ; il se fonde sur ce corps déplacé à tous égards, substitué à celui d'un personnage – et c'est bien parce qu'artiste et personnage ne font plus qu'un ici qu'un tel travail engage autre chose qu'une délectation esthétique ou un plaisir de récognition. De fait, l'enjeu de cette œuvre n'est plus le *portrait* de Dorian Gray, mais Dorian Gray lui-même (le titre en témoigne), c'est-à-dire ici Yinka Shonibare, « rentré dans » le récit de Wilde pour en faire le lieu d'un questionnement adressé aux

---

17   Sur cette œuvre, voir notamment Carole Halimi, « Le tableau vivant contemporain. Une performance aux frontières de la représentation », *in Le Tableau vivant ou l'image performée*, *op. cit.*, p. 334.

regardeurs sur le statut du Noir dans une société aussi conventionnelle que l'Angleterre victorienne, évident miroir d'une situation contemporaine potentielle. À y regarder de plus près, on constate cependant que Shonibare prend comme référence le film de Lewin plutôt que le livre de Wilde, ce que le travail sur le noir et blanc et la présence d'une seule image en couleur attestent (c'est l'image où, devant le miroir, le personnage observe son visage boursouflé par les marques de la déchéance et non plus un tableau où cette déchéance se serait inscrite, laissant le corps indemne). *Dorian Gray* constitue donc une série de photographies pensées sur le mode du plan cinématographique, un ensemble de « tableaux » vivants qu'on pourrait rapprocher d'une possible transposition du roman au théâtre[18] et qui induit du narratif, suggérant au regardeur que, sur le mode de la discontinuité, il s'agit bien d'un récit. Pourtant, c'est bien en réalité un *portrait* vivant, au miroir duquel l'artiste interroge sa propre représentation et plus encore le regard porté sur elle par ses contemporains – et c'est pourquoi il peut faire l'économie du tableau où s'affiche la déchéance morale : c'est de son corps de Noir, confronté à une société de Blancs fortunés, qu'il est question.

SALOMÉ À PRAGUE

Le même Oscar Wilde a donné une pièce de théâtre intitulée *Salomé* (1891), centrée sur la danse des sept voiles et sur la tête de Jean-Baptiste que l'héroïne exige en récompense. Après avoir tâté du pictorialisme, le photographe tchèque František Drtikol, marqué par la peinture de Fernand Khnopff et celle de Franz von Stuck, connut une période d'inspiration symboliste. S'il donna quelques images d'une *Cléopâtre* en Sphinx (1913, dans un traitement encore pictorialiste ; le sphinx était très à la mode lui aussi) et de femmes crucifiées bien dans l'esprit du Félicien Rops de la *Tentation de saint Antoine* (1878), il multiplia surtout, dans les années 1910 et 1920, les *Salomé* se livrant à des manifestations d'exaltation auprès de la tête de Jean-Baptiste fraîchement livrée

---

18   On pourrait par exemple analyser la manière dont Cocteau a procédé pour son adaptation théâtrale *Le Portrait surnaturel de Dorian Gray* (1909).

— laquelle est parfois remplacée par un crâne, renvoyant aussi l'image au motif traditionnel de la vanité, même si l'on reconnaît bien Salomé, identifiée à son costume, à son attitude ou à l'expression de son visage, non à quelque ressemblance que ce soit.

Le référent biblique, à l'époque, était bien connu et la figure de Salomé focalisait l'attention depuis les dernières années du XIXe siècle, faisant l'objet de multiples mises en œuvre (au théâtre, à l'opéra avec Richard Strauss, en peinture avec von Stuck etc.). Ce qui importe dans le traitement qu'en fait Drtikol, c'est d'abord qu'il joue évidemment de la pure présence du corps mis en lumière. S'il demande à ses modèles de prendre une pose liée à Salomé, et ce dans un décor parfois assez travaillé (et suggestif : un lit par exemple), c'est pour produire un effet découlant surtout du décalage entre la photographie et l'effet de présence qu'elle suscite encore (Drtikol réalise aussi, à la même époque, des portraits officiels de personnages publics, hommes politiques ou artistes) d'une part, et le motif d'autre part. Nul doute qu'il y avait là une part de provocation quelque peu licencieuse, mais l'essentiel tenait dans ce surgissement du corps féminin, entre ombre et lumière, autorisé par la référence explicite aux expressions les plus violentes – et parfois déjà expressionnistes – de Salomé. Ces images produisaient justement une forme de violence radicale, suscitée par ce médium permettant l'exaltation du corps (plus ou moins dénudé) et la mise en valeur d'un regard souvent terrible, motif oblige. Or il est certain que nul regardeur de ces photographies ne devait tomber dans une sorte d'illusion référentielle, bien au contraire : Salomé reconnue, la légitimité de la pose alanguie et du regard plus ou moins halluciné s'expliquait et l'on pouvait contempler à loisir cette image à distance de toute réalité immédiate[19]. Autrement dit, la radicalité du motif conduisait essentiellement à expérimenter le pouvoir de la photographie, en des manières de tableaux vivants répétitifs – tableaux en ce qu'ils renvoyaient à une scène détachée d'un récit de référence, mais portraits vivants de Salomé avant tout.

---

19 On peut songer ici à ce propos de Michel Poivert : « Il s'agit là de jouer la transparence photographique – le fait même que la photographie est un enregistrement mécanique –, mais au service d'une scène susceptible d'échapper à tout réalisme » (« Notes sur l'image performée. Paradigme réprouvé de l'histoire de la photographie ? », *in Le Tableau vivant ou l'image performée, op. cit.*, p. 217).

On peut d'ailleurs relever que la théâtralité de ces images, si elle persiste, s'avère moins ostensible que celle de la danseuse Maud Allan en 1906 dans *La Vision de Salomé* qu'elle danse à Vienne[20] (et qui a un tel succès qu'elle renforce la mode du motif) ou dans les films de l'époque. Drtikol travaille l'expression du visage mais surtout le corps féminin exalté par la lumière, le tout en cherchant l'impression d'intimité par un cadrage serré : le regardeur se trouve au plus près de la scène. Le tableau vivant, en l'occurrence, tourne au portrait féminin ; le motif n'est que prétexte, motif de façade dont la seule visée est l'émergence du corps, des formes que la lumière dessine. Au reste, ultérieurement Drtikol s'affranchira du référent biblique ou de tout autre, et produira des nus d'exception en une quête et des possibilités qu'offre le travail de la lumière et de sensualité idéalisée – et finalement de spiritualité.

SÉRIES OLAFIENNES

Bien des photographes contemporains (à commencer par Jeff Wall) recourent au tableau vivant, comme s'il structurait toute une partie de leur travail. Dans nombre de cas, cette pratique ne renvoie cependant plus à la peinture mais à d'autres types d'image et de représentation, le cinéma, les séries télévisées, la publicité. Or ces types d'image, présentant souvent des croisements mais restant fortement hétérogènes dans leurs moyens et surtout leurs intentions, impliquent de la part du spectateur un rapport particulier aux référents, aux images-sources, qui n'est pas régi par les mêmes codes et attendus que la peinture.

Si Erwin Olaf a joué de référents américains (et parfois même hollywoodiens, moins systématiquement néanmoins qu'un Gregory Crewdson par exemple) dans des séries comme *hope* (2005), *hotel* (2010) ou encore, autrement, *De la Mar Theatre, 8 Classic Plays* (2009), il s'est clairement confronté à la pratique du tableau vivant par la photographie à plusieurs occasions, souvent liées à des commandes. *The Siege and Relief of Leiden* (2011, commande du musée De Lakenhal en partenariat avec

---

20   Une photographie en est facilement accessible : https://fr.wikipedia.org/wiki/Maud_Allan#/media/Fichier:MaudeAllanSalomeHead.jpg.

l'université de Leiden[21]) a ainsi consisté en la transposition, ou plus exactement la réinterprétation, photographique d'un tableau d'histoire lié à un épisode resté célèbre de la libération de la ville de Leyde assiégée (1573-1574). De fait, Olaf ne reconstitue pas exactement un tableau particulier. Il choisit plutôt d'organiser une vaste composition dans l'esprit des peintres des XVIe et XVIIe siècles contemporains ou proches de l'événement, en convoquant costumes et types d'époques (le docteur, le marchand etc.), en demandant aux modèles de prendre des postures de lamentation qui correspondent aux canons classiques et en orchestrant des scènes macabres et tragiques. Autant de portraits ou de micro-scènes (qu'on dirait quelquefois empruntés à un répertoire de postures académiques et aux arts de la physionomie, voire de la physiognomonie, en vogue dans la peinture classique) savamment élaborés, travaillés, puis combinés à l'ordinateur[22] et agencés pour constituer une seule image de grand format, mimant de fait le code de la peinture d'histoire traditionnelle. L'œuvre produit, par le biais du médium photographique, un effet de présence inattendu à l'égard d'une scène d'histoire traitée sur un mode académique. Le travail sur la lumière, la netteté inouïe de l'image, l'accumulation de micro-scènes, de types (le nain, le médecin en habit de « corbeau », le hallebardier, le soldat au tambour) et d'éléments symboliques (les oiseaux noirs, les rats etc.), la reconstitution d'une Minerve en chair et en os, la perspective (trop) nettement marquée au sol par un dallage d'une telle propreté qu'il réfléchit la lumière, et peut-être plus encore la multiplicité de regards tournés vers le spectateur suscitent cette impression de discordance, d'artifice propre au tableau vivant.

En réalité, il s'agit moins ici de célébrer l'événement historique par le truchement d'un médium moderne que de *signifier* les codes de représentation académique, de les exhiber – et d'en tirer de somptueuses images, intégrées ou non dans l'œuvre finale. Car Olaf a volontiers exposé en galerie des portraits de tel ou tel des figurants, costumés, mais dans des attitudes différentes de celle qu'il leur a fait adopter pour la réalisation du « tableau » d'histoire. Ces œuvres satellites relèvent

---

21 Voir : https://www.erwinolaf.com/commissioned/project/Museum_De_Lakenhal_and_
Leiden_University_The_siege_and_relief_Leiden_2011, consulté le 12/11/2020.
22 Voir le *making off* en ligne : https://www.youtube.com/watch?v=T__oZoHanR4, consulté
le 12/11/2020.

parfois pleinement du « portrait » vivant, qu'il s'agisse de Minerve, du « médecin de la peste », du marchand noir ou de tel grand personnage féminin héroïque (Magdalena Moons, qui a contribué à sauver la ville), et cet effet découle des accessoires, des costumes, du port de la figurante féminine, parfois du décor. Le portrait de Minerve, par exemple, ne vise pas à l'illusionnisme : il travaille sur l'effet d'une représentation qu'il offre à admirer en tant qu'image, mais aussi à réfléchir en tant que processus de représentation décrypté par sa réalisation même. De sorte que les propos de Michel Poivert sur l'« image performée » paraissent s'appliquer pleinement à ces œuvres :

> L'image posée et mise en scène propose une statique et un dispositif critique qui s'opposent au naturalisme et à la fiction illusionniste. L'image performée est une image qui impose à la conscience du spectateur la nature réfléchie de la représentation en affirmant son caractère artificiel[23].

Une autre série d'Erwin Olaf pose des problèmes différents, peut-être parce que le référent servant au projet relève de la sculpture. Il s'agit d'*After Rodin* (2016, commande du musée de Groningen[24]), pour laquelle le photographe a recouru à des danseurs du Ballet National des Pays-Bas. Le projet consistait à demander aux danseurs de prendre des poses mimant les sculptures de Rodin et à les photographier sur un fond presque neutre, de pierre, et gris – pour mieux exalter sans doute la chair des corps sculpturaux. Le titre de la série dit peut-être l'enjeu et les limites du projet, du moins par rapport au travail de Rodin : il s'agit de produire une œuvre « d'après », non de transposer par un autre médium (et avec des sujets vivants) dans l'idée de pré-tendre « reproduire » l'œuvre initiale. Car un tel dessein serait vain, en l'occurrence, d'abord peut-être pour la raison que pointe Bernard Vouilloux en observant que, pour ce qui concerne le tableau vivant, la photographie « renouvelle entièrement la perception du mouvement ». Il se réfère à Rodin, justement, pour rappeler que le mouvement, « en peinture et en sculpture, est représenté de manière non pas analytique, mais synthétique [...]. En ajoutant sa fixité propre à celle des figurants,

---

23   Poivert Michel, « Notes sur l'image performée. Paradigme réprouvé de l'histoire de la photographie ? », *in Le Tableau vivant ou l'image performée, op. cit.*, p. 218.
24   Voir https://www.erwinolaf.com/commissioned/project/Groninger_Museum_and_DNB_After_Rodin_2016, consulté le 12/11/2020.

la photographie redouble, certes, l'immobilité constitutive du tableau vivant, mais elle en dénonce aussi l'artifice[25] ». De fait, ces images se donnent comme des « répliques » aux œuvres de Rodin plutôt que comme une manière de recréation éphémère, dans la pose suspendue des danseurs. Cette série illustre ainsi à sa manière le lumineux propos de Jérémie Koering, peut-être plus évidemment pertinent encore pour la sculpture :

> si le tableau vivant se réfère à une composition peinte bien identifiable [...], il ne célèbre jamais fondamentalement une œuvre achevée, mais bien plutôt le remuement qui l'a fait advenir, ce moment où l'image est encore devenir ; par la répétition de la pose, il rejoue l'effort d'agencement qui a présidé à l'éclosion d'une composition plutôt que la composition elle-même[26].

Cet « effort d'agencement » éclaire, nous semble-t-il, ce qui se joue dans la série du photographe – qui *montre* quelque chose de ce que saisissent les sculptures. Le tableau vivant est exploration de l'œuvre source, il dialogue avec elle, certes, mais c'est pour l'interroger, pour approcher son mystère, non pour le réduire.

Et ce qui peut-être frappe le plus dans la série d'Erwin Olaf, c'est à quel point les corps s'imposent, à quel point ils revendiquent leur irrépressible présence, comment la matière charnue s'affirme, comment les muscles vivent – et à quel point aussi chacun de ces corps, loin de se résorber, pourrait-on dire, dans le geste où il prétend se stabiliser, se fondre, clame son identité, son irréductible différence. « [...] le code posé par le tableau vivant, dans son jeu avec le cadre et la référence, comme dans cette fausse distance qu'il semble postuler, n'est là que pour être littéralement traversé par le corps[27] » : rarement ce propos d'Arnaud Rykner, et même si lui-même le fonde sur d'autres objets d'analyse, n'aura paru si évidemment légitime. Le portrait vivant, en tel cas, est comme un moule où le corps s'exacerbe, s'affiche, revendiquant l'énergie vitale, la sensualité que la sculpture signifiait, certes, mais sur une autre modalité. En ce sens, on peut dire que le tableau vivant fait apparaître quelque chose de l'œuvre source, de sa force – tout se passe comme si la

---

25   Vouilloux Bernard, « Le tableau vivant, entre genre et dispositif », art. cité, p. 98.

26   Koering Jérémie, « Sur le seuil. Tableau vivant et cinéma », *in Le Tableau vivant ou l'image performée, op. cit.*, p. 317.

27   Rykner Arnaud, « Nature pas morte, vie pas tranquille : du tableau vivant à la photo-graphie mise en scène », *in Entre code et corps, op. cit.*, p. 35.

procédure même de tableau vivant, par la photographie en l'occurrence, réouvrait les possibles de l'image source, explicitait, au sens propre, ce qu'elle a saisi, maintenu en puissance, dans sa puissance.

ENVOI

Même si elles perdurent ici ou là en telles occasions, les pratiques frivoles et superficielles du tableau vivant, mondaines ou populaires, n'engagent pas autre chose que délectation et plaisir de la récognition, peut-être, dans le meilleur des cas. En revanche, la mise en œuvre de cette pratique par bien des artistes contemporains, notamment des photographes, répond à d'autres enjeux et participe assurément de leur manière d'affirmer leurs choix esthétiques, voire la légitimité de leur art. Il s'agit alors de faire œuvre, de prendre appui sur telle pièce notoire de l'histoire de la peinture pour mieux la mettre en travail et rouvrir ses potentialités, d'élaborer aussi une pratique neuve, décalée, surprenante, qui « réécrit » pour mieux faire percevoir. Du côté de la photographie, c'est une manière de reprendre le bras-de-fer engagé avec la peinture dès l'origine, et ce pour revendiquer la capacité de la photographie contemporaine à s'en dégager définitivement à l'heure où sa reconnaissance ne fait plus débat, et surtout pour se réinscrire dans une histoire des représentations qui excède celle, plus limitée, du médium lui-même. Que certains photographes transposent le phéno-mène du tableau vivant à d'autres images que la peinture n'est pas pour surprendre : dans une société envahie d'images diverses, l'art ne peut qu'affirmer son irréductibilité en répliquant à tous les nouveaux modes et codes de représentation, aux pratiques figées qui, au lieu d'ouvrir le regard, ne font que le restreindre.

Le portrait vivant fut assurément une pratique plus limitée que celle touchant le tableau d'histoire ou l'allégorie. Il n'empêche que ces remises en jeu du portrait, limitées à des références significatives et connues du plus grand nombre dans l'ordre de la représentation officielle ou du côté de l'émergence d'un type théâtral ou romanesque obéissent, nous semble-t-il, à un régime particulier. Celui-ci aboutit en premier lieu à mieux faire voir les codes afférents à ces représentations, qu'il s'agisse des attributs officiels qui disent et fondent le pouvoir ou des éléments de costume, d'attitude, de pose constitutifs d'un personnage de fiction devenu type. En d'autres termes, loin de chercher la ressemblance du corps portraituré, le portrait vivant conduit à dégager ce qui, dans le portrait source, excède la personne représentée, la dépasse au point de la rendre quasi non signifiante au sens où la représentation ne se réduit pas à elle et à son identité corporelle. En revanche, ce que le portrait vivant fait émerger et affirme, surtout lorsque le médium photographique est en jeu, c'est précisément le corps du modèle, de celui ou celle qui endosse le costume du roi ou du type fictionnel – et dans ce dernier cas, au point de l'incarner véritablement, c'est-à-dire d'en fixer les traits physiques, jusqu'à faire croire que M. Prudhomme a bien les traits de Monnier et que Cosette a ceux de Cécile Daubray. Le portrait vivant fait ainsi traverser l'identité du portraituré par la fiction d'une figure peinte ou photographiée et le procédé conduit à la réaffirmation du code de représentation politique ou, dans l'ordre de la fiction, à la fixation du type par l'image. Dans tous les cas, c'est bien le corps qui est en jeu, le corps qui s'affirme, et c'est ce qui intéresse un Drtikol avec Salomé.

Ce dernier exemple est significatif : même s'il s'agit de scènes représentant Salomé plus ou moins hallucinée par la contemplation de la tête de Jean-Baptiste, c'est le portrait seul de la pseudo-Salomé qui compte (on peut même remplacer la tête du martyr par un crâne, on l'a vu) et la situation qui permet, qui légitime la pose, les yeux exorbités ou la posture alanguie de la danseuse. En ce sens, la référence au récit est purement technique et il ne s'agit que d'une mise en situation pour fixer le portrait, faire surgir le corps et le système de signes qu'il délivre. Contrairement à la procédure du tableau vivant, où l'on suspend le temps pour permettre que la scène mimée soit reconnue, le portrait vivant entend fixer les traits de la personne devenue personnage, que la visée soit ou non que le regardeur adhère à cette illusion et croie effectivement voir M. Prudhomme ou Cosette, ou bien qu'il se plaise seulement, en toute connaissance de cause, à ce jeu qui impose les traits d'un être bien vivant en lieu et place d'un être d'un autre âge ou d'un être de fiction. À cet égard, le portrait vivant consiste en une actualisation, par l'affirmation du corps, d'un ensemble de signes (ceux de la représentation politique ou ceux du type fictionnel). Et l'on comprend que le médium photographique soit ici déterminant : il apporte toujours au jeu ainsi créé cet effet de présence alors pleinement ambigu.

L'on nous permettra de terminer par un ultime renversement, en évoquant les portraits de famille de Gerhard Richter, dont on sait que l'élaboration à partir de clichés a été déterminante dans l'affirmation de son travail au milieu des années 1960. Certes, la photographie initiale (de son père, de sa tante, etc.) ne constitue pas une œuvre, et encore moins une œuvre notoire. Mais la façon de produire une peinture à partir de ces clichés, de les « mimer » en les transposant dans la peinture induit un lien possible avec la pratique du portrait vivant. Et surtout, le choix de cette dualité si particulière, associant netteté et travail du flou, ou au contraire, et plus tard, le choix de viser picturalement une netteté des contours qui imite délibérément le médium photographique, tout cela provoque un trouble de la perception chez le regardeur qui renverse les choses : cette fois, c'est la peinture qui *paraît* relever de la photographie, qui produit un (faux) effet photographique, c'est la peinture qui mime la photographie et joue de l'effet de réalité qu'elle produit, à son corps défendant ou non – et cela aboutit à l'effet si troublant d'un corps suspendu mais *vivant*, d'une présence du corps que la peinture orchestre. D'un côté, il y a comme un effacement de l'identité particulière dans la transposition picturale du cliché, et c'est surtout patent, évidemment, dans la pratique initiale, lorsque Richter joue du flou ; ce tremblement délibéré de l'image peinte affirme alors la représentation d'un corps *et* son évanescence, comme l'impossibilité de son exacte représentation, ou plutôt une réflexion en acte sur l'écoulement du temps et sur l'incapacité de jouer le portrait vivant autrement que par ces flous qui disent la présence, à distance, d'un corps désormais inatteignable. Et d'un autre côté, à l'inverse, le travail pictural surjoue l'effet photographique pour produire un tableau qui absorbe quelque chose de l'effet photographique pour signifier la pleine (et illusoire!) présence du corps, pour travailler autrement l'illusion fondamentale de la représentation et affirmer du même coup comment la peinture peut dépasser l'instantanéité du photographique pour inscrire le portrait vivant dans la fiction picturale. Car le portrait vivant peint, réalisé en remettant en jeu l'identité particulière signifiée, au plein sens du terme, par la photographie, débouche sur une dualité qui fait tout l'enjeu de ces œuvres : le corps, par l'effet pseudo-photographique, s'y affirme

absolument, mais le fait que cette illusion de présence soit produite par
la peinture interroge en même temps la réalité même de ce corps comme
imposé par la représentation. Le portrait vivant, en l'occurrence, ne
consiste plus en une pratique aboutissant à l'émergence d'un corps qui
s'imposerait, mais en réalité à la mise en question fondamentale de la
représentation – et au désarroi qui saisit, confronté qu'on est, une fois le
plaisir esthétique de la surprise dépassé, à ce corps rendu éminemment
présent *et* à tout jamais refusé, à tout jamais rejeté dans le passé, dans
l'histoire personnelle et dans l'Histoire. Ce portrait vivant-là, ce n'est
qu'un fantôme, et tout l'effet consiste en son apparition.

C'est pourquoi l'*Ema* de 1966 est si fort. Richter y rejoue peut-être le
fameux *Nu descendant l'escalier*[28] (1912) de Duchamp, lequel convoquait
et travaillait par le matériau pictural les chronophotographies de Marey,
d'Eakins et de Muybridge. Mais, outre que l'artiste allemand se réappro-
prie délibérément tout un héritage de la tradition du nu photographique
(ce qui engage bien autre chose que le nu pictural), il y peint son épouse
de face, inexpressive, les yeux clos, descendant un escalier mangé sur
ses bords par un flou qui pourrait passer pour le brouillard traditionnel
du monde d'en bas. Loin d'être un corps offert au regard, exalté par
l'image, affirmé dans un mode de représentation que traverse le référent
photographique, c'est un corps fantomatique, un corps où le charnel
paraît paradoxalement neutralisé, un corps désincarné oserait-on dire.
Et un corps qui descend, se dirigeant vers le gouffre sombre qui semble
s'ouvrir au bas du tableau. Le portrait vivant impose le corps, certes,
mais il n'est qu'une confrontation à sa future disparition. De fait, alors
qu'en d'autres circonstances la descente d'escalier vaudrait exaltation du
corps féminin, on peut lire ce tableau comme une descente au tombeau
– comme si le travail du peintre avait ici consisté à mettre en scène une
Eurydice bientôt perdue, où l'on serait tenté de lire une métaphore du
questionnement jeté à la figure de la représentation elle-même.

C'est pourquoi encore la *Tante Marianne*[29] (1965) de Richter s'avère
une œuvre décisive. En premier lieu parce que la tante Marianne fut
victime des mesures eugéniques des nazis et que le portrait vivant
aboutit à redonner consistance, par la peinture, à un corps tragiquement

---

28 *Nu descendant un escalier (n° 2)*, 1912, huile sur toile, Philadelphie, Museum of Art.
29 Huile sur toile, Taïwan, Yageo Foundation (voir : https://www.1858ltd.com/gerhard-
richter-prete-tante-marianne-et-birkenau, consulté le 12/11/2020).

disparu, créant évidemment un hiatus sensible, émotionnel, avec la nature même, heureuse, de l'image. En second lieu parce que l'enfant représenté sur ses genoux n'est autre que le jeune Gerhard lui-même et qu'il s'agit aussi d'un autoportrait vivant (alors même que le titre de l'œuvre le passe sous silence, ce qui n'est pas fortuit). Terrible à sa manière, derrière l'apparence anodine de la photo de famille qui fait référence, parce que l'artiste se représente à un si jeune âge que toute conscience de l'avenir était impossible, parce qu'il peint après coup en sachant ce qu'il adviendra de ce sourire de sa tante et que le portrait vivant le fait advenir, là, dans le temps suspendu du tableau, dans le tableau lui-même, comme témoin inconscient de ce qui va se jouer. Et il n'est sans doute pas anodin qu'il ait pratiqué plusieurs fois l'autoportrait, notamment par deux fois en 1996[30]. Le premier dans son catalogue (cote 836-1 ; huile sur lin, 51 x 46 cm), au format presque carré, semblant reprendre le format (à une autre échelle) et le dispositif quasi frontal de la photographie d'identité, le montre sur un fond coupé en deux verticalement, de manière dissymétrique ; le visage s'avère inexpressif et happé par le flou gorgé de noir, d'où la silhouette émerge comme avec peine. Le second (cote 836-2 ; huile sur toile, 51 x 46 cm), de même format, présente un dispositif assez proche mais inversé (le poids du noir porte ici sur la droite), et cette fois le regard se refuse, le visage est fléchi, comme saisi malgré lui ou comme refusé lui aussi, tourné vers lui seul, absorbé par la matière picturale même, elle-même travaillée d'une patine qui entend signifier le passage du temps. Le portrait vivant dit là une forme d'impossibilité ou de refus, ou plutôt il faut passer par le portrait vivant pour dire précisément cet impossible, pour dire précisément le corps non identifiable, quasi anonyme, le corps travaillé par la matière picturale et en cours d'effacement, la résorption d'une identité problématique dans le flou et l'ombre d'un tableau venu sup- posément d'autrefois. Chez Gerhard Richter, le portrait vivant exerce et entretient un rapport douloureux au temps, le référent photographique et la procédure du portrait vivant n'ont de raison d'être que d'interroger la capacité même à certifier une identité que le corps même ne saurait

---

30 Voir https://www.gerhard-richter.com/fr/art/paintings/photo-paintings/portraits-people-20/ self-portrait-8184/?&categoryid=20&p=1&sp=32, consulté le 12/11/2020 et https://www. gerhard-richter.com/fr/art/paintings/photo-paintings/portraits-people-20/self-portrait- 8185/?&categoryid=20&p=1&sp=32, consulté le 12/11/2020.

attester. Loin d'être périphérique ou secondaire, le portrait vivant dit peut-être chez lui la nécessité et l'impossibilité tout à la fois de faire émerger le corps comme affirmation de soi ; il vaut peut-être profession de foi, celle d'une « théologie négative » à soi-même appliquée, en somme, qui ne saurait se dire mieux que dans la confrontation créatrice à l'image-référence.

Dominique MONCOND'HUY

RÉSUMÉS/*ABSTRACTS*

Vincent AMIEL, « Pour un film qui s'interrompt, tant d'instants possibles... »

L'immobilisation de l'image dans un film renvoie à une bifurcation des temporalités, que la référence aux tableaux, et aux tableaux vivants, enrichit. Elle installe une symétrie apparente avec la notion d'instant prégnant qui tire le tableau vers un temps narratif. Mais de quel ordre est ce moment qui surgit lorsque le flux des images s'interrompt ? À partir de l'*Histoire de Judas* de R. Ameur-Zaïmeche nous nous interrogerons sur la « durée » d'une image qui n'en a plus.
Mots-clés : tableau vivant, Rabah Ameur-Zaïmeche, peinture, cinéma, temporalité.

Vincent AMIEL, *"For an interrupted film, so many possible moments..."*

The immobilization of the image in a film refers to a bifurcation of the temporalities, which the reference to the paintings, and the tableaux vivants, *enriches. It installs an apparent symmetry with the notion of a preying moment that pulls the painting towards a narrative time. But in what order is this moment that arises when the flow of images stops? Starting from* History of Judas *by R. Ameur-Zaïmeche, we will question the "duration" of an image that no longer has any.*
Keywords: tableau vivant, *Rabah Ameur-Zaïmeche, painting, cinema, temporality.*

Olivier LEPLATRE, « Émouvoir la peinture (Bill Viola) »

Pour créer sa série *Passion*, Bill Viola puise dans les ressources de l'histoire de l'art : il anime des tableaux qui le touchent sans pour autant créer un rapport mimétique. Il cherche plutôt à dégager en eux des forces expressives dont il détaille, par le travail du ralenti, les métamorphoses. Aussi parvient-il à sonder et varier la figurabilité des passions. À la faveur de l'émotion, objet et vecteur du regard, son art fait alors signe de l'épaisseur du sentir et de la Vie elle-même.
Mots-clés : tableau vivant, Bill Viola, vidéo, peinture, ralenti.

Olivier Leplatre, *"Moving painting (Bill Viola)"*

To create his series The Passions, Bill Viola *draws on the resources of art history: he animates paintings that touch him without creating a mimetic relationship with them. Rather, he seeks to liberate expressive forces in them, whose metamorphoses he details through the work of slow motion. So he manages to probe and vary the figurability of passions. With the help of emotion, object and vector of the gaze, his art is a sign of the thickness of the feeling and of life itself.*

Keywords: tableau vivant, Bill Viola, video, painting, slow motion.

Tristan Grünberg, « Troubles caravagesques. Révolutions visuelles et contrecadres dans *Caravaggio* de Derek Jarman »

Caravaggio, film réalisé en 1985 par Derek Jarman, ne saurait se réduire à la biographie filmée du peintre romain. Véritable miroir convexe, le tableau vivant y est mis en scène pour réfléchir et renverser la profondeur du champ cinématographique. De porosités en surgissements, de pétrifications en incarnations, Jarman hybride corps, matières et images dans un même geste, sous les auspices érotiques et plastiques de Narcisse, Méduse et Pygmalion.

Mots-clés : tableau vivant, Derek Jarman, Caravage, miroir, Narcisse.

Tristan Grünberg, *"Caravaggio disorders. Visual revolutions and frames in* Caravaggio *by Derek Jarman"*

Caravaggio, *directed by Derek Jarman in 1985, could not be reduced to a biopic of the roman painter. There, like a true convex mirror, the* tableau vivant *is staged as to reflect and reverse the depth of the cinematographic field. From porosity to emergence, from petrifaction to incarnation, Jarman hybridizes bodies, matter and images in one movement, under the erotic and plastic auspices of Narcissus, Medusa and Pygmalion.*

Keywords: tableau vivant, Derek Jarman, Caravaggio, mirror, Narcissus.

Jean-Pierre Esquenazi, « *Barry Lyndon*, tableaux et tableaux vivants »

Le tableau vivant du cinéma n'est-il pas hanté par l'image fixe, qui serait son « instant prégnant » ? *Barry Lyndon* est ponctué par d'innombrables tableaux à peine mobiles composés avec soin. Ceux-ci dépeignent un monde figé dont les personnages sont littéralement engoncés dans leur destin. Quand il redevient mobile, vivant, *Barry Lyndon* montre des personnages qui luttent, désirent, espèrent. Kubrick oppose mobilité du désir humain et immobilité d'un décorum social impitoyable.

Mots-clés : tableau vivant, Stanley Kubrick, cinéma, peinture, instant prégnant.

Jean-Pierre ESQUENAZI, "Barry Lyndon, *paintings and* tableau vivant"

Isn't the tableau vivant *of cinema haunted by the still image, which would be his "significant moment"? Barry Lyndon is punctuated by countless barely moving paintings composed with care. These depict a world frozen whose characters are literally stuck in their destiny. When it becomes mobile, alive again, Barry Lyndon shows characters who struggle, desire, hope. Kubrick opposes the mobility of human desire and the immobility of ruthless social decorum.*

Keywords: tableau vivant, *Stanley Kubrick, cinema, painting, significant moment.*

Jessy NEAU, « *Brueghel, le moulin et la croix* de Lech Majewski (2011). L'histoire de l'art et l'art du récit »

Le film *Brueghel, le moulin et la croix* (Lech Majewski, 2011) donne vie au *Portement de croix* (Brueghel, 1564). Reconstruisant le tableau par le mélange de prises de vue réelles, de décors artisanaux et d'images numériques, le film présente la vie d'une douzaine de personnages du tableau, dont la figure du peintre qui intervient et fait du film une méditation sur le processus créatif et l'histoire de l'art.

Mots-clés : tableau vivant, Lech Majewski, Brueghel, cinéma, peinture.

Jessy NEAU, "Brueghel, le moulin et la croix *de Lech Majewski (2011). The history of art and the art of story*"

The film The Mill and the Cross *(Lech Majewski, 2011), brings to life Bruegel the Elder's painting* The Way to Cavalry *(Brueghel, 1564). A blend of live action, craft scenography and digital imagery is used to reconstruct life and movements of a dozen characters from the canvas. The painter himself appears during the film to offer explanations about the origin and meaning of his painting, which turns Majeswki's film into a contemplation of the creative process and the History of arts.*

Keywords: tableau vivant, *Lech Majewski, Brueghel, cinema, painting.*

Bernard VOUILLOUX, « Le tableau vivant, un dispositif transmédial »

Si l'hyperarticité est une relation de dérivation entre des œuvres appartenant à des arts différents, la relation du tableau vivant au tableau est ainsi construite qu'elle sera encore longtemps pensée comme un facteur d'intensification du coefficient d'art, d'où le genre tire sa dimension esthétisante. Là réside la source de la difficulté qu'auront à résoudre les pratiques modernes et contemporaines, photographiques ou cinématographiques, dès lors que celles-ci assument leur propre statut médial.
Mots-clés : tableau vivant, arts de la scène, hyperarticité, cinéma, art contemporain.

Bernard VOUILLOUX, "*The* tableau vivant, *a transmedia device*"

If hyperarticity is a derivative relationship between works belonging to different arts, the relationship of the tableau vivant *to painting is thus constructed that it will still be thought long as a factor of intensification of the art coefficient, from which the genre derives its aesthetic dimension. This is the source of the difficulty that modern and contemporary practices, photographic or cinematographic, will have to solve, given their own medial status.*
Keywords: tableau vivant, performing arts, hyperarticity, cinema, contemporary art.

Anaïs CABART, « Le temps suspendu. Mélancolie des tableaux vivants »

Constitué de plans fixes diffusés au ralenti et renouvelant des œuvres passées, le prologue de *Melancholia* (Lars van Trier, 2011) est composé de tableaux vivants. En psychiatrie, la mélancolie se traduit par le ralentissement idéomoteur de l'individu qui ressasse le passé. L'analyse de ce prologue permet d'interroger le caractère mélancolique des tableaux vivants qui le constituent, suivant trois aspects : le ralentissement des images, l'omniprésence du passé, la représentation des quatre éléments.
Mots-clés : tableau vivant, Lars van Trier, cinéma, peinture, mélancolie.

Anaïs CABART, "*Suspended time. Melancholy of the* tableaux vivants"

Made up of still shots screened in slow motion and renewing pre-existing works of art, Melancholia's *prologue (Lars van Trier, 2011) is composed of* tableaux vivants. *In a psychiatric meaning, melancholy arises from the ideo-motor slowdown of the individual who dwells on the past. This paper offers an analysis of this scene*

in order to question the melancholic aspect of its tableaux vivants, *according to three elements: the slowdown pictures, the pervasive past, the illustration of the four elements.*
Keywords: tableau vivant, *Lars van Trier, cinema, painting, melancholy.*

Alice LETOULAT, « Symbolisme imagé et mouvement suspendu. Plasticité des tableaux vivants chez Sergueï Paradjanov »

Le recours aux tableaux vivants chez Paradjanov soulève des enjeux spatiaux et rythmiques qui conduisent à redéfinir le cinéma. Le type de tableaux convoqués (icônes et miniatures) interroge la manière dont s'image le monde ; mais ces interruptions du mouvement contredisent aussi le dynamisme associé au défilement cinématographique. Le tableau vivant contamine ainsi l'ensemble des films de Paradjanov, au point qu'ils « débordent » le cadre habituel du cinéma au profit d'une redéfinition plastique.
Mots-clés : tableau vivant, Sergueï Paradjanov, cinéma, icône, miniature.

Alice LETOULAT, *"Pictorial symbolism and suspended movement. Plasticity of the* tableaux vivants *by Sergei Paradjanov"*

Parajanov's use of tableaux vivants *raises spatial and rhythmic issues that lead to a redefinition of cinema. The type of paintings that is conjured up (icons and miniatures) questions the way in which the world is put into images; but these interruptions of movement also contradict the dynamism associated with cinematographic scrolling. The* tableau vivant *thus contaminates all of Parajanov's films, to the point that they "overflow" the usual frame of cinema in favour of a formalist redefinition.*
Keywords: tableau vivant, *Sergei Paradjanov, cinema, icon, miniature.*

Valentine ROBERT, « Le tableau vivant dans les images animées contemporaines. Du retable au clip, d'Andy Guérif à will.i.am »

Les tableaux vivants qui envahissent l'art contemporain et le cinéma, aussi bien que les clips, les séries, les publicités ou les posts de réseaux sociaux dans les années 2000-2020 sont à penser au-delà d'une simple postmodernité. Sans se départir d'un détournement subversif, ces tableaux vivants révèlent des velléités de « réenchantement » artistique, cultivant la fascination pour les œuvres originales, le défi techn(olog)ique de leur reproduction, l'impact socioculturel de leur réactualisation.
Mots-clés : tableau vivant, Andy Guérif, cinéma, peinture, dispositif.

Valentine ROBERT, "Tableau vivant *in contemporary moving pictures. From the altarpiece to the music video, from Andy Guerif to will.i.am*"

Tableaux vivants, *which invade contemporary art and cinema, as well as music videos, series, advertisements and social network posts in the 2000s-2010s, are to be considered beyond simple postmodernity. While they do not abandon subversion, these artworks reenactments reveal a desire for artistic "reenchantment" cultivating a fascination for the original images, the techn(olog)ical challenge of their reproduction, and the socio-cultural impact of their re-actualization.*

Keywords: *tableau vivant, Andy Guérif, cinema, painting, device.*

Sylvain LOUET, « De l'imprimé éphémère au tableau vivant, un acte d'image. L'affiche et les cartes à jouer dans les films muets (1899-1906) »

Comment les affiches ou les cartes à jouer, conçues comme des tableaux vivants, jouent-elles *de* et *avec* la nature et les propriétés de l'image ? L'analyse s'appuie sur le concept d'acte d'image selon Bredekamp et sur une distinction de la pensée husserlienne des images. Nous examinons d'abord comment l'affiche et la carte, en devenant des tableaux vivants, mettent en œuvre une poétique de l'attraction. Puis nous voyons comment le tableau vivant interroge alors la notion de « représentation ».

Mots-clés : tableau vivant, cinéma muet, affiche, carte à jouer, représentation.

Sylvain LOUET, "*From the ephemeral print to the* tableau vivant, *an act of image. The poster and the playing cards in silent films (1899-1906)*"

How do posters or playing cards, conceived as tableaux vivants, *play with the nature and properties of the image? The analysis is based on the concept of "image act" (Bredekamp), and on an Husserlian distinction of the images. We will first examine how the poster and the playing card, by becoming* tableaux vivants, *implement a cinema of attractions. We will see then how the* tableau vivant *questions the notion of "representation".*

Keywords: *tableau vivant, silent cinema, poster, playing card, representation.*

Raphaël JAUDON, « Le peuple comme tableau vivant. *Il Quarto Stato/Novecento* »

L'étude des indices de la présence du tableau *Il Quarto Stato* (Giuseppe Pellizza da Volpedo, 1901) dans le film de Bernardo Bertolucci *Novecento* (1976) montre comment le film conserve l'énergie politique du tableau tout en excédant sa picturalité, en acceptant d'en redéployer les gestes et les figures dans le temps long du montage. L'analyse croisée des deux œuvres conduit à interroger les liens entre la logique du « tableau vivant » et la manière dont le peuple « prend vie » à l'écran.

Mots-clés : tableau vivant, cinéma, peinture, politique, Bertolucci.

Raphaël JAUDON, *"The people as* tableau vivant. Il Quarto Stato/Novecento"

This paper aims at analyzing the presence of Giuseppe Pellizza da Volpedo's famous painting Il Quarto Stato *(1901) in Bernardo Bertolucci's* Novecento *(1976). I will show that the movie both retains the painting's political energy and exceeds its pictorialness, by disseminating its gestures and figures over a long range of time. Finally, I will question the very notion of* "tableau vivant", *and the way it resonates with the intention of bringing the people to* "life" *in both works.*

Keywords: tableau vivant, *cinema, painting, politics, Bertolucci.*

Guillaume GESVRET, « Quand la voix anime le corps figé. Défaire le tableau vivant avec Godard et Beckett »

Le tableau vivant cherche parfois à reprendre la parole. Samuel Beckett et Jean-Luc Godard ont mis en scène cette expérience dans *Pas* et *Passion*. Le thème christique n'y est qu'un prétexte pour rendre sensible l'extrême fragilité d'un événement : une prise de parole, même pensive, qui résiste au silence imposé.

Mots-clés : tableau vivant, théâtre, Beckett, Godard, voix.

Guillaume GESVRET, *"When the voice animates the frozen body. Undoing the* tableau vivant *with Godard and Beckett"*

The tableau vivant *sometimes claims its voice. Samuel Beckett and Jean-Luc Godard brought this experience to our attention in* Pas *(Footfalls) and* Passion. *The Christic theme is only a pretext to express the extreme fragility of an event: a speech, even a pensive one, which challenges the imposed silence*

Keywords: tableau vivant, *theater, Beckett, Godard, voice.*

Anne-Cécile GUILBARD, « Exploration d'un tableau vivant par un monologue sur scène. *"X in the river"* dans *Un mage en été* »

Dans *Un mage en été* d'Olivier Cadiot, mis en scène par Ludovic Lagarde avec le comédien Laurent Poitrenaux en 2010, le personnage a une vision qu'il décrit et imite : une photo de Nan Goldin, « *Sharon in the river* ». Sans écran, avec seulement les mots et une économie de gestes remarquable, le comédien réalise cette image avant d'y plonger. La performance engage à redéfinir l'image de référence du tableau vivant : avec son intertexte deleuzien, elle se montre ici fluide, dynamique – augmentée.

Mots-clés : tableau vivant, scène, photographie, Olivier Cadiot, Laurent Poitreneaux.

Anne-Cécile GUILBARD, "A tableau vivant *explored by a monologue on stage.* 'X in the river' *in* Un mage en été"

In Un mage en été *by Olivier Cadiot, staged in 2010 by Ludovic Lagarde with the actor Laurent Poitrenaux, the character has a vision that he describes and imitates: a photograph by Nan Goldin, "Sharon in the river". Without any screen on stage, only by words and a very rare gesture, the actor performs the picture and dives in it. The performance leads to redefine the* tableau vivant*'s reference picture: reminding Deleuze's theories of image, the still picture appears fluid, dynamic – augmented.*
    Keywords: painting, scene, photography, Olivier Cadiot, Laurent Poitreneaux.

Térésa FAUCON, « Le voile tombé. Sculptures vivantes dans les cinémas indiens »

Trois films en hindi présentant chacun une sculpture vivante (*Mughal-e-Azam* (Kamuddin Asif, 1960), *Dhoom 2* (Sanjay Gadhvi, 2006), *Thugs of Hindustan* (Vijay Krishna Acharya, 2018) réinterprètent le modèle proposé par Lady Hamilton avec ses effets de dévoilement. Outre des effets plastiques communs, les sculptures vivantes de ces trois films en font une forme d'émancipation et de réécriture de l'histoire de l'art occidental et de l'histoire coloniale.

Mots-clés : tableau vivant, sculpture vivante, Lady Hamilton, cinema indien, jhankis.

Térésa FAUCON, "*Unveiling. Living sculpture in Indian cinemas*"

*Three Hindi movies, all presenting a living sculpture (*Mughal-e-Azam *(Kamuddin Asif, 1960),* Dhoom 2 *(Sanjay Gadhvi, 2006),* Thugs of Hindustan *(Vijay Krishna Acharya, 2018). play with the attitudes of Lady Hamilton with her veil and living sculptures. Despite the differences in narrative issues, we hypothesize that the three living sculpture have similar plastic effects and underlie emancipation and rewriting of occidental art history and colonial history.*
    Keywords: tableau vivant, living sculpture, Lady Hamilton, Indian cinema, jhankis.

Armande SALIMOV, « Les panneaux de la tapisserie *La Dame à la licorne* animés par Gaëlle Bourges »

À mon seul désir (2014), un spectacle de Gaëlle Bourges qui donne vie à *La Dame à la licorne*, cet ensemble de six tentures du Moyen Âge où une jeune vierge côtoie flore et faune sauvages, invite à une curieuse expérience. L'article s'intéresse aux modes d'apparition de l'image qui, par une oscillation entre la référence et la présence, suscite une perception originale.

Mots-clés : tableau vivant, tapisserie, spectacle vivant, Dame à la licorne, Gaëlle Bourges.

Armande SALIMOV, *"Panels of the tapestry* La Dame à la licorne *animated by Gaëlle Bourges"*

À mon seul désir *(2014), a work by Gaëlle Bourges which brings to life* La Dame à la licorne, *this set of six medieval tapestries where a young virgin stands alongside abundant fauna and flora, invites to a curious experience. The article is interested in the modes of appearance of the image, which, through an oscillation between reference and presence, gives rise to an original perception.*

Keywords: tableau vivant, *tapestry, live performance,* Lady with the unicorn, *Gaëlle Bourges.*

Liliane LOUVEL, « Le tableau vivant et la photographie victorienne »

Le tableau vivant est abordé sous l'angle de ses manifestations victoriennes en Grande-Bretagne où il fut en vogue. Il relève des théories de l'intermédialité, constituant un exemple de mélange des arts et du plaisir de la référence culturelle. Lady Hamilton et ses poses plastiques fut l'une des initiatrices du genre. Le théâtre, en particulier le music-hall à Londres, influença de nombreuses œuvres, constituant un point de départ vers la référence intermédiale entre peintres et photographes.

Mots-clés : tableau vivant, Lady Hamilton, théâtre, peinture, photographie.

Liliane LOUVEL, "Tableau vivant *and Victorian photography*"

The very popular tableau vivant *within the Victorian England is a case in point for the field of intermedial studies, as an example of the fusion between the arts and of the pleasure taken in cultural cross-referencing. Lady Hamilton and her plastic poses was one of the pioneers of the genre. The influence of the theatre, in particular London*

music hall which inspired so many works, provides a fine starting-point to analyse intermedial reference at work between painters and photographers.
Keywords: tableau vivant, *Lady Hamilton, theater, painting, photography.*

Judith LANGENDORFF, « Sublimation nocturne et sublime. Les tableaux vivants de Gregory Crewdson »

À travers l'étude des images et des processus mis en œuvre par Gregory Crewdson, ce texte s'interroge sur la sublimation artistique et le sublime, étant entendu que ceux-ci se manifestent par cette condensation cinématographique en un plan fixe qui caractérise les grands tableaux nocturnes du photographe, mais également sur l'usage pictural de la lumière et des couleurs ainsi que sur le talent à rendre sensible la fragilité humaine et les absurdités de la société contemporaine.
Mots-clés : tableau vivant, photographie, Gregory Crewdson, sublimation, sublime.

Judith LANGENDORFF, *"Nocturnal sublimation and sublime. Gregory Crewdson's tableaux vivants"*

Through the study of the images and the processes implemented by Gregory Crewdson, this text questions the artistic sublimation and the sublime, it being understood that these manifest themselves by this cinematographic condensation in a fixed plane which characterizes the great nocturnal landscapes of the photographer, but also, the pictorial use of light and colors, as well as a talent to make sensitive the human fragility and the absurdities of contemporary society.
Keywords: tableau vivant, *photography, Gregory Crewdson, sublimation, sublime.*

Mathilde BRUNET, « Les Ménines photographiques de Joel-Peter Witkin »

En 1987, le photographe américain Joel-Peter Witkin réalise, grâce à la manipulation physico-chimique de l'image argentique et à une mise en scène agitée par des dynamiques intermédiales, un tableau vivant photographique des *Ménines* de Diego Vélasquez. Son œuvre se plaît au jeu de piste en disposant çà et là les indices matériels d'énigmes intericoniques à résoudre, oscille entre naturalisation et artificialisation des images convoquées, et pense finalement la peinture par la photographie.
Mots-clés : tableau vivant, photographie argentique, peinture, Joel-Peter Witkin, Vélasquez.

Mathilde BRUNET, *"The photographic Meninas of Joel-Peter Witkin"*

In 1987, the American photographer Joel-Peter Witkin produced, thanks to the physico-chemical manipulation of the silver image and an act stirred by intermedials dynamics, a photographic tableau vivant *of the* Menines *by Diego Vélasquez. His work delights in the treasure hunt by placing here and there the material clues of intericonicals riddles to solve, oscillates between naturalization and artificialization of the summoned images, and ultimately thinks painting through photography.*
Keywords: tableau vivant, *film photography, painting, Joel-Peter Witkin, Vélasquez.*

Dominique MONCOND'HUY, « Notes vagabondes sur le "portrait vivant" »

Le portrait vivant comme catégorie spécifique du tableau vivant se réalise au travers du portrait politique de l'âge classique, remis en jeu par des artistes contemporains (Erwin Olaf, Gerhard Richter) et par des photographies du XIXe siècle (M. Prudhomme, Cosette). Le portrait politique s'appuie sur un système de signes comme la figure fictionnelle sur les éléments qui l'ont constituée en type : le portrait vivant interroge ainsi surtout le rapport au corps et à l'identité.
Mots-clés : tableau vivant, portrait, peinture, photographie, identité.

Dominique MONCOND'HUY, *"Wandering notes on the 'Living Portrait'"*

The living portrait as a specific category of the tableau vivant *finds its achievements in the political portrait of the classical age, put into play by contemporary artists (Erwin Olaf, Gerhard Richter) and 19th century photographs (M. Prudhomme, Cosette). The political portrait is based on a system of signs, as fictional figure is based on the elements that constituted it as a type: the living portrait above all questions its relationship to body and to identity.*
Keywords: tableau vivant, *portrait, painting, photography, identity.*

IMPRIM'VERT®

Achevé d'imprimer par Corlet Numéric,
Z.A. Charles Tellier, Condé-en-Normandie (Calvados), en avril 2021
N° d'impression : 171182 - dépôt légal : avril 2021
Imprimé en France

Bulletin d'abonnement revue 2021
Écrans
2 numéros par an

M., Mme :

Adresse :

Code postal :   Ville :

Pays :

Téléphone :   Fax :

Courriel :

Prix TTC abonnement France, frais de port inclus		Prix HT abonnement étranger, frais de port inclus	
Particulier	Institution	Particulier	Institution
41 €	50 €	49 €	58 €

Cet abonnement concerne les parutions papier du 1er janvier 2021 au 31 décembre 2021.

Les numéros parus avant le 1er janvier 2021 sont disponibles à l'unité (hors abonnement) sur notre site web.

Modalités de règlement (en euros) :

- Par carte bancaire sur notre site web : www.classiques-garnier.com
- Par virement bancaire sur le compte :
  Banque : Société Générale – BIC : SOGEFRPP
  IBAN : FR 76 3000 3018 7700 0208 3910 870
  RIB : 30003 01877 00020839108 70
- Par chèque à l'ordre de Classiques Garnier

Classiques Garnier
6, rue de la Sorbonne – 75005 Paris – France
Fax : + 33 1 43 54 00 44
Courriel : revues@classiques-garnier.com

mis à jour le 10/09/2020

Abonnez-vous sur notre site web :
www.classiques-garnier.com